地球編年史
THE EARTH CHRONICLES
3

THE WARS OF GODS AND MEN

·眾神與人類的戰爭·

撒迦利亞·西琴
ZECHARIA SITCHIN

趙娟、宋易 譯

《地球編年史》繼續其偉大的進程，為我們展開了眾神統治地球時發生的世界大戰，乃至星際大戰。這將是一部最重要，也最受爭議的史詩大作……值得一讀！

——《銳評》雜誌（*Critical Review*）

大洪水、特洛伊戰爭、罪惡之城所多瑪和蛾摩拉的毀滅……西琴全景式的還原了上古時代諸神與人類共同參與的世界大戰，其真實性令人震撼。

——《每日鏡報》（*Daily Mirror*）

有幾個因素讓西琴的作品與其他相關主題的作品截然不同。首先就是他的語言能力，他不僅精通幾種現代語言，得以在其他學者的作品原文中進行查閱，還熟知古蘇美語、埃及語、希伯來語和其他古代語言。

在出版之前，他經歷了三十年的學術研究和實際調查，為此作品賦予了非比尋常的透澈觀點，也對過往的理論進行了靈活的修整。作者對最早期文獻和實物的追尋，也讓書中豐富的圖片和素描成為可能，其中包含大量的石版、石碑、壁畫、陶器、紋章等。它們貫穿首尾，提供了重要的可見證據……作者並沒有假裝自己解決了困擾研究者近百年的所有問題，但他提供了許多新的線索。

——羅斯瑪麗·德克爾（Rosemary Decker），歷史學家和研究者

再版前言

為什麼人類的歷史看起來似乎是一部描述一場又一場戰爭的書籍？為什麼二十世紀第二次世界大戰的眾多戰役中，至少有一場是整個戰爭的終結，而之後的二十一世紀卻是以眾多挑戰先例的恐怖主義為開端，緊隨其後的也依舊是連綿不絕的戰爭和對核子災難的恐懼？

難道人類天生就是戰士嗎？難道他們的天性就是戰鬥和殘殺？……或者，人類早就接受過發動戰爭的專業訓練？

我們之所以研究過去，是為了對我們的現存狀態做出一個評判。《眾神與人類的戰爭》將向讀者展示一些很久以前發生的戰爭，那時眾神也親臨戰場；而事實上，這些戰爭只是一連串眾神之戰和人類戰爭的開端。讀者將會看到，眾神之間為了爭奪地球的統治權而發動戰爭，最早的戰場是發生在他們自己的母星球。是的，不僅人類的歷史看起來是一本描述戰爭的書籍，關於來自「謎之行星」尼比魯的造物者阿努納奇眾神（Anunnaki）的傳說，同樣也是一部戰爭史。

我們重塑了當時發生在地球和天國的所有事件，其來源包括目擊者的紀錄文獻——其中一些人真實記下了眾神如何發號施令。那些故事也被記載在《聖經．創世記》裡，這顯然讓《聖經》的真實性更受到肯定，也影響了我們看待世界和生命的方法。

更具有啟示性，也讓人倍感苦惱的是，本書一步步地講述了眾神之間的對抗和野心是如何越演越烈，以至於到最後失去控制，進而導致了地球上第一次使用核彈——大約四千年前。那一場無意中產生的巨大災難，是對人類第一次文明的毀滅。

這些都是事實，並非虛構和杜撰；慶幸的是科學研究者在這本書首次出版之後，證實了我們在書中所描述的事情、它們的發生背景，以及精確的發生時間：西元前二〇二四年。

現今，在西元二十一世紀的當下，我們還會重複西元前二十一世紀的事件嗎？《眾神與人類的戰爭》的各個章節，將為讀者詳盡講述這些故事。

撒迦利亞．西琴

二〇〇六年十月於紐約

1・人類的戰爭

一九四七年春天，一個牧童在死海懸崖邊尋找走失的羊隻時，意外發現了一個洞穴。洞穴裡有個陶罐，藏著以希伯來文書寫的古老經卷。隨後幾年，當地陸續發現了其他卷軸。這些卷軸統一被稱為《死海古卷》（*Dead Sea Scrolls*）——它們被放在那裡將近兩千年了。在羅馬帝國入侵猶大（Judea）的動盪歲月裡，這些卷軸也被妥善的保存下來。

難道這是因為耶路撒冷城和聖殿在西元前七十年遭受毀滅之前，管理書庫的人就將這些卷軸運到安全之地藏好？或者，就像大多數學者的假設，這些古卷是主張彌賽亞觀的艾賽尼派（Essenes）的抄本？學者的看法出現了分歧，因為這些書庫裡既有傳統的《聖經》經文，也有記載宗派習俗、組織和信仰的文獻。

其中一份篇幅最長、最完整，也可能是最戲劇化的古卷，描述了一場未來之戰，這將是最後的戰役，學者稱為「光明之子和黑暗之子的戰爭」。它說明戰爭將會如何蔓延開來——起初在猶大發生的地區性戰爭，將會波及鄰國，隨後越演越烈，戰場逐漸擴大，直至整個世界都捲入其中：「光明之子和黑暗之子首次交戰，是攻打別神（Belial）的軍隊，朝以東（Edom）、摩押（Moab）、亞捫人（Ammonites）和非利士人（Philistine）發動攻擊；接著與亞述的克辛斯人（Kittian）開戰；並且攻打那些違反盟約而給予對手援助的地區……」在這些戰役之後，「他們將進攻埃及的克辛斯人」，並「適時與北方諸王為敵」。

《死海古卷》裡寫道，在這場人類的戰爭中，以色列神將會積極參與：

克辛斯人戰敗的那一天，在以色列神的面前將會發生猛烈的戰爭及殘酷的屠殺；因為神將下令這是對抗黑暗之子的最後一戰。

先知以西結（Ezekiel）也預言了這場最後一戰，「末後的日子……」，主耶和華將會親自對付歌革（Gog）及瑪各（Magog），「必從你左手打落你的弓，從你右手打掉你的箭」（《以西結書》38：16—39：4）。《死海古卷》中進一步預示將會有許多神參與這場戰役，眾神將與凡人一起並肩作戰：

那一天，眾神和凡人的聯軍將會一起並肩作戰。在眾神與人們的齊聲叫喊下，在轟然騷動中，光明之子將展現神聖的力量來對抗黑暗之子。

雖然十字軍、伊斯蘭教徒和歷史上無數人，都曾以「上帝之名」發起戰爭，但相信神會親臨戰場實際參與，神與人並肩作戰，聽起來多少有些不可思議，最多只能視之為神話而已。然而，在更早的年代，這並不是那麼離奇的想法，當時人們真的相信人類的戰爭不僅是由神發號施令，眾神也積極參與戰爭。

特洛伊之戰：眾神參戰

其中最傳奇的戰爭就是特洛伊之戰了，這場戰爭發生在希臘亞該亞人（Achaean）和特洛伊人（Trojans）之間，當時「愛情的力量發動了幾千艘船隻」。我們知道，希臘人會發動這場戰爭，是為了爭奪世上最美麗的女人海倫，希臘遠征軍要特洛伊人將海倫還給她法律上的配偶，因而發動了十年攻城戰。然而，在更早的希臘故事《庫普利亞》（*Kypria*）裡，曾描述這場戰爭是出自於宙斯這位大神的預謀：

> 曾有一段時間，當時大地承載了成千上萬過載的人口。宙斯對此懷著憐憫之心，以其大智慧想出了減輕大地負擔的辦法。
>
> 因此，宙斯發起特洛伊之戰，最終解決了這個問題；透過戰爭帶來的死傷，他避免了人類的競速繁衍。

荷馬（Homer）在後來的史詩《伊利亞德》（*Iliad*）中，記載了這則希臘傳說，描述整場戰爭的始末。荷馬指責眾神的反覆無常，煽動了戰爭，並且扭轉了最終重要的均勢。在這場人類的戲劇性事件中，不同的神推動著許多主角的命運，無論是直接或間接，明顯或隱密的作為。隱身於幕後的重要推手正是宙斯（羅馬人稱為朱比特〔Jupiter〕）：「儘管其他神和披甲的戰士在曠野睡著了，宙斯依然醒著，因為他籌劃著如何為阿基里斯（Achilles）贏回榮譽，以及要讓亞該亞人的船上死傷慘重。」

阿波羅神甚至在加入戰爭之前，就已經對亞該亞人懷有敵意：「他臉色陰沉，坐在遠離船隻的地方。他的銀弓朝亞該亞人彈出死亡之箭……向他們射了整整九天……每天都有成堆的死屍被焚燒。」當敵對雙方同意戰爭稍歇，讓首領以徒手肉搏時，卻引起眾神的不快，神指派戰爭女神密涅瓦（Minerva）：「立即前往特洛伊人和亞該亞人的陣營，設法使特洛伊人先打破誓約，去攻擊亞該亞人。」密涅瓦女神亟欲達成使命，她「如耀眼流星劃過天際……她經過之處留下火光的痕跡」。隨後，密涅瓦女神為了避免讓狂熱的戰爭於夜裡停止，她點亮了戰場，使黑夜如白晝，她「將黑夜的薄霧從他們眼前驅走，無論船上和火熱的戰場上，都是一片光亮；亞該亞人可以看見赫克托（Hector）及其手下。」

當戰火越燒越旺，有時還會出現英雄對峙，眾神始終聚精會神地看著這些人類勇士，有時神會伸出援手，搶救一個被圍攻的英雄，有時神會定住一輛無人駕馭的戰車。但當眾神意識到神之間也處於敵對的狀態，開始互相傷害時，宙斯便下令神停止攻擊，並且遠離人類的戰鬥。

但眾神之間的停火沒有持續太久，因為這場戰爭的許多統帥都是眾神和人所生的子嗣。其中，最憤怒的神是瑪爾斯（Mars）。瑪爾斯之子阿斯卡拉福斯（Ascalaphus）被亞該亞人刺死，因而他對眾神宣布：「你們這些住在天國的神，如果我去亞該亞人的船上為我死去的兒子報仇，請不要指責我。即使最終我會被宙斯的閃電擊中，倒身於血泊之中。」

荷馬寫道：「只要眾神遠離凡人的戰爭，亞該亞人就會贏得勝利；因為阿基里斯一直拒絕與眾神為敵。」但眾神的憤怒與日俱增，亞該亞人正是從半神半人的阿基里斯那裡得知宙斯（朱比特）改變了主意：

> 宙斯說：「就我自己來說，我會待在奧林帕斯山上，靜觀和平。但其他神可以去特洛伊人和亞該亞人之中，幫助你想要幫忙的一方。」於是眾神各有立場，加入了戰爭。

特洛伊之戰，甚至是特洛伊城本身，長期以來一直被認為是令人著迷但難以置信的希臘傳說，學者稱之為「神話」。一八二二年，查爾斯．麥克拉倫（Charles McLaren）提出土耳其東部有一座叫做希沙利克（Hissarlik）的土墩正是荷馬記載的特洛伊遺址，當時特洛伊和相關事件仍被視為神話。直到一八七〇年，海因里西．謝里曼（Heinrich Schliemann）這名商人冒著破產的風險，挖掘出遺跡及驚人的發現，學者才承認特洛伊的存在。如今，學者接受特洛伊戰爭是西元前十三世紀真實發生的戰役。而根據希臘的記載，自特洛伊戰爭之後，神與人開始並肩作戰；而希臘人這種神人共戰的想法並不是唯一的。

西臺人與特舒蔔神

小亞細亞的頂端面向歐洲和愛琴海，是古美索不達米亞文明與希臘文明聯繫的橋樑。在那些日子裡，西臺人統治著小亞細亞。現代學者起初從《聖經》，接著從埃及的碑銘，瞭解西臺的歷史和王國。當考古學家發現了西臺古城，才慢慢揭開西臺人的生活。

透過解讀西臺碑銘及其印歐語言，我們可以將西臺人的起源追溯至西元前兩千年。那時，阿利安（又稱雅利安）部落開始從高加索地區遷徙，有些朝東南進入印度，有些則向西南部進入小亞細亞。西元前一七五〇年是西臺王國的繁榮期，五百年之後開始衰落。後來，西臺王國被跨過愛琴海的侵略者入侵。西臺人說這些入侵者是Achiyawa；許多學者認為他們就是荷馬稱為Achioi的亞該亞人。亞該亞人向小亞細亞西端進攻，讓他們在荷馬的史詩《伊利亞德》中名垂千古。

特洛伊戰爭之前的幾個世紀，西臺人就將王國擴展成為帝國，他們聲稱帝國的擴張是根據他們最高的神祇特舒蔔（Teshub，意思是鼓風者）之命。特舒蔔的舊名是「帶來死亡的暴風神」，西臺國王有時聲稱特舒蔔會親臨戰場。西臺國王瑪舍里（Murshilis）寫道：「強大的暴風神，我的主，展現神力，向敵人發出雷電。」特舒蔔幫助西臺國王擊退敵軍。西臺國王也受到伊師塔（ISHTAR）女神之助，她獲得了「戰場之女」的稱號。西臺人多次打勝仗，都是因為伊師塔女神的「神力」，因為她「從天而降，打敗敵軍」。

西臺人的勢力，正如《舊約》許多經文的記載，一直向南到達迦南；但西臺人移居迦南，不是用征服的態度。相較於西臺人把迦南當作中立區，沒有該地的控制權，埃及人就不是持這樣的立場了。埃及法老不斷向北入侵，將版圖延伸到北部的迦南和雪松地（黎巴嫩）；大約在西元前一四七〇年，埃及法老在米吉多（Megiddo）擊敗了迦南國王的聯軍，占領了該地。

《舊約》和西臺的敵人所留下的碑文，都描述西臺人是驍勇善戰的部隊，他們在古老的近東地區已經能熟練地駕馭戰車。但根據西臺人的碑文記載，只有神下令，他們才會發動戰爭；西臺人在展開戰爭前，會先給對方投降的機會；一旦贏得戰爭，就會接受對方的進貢和稱臣：西臺人不會掠奪城市；西臺人也不會屠殺人民。

埃及人與阿蒙（拉）神

相較之下，埃及法老就顯得凶殘無比。當托米斯三世（Thothmes III）在米吉多之戰中獲得勝利，他在碑文上驕傲的寫下：「現在他的王權擴及北方，掠奪城鎮，駐紮軍隊。」這位法老對於他打敗的國王，如此寫道：「我把他的城洗劫一空，用火燒光了他的營地，使其成為一堆土丘；他們不可能重建家園。所有被我抓來的人通通成為俘虜；我帶走了他們無數的牲畜，貨物也全都掠奪一空。我拿走了他們所有的生活資源；收割他們的穀物，砍伐他們的樹叢和珍貴的森林。我把一切都毀滅了。」掠奪一空！這名法老這樣寫道，而這些行為都是遵照他的神——阿蒙—拉（Amon-Ra）的旨意。

埃及人戰爭殘暴的本性，以及他們對於戰敗者無情的摧毀，是這類自誇碑文的主題。例如，佩皮一世（Pepi I）法老寫了一首詩，慶祝他對亞洲「沙漠住民」的勝利，詩中讚揚著軍隊「占有沙漠住民的土地……砍下無花果樹及藤蔓……向住處縱火，殘殺了當地成千上萬的居民」。

這首詩被刻在碑上，還配上戰爭場面的生動繪圖（見圖1）。

埃及法老皮安基（Pi-Ankhy）秉承這種肆意殘殺的傳統，當他從上埃及派遣軍隊平定下埃及的叛亂時，對將領留下戰俘的活口表示不滿。法老誓言「永遠毀滅」，他要親自來到占領的城市，「摧毀遺留下來的東西」。他表示，因為「我的父親，阿蒙神讚揚我這麼做」。

阿蒙神下令埃及人要用凶狠殘暴的戰爭手段，是為了要和以色列神對抗。用《聖經》先知耶利米（Jeremiah）的話來說：「萬軍之耶和華，以色列的神說『我必刑罰埃及尊大之神和法老，並埃及、與埃及的神、以及君王。』」（《耶利米書》46：25）根據《聖經》的記載，埃及和以色列之間的征戰持續很久；大約一千年前，以色列人「出埃及」時，以色列神耶和華就已經大肆擊殺埃及人，使其經受了很多苦難，這麼做不僅是要削弱埃及統治者的集權，而且也是「敗壞埃及一切的神」（《出埃及記》12：12）。

以色列人能神奇地擺脫埃及的奴役，抵達「應許之地」，根據《出埃及記》的記載，是因為神耶

圖1：佩皮一世殘殺戰敗者

和華在關鍵時刻的直接幫助：

他們從疏割起行，在曠野邊的以倘安營。日間，耶和華在雲柱中領他們的路，夜間在火柱中光照他們，使他們日夜都可以行走。日間雲柱，夜間火柱，總不離開百姓的面前。（《出埃及記》13：20—1）

接下來，以色列人和埃及人之間發生了一場海戰，雖然這場海戰沒有任何埃及法老想要在碑文中留下紀錄；但我們可以從《出埃及記》中知道後來發生了什麼事：

法老和他的臣僕就向百姓變心……埃及人追趕他們，法老一切的馬匹、車輛、馬兵，與軍兵就在海邊上……在他們安營的地方追上了……（《出埃及記》14：5—9）

耶和華便用大東風使海水一夜退去，水便分開，海就成了乾地。以色列人下海中走乾地……（《出埃及記》14：21）

破曉時分，當埃及人意識到所發生的一切，埃及法老疾馳戰車緊追以色列人。但：

到了晨更的時候，耶和華從雲火柱中向埃及的軍兵觀看，使埃及的軍兵混亂了。又使他們的車輪脫落，難以行走，以致埃及人說：「我們從以色列人面前逃跑吧！因耶和華為他們攻擊我們了。」（《出埃及記》14：24—25）

但緊追以色列人的埃及統治者，命令他的軍隊加緊攻擊。結果卻讓埃及全軍覆沒：

水就回流，淹沒了車輛和馬兵，那些跟著以色列人下海法老的全軍，連一個也沒有剩下……以色列人看見耶和華向埃及人所行的大事……（《出埃及記》14：28—31）

卡疊石戰役：埃及與西臺之戰

這段描寫耶和華幫助以色列人的《聖經》記載，和後來埃及法老拉美西斯二世（Ramses II）記述阿蒙神幫助他贏得與西臺人的決戰，並無二致。這就是西元前一二八六年的卡疊石戰役。

這場戰爭發生在今日黎巴嫩附近的卡疊石（Kadesh，編按：《聖經》裡譯為加低斯）。埃及法老拉美西斯二世率領四個軍團，向西臺國王穆瓦塔里斯（Muwatallis）全面進攻。最終，埃及軍隊沒有攻下卡疊石，終止了埃及向敘利亞和美索不達米亞的侵略。而這場戰爭也耗盡了西臺的資源，造成了後來西臺的衰亡。

在這場西臺與埃及的交戰之中，原本西臺幾乎可以取勝，因為他們就快要捉到領軍的埃及法老了。在西臺的碑文中只能找到這場戰爭的部分記載；不過，當埃及法老拉美西斯二世逃回埃及之後，他對逃脫的奇蹟描寫得非常詳細。

神廟的牆上記載了拉美西斯二世的生動描述，並且附上詳細的戰爭插圖（見圖2），說明埃及軍隊如何抵達卡疊石，在南方紮營，準備戰鬥。但令人訝異的是，西臺軍隊並沒有朝埃及軍隊開戰。於是，拉美西斯二世命令兩個軍團前進要塞。而西臺戰隊趁埃及軍隊分散時，從背後向兩個前進的埃及軍團展開突襲，並攻擊在營地中的另外兩個軍團。

埃及軍隊落荒而逃，拉美西斯二世發現「他身邊只剩下自己的親衛隊」，而「當國王環顧身後，發現他已經被兩千五百輛西臺戰車包圍了」——法老身邊沒有將領、沒有戰車，也沒有步兵了，拉美西斯二世只能求助他的神。他處在這樣的困境之中，是因為他遵從了神的指令，而神怎麼會陷他於絕境呢？於是他向神提出質疑：

國王問道：「現在是怎麼回事？我的父親，阿蒙神？父親會忘記兒子嗎？我有不聽您的指令做了任何事嗎？我是不是曾做了任何事，或沒做任何事，違反了您的指令呢？」

拉美西斯二世提醒埃及神，敵軍西臺人可是服從於其他神，他繼續問道：「阿蒙神，對您來說，這些亞洲人是什麼？這些不幸的人根本不尊敬您啊，我的神？」

拉美西斯二世懇請阿蒙神來救他，因為神的力量遠遠超過「數百萬步兵，成千上萬戰車騎兵」，而奇蹟出現了：阿蒙神親臨戰場！

阿蒙神聽到我的呼喚，向我伸出了援手，我欣喜萬分。阿蒙神就站在我的後面，大喊：「向前！向前！拉美西斯，阿蒙將護祐你，我會與你同在！」

圖2：卡疊石戰役

拉美西斯二世遵照了阿蒙神的指令，向敵軍發起猛攻。西臺人受到阿蒙神的影響，忽然無法攻擊：「他們垂下了手，無法射箭，也舉不起長矛。」西臺人紛紛議論：「來的不是一名凡夫，而是一位厲害的神祇；這不是凡人所為，這是天神之舉。」因為無人阻擋，拉美西斯二世殺了兩邊的敵軍，得以逃脫。

後來，西臺國王穆瓦塔里斯駕崩，繼位的西臺國王和埃及簽署了和平協定，而且把公主嫁給執政的埃及法老為妻。埃及人和西臺人渴望和平，是因為他們都受到了克里特島和其他希臘島嶼的「海上民族」進攻。海上民族從迦南的地中海沿岸崛起，成為《聖經》所說的非利士人；不過，他們對埃及地區的進攻，被埃及法老拉美西斯三世（**Ramses III**）擊退了。拉美西斯三世在神廟的牆上重現了這場戰爭的場景以紀念勝利（見圖3）。他把戰爭的勝利歸功於嚴格遵守了「眾神之神，我唯一的神聖父親的一切計畫」。拉美西斯三世寫道，能贏得勝利是因為「阿蒙－拉緊隨於後，摧毀了敵軍」。

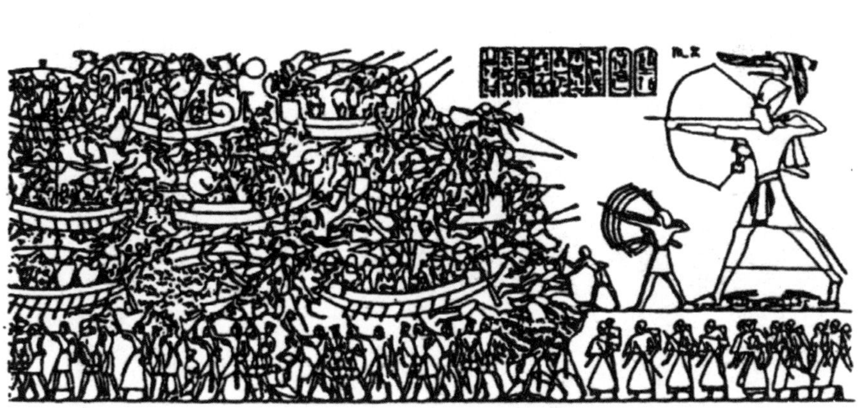

圖3：阿蒙－拉神在拉美西斯三世身後，擊退海上民族。

爭奪美索不達米亞

人類代表他們的神，向人類同胞發起的血腥戰爭，將我們帶回了美索不達米亞，這個位於幼發拉底河和底格里斯河之間的平原，也就是《聖經》稱為「示拿地」的地方。據《創世記》第十一章記載，那裡有人類的第一座城市，其中有一座建築用磚修建而成，塔頂通天。人類的歷史記載從那裡開始；而在人類有記載之前的史前時代，則是老神的定居之地。

阿卡德王國

接下來我們會展開一段遙遠的歷史。但現在先讓我們回到拉美西斯二世統治埃及，發生戲劇性卡疊石戰役之前的一千年。當時，在遙遠的美索不達米亞，一位雄心勃勃的年輕人被神授予王權。他叫做舍魯金（Sharru-Kin，意思是正義的統治者）；我們的教科書稱他為薩貢一世（Sargon I）。他蓋了一座新的都城，命名為亞甲（Agade），並且建立了阿卡德（Akkad）王國。阿卡德語採用楔形文字為書寫工具，是所有閃族語言之源，目前仍使用的希伯來語和阿拉伯語，就是源自於此。

西元前二千四百年，薩貢一世統治了美索不達米亞一段很長的時間（五十四年），他認為能取得王權是因為大神的賜予，大神讓薩貢一世成為「伊師塔的看管者，阿努（ANU）的塗油祭司主，恩利爾（ENLIL）偉大正直的牧羊人」。薩貢寫道，恩利爾「不許任何人違抗薩貢」，而且給予薩貢「從上海（地中海）到下海（波斯灣）的領地」。因此，薩貢在被俘國王的脖子上套狗繩，把他們帶到「恩利爾居所的門口」。

在穿越札格羅斯（Zagros）山脈的一場戰爭中，薩貢親眼目睹了在特洛伊戰場上也曾發生過的非凡神力。當他「前往瓦拉什（Warahshi）之地，在黑暗中摸索向前時……伊師塔為他照亮黑暗之路」。於是，薩貢才能帶領軍隊「穿越黑暗」，往現在的盧里斯坦（Luristan）山口推進。

薩貢開創的阿卡德王朝，在他的孫子那拉姆—辛（Naram-Sin，意思是受到辛神的厚愛）即位時到達頂峰。那拉姆—辛在紀念碑上寫著，他之所以能取得戰爭的勝利，是因為他的神賜予他一種獨特的武器——「神的武器」，而且其他神也允許他——甚至是邀請他——進入眾神各自的領地。

那拉姆—辛將阿卡德王國的版圖向西北拓展，攻占的城市包括了埃布拉（Ebla）。最近在埃布拉發現的陶片，引起了科學界極大的興趣，陶片上記載：「雖然自從人類分裂之後，沒有國王曾攻陷安南和埃布拉，但奈格爾神（Nergal）為強大的那拉姆—辛開了路，並將安南和埃布拉賜給他。神同時也把阿馬努斯（Amanus）、雪松山和上海送給他。」

那拉姆—辛會獲勝，是因為遵從神的命令，而他的衰亡也和違抗神的旨意有關。學者從同一篇文章的幾個版本片段拼湊出來，取名為《那拉姆—辛的傳奇》（*The Legetul of Naram-Sin*）。這個悲慘的故事是以第一人稱敘述，那拉姆—辛記述伊師塔女神「改變了她的計畫」，眾神決定把「榮光和尊貴賜給七位國王、兄弟們；使他們的軍隊高達三十六萬人」，因而他遭遇了麻煩。敵軍從今天的伊朗出發，入侵庫提（Gutium）和埃蘭（Elam）等山區，直到美索不達米亞東部，威脅到阿卡德王國。那拉姆—辛詢問眾神，應該如何對付敵人的威脅，神命令他放下武器，不是前往戰場，而是去和他的妻子共度良宵（但因為某種更深的原因，要避免發生性關係）。

神告訴他：「那拉姆—辛，這是我們的命令：這支軍隊正在向你進攻……綁住你的武器，將它們放到角落！待在家裡，控制住你的衝動！和你的妻子一起，上床入睡。但你不能與她……你不能走出你的土地，不能去敵軍那裡。」

但那拉姆－辛不顧神的旨意，還是決定拿起武器，向敵軍進攻。「第一年，我派出了十二萬大軍，但無一生還。」那拉姆－辛在他的碑文中供認不諱。第二年和第三年，更多軍隊被殲滅了，阿卡德陷入死亡和饑荒。這場神未授權的戰爭來到了第四年，那拉姆－辛呼籲偉大的艾神（Ea）推翻伊師塔，請其他神仲裁。眾神都建議那拉姆－辛不要再戰了，答應他「在未來的日子裡，恩利爾將摧毀邪惡之子」，而阿卡德人會得到喘息的機會。

眾神承諾的和平時代大約持續了三百年，古代的美索不達米亞——蘇美，再度出現了王權的中心，古代世界最古老的城市中心——烏爾（Ur）、尼普爾（Nippur）、拉格什（Lagash）、伊辛（Isin）、拉爾薩（Larsa）——再次蓬勃發展。蘇美在烏爾國王的統治之下，成為整個古代近東帝國的中心。但到了西元前三千年結束時，這片土地成了「諸國爭霸」之地；接下來，人類的第一個已知的文明（蘇美文明）遇到前所未有的重大災難。

我們認為這起重大災難在《聖經》裡有所記載。它被無數的哀歌紀念和追悼，長久留在人們的記憶中；關於蘇美這個偉大的古代文明中心所遭受的破壞和荒涼，都有詳盡而生動的描述。那些美索不達米亞史料中，記載了這場降臨在蘇美的災難是眾神一致決定的結果。

花了將近一個世紀的時間，美索不達米亞南部才得以重建，又過了一個世紀，才完全從這場天降的災難中復原。那時，美索不達米亞的權力中心向北移到了巴比倫。巴比倫這個新的帝國崛起，尊奉雄心勃勃的天神馬杜克（MARDUK）為巴比倫的最高神。

巴比倫帝國

大約在西元前一千八百年，以法典聞名的漢摩拉比（Hammurabi）國王登上了巴比倫帝國的王座，開始擴展疆域。根據他的碑文記載，眾神不僅會告訴他要不要發動戰爭，以及什麼時候展開軍事行動，而且還會嚴格領軍：

> 借助眾神的偉大力量，深受馬杜克愛戴的國王，重建了蘇美和阿卡德的基礎。國王得聽命於阿努，恩利爾率領部隊向前，眾神賜予國王強大的力量，埃姆特巴（Emutbal）的軍隊和林姆辛（Rim-Sim）國王都不是他的對手……

為了擊敗更多的敵人，馬杜克授予漢摩拉比一個「力量強大的武器」，叫做「馬杜克的強大力量」：

> 漢摩拉比有了這件超強武器，以及得到馬杜克的許諾，他在戰場上擊敗了埃什努納（Eshnuna）、沙巴圖（Subartu）和庫提的部隊。有了「馬杜克的強大力量」，他打敗了沙提姆（Sutium）、圖如庫（Turukku）和卡姆（Kamu）的軍隊。有了阿努和恩利爾給予的超級力量，他打敗了所有敵人，遠至沙巴圖地區。

亞述帝國

但不久之後，北方的亞述成為巴比倫的新對手，要與之爭奪美索不達米亞。亞述人尊崇的最高神祇不是馬杜克，而是阿舒爾（ASHUR，意思是全視者）。巴比倫帝國向南方和東方擴展土地，而亞述帝國的版圖則是向北部和東部擴展，遠至「位於大海沿岸的黎巴嫩」。這片土地是尼努爾塔（NINURTA）和阿達德（ADAD）這兩位神的領土，而且亞述王認為，他發動戰爭是遵從這些神的旨意。於是，在西元前十二世紀，亞述王提格拉特帕拉沙爾一世（Tiglat-Pileser I）用下面的文字來紀念戰爭的勝利：

提格拉特帕拉沙爾，合法的國王，世界之王，亞述之王，大球四區之王；這位英勇的英雄，是受到我主阿舒爾和尼努爾塔兩位大神所下的命令，從而打敗了敵人……在我主阿舒爾的指揮下，我從扎卜（Zab）河下游直抵上海西部。我向奈里（Nairi）發起三次進攻……我讓奈里諸國三十位國王向我屈膝。我挾持人質，把他們向我進貢的馬匹去了枷鎖……在我主阿努和阿達德兩位大神的命令之下，我到達黎巴嫩的雪松山；我砍伐雪松，用來修築阿努和阿達德的神廟。

亞述國王有了「世界之王、大地四區之王」的稱號，直接挑戰巴比倫帝國，入侵後者所占領的舊蘇美和阿卡德的地區。幾位亞述國王都宣稱對大神古時居住的城市有管轄權，但通往這些城市的道路已經被巴比倫封鎖了，直到西元前九世紀，亞述國王撒縵以色三世（Shalmaneser III）才真正完成版圖的拓展。他在碑文上寫道：

為了報復，我向阿卡德進攻……並且取得勝利……我進入庫德（Kutha）、巴比倫和博爾西帕（Borsippa）。我向阿卡德聖城的眾神獻祭。我抵進下游的迦勒底（Chaldea）王國，收到迦勒底所有國王的貢品……那時，我偉大的主阿舒爾……授予我王權和權杖……讓我得以統治人民。我的行動只是根據我偉大的主，也是愛護我的主，阿舒爾發布的可靠指令行事。

撒縵以色三世記述了幾次軍事行動，指出他的勝利是因為獲得兩位神賜給他的武器：「我用我的主阿舒爾給我的非凡力量；我用我的領導者奈格爾給我的強大武器，與敵軍作戰」；根據描述，阿舒爾的武器具有「可怕的亮光」。與阿迪尼（Adini）交戰時，敵軍落荒而逃，是因為看見了「阿舒爾可怕的亮光；它擊潰了敵軍」。

巴比倫被亞述攻擊幾次後，最終被亞述國王西拿基立（Sennacherib）於在西元前六八九年滅亡。巴比倫之所以亡國，是因為它的神馬杜克被巴比倫國王和人民惹惱了，下令：「用七十年讓巴比倫荒涼」——這個宣稱就像《聖經》裡以色列神對耶路撒冷一樣。（編按：《耶利米書》25：12「七十年滿了以後，我必刑罰巴比倫王和那國民……」）西拿基立征服了整個美索不達米亞，被稱為「蘇美和阿卡德的國王」也是當之無愧。

西拿基立在碑文上還描寫了他在地中海沿岸的戰爭，這裡是埃及人通往西奈半島的門口。他攻陷的城市清單非常長，足以成為《舊約》的一章，西頓（Sidon）、推羅（Tyre，編按：現今譯為泰爾）、迦巴勒（Byblos）、亞柯（Akko）、阿什杜德（Ashdod）、亞實基倫（Ashkelon），這些《聖經》描述的「堅城」，全被他在「我主阿舒爾的武器，那令人敬畏的亮光」的幫助下，一一攻下。有一個浮雕描述了這件武器，其中之一是用於拉吉（Lachish，見圖4）的圍城之戰，攻擊一方用許多類似火箭的砲彈投擲守軍。西拿基立攻陷城市後，「殺死了他們的文武百官和皇親貴族……把屍體掛在降城的城柱上；平民百姓都成了俘虜」。

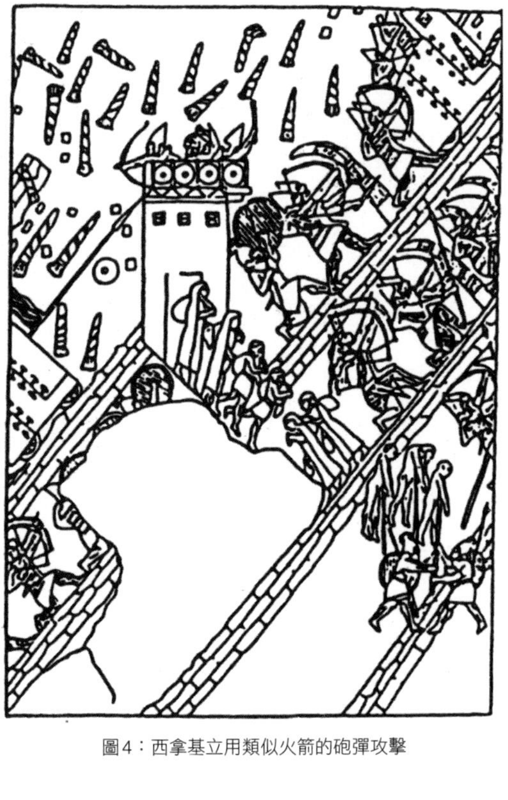

圖4：西拿基立用類似火箭的砲彈攻擊

一根西拿基立的棱柱，保存了一些具有歷史意義的碑文，上面提到他曾攻擊耶路撒冷、征服猶大。由此可知，亞述國王西拿基立和猶大國王希西家（Hezekiah）之間的交戰是史實；雙方爭奪非利士人駐地之一的以革倫（Ekron），猶大王曾俘獲了以革倫國王帕第（Padi），而這位國王是效忠於亞述之神阿舒爾。

西拿基立在碑文中寫道：「對於不從於我的猶大國王希西家，我圍攻了他四十六座堅城堡壘及無數鄰近的小村莊……我要在耶路撒冷皇城中捉到希西家本人；就像圍攻一隻被困在籠子裡的鳥兒……我把從他的土地上掠奪來的城市分封給阿什杜德國王米提里提（Mitinti）、以革倫國王帕第和迦薩國王舍尼博（Sillibel），因而削弱了他的國家。」

西拿基立圍攻耶路撒冷一事，有幾個有趣的地方。西拿基立不是透過直接的原因，而是經由一些間接的因素，就控制了以革倫國王。曾經用來攻擊腓尼基和非利士「堅固城」的「阿舒爾的武器，令人敬畏的亮光」，並沒有被用來對付耶路撒冷。在傳統的碑文結尾總會寫道「我和他們對抗，最終獲勝」這樣的宣稱，在此處並沒有出現；西拿基立透過將耶路撒冷周邊的疆域分給鄰國的國王，而縮小了猶大的勢力範圍。

此外，通常國王攻擊一片領土或一座城市時，都會宣稱是依照阿舒爾神的「可靠指令」行事，在西拿基立攻打耶路撒冷時也沒有出現。讓人不禁懷疑：這是否說明了西拿基立進攻耶路撒冷，並不是出於阿舒爾神的旨意，而只是他自己的突發奇想？

當我們讀到這個故事的另一面記載時，這種可能性就更高了。這份記載就在《舊約》裡。

雖然西拿基立掩飾他攻占耶路撒冷的失敗，但《聖經．列王紀下》的第十八和十九章，提供了完整的故事。我們從《聖經》中瞭解到，「猶大王希西家十四年，亞述王西拿基立上來攻擊猶大的一切堅固城，將城攻取」（《列王紀下》18：13）。隨後亞述王西拿基立派了拉伯沙基（Rab-Shakeh）和兩名將軍率大軍攻打耶路撒冷。亞述軍隊並沒有強行攻城，拉伯沙基是向守城將士喊話召降，而且為了讓城內的百姓都能聽懂，他堅持說猶大語。

他向百姓說了些什麼，讓百姓都能接受呢？《聖經》明確指出，其中內容涉及亞述入侵猶大是否得到耶和華的支持。「拉伯沙基說，你們去告訴希西家說，亞述大王如此說『你所倚靠的，有甚麼可仗賴的呢？』」（《列王紀下》18：19）

你們若對我說：「我們倚靠耶和華──我們的神……」現在我上來攻擊毀滅這地，豈沒有耶和華的意思麼？耶和華吩咐我說：「你上去攻擊毀滅這地吧！」（《列王紀下》18：22─25）

越來越多的猶大大臣上來城牆交涉，他們向拉伯沙基懇求，不要再用猶大語講述這些不實的事情，要他改用當時的國際通用語言亞拉姆語（Aramaic，又譯亞蘭語）交談，才不會讓城裡的百姓聽見，但拉伯沙基卻用猶大語更大聲的向百姓喊話。不久之後，他開始辱罵使者；接著開始詆毀希西家。不料，拉伯沙基順著自己的演講往下說，卻脫口而出，即使是耶和華也不能救耶路撒冷脫離亞述軍隊的攻擊。

當猶大王希西家聽見這些褻瀆耶和華的言辭時，他「就撕裂衣服，披上麻布，進了耶和華的殿……去見先知以賽亞，如此說『今日是急難、責罰及凌辱的日子……或者耶和華聽見拉伯沙基的一切話，這是他主人亞述王打發他來辱罵永生神的話』。耶和華聽見這話，就發斥責……耶和華如此說『亞述王……他從那條路來，必從那條路回去，必不得來到這城……我必保護拯救這城』」（《列王紀下》19：1─34）。

當夜，耶和華的使者出去，在亞述營中殺了十八萬五千人。清早有人起來，一看，都是死屍了。亞述王西拿基立就拔營回去，住在尼尼微（Nineveh）。（《列王紀下》19：35─36）

根據《舊約》記載，西拿基立回到尼尼微以後，「一日在他的神尼斯洛（Nisroch）廟裡叩拜，他兒子亞得米勒（Adrammelech）和沙利色（Sharezzer）用刀殺了他，就逃到亞拉臘（Ararat，又譯亞拉拉特）地。他兒子以撒哈頓（Esarhaddon）接續他作王。」（《列王紀下》19：37）。亞述的史料記載也確認了《聖經》的描述：西拿基立的確是被人刺死了，而由他年輕的兒子以撒哈頓繼承了王位。

以撒哈頓在棱柱B的碑文上，更加詳盡地描述了當時的情況。在大神的命令下，西拿基立宣布他年幼的兒子為繼位者。「他召集了亞述人民，無論老少，他要求我的兄弟，我父親的所有男性子嗣，在亞述神面前鄭重起誓……以使我安全繼位。」但這些諸侯隨後就違背了誓約，殺死了西拿基立，而且試圖再殺以撒哈頓；幸好神把他帶走，「並讓我待在一個隱蔽的地方……保護我繼承王位」。

在一段混亂之後，以撒哈頓接到了「來自神的可靠指令：『立即出發！我們將會讓你進軍！』」。

被派來保護以撒哈頓的是伊師塔女神。這時，以撒哈頓的一個弟弟，來自尼尼微的諸侯正在攻打都城，「伊師塔，戰場之女，希望我成為她的大祭司，於是站在我這邊。她破壞敵軍的弓箭，打亂敵軍的布陣」。一旦尼尼微軍隊亂了陣腳，伊師塔就代表以撒哈頓向他們發話。以撒哈頓寫道：「因為女神崇高的命令，他們就向我倒戈了，承認我當他們的國王。」

以撒哈頓和其繼位之子亞述巴尼帕（Ashurbanipal）都向埃及進攻，也在戰爭中使用了神賜的亮光武器。亞述巴尼帕寫道：「阿舒爾的亮光武器威力無比，能使法老失明，甚至精神錯亂。」

亞述巴尼帕在另一塊碑文記載，這些發出強烈而炫目亮光的武器是眾神的部分頭飾。在一個例子裡，敵軍「被神的頭飾所發出的亮光弄瞎了」。另一例則指出：「住在阿爾比勒（Arbela）的伊師塔，披著神火，戴著光芒四射的頭飾，向阿拉伯投下了熊熊烈火。」

《舊約》也提到這種亮光的武器可以把人弄瞎。《創世記》19：11寫道，當上帝的天使（意思是使者）要毀滅所多瑪城（Sodom）之前，門外的民眾企圖找到房門進來，所以天使「並且使門外的人，無論老少、眼都昏迷；他們摸來摸去，總尋不著房門」。

國王是神的工具

耶和華滅巴比倫及懲罰耶路撒冷

當亞述的王權越來越擴張，勢力範圍已經擴展到下埃及地區時，根據先知以賽亞的記載，亞述王忘記了他們僅僅是神的一個工具：「亞述是我怒氣的棍，手中拿我惱恨的杖。我要打發他攻擊褻瀆的國民，吩咐他攻擊我所惱怒的百姓。」但亞述王所做的遠超過了替神懲罰而已；「他心裡倒想毀滅，剪除不少的國」，這已經超出了神的意圖；因此，主耶和華宣布：「我必罰亞述王自大的心，和他高傲眼目的榮耀。」（《以賽亞書》10：5—12）

《聖經》預言了亞述將會滅亡：來自北方和東方的侵略者，聯合南方反抗的巴比倫人，宗教聖城阿舒爾在西元前六一四年淪陷，而王城尼尼微也在兩年後被攻陷和洗劫了。偉大的亞述帝國不復存在。

支離破碎的亞述帝國被埃及和巴比倫國王占領後，是埃及和巴比倫重整統治霸權的絕佳機會。這片埃及和巴比倫之間的土地再次成為兵家必爭之地，埃及在尼科（Necho）法老的領軍之下，率先攻占了這些領土。

另一方面，巴比倫帝國的尼布甲尼撒二世（Nebuchadnezzar II）——如他在碑文的記載——奉馬杜克的命令率軍隊西行。這次西征是因為「原來擁有該地主權的另一位神，不再統治雪松地了」；如今，「外國敵軍正在侵占及掠奪中」。

在耶路撒冷，耶和華和巴比倫結盟。根據先知耶利米的敘述，耶和華稱尼布甲尼撒（Nebuchadnezzar）為「我的僕人」，讓巴比倫國王成為其懲罰埃及諸神的工具：

萬軍之耶和華──以色列的神如此說：「我必召我的僕人巴比倫王尼布甲尼撒來……他要來攻擊埃及地，定為死亡的，必致死亡；定為擄掠的，必被擄掠；定為刀殺的，必交刀殺。我要在埃及神的廟中使火著起，巴比倫王要將廟宇焚燒……他必打碎埃及地伯示麥的柱像，用火焚燒埃及神的廟宇。」（《耶利米書》43：10─13）

神耶和華在這場戰爭中宣布，因為耶路撒冷人民向「天后」和「埃及神」奠祭，因而罪惡深重，他們將受到懲罰：「我必將我的怒氣和忿怒傾在這地方的人和牲畜身上，並田野的樹木和地裡的出產上，必如火著起，不能熄滅……我既從稱為我名下的城起首施行災禍。」（《耶利米書》7：20，25：29）所以，西元前五八六年，「在巴比倫王面前侍立的護衛長尼布撒拉旦（Nebuzaraddan）進入耶路撒冷，用火焚燒耶和華的殿和王宮，又焚燒耶路撒冷的房屋，就是各大戶家的房屋。跟從護衛長迦勒底的全軍，就拆毀耶路撒冷四圍的城牆」（《耶利米書》52：12─14）。然而，耶和華允諾這場洗劫將只會持續七十年。

馬杜克助居魯士攻陷巴比倫

實現耶和華的允諾，並重建耶路撒冷聖殿的是波斯國王居魯士大帝（Cyrus，編按：《聖經和合本》譯為古列）。居魯士的祖先是說印歐語，據信是從裡海地區南遷到波斯灣東岸的安善（Anshan）。部落首領名叫阿契美尼斯（Hakham-Anish，意思是聰明之人），他創立了後世稱為阿契美尼德（Achaemenid）的王朝，而繼位的居魯士、大流士（Darius）、薛西斯（Xerxes）則建立了波斯帝國。

西元前五四九年，居魯士繼位為安善國王時，他的領地位於埃蘭和米底（Median）邊陲。當時的權力中心巴比倫被拿波尼度（Nabunaid）所控，但他接任為王的情況和前幾任國王大不相同：拿波尼度不是經由馬杜克的任命，而是出於最高女祭司（拿波尼度的母親）和月神辛（Sin）的約定。殘缺的碑文記錄了對拿波尼度的最終指控：「他在這裡立了一座異教的雕像……稱其為『月神辛』……在歡慶新年的時候，他建議不舉行慶祝活動……他取消儀式，違背律法。」

當居魯士忙著和小亞細亞的希臘人征戰時，設法恢復巴比倫神之位的馬杜克「正在這些國家中尋找一個正直的統治者。他叫出了安善王居魯士的名字，而且任命他為這片土地的統治者」。

馬杜克看到居魯士的行為符合神的旨意之後，「命令居魯士攻打自己的城市巴比倫。馬杜克要居魯士出發前往巴比倫，並像朋友一樣和居魯士一同前往」。因此，居魯士在巴比倫神的陪同之下，不費吹灰之力就攻占了巴比倫。西元前五三八年三月二十日，居魯士在巴比倫的聖區「握住他的主馬杜克的手」。其後，他的兒子岡比西斯（Cambyses）在新年那天，恢復了對馬杜克的崇敬儀式。

岡比西斯：由真理和光明之神所選

居魯士留給繼承者一個前所未有的強大王國，領土囊括了之前近東的所有文明帝國：美索不達米亞的蘇美、阿卡德、巴比倫和亞述；東方的埃蘭和米底；征服北方；小亞細亞的西臺和希臘之地；腓尼基、迦南和非利士——如今，近東所有人都由波斯國王所統，都歸於最高之神阿胡拉—馬茲達（Ahura-Mazda）。阿胡拉—馬茲達是真理和光明之神。古代波斯描述這是一位長滿鬍子的神漫步在雲端（見圖5a），這種形容和亞述人對他們最高之神阿舒爾（見圖5b）的描述很相似。

西元前五二九年，居魯士去世時，當時唯一擁有獨立之地、崇敬不同神祇的國家只剩下埃及了。四年後，居魯士之子和繼位者岡比西斯，率領波斯軍隊來到地中海沿岸的西奈半島，在貝魯西亞（Pelusium）打敗了埃及；幾個月後，他進入埃及的王城孟斐斯（Memphis），稱自己為法老。

儘管岡比西斯贏了埃及，但他在埃及碑文中還是謹慎行事，沒有像在其他地方總是大肆宣稱「偉大之神，阿胡拉－馬茲達，選擇了我」，他承認自己沒有進入這處神所統治的地方。岡比西斯為了尊敬獨立的埃及眾神，在埃及神像前跪拜，接受埃及神的管轄。埃及祭司為了回報，便接受了岡比西斯統治埃及的正當性，並授予他「拉的後代」的稱號。

古代世界就此一統！由岡比西斯所統，而他是由「真理和光明之神」所選，也獲得埃及諸神的接受。人類和眾神都沒有互相征戰的理由了，地球出現和平！

圖5a：波斯最高之神：阿胡拉－馬茲達
圖5b：亞述最高之神：阿舒爾

人類之間的戰爭

但和平並沒有維持多久。地中海對岸的希臘，財富日增，權力漸長，並且野心勃勃。小亞細亞、愛琴海和地中海東部，地方和國際間的衝突漸增。西元前四九〇年，大流士一世企圖侵略希臘，卻在馬拉松（Marathon）戰敗；九年後，薛西斯一世在薩拉米斯（Salamis）戰敗。一個半世紀後，馬其頓王國的亞歷山大橫掃歐洲，發動大規模的征戰，遠至印度，致使人類的鮮血流淌在古代的每一片土地上。

亞歷山大是依照眾神「可靠的指令」行事嗎？與之相反。亞歷山大相信他的父親是一位埃及神，他在第一次抵達埃及時聽到這個神諭，知道自己有半人半神的血統。但神諭還指出他將會英年早逝，因而亞歷山大的遠征是為了尋找生命之水，只有喝下生命之水，他才能逃脫命運。

儘管亞歷山大攻城掠地，最終還是在鼎盛的英年早逝了。而從此之後，人類的戰爭一直是人類之間的戰爭了。

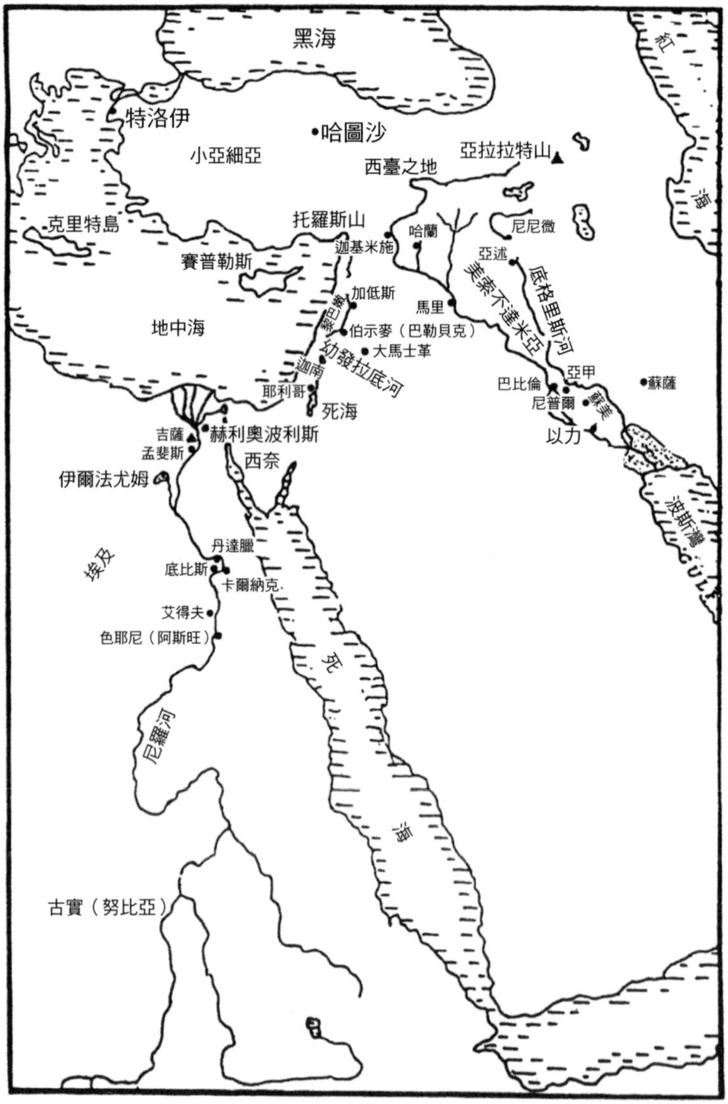
黑海
特洛伊
哈圖沙
小亞細亞
亞拉拉特山
西臺之地
紅海
克里特島
托羅斯山
哈蘭
尼尼微
迦基米施
賽普勒斯
亞述
美索不達米亞
底格里斯河
加低斯
馬里
地中海
伯示麥（巴勒貝克）
大馬士革
幼發拉底河
迦南
亞甲
巴比倫
蘇薩
耶利哥
尼普爾
死海
蘇美
吉薩
赫利奧波利斯
以力
孟斐斯
西奈
伊爾法尤姆
波斯灣
丹達臘
埃及
底比斯
卡爾納克
艾得夫
色耶尼（阿斯旺）
死
尼羅河
海
古實（努比亞）

圖：近東、埃及地圖

2・荷魯斯和塞特之間的戰爭

主張彌賽亞觀的艾賽尼派認為，神會在人類最後一場戰役中降臨，眾神將和人類聯合，戰場上交織著「神與人的吶喊聲」，這是對戰爭史的悲傷記事嗎？

答案是否定的。「光明之子和黑暗之子的戰爭」的預言指出，人類之戰的終結將和開戰時一樣：人和神並肩作戰。

聽起來不可思議的是，描述神第一場涉入人類戰爭的史料，真的存在。它就刻在艾德芙（Edfu）大神廟牆壁上的一段碑文，艾德芙是荷魯斯（Horus）掌管的埃及聖城。埃及傳說認為，荷魯斯建造了一間「神鐵」的鑄造廠，在那裡的圍場裡，他保留著能騰雲駕霧的翼碟。一份埃及文獻描寫，當鑄造廠的大門打開時，「翼碟騰空而起」：

拉神討伐叛亂

這份碑文（見圖6）描述的地域十分精確，也指出確切的日期——這個日期指的不是人類事務，而是有關眾神。它講述了在法老統治埃及很久以前，神治理埃及時發生的事情：

神聖者、地平線之鷹、永生的不朽者「拉」，在位的第三百六十三年，住在肯努（Khenn）的土地上。因為稱作瓦瓦（Ua-Ua）的敵人意圖進攻，於是拉和勇士們一起討伐。

拉坐船前往該地區，他的勇士們同行。拉在荷魯斯的王城登陸，王城坐落於該地的西部，是肯努居所的東邊，那時被稱作「皇家肯努」。

「有翼的測量者」荷魯斯，來到拉的船隻上。荷魯斯對祖先說：「啊，地平線之鷹，我看到敵人對王權虎視眈眈，企圖奪取

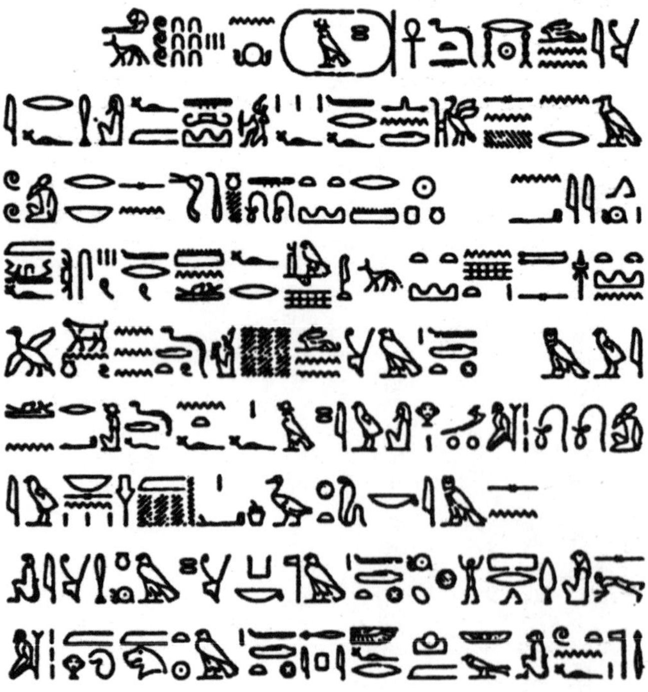

圖6：埃及神的戰爭

耀眼的王冠。」

古代文書官用簡潔的文字，就描述出這場即將展開的非凡戰役的背景。我們立刻明瞭，這場戰爭是拉神和荷魯斯的「敵人」為了奪取「耀眼的王權之冠」而發起。很顯然的，這可能是某位神或其他眾神所為。荷魯斯為了阻止拉神的船隻——而且是與「勇士們同行」——來到自己的總部位置，因此先來到拉神的船上。

從其他的一些記載中，我們瞭解到，拉神的「船隻」是一艘能帶領他航向天邊的天空之船。在這次事件中，拉神的船隻是在遠離水域的地方登陸，也就是瓦瓦的西部地區。他從那裡登陸了荷魯斯「王城」的東邊。荷魯斯迎接了他的祖先（編按：拉神是荷魯斯的祖父），向他報告「敵人」正在聚集武力。

接著，「神聖者、地平線之鷹」拉對「有翼的測量者」荷魯斯說：「我的子孫，現在你最重要的事情，就是快速擊退你看見的敵人。」

荷魯斯接受了命令，從翼碟起飛，在天際間尋找敵人：

於是，「有翼的測量者」荷魯斯起飛，飛向地平線上拉的翼碟；因此，從那一天起，荷魯斯被稱為「偉大的天國之神」。

荷魯斯的第一場空戰

荷魯斯在空中以翼碟飛翔，發現了敵軍，並向他們發動了一場「風暴」，但敵人既看不到也聽不見這場風暴，它在瞬間殲滅了敵軍。

他在高空中，從翼碟裡面，發現了敵軍，並從後面襲擊。他向前方發射了一場風暴，敵人既看不到也聽不見這個攻擊。一瞬間所有的敵軍全部喪命；沒有一個生還者。

之後，荷魯斯坐在「五彩繽紛」的翼碟裡，飛回拉神所在的船上，而且可以聽到魔法技藝之神圖特（Thoth）發出的勝利歡呼。

隨後，「有翼的測量者」荷魯斯，再一次回到五彩繽紛的翼碟；他回到了「地平線之鷹」拉的船上。

圖特說：「啊，眾神之主！『有翼的測量者』已經回到五彩繽紛的翼碟上了。」……因此，從那天起，他們就以「有翼的測量者」荷魯斯，命名該城為「比哈特之屋」（Hut Behutet）。

前述這場荷魯斯和「敵人」之間的戰爭，是在上埃及發生的。一八七〇年，海因里希・布魯格施（Heirenchi Brugsch）在《有翼的太陽天碟》（*Die Sage von der geflügten Sonnenscheibe*）中首次發表這篇碑文，並指出「肯努之地」是努比亞（Nubia），而荷魯斯攻擊敵軍的地方是在色耶尼（Syene）——即現在的阿斯旺（Aswan）。更多最近的研究，例如沃爾特・埃默里（Walter B. Emery）的《努比亞的埃及》（*Egypt in Nubia*），都認為塔肯努（Ta-Khenn）是努比亞，而瓦瓦則是它北方的地區——位於尼羅河第一瀑布和第二瀑布之間的區域（努比亞的北方地區則是古實〔Kush〕）。這些地理辨識似乎是對的，荷魯斯首次獲勝後所得到的戰利品比哈特城是艾德芙，艾德芙從那時候起就屬於荷魯斯。

鐵人部隊

傳統上一致認為荷魯斯在艾德芙建立了一間神聖的金屬製造廠，在那裡用「神鐵」鑄成獨特的武器。荷魯斯也在那裡訓練了一支「鐵人」（mesniu）的軍隊。在艾德芙神廟的牆上，這些戰士被描述成光頭，身穿深領上衣，雙手各持武器。有一個身分不明的武器，外形類似魚叉，象形文字是 ，結合了「神鐵」和「鐵人」。

根據埃及的傳說，「鐵人部隊」是第一批由神武裝的人類軍隊，配備鋼鐵製成的武器。我們接下來會從傳說中看到，這些人就是第一批受到一位神的徵召，去和其他神戰鬥的人類軍隊。

在阿斯旺和艾德芙之間的區域，現在已經整裝待發，有全副武裝且受過訓練的人類戰士，神已準備好要北伐埃及的中心地帶了。而首戰告捷，顯然也加強了眾神的聯盟，我們已經知道，亞洲神伊師塔（埃及文獻用她的迦南名字亞斯他錄〔Ashtoreth〕）就加入了聯盟。荷魯斯盤旋在空中，請拉神偵查下方的土地：

荷魯斯說：「啊，拉！向前進攻吧。尋找下方土地上的敵人！」

於是「神聖者」拉出發前行；同行的還有亞斯他錄。他們在這片土地上尋找敵軍的蹤跡；但他們都躲藏起來了。

因為敵人不在視線內，拉神想到一個主意：「拉對同行的神說：『因為敵人藏在陸地上，所以我們從水上出發。』從那天起他們就走『水路』。」拉神的船隻有水陸兩棲的功能，但荷魯斯需要一艘水上工具。因此，他們給了荷魯斯一條船，「叫做馬克艾（Mak-A，意思是偉大的保護者）」。

緊接著，人類參與的第一場戰爭發生了：

但敵人同樣也走了水路，如鱷魚和河馬般潛行，攻擊了「地平線之鷹」拉的船……接著「有翼的測量者」荷魯斯和他的助手們出現了，這些助手是英勇的戰士，每個人都有名字，手持神鐵和鐵鍊，擊退了如河馬和鱷魚般的敵人。

他們把六百五十一名敵人趕到一處；然後在那裡的城市殺了他們。

「地平線之鷹」拉對「有翼的測量者」荷魯斯說：「這裡賜給你，就像你在南方獲勝而得到了該城一樣。」

全面獲勝

荷魯斯從水、陸、空三方擊潰了敵軍，贏得完全的勝利；圖特發起了慶祝：

接著，圖特對其他的神說：「啊，天國之神，讓你的心為之歡呼吧！啊，大地之神，讓你的心歡呼吧！年輕的荷魯斯帶來了和平，打了一場漂亮的勝仗。」

於是，翼碟也成為荷魯斯獲勝的象徵：

從那天開始，金屬徽章代表荷魯斯。荷魯斯的標誌成了翼碟，並把它掛在拉的船頭。北方女神和南方女神，分別以兩條蛇的樣貌，被他放在兩旁。而荷魯斯就站在拉的船上這個標誌的後面，手持神鐵和鐵鍊。

儘管荷魯斯被圖特稱作帶來和平的人，但和平仍舊沒有來到。當眾神繼續北伐，「他們在底比斯（Thebes）東南方的平地上看見兩個亮點。拉神對圖特說：『這是敵人，讓荷魯斯消滅他們……』荷魯斯隨後瘋狂屠殺。」

再一次，荷魯斯又在他訓練的人類武裝部隊的幫助下，獲得了勝利；圖特則在這場戰爭勝利之後，為這些地方命名。

第一次空戰的勝利，使埃及從色耶尼（阿斯旺）的努比亞分離出來，而陸戰和水戰的勝利，則讓荷魯斯擁有了尼羅河彎道底比斯到丹德拉（Dendera）的地區。那裡有很多神廟和王權駐地。現在，戰道已經開到了埃及的中心地帶了。

向北方湖區追擊

眾神繼續向北行進了許多天。荷魯斯一直從翼碟在空中觀察，拉神和隨行者沿著尼羅河向下游航行，武裝的人類戰士則在陸地上守護側翼。隨後發生了一連串短暫但激烈的衝突；這些地名——標誌在古埃及的地圖上——指出眾神挺進紅海至地中海的湖區（其中一些地方迄今仍存在）：

> 敵人遠離了這裡，去了北方。他們藏身於水域，面向地中海的底部；他們對荷魯斯充滿了恐懼。
>
> 但「有翼的測量者」荷魯斯乘著拉的船一路緊追，手握神鐵。
>
> 而他的助手們，拿著神鐵的武裝部隊，四面埋伏。

但包圍敵人的攻擊策略並沒有成功：「他在水域追擊敵人四天四夜，卻都沒有發現敵軍。」拉神建議荷魯斯再一次乘翼碟返回空中，這樣荷魯斯便可以看見逃離的敵人；「他把神槍往敵人背後猛投，然後殺死他們。他還把一百四十二名敵人帶到拉的船頭」，快速處決。

現今艾德芙神廟上的碑文，是從更早的碑文轉刻下來的，上面記載這場神的戰爭開啟了新的篇章。後來，敵人設法逃脫，「他們沿著北方的湖區前行，目標朝向地中海，希望能從水路到達。但神使他們的內心充滿了恐懼，當時他們逃到水域中央，從西湖往海域走，企圖回到塞特（Seth）之地的陣營」。

這些經文不僅提供了地理資訊，也是第一次指出「敵人」是誰。軍事衝突已經轉到古代的湖泊區了，當時的湖泊區比現在更廣大，是將埃及本土和西奈半島分開的天然屏障。而在水域屏障的東方，就是塞特的領土——塞特是荷魯斯的叔父，他之前殺死了荷魯斯的父親奧西里斯（Osiris）。現在我們知道了，荷魯斯從南方一路追擊的敵人，正是塞特。而荷魯斯已經抵達埃及和塞特的分界線了。

在荷魯斯率領人類武裝部隊上前線，以及等待拉神乘船抵達戰地之前，曾有一段休戰期間。而塞特也重新整軍，穿越水域，接下來一場大戰就要展開了。在這場戰役中，有三百八十一名敵軍被俘和處決（史料並沒有記載荷魯斯陣營的傷亡人數）；接著，荷魯斯急速穿過水域，到達塞特的領土。

據艾德芙神廟上的碑文記載，塞特大怒，發動了一連串的戰鬥，有陸戰，也有空戰，而且是神與神之間的對決。關於這場戰爭，已經找到幾個不同的版本記載。有趣的是，瓦利斯．布奇（E. A. Wallis Budge）在《埃及人的諸神》（*The Gods of the Egyptians*）提出了一項事實：這顯然是人類第一次加入神與神之間的戰爭，那些手持神鐵的人類部隊幫助荷魯斯獲勝：「很顯然的，荷魯斯將打勝仗歸功於他優越的武力，他和部下所持的武器與製作的材料，都比敵營精良。」

根據埃及人的記載，就這樣，人和人之間也學會了武裝對戰。

當所有的戰爭結束後，拉神對「荷魯斯的鐵人部隊」深表滿意，並且下令他們可以「住在聖地」，並給這些人類士兵美酒及賞賜，「做為他們殺死了荷魯斯的敵人的獎勵」。他們就在艾德芙定居，這裡除了是荷魯斯在上埃及的首都，該地——希臘人叫做塔尼斯（Tanis），《聖經》裡的瑣安（Zo'an）——也是神在下埃及的首都。隨著時間的推移，這些人類士兵逐漸超越了純粹的軍事角色，獲得了沙斯赫（Shamsu-Hor，意思是荷魯斯的隨從）的稱號，擔任荷魯斯的助手和使者。

埃及歷代統治者

艾德芙神廟牆上記錄的這場戰爭，是從更早的來源抄錄下來的；而且原始的紀錄是何時、何人所記，並沒有人知曉。研究這份碑文的學者已經找到精確的地理位置，而經文的其他資訊，用如同布奇所說：「我們還無法得出這則神話的完整內容；但幾乎可以確定的是，這場戰爭能獲勝，是歸功於比哈特之屋（艾德芙的荷魯斯），這裡很早就有稱霸的征服者加以建設了。

就像所有埃及的古代經文一樣，艾德芙神廟記載的經文也是以具體的年代開頭：「在三百六十三年。」這些年代通常意指法老統治的年份；每位法老都有元年、二年等。然而問題是，這篇經文沒有提到國王，而是在講神——一場發生在神之間的戰爭。這篇經文記載的是神統治埃及第「三百六十三年」裡發生的事情，它將我們帶回到神統治埃及的時代。

確實有一段時期，埃及是由神所統治，埃及傳說如此記載著。西元前五世紀，希臘的歷史學家希羅多德（Herodotus）多次訪問埃及，從祭司那裡記下法老王朝和統治的歷史，他寫道：「埃及的第一位國王，修建了水壩，讓孟斐斯不被尼羅河淹沒。」這位國王轉移了尼羅河河水的流向，並填河造陸，建設成孟斐斯。除了這些建設之外，祭司還說，他在城內修建了一座巨大的瓦肯（Vulcan）神廟。

「我們從紙莎草書得知繼位的三百三十位君王的名字。其中，有十八位衣索比亞國王，一位當地的女王；其餘都是埃及國王。」

祭司向希羅多德展示了歷代法老的雕像，還講了其中一些法老的生平細節，以及他們所宣稱的神聖血統。「這些雕像所代表的法老，離神統治埃及非常遙遠了。」希羅多德寫道，並且繼續說，然而：

> 在這些法老之前的時代，埃及是另一番光景：埃及被眾神統治著，神與人住在地球上。其中有一位最高的神，優於其他眾神。最後一位統治埃及的神是荷魯斯，他是奧西里斯之子。荷魯斯相當於希臘人稱為阿波羅（Apollo）的太陽神。太陽神打敗了泰風（Typhon），是統治埃及的最後一位神。

西元一世紀的猶太歷史學家約瑟夫．弗拉維（Josephus Flaviu）在《駁斥阿比安》（*Against*

Apion）裡，引述了埃及祭司曼涅托（Manetho）的著作。曼涅托的著作尚未被發現；但曼涅托確有其人，因為後來的希臘歷史學都引用了他的著作。現在一致認為曼涅托（他名字的象形文字是圖特的禮物）是一位大祭司和偉大的學者，他在西元前二七〇年左右，受托勒密法老（Ptolemy Philadelphus）之命，寫成了《埃及史》巨作。手稿原來放在亞歷山大圖書館裡，但西元六四二年，這座圖書館和館藏被穆斯林征服者施放的大火焚燒，原稿與其他無價的史料一起被燒毀了。

曼涅托是第一個將埃及劃分朝代的歷史學家，這種分法一直沿用迄今。曼涅托列出的埃及國王列王，包含了名字、統治時間、繼承順序和其他一些相關的資訊，都經由朱利葉斯・阿弗里卡納斯（Julius Africanus）和西元三、四世紀該撒利亞的優西比烏（Eusebius of Caesarea）流傳下來。這兩本和其他以曼涅托為基礎所寫的書，一致將美尼斯（Menes）列為埃及第一王朝的首位法老和第一位統治埃及的人類國王。希羅多德根據自己的調查，也同意美尼斯是統治埃及的第一位國王。

現代的考古發現也證實了這個說法，例如在阿拜多斯（Abydos）發現的碑文（見圖7），法老塞提一世（Seti I）和其子拉美西斯二世，列出了七十五位先王，第一位先王名叫米納（Mena）。

如果希羅多德對埃及王朝的年代記載為真，那麼他對「之

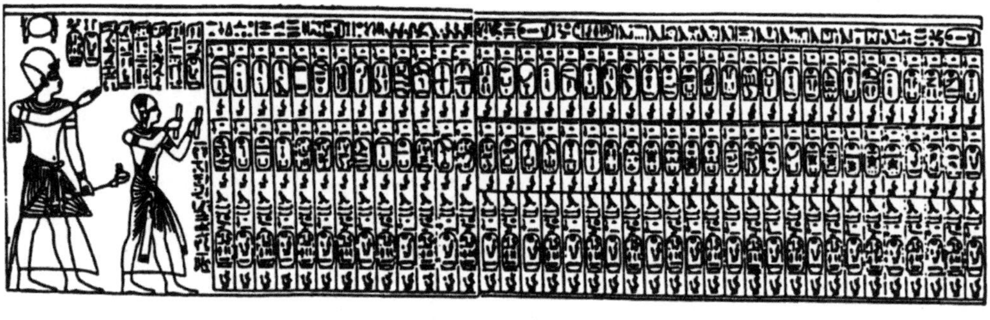

圖7：埃及法老列表

前埃及被諸神統治」的描述也是正確的嗎？

我們發現，曼涅托和希羅多德的說法一樣。他寫道，在法老王朝之前還經歷了四個王朝——這四個王朝有兩個是由神統治，一個是由半神半人統治，以及一個過渡的時期。他寫道，起初，埃及被七位神統治了埃及整整一萬兩千三百年。

曼涅托寫道，神的第二王朝由十二位神依序統治。第一位神是圖特，統治了一千五百七十年。他說，第一王朝和第二王朝共有十九位神，總共統治了埃及一萬三千八百七十年。接下來第三王朝的統治者則是三十位半神半人，共統治了埃及三千六百五十年。這樣算起來，第一、第二、第三王朝就有四十九位神或半神半人，共統治了埃及一萬七千五百二十年。接下來的三百五十年是過渡時期，埃及沒有一統天下的統治者；在這段混亂時期裡，有十個人類接續掌權。之後，人類才建立了第一個由人統治埃及的法老時期，建都獻給普塔（Ptah）——普塔就是希羅多德記載的瓦肯。

由七位神統治的第一王朝

神祇名稱	統治時間
普塔（Ptah）	九千年
拉（Ra）	一千年
舒（Shu）	七百年
蓋布（Geb）	五百年
奧西里斯（Osiris）	四百五十年
塞特（Seth）	三百五十年
荷魯斯（Horus）	三百年
七位神總計	共一萬兩千三百年

迄今一個半世紀的考古發現，以及埃及象形文字的記載，讓學者推估人類的法老王朝可能是從西元前三千一百年開始；事實上，一位被埃及象形文字讀作「門」（Mên，人的意思）的統治者，在一統上埃及和下埃及之後，就建立了新都城，取為門奈菲（Men-Nefer，意思是美麗的人類，這座都城被希臘人稱為「孟斐斯」）。曼涅托寫道，這位統治者在混亂的過渡期後，統一了埃及。有一塊巴勒莫石碑（Palermo Stone）保存得相當完好，記載著埃及在美尼斯之前，至少有九位頭戴紅冠的國王統治了下埃及。已發現的墓葬品指出這些古老的國王，名字有「蠍子」、卡（Ka）、熱舍爾（Zeser）、那爾邁（Nanner）和斯馬（Sma）等。埃及著名的歷史學家弗林德斯．皮特（Flinders Petrie）在他的《第一王朝的王陵》（*The Royal Tombs of the First Dynasty*）和其他著作都指出，這些名字和曼涅托所列出的混亂時期在塔尼斯的十位掌權者的名字是一致的。皮特建議，埃及在第一王朝之前的時代可以稱為「第零王朝」。

《都靈莎草紙》（*Turin Papyrus*）記載的王表是埃及王權的重要考古文獻，也記錄了之前由神開始統治埃及的時代，名單有拉、蓋布、奧西里斯、塞特和荷魯斯，接下來是圖特、瑪阿特（Maat）和其他神祇。這份王表記載的荷魯斯統治時間，和曼涅托的說法一樣，都是三百年。這份一直記錄到拉美西斯二世為止的莎草紙列表中，在神統治埃及之後的三十八位半神半人：「有十九位白牆首領和十九位北方尊者。」《都靈莎草紙》還記載，在半神半人統治埃及和第一位法老美尼斯之間，還有一些人類統治者得到荷魯斯的支持；他們被稱為沙斯赫！

一八四三年，埃及文物館館長薩繆爾．比爾奇（Samuel Birch）博士在倫敦大英博物館為皇家文學會致辭時宣布，他在《都靈莎草紙》和殘篇中一共找到了三百三十個名字，這個數字「和希羅多德提到的三百三十位國王吻合」。

即使埃及學家在細節上各持異議，但一致認為考古發現支持了古代史學家所提供的資訊，在美尼斯統治埃及之前的混亂時代有十位統治者；而在混亂時代和荷魯斯、奧西里斯等神統治埃及之間，必然還存在一個時代。學者認為統治埃及這個時代的不是「神」，而是「神化」的人類。

為了使這個問題的答案更加明朗，我們可以從美尼斯重新統一埃及後所選的都城開始。我們發現，選擇定都於孟斐斯並不是出於偶然；它涉及到一些和神有關的事情。興建孟斐斯具有某種象徵意義：美尼斯將這座城市建在一塊人造土丘上，而這塊土丘正是和尼羅河轉向、築壩、開墾土地有關。美尼斯的做法實際上模仿了埃及最初被創造時的情況。

埃及學者認為，「最早的時候，一位非常偉大的神」來到埃及，這時埃及還在河水及泥濘之中。這位神修築堤壩，攔住尼羅河水，開墾田地，把埃及從河水中抬起，這說明了埃及的意思是「被抬起來的土地」。這位老神叫做普塔，是「天國和大地之神」，人們認為普塔是一位偉大的工程建築大師。

埃及是被抬起來的土地，這個傳說的真實性也獲得了科技上的證據。尼羅河在色耶尼（**阿斯旺**）之下是一條平靜的河流，船隻可以航行；但在此之前，也就是尼羅河的上游非常湍急，有瀑布奔流。就像今天尼羅河的水位是由阿斯旺大壩調節一樣，顯然在史前埃及也是如此。埃及傳說流傳著，普塔在阿布（Abu）島上建立了行動基地，而且從希臘時代就描述了這座島的巨大；它正位於阿斯旺的尼羅河第一大瀑布上。古代經文和繪畫（**見圖8**），把普塔描繪成一條大蛇，在地下洞穴裡控制尼羅河的水位。經文寫道：「他修建了阻擋洪水的大門，他在適當的時候扣上了門閂。」以科技工程的專業術語解釋古代的經文：普塔在合適的地方修建了「兩個洞穴」（**兩座相連的水庫**），這兩座水庫可以開關，「鎖上」及「開鎖」，以人為的方式控制尼羅河的水流和水位。

埃及人稱呼普塔和其他神為尼特（Ntr，**意思是守護神、守望者**）。埃及人寫道，這些神從是從塔烏爾（Ta-Ur）這個「很遠的地方」來到埃及，烏爾的意思是「古老」，而且是真實存在的——美索不達米亞和《聖經》都出現這個地名：它就是位於美索不達米亞南部的古代烏爾城。連接美索不達米亞和埃及的紅海海峽，被稱為塔尼特（Ta-Neter），意思是「眾神之地」；這些神來自該地，經過紅海，來到埃及。這裡就是《聖經》記載的「閃」（Shem）之地而來，「閃」一字令人費解，因為它指出來到埃及的第一批老神和閃族（Shemtic）——阿卡德人——有關。「普塔」一名在古埃及語中並沒有特殊含義，但在閃語中可以解釋為「他透過開拓和開鑿來造物」。

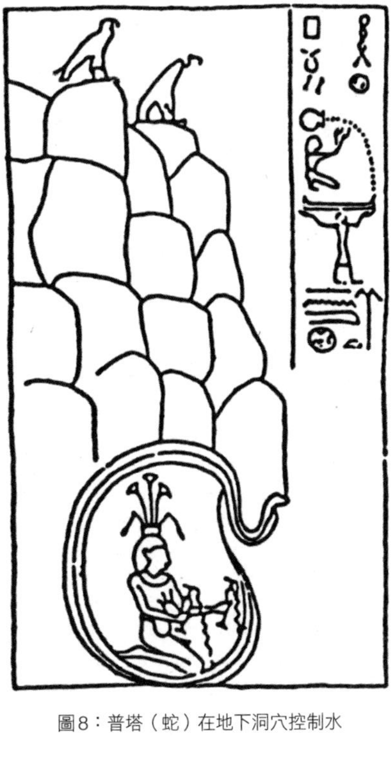
圖8：普塔（蛇）在地下洞穴控制水

根據曼涅托的記述，我們知道在九千年之後，普塔之子——拉成為埃及的統治者。拉的名字在古埃及語中同樣沒有任何特殊含義，但因為拉的象徵物是明亮的天體，學者認為「拉」意味著「明亮的」。我們知道，拉的別稱之一是「天」（Tem），這詞在閃語的含義是「完整、唯一的統治者」。

埃及人認為，拉是從「百萬年行星」上乘著天體駁船來到地球，這艘太空船的錐形上半部叫做本本（Ben-Ben，意思是尖角鳥），後來被放在聖城阿努（Anu）——也就是《聖經》中的安城，以及希臘人所稱的赫利奧波利斯（Heliopolis）——之中。埃及各王朝的國王都要來安城朝聖，瞻仰本本以及其他與拉的天體之旅有關的紀念物。這是讓拉到「天」的東西，也就是《聖經》裡記載以色列人被埃及人奴役，修建了比東（Pi-Tom，意思是天之門）。

埃及王位之爭

赫利奧波利斯的祭司是最早記下埃及眾神的傳統習俗的人，他們也記錄了第一個「神團」，這個神團由九位「神護」組成，由拉神帶領著另外四對神侶。當拉神不想待在埃及時，接管的第一對神侶是拉的孩子：舒（Shu，意思是大氣）和泰芙努特（Tefnut，意思是水分）；他們的任務是幫拉神控制地球的天空。

舒和泰芙努特成為後來凡人法老的典範：國王選了他同父異母的姊妹為王后。依據傳說和曼涅托的記載，舒和泰芙努特的下一代統治了埃及，他們也是一對兄妹夫妻：蓋布（Geb，意思是堆積大地的人）和努特（Nut，意思是延伸天空）。

有些學者認為埃及眾神的傳說只是一種神話，就像先民觀察自然現象，從中想像出眾神一樣，蓋布代表了神化的大地，而努特則代表了神化的天空；稱蓋布為父、稱努特為母的眾神，是從天地一體所生。但如果從《金字塔經文》（*Pyramid Texts*）和《亡靈書》（*The Book of the Dead*）的文字字義來解讀，蓋布和努特會被這麼稱呼，與本無鳥（Bennu）的週期性出現有關，希臘人正是從埃及人那裡獲得了不死鳳凰的傳說：傳說中，鳳凰鳥的形狀似鷹，羽毛有紅金兩色，每經過幾千年會重生一次。從本無鳥和拉神乘坐到地球的工具（本本）的字義來解讀，那麼，蓋布是參加了地球上的土木建設，而努特「延伸天空」。顯然這是帶眾神來到「雄獅之地」的豐功偉業；蓋布在那裡「打開了地球」，而來自於「延伸的天空」的巨大球形物體出現在地平線上。

蓋布和努特完成了前述功勳之後，將埃及的統治權直接交給他們的四個孩子：阿薩爾（Asar，意思是全視者，希臘人稱為奧西里斯）和阿斯特（Ast，更有名的稱呼是愛西絲〔Isis〕）、塞特和奈芙蒂斯（Nephtys，或叫做Nebt-Hat，意思是房屋之女）。這四位神都是手足，奧西里斯和塞特是兄弟，愛西絲和奈芙蒂斯是姊妹。奧西里斯娶了愛西絲，塞特則是娶奈芙蒂斯，他們一同統治著埃及。埃及傳說和這四位神有關；但埃及人描繪這些神（見圖9）時，塞特從來都是動物面孔：他的臉永遠不會出現；塞特之名的含義也讓埃及學學家困惑至今，即使塞特和《聖經》中亞當和夏娃的第三個兒子的名字一模一樣。

因為兩兄弟分別娶了自己的兩個姊妹為妻，神面臨了嚴重的繼承問題。唯一可行的辦法是使王國分裂而治：奧西里斯統治北方的低地（下埃及），塞特得到了南部的山地地區（上埃及）。我們只能夠從曼涅托的編年史中，猜測出這種劃分持續了多長的時間：但可以肯定的是，塞特並不滿足於他所得到的疆域，於是他想盡一切辦法要控制整個埃及。

學者認為，驅使塞特的唯一動機是對於權力的渴望。一旦我們掌握住神權的繼承規則，就能理解這些法則造成了神（以及後來的人類）繼承之間的爭執糾紛。神（以及後來的人類）除了法定的元配之外，還可以擁有一個以上的妾，以及外遇生下的孩子。第一個繼承規則就是：法定元配所生的嫡長子是王位的合法繼承人。如果法定元配沒有生下子嗣，任何妾所生的庶長子則獲得繼承權。然而，不管什麼時候，只要元配生下了兒子，那麼庶長子原來得到的繼承權就全被取代了。

由於這種習俗，使得天國和大地的眾神之間產生許多對立和紛爭，而且我們認為這也解釋了塞特的基本動力。這種推測的根據之一是普魯塔克（Plutarch）的《愛西絲和奧西里斯》（*De Iside et Osiride*）。普魯塔克是西元一世紀的歷史傳記作

圖9：古埃及重要神祇（奧西里斯、愛西絲抱荷魯斯、奈芙蒂斯、塞特）

家，他寫下了當時有關近東諸神的希臘和羅馬歷史傳說。當時人們相信普魯塔克所依據的埃及消息來源，就是出於圖特。圖特本身是神的文書官，記錄了眾神在地球上的歷史事蹟。

普魯塔克在書的開篇寫道：「現在關於愛西絲和奧西里斯的故事，最重要的部分被保留下來，多餘的部分則被省略了。」希臘人一向把努特和他們的眾神之母瑞亞（Rhea）女神相比。普魯塔克記載，努特生養了三個兒子：第一個兒子是奧西里斯，最後一子則是塞特。她還生下兩個女兒，愛西絲和奈芙蒂斯。但這些孩子的父親並非都是蓋布：只有塞特和奈芙蒂斯是蓋布的孩子。奧西里斯和次子，是拉神和他的孫女努特偷情所生。至於愛西絲，則是圖特所生，圖特相當於希臘的赫耳墨斯（Hermes）；圖特也「愛上了同一位女神」，以各種方式「報答他從她那裡得到的情意」。

隨後，故事這樣發展：蓋布原來的合法繼承人是塞特，因為他是蓋布和配偶努特所生的唯一兒子，但不是蓋布親生的長子奧西里斯卻得到了繼承權，因為他的血脈是傳自更大的拉神。兄弟爭嫡還不夠，更複雜的是他們還爭取下一代的繼承權，只要誰能讓同父異母的姊妹生下兒子，就有了繼承權。於是，這兩個兄弟開始競爭，以確保自己的兒子將是下一任王位的合法繼承者。為了達到這個目的，塞特只能和他同母異父的妹妹愛西絲生下兒子，而和奧西里斯同母異父的姊妹有兩名，愛西絲或奈芙蒂斯都能為他生下同母異父的兒子。但奧西里斯為了要阻止塞特的計畫，娶了愛西絲為妻，讓塞特沒有生下王位繼承人的機會。塞特後來娶了奈芙蒂斯；但因為奈芙蒂斯和他是同父同母，其後代就失去了繼承的資格。

這就是塞特對奧西里斯的衝突越演越烈的背景；奧西里斯除了剝奪塞特個人的王位之外，還奪取了塞特獲得下一任繼承人的權利。

根據普魯塔克所述，在「衣索比亞的阿索（Aso）女王」訪問埃及的時候，塞特報仇的機會來了。塞特和支持他的人策劃了一場歡迎女王的宴會，所有神都獲邀赴宴。塞特的陰謀是做了一個足以裝下奧西里斯的大木箱：「他帶著這個大木箱來到宴會廳；向眾神致敬後，開玩笑似的向在場的人說，這個大木箱將送給最符合尺寸的人。於是，宴會上的眾神一個接一個都進去箱子試躺。」

最後，奧西里斯被騙進木箱裡，塞特的同謀者立刻一擁而上，用鐵釘封住了木箱。他們將裝有奧西里斯的木箱帶到塔尼斯，在尼羅河流入地中海的地方，把箱子丟進河裡。

愛西絲身著喪服，剪掉一縷頭髮表示悲痛，前去尋找裝有奧西里斯屍體的木箱，「最終她得到了箱子的消息，它已經被海浪帶到比布魯斯（Byblos，**在今日的黎巴嫩，編按：《聖經》中的迦巴勒**）。愛西絲找到了裝有奧西里斯屍體的箱子，並在她想到讓奧西里斯復活的方法之前，就先將木箱藏在一個荒蕪的地方。但塞特得知消息後，奪走了箱子，將奧西里斯的屍體砍成十四塊，分散到埃及各地。

愛西絲再度尋找丈夫四散的肢體。有一些版本說，愛西絲將找到的部分肢體就地埋葬，於是當地變成了崇敬奧西里斯的地方；另一些則記載，愛西絲將她找到的肢體接合起來，演變成製作木乃伊的傳統。所有版本一致認為，愛西絲除了沒找到丈夫的陽具之外，其餘肢體都找到了。

然而，愛西絲在處理屍體的最後步驟之前，試著從奧西里斯的屍體抽取其「精華」，用來讓自己受孕，並產下了荷魯斯。愛西絲將新生的荷魯斯藏在尼羅河三角洲生長紙莎草的沼澤地區，以免被塞特發現。

接下來的故事，在許多傳說中都有記載：它透過在莎草紙上不斷抄寫複製，最終形成了《亡靈書》的章節，或是成為《金字塔經文》的詩歌。這些傳說構成了一齣經典戲劇，劇中涉及了爭權、奪嫡、綁架、死而復生、同性戀，以及一場奪取神權的大戰。

幾乎所有人都相信，奧西里斯死去了，沒有留下王位的繼承人，因此塞特認為這是強娶愛西絲生下嫡子的大好機會。他綁架了愛西絲，嚴密看守，要她答應下嫁。但愛西絲在圖特的幫助下，逃出了囚禁之處。根據「梅特涅石碑」（Metternich Stela）的記載，愛西絲用自己的話語，描述了她如何在夜裡脫逃，冒險到達荷魯斯藏身的沼澤地。她發現荷魯斯被蠍子螫到而瀕臨死亡（見圖10）。我們可以從經文推測，正是荷魯斯垂死，才讓愛西絲想要逃出塞特的監禁。愛西絲的哭聲引來了住在沼澤地的所有人，但他們都對快死的荷魯斯束手無策。隨後飛來了一艘太空船，適時伸出援手：

圖10：被蠍子螫到的荷魯斯

> 愛西絲的叫喊聲傳到天上，向百萬年之船求救。
> 太空船停了下來，但沒有降落到地面上。
> 圖特從太空船下來。他擁有神奇的力量，能讓所言成真。
> 他說：「啊，神聖的愛西絲女神，妳有智慧之口，沒有任何邪惡的力量能帶走荷魯斯這個孩子，因為他受到拉的船的保護。我乘坐太空船，從它昨天所在之地來到這裡。當夜晚來臨時，這道光能驅走荷魯斯體內的蠍毒，治癒他……我為了孩子的母親，從空中下來拯救他。」

一些文獻記載，因為圖特的巧妙療癒力，讓荷魯斯免於一死，且獲得了終身的免疫力，不會有任何疾病，成為納曲—阿提夫（Netch-atef，意思為報父仇之人）。支持奧西里斯的眾神，以軍事教育訓練荷魯斯，培養他成為這一方的神聖王子。等到時機來臨的那天，他在眾神集會時現身，宣告自己是奧西里斯的繼承人。

許多神對於荷魯斯的出現感到驚訝萬分，但其中最吃驚的就是塞特了。所有人都表示懷疑：荷魯斯真的是奧西里斯之子嗎？在《切斯特．比替聖經殘卷》（*Chester Beatty Papyri*）第一卷中，塞特建議其他神先離開，讓他和這個突然出現的侄子和平商議。他邀請荷魯斯，「來我的家裡作客」，荷魯斯同意了。但塞特心裡並不打算和平解決，而是設計了陰謀：

當黃昏之時，床已經鋪好了，塞特邀荷魯斯同睡。到了夜晚的時候，塞特把自己的陽具弄挺，侵犯了荷魯斯。

當眾神再次集會時，塞特要求王權繼續歸他，因為荷魯斯已經失去資格了：不管荷魯斯是不是奧西里斯之子，體內有沒有奧西里斯的血脈，現在他的身上已經有塞特的精子了。荷魯斯的繼承權是在塞特之後，而不是先於塞特！

但荷魯斯出招，讓眾神又嚇了一跳。荷魯斯說，當塞特向荷魯斯射精時，「我把精液拿在手裡。」他在清晨將塞特的精液交給母親愛西絲，告訴她所發生的一切。愛西絲立刻讓荷魯斯的陽具挺起，弄出自己的精液，並把精液裝在杯子裡。隨後她來到塞特的花園裡，將這杯精液倒在萵苣上，讓塞特在不知情中吃下荷魯斯的精子。因此，荷魯斯向眾神宣布：「不僅塞特的精子不在我的體內，他的身上才有我的精子！所以失去資格的是塞特！」

眾神困惑不已，請圖特來解決這個問題。圖特檢查了荷魯斯放在容器裡交給其母親的精液；那的確是塞特的。他隨後檢查了塞特的身體，證實了他體內有荷魯斯的精子……

塞特被激怒了，不讓討論繼續下去。這個問題只有以武力解決了，他咆哮著離開了。

依照曼涅托的記載，那時塞特已經在埃及掌權了三百五十年。如果加上愛西絲尋找奧西里斯十三塊肢體所花費的十三年，的確是拉神在統治埃及的「第三百六十三年」，在努比亞招募荷魯斯，發動戰爭對抗「敵人」。薩繆爾．莫瑟（Samuel Mercer）在《荷魯斯，埃及皇家之神》（*Horus, Royal God of Egypt*）用一句話總結了學界的意見：「荷魯斯和塞特之間的衝突是一起歷史事件。」

荷魯斯和塞特的衝突

根據艾德芙神廟上的碑文記載，荷魯斯和塞特第一次的正面衝突是在「眾神之湖」，那座湖後來被人們稱為「戰爭之湖」。荷魯斯用他的神槍擊中了塞特；當塞特倒下時，荷魯斯抓住他，把他帶到拉神的面前。「他的長矛架在塞特的脖子上，這個惡魔的雙腿被枷鎖扣住，嘴巴被荷魯斯打得無法張開。」拉神決定，荷魯斯和愛西絲可以隨意處置塞特和其他被抓捕的「塞特同黨」。

荷魯斯把戰俘的頭一一砍下來時，愛西絲對她的哥哥塞特卻產生了同情，釋放了他。接下來發生的故事，有著不同的版本，其中包括我們所熟知的《第四莎草紙書》（*Fourth Sallier Papyrus*）；根據大多數的紀錄指出，愛西絲釋放塞特的舉動，激怒了荷魯斯，以至於荷魯斯砍下了母親的頭；但圖特救活了愛西絲（普魯塔克也有同樣的記載）。

塞特逃脫之後，最初是隱藏在地道裡。沉寂了六天後，爆發了一連串的空戰。荷魯斯從那爾（Nar，意思是火柱）裡攻擊塞特。那爾被描述為一種長圓柱，配有翅膀或短翅（見圖11）。艙上有兩隻「眼睛」，在紅藍之間變換；尾端會噴射；前方則有一種奇妙的裝置，能發出射線（荷魯斯繼承者所寫的埃及經文，都沒有描寫過塞特的飛行器）。

埃及文獻裡寫了這場波及廣泛的戰爭，首先被擊中的是荷魯斯，他被塞特的飛行器所發出的強光襲擊。荷魯斯的那爾失去了一隻「眼

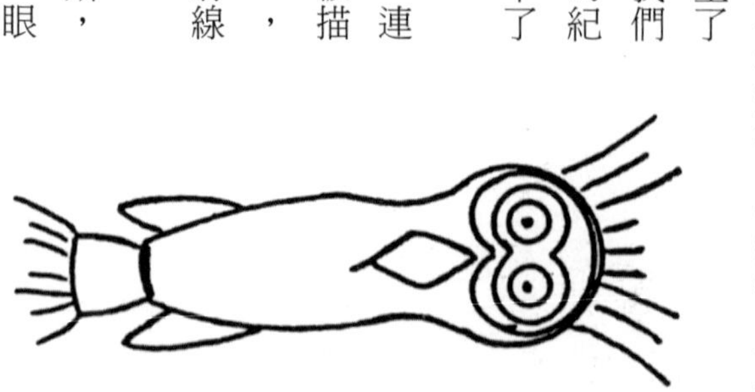

圖11：荷魯斯的那爾

晴」，於是荷魯斯用拉神的翼碟繼續戰鬥。他用拉神的翼碟，向塞特投擲「魚叉」；塞特被擊倒了，失去了一顆睪丸。

馬克斯·穆勒（W. Max Müller）在《埃及神話》（*Egyptian Mythology*）中敘述了這種武器的外形，「它有個很奇特、幾乎不可能出現的頭部」，在象形文字的埃及文獻中，它還有一個別稱：「三十的武器」。圖12a是古代經文描述的「魚叉」模樣，它是一個精密的三合一火箭：當第一枚導彈發射後，兩枚小型火箭跟著射出去。「三十的武器」這個別稱說明了，這種外形類似火箭的武器，就是我們今天的「多彈頭導彈」，每枚導彈都裝有十顆彈頭。

純粹是出於巧合，或是因為情況類似，密蘇里州聖路易斯的麥克唐納·道格拉斯公司（McDonnell Douglas Corporation）將其最新設計的巡弋飛彈也取名為「魚叉」（見圖12b）。

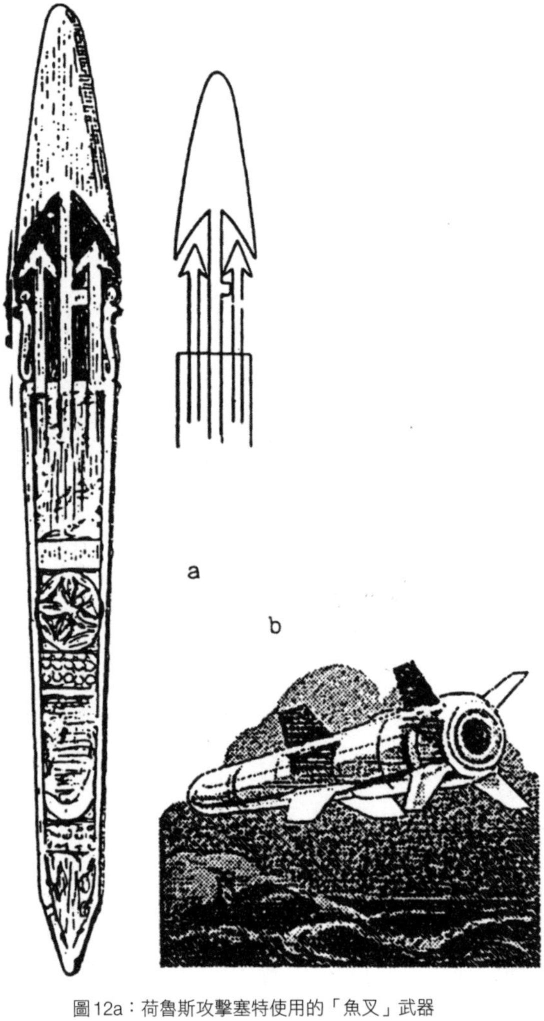

圖12a：荷魯斯攻擊塞特使用的「魚叉」武器
圖12b：道格拉斯公司設計的「魚叉」巡弋飛彈

偉大的神宣布休戰，而且再一次召開神的會議來進行商討。我們透過西元前八世紀的沙巴寇（Pharaoh Shabako）法老記錄在石塊上的資料，逐漸瞭解當時所提出的意見。沙巴寇表示，該文獻是一份更古老的紙卷的複製本，這些紙卷上布滿了蛀蟲，它被埋藏在孟斐斯的普塔神廟裡。在這次的會議中，最初將奧西里斯時代的埃及分給荷魯斯和塞特，但蓋布有新的想法且否定了這個決定，因為他考慮到這個問題的持續性：誰能擁有繼承人？塞特已經失去睪丸，不可能再有後代……蓋布也是一樣。「地球的主啊，給荷魯斯王權」，給他整個埃及吧。塞特得到了遠離埃及的一部分領土；因此，他被埃及人視為亞洲之神。

眾神的會議在最後達成了一致的意見。他們最後的決定被描述在《哈列夫的莎草紙書》（*Papyrus of Hunefer*）上：

> 在所有神的眼中，荷魯斯是勝利者。世界的統治權交給了他，因此他的統治範圍是最大的大地。蓋布的王權以及舒神所發現的領地，都交給了荷魯斯。

這是一種合法的王權。莎草紙書上繼續寫道：

> 哈特（Hath）在記錄室中使法令正式施行；根據普塔父親的命令，將法令記錄在金色碑刻上……
>
> 天國之神和大地之神將為其子荷魯斯效力。他們跟隨他住在宮殿裡。他將要統治這些神。

3・宙斯和因陀羅的發射物

在希羅多德於西元前五世紀訪問埃及後，他深信，希臘人是從埃及人那裡接受了神的思想和觀念；他為人們寫作，並用了希臘神的名字來描述埃及的神。

他對希臘神學起源於埃及的深信，不僅來自於神的相同特性和名字的相同含義，也來自於關於他們的相同神話傳說。在這些神話傳說中，其中一個傳說的驚人相似度，使他認為這不僅僅是巧合：這是關於兩位神在爭奪權利的過程中，其中一位神被割掉睾丸的傳說。

幸運的是，希羅多德當作依據的那些希臘原始資料仍然保存完好：多種不同的文字著作，比如說荷馬的《伊利亞德》；在希羅多德以前就已經存在並聞名的底比斯的品達（Pindar of Thebes）的著作《頌詩》（*Odes*）；第一部也是最著名的著作是赫西奧德（Hesiod）所著的《神譜》（*Theogony*，神的族譜），赫西奧德是希臘中部的土著阿斯卡熱（Askara）居民，他在西元前七世紀寫了《神譜》和另一部著作《工作和生活》（*Works and Days*）。

詩人赫西奧德把他的《神譜》獻給了音樂、文學及藝術的女神繆思（Muses），他寫道，繆思曾鼓勵他「用唱歌的方式」表達「對神的尊重，然後用歌聲來歌唱強大的人類；使奧林帕斯山的宙斯高興。」這些都是某一天他在居住的神山附近「牧羊」時發生的。

儘管我們看到了對神的讚美，但赫西奧德所揭示的神的形象，大多是激情、反叛、狡猾且有身體缺陷，他們喜歡衝突，喜歡發動全球性的戰爭。雖然關於宙斯的讚美詩集很多，但這些讚美詩集都毫不隱諱地揭露了宙斯為了獲得權利而留下的血腥殘暴。希羅多德寫道，不管繆思如何歌唱，「這些詩歌都在吟頌繆思女神，她們是宙斯的九個女兒。」

> 確實，最先到來的是卡俄斯（Chaos），接著是胸襟寬廣的蓋亞（Gaea），還有在寬廣的大地深處的陰暗塔爾塔羅斯（Tartarus），以及不死的眾神中最公平的厄洛斯（Eros）……在混沌中，出現了厄瑞玻斯（Erebus）和黑色尼克斯（Nyx），尼克斯是由安瑟爾（Aether）和赫美拉（Hemera）所生。

蓋亞與烏拉諾斯的後代

當蓋亞（意思是大地女神）生下烏拉諾斯（Uranus，意思是天王星）時，第一批天國之神出現了，蓋亞擁護她的第一個兒子，這樣他就可以進入神的王國。在烏拉諾斯出生後不久，蓋亞生下了她漂亮的女兒伊雷亞（Uraea）。

然後神又有了後代——蓋亞和烏拉諾斯的後代：

> 此後，她和烏拉諾斯生養了深海之神，科俄斯（Coeus）、克利俄斯（Crius）、許珀里翁（Hyperion）、拉皮特斯（Iapetus）、忒伊亞（Theia）、瑞亞（Rhea）、西彌斯（Themis）和摩涅莫辛涅（Mnemosyne），戴著皇冠的菲比（Phoebe）和可愛的特耶斯（Thetys）。在他們之後出生的克洛諾斯（Cronos），是他們之中最老謀深算、最年輕和最可怕的孩子。

這十二個孩子是他們的母親和自己親身兒子結合的後代；這些孩子（六個男孩，六個女孩）

是名符其實的神的後代。但是，在烏拉諾斯的精力越來越強之後，接下來的幾個孩子都有著不同的畸形。他們首先生下的「怪物」是三個獨眼巨人，雷神、電神和霹靂神；「他們看起來都很像神，但在額頭中間只有一顆眼睛。他們被稱作『獨眼巨人』，是因為在他們的額頭上有一顆圓形的眼睛。」

「之後，蓋亞和烏拉諾斯又生下了更多的兒子，他們比神話故事中所描述的還要勇敢和偉大：科托斯（Cottus）、布里亞琉斯（Briareos）和古埃斯（Gyes），都是富有冒險精神的孩子。」這幾個孩子因為高大的身材，被稱為赫卡同克瑞斯（Hekatoncheires，意思是擁有一百隻手臂的人）：「從他們的肩膀上延伸出一百隻神臂，它們相互獨立，而且每個人的肩膀上都有五十顆頭。」

烏拉諾斯失去生殖器

赫西奧德寫道：「克洛諾斯不喜歡這些強壯的祖先」；但，「烏拉諾斯為自己的邪惡行為而歡呼」。

然後蓋亞「做一把鐮刀，並且把她的計畫告訴親愛的兒子們」，他們「邪惡的父親」會因為「可恥的狂怒」而受到懲罰：砍下烏拉諾斯的生殖器，使他不能再有性慾。但「這些孩子都充滿了恐懼」；只有「偉大而聰明的克洛諾斯有勇氣冒險」。

蓋亞把她做的灰色鐮刀交給克洛諾斯，並且把他藏在她位於地中海邊的住所的「埋伏點」裡。

烏拉諾斯在夜晚進入房間，渴望做愛；他躺在蓋亞的身旁，然後壓在她身上。

那個埋伏著的兒子突然跑出來，伸出左手抓住他父親，右手則緊握著那把鋸齒鐮刀。他迅速地砍下父親的生殖器，並且將它丟進後方的洶湧大海裡。

這次的行動成功了，但烏拉諾斯並沒有因此斷子絕孫。他噴湧出來的血使蓋亞懷孕，她因此生下了「偉大的厄里倪里斯（Erinyes，復仇女神），身著閃閃發光的鎧甲、手中緊握長矛的吉甘迪斯（Gigantes）；以及被人們稱為墨利亞（Meliae，白蠟樹的神女）的紐墨菲（Nymphs）。」烏拉諾斯那被割掉的生殖器，被海水沖到了賽普勒斯海岸，「那裡居住著勇敢可愛的女神……眾神和人們叫她愛芙羅黛蒂（Aphrodite，泡沫之女）」。

失去了生殖器的烏拉諾斯，命令怪物神前去復仇。他哭喊著自己的孩子已經變成泰坦（Titans，緊張者），因為「過度緊張，擅自做出可怕的行為」；現在，其他神擔心「復仇行動即將展開」。受到驚嚇的克洛諾斯將獨眼巨人和其他怪物囚禁在遙遠的地方，這樣就沒有人回應烏拉諾斯的叫喊。

自始至終，儘管烏拉諾斯忙著孕育他的子嗣，但其他的神也都有了後代；他們的孩子厭煩了代表其特徵的名字——長且仁慈的名字。現在，在一些邪惡的行為發生後，女神尼克斯透過生養邪惡之神，回應了烏拉諾斯的叫喊：「她生下三個命運女神：克羅托（Clotho，紡造生命之線），拉克西斯（Lachesis，主宰生命的長短）和阿特羅波斯（Atropos，掌管死亡）……她生下了厄運和死亡之神……責備和痛苦之神……饑餓和傷心之神。」同樣地，她把「欺騙、鬥爭、謀殺、屠殺、爭吵、謊言、爭論、違法和毀滅」帶到世界上。最後，世界上的這些邪惡都被復仇女神尼克斯創造。烏拉諾斯的呼喊得到了回應：戰爭來到眾神之間。

克洛諾斯的宿命

泰坦誕生了第三代神到這個險惡的世界上。由於恐懼懲罰和戰爭，這些神之間關係親密，六對兄弟姊妹中有五對結為夫妻。在這些神兄妹夫妻中，最重要的是克洛諾斯和瑞亞，這是因為有著英勇行為的克洛諾斯，被承認擁有眾神之間的領導權。透過這個結合，克洛諾斯有三個女兒和三個兒子，他們是：赫斯提亞（Hestia）、狄蜜特（Demeter）、赫拉（Hera）、黑帝斯（Hades）、波塞頓（Poseidon）和宙斯（Zeus）。

這些孩子們一出生就被「偉大的克洛諾斯吃掉了」。克洛諾斯會吃掉他的孩子，是因為他聽說了一個預言，據說「雖然他強大無比，但命中注定會被自己的兒子消滅」：命運將克洛諾斯對父親的所作所為，重新在他自己身上上演。

但我們逃避不了命運，瑞亞聰明地應對克洛諾斯的陰謀。她將最小的兒子宙斯藏在克里特島上。她把「一塊大石頭用衣服包緊」，代替她的兒子宙斯獻給了克洛諾斯。克洛諾斯上了當，吃掉這塊他以為是自己兒子宙斯的大石頭。不久後他開始嘔吐，以前吃下的孩子都被他一個個地吐了出來。

「歲月流逝，宙斯很快長成為一個強壯優秀的王子。」宙斯身為強壯的烏拉諾斯名正言順的孫子，有一段時間和他的同伴們陷入了麻煩。但隨後他把注意力轉移到國家大事上。因為老泰坦神之間的戰爭已經持續了十年，「這些不可一世的泰坦神，來自高聳的歐日瑞斯山（Othyres，**那裡是他們的住所**）」，而由「頭髮茂密的瑞亞和克洛諾斯結合」所生的年輕眾神，住在奧林帕斯山（Olympus）的對面。「他們之間因為激烈的仇恨而持續對抗了整整十年，雙方的衝突從來沒有停止過，而且關於這場戰爭的爭議也處於不分軒輊的狀態。」

這場戰爭只是相鄰的神的領地之間關係惡化的最高體現嗎？它是亂倫的神（**母親和兒子、叔叔和侄女一起生兒育女**）之間爆發的一場對抗嗎？或者說它是年輕的神持續對抗舊政權的第一個例子？《神譜》沒有給出明確的答案，但後來的希臘傳說和戲劇，說出了這場發生在年輕神和老神之間的長期戰爭的動機。

這場長期持續的戰爭被宙斯認為是掌握神權的大好時機，因此宙斯罷免了父親克洛諾斯——有意或無意地——實現了他父親注定的命運。

宙斯所引發的戰爭

宙斯的第一步行動是「將他父親的兄弟從可惡的束縛中解放出來」，三個獨眼巨人為了表示感謝，把母親蓋亞藏起來的超凡武器「雷、霹靂和閃電」送給了宙斯，他們也給了冥神黑帝斯一個魔力頭盔，只要帶著它，任何人都看不到他的存在；波塞頓也收到了獨眼巨人贈送的魔力三叉戟，它可以使陸地和海洋咆哮。

宙斯結束他們的囚徒生涯，給了他們自由和活力。宙斯為他們舉行歡迎宴會，並且「用美酒和美食」招待他們，然後宙斯對他們說：

聽我說：啊，烏拉諾斯和蓋亞的孩子，我要跟你們說說心裡的話。由於我們是克洛諾斯的孩子，每天都在對抗那些泰坦神，持續了很長的時間，希望能取得勝利，你們願意拿出勇氣和能量走上戰場，對抗泰坦神嗎？

百臂神中的科托斯回應了宙斯，說：「陛下，你所說的我們都明白……因為你的幫助，我們才得以走出陰暗之中並獲得重生。現在你有著深思熟慮的計畫，我們將助你一臂之力進行殊死搏鬥，我們要走上戰場對抗泰坦神。」

於是，「宙斯和那些他帶給他們光明的，具有強大力量的偉大眾神聯手……這些男神和女神在當天挑起了仇恨之戰。」與這些奧林帕斯神對抗的，是年長的泰坦神，他們「急切地想要強化的權利和地位」。

戰爭的勢力和範圍遍布整個大地及海洋：

廣袤無垠的大海怒吼了，大地發出巨大的震動；天空在顫抖和咆哮，奧林帕斯山在不朽的眾神掌握下劇烈搖晃。因為神的巨大腳步聲及其發射物的恐怖襲擊，劇烈的震動一直到達地獄。

在《死海古卷》文獻的一段回憶中，《神譜》回憶了眾神戰爭中的怒吼：

因此，他們之間展開了互相攻擊的悲劇。他們發生激烈的戰鬥衝突，呼喊聲響徹星空。

宙斯自己也盡全力戰鬥，他把非凡武器的能量發揮到極致。「他上到奧林帕斯山對面的天空，並發射閃電。武器從他的手中輕快地飛升，雷電交加，交匯成可怕的火焰。富饒的大地在火光中受到碰撞，巨大的森林也瘋狂地燃燒。大地和海洋怒吼了。」

然後宙斯擲出了他的雷石（見圖13），對抗來自歐日瑞斯山的泰坦神。實際上，它正是不折不扣的原子彈爆炸：

圖13：宙斯擲出雷石

熱氣重疊在泰坦神周圍，不可思議的火焰點燃了天際。它的光芒是如此強烈，弄瞎了泰坦神的眼睛。令人驚駭的熱量帶來了混亂……看起來就好像天地要合一了；強大的碰撞發生，大地似乎面臨著毀滅。

「衝撞力道是如此強烈，以至於戰場上的眾神互相碰撞。」除了可怕的碰撞聲、炫目的混亂、巨大的熱量以及雷石的能量，還產生了超強的颶風暴：

風隆隆地刮了起來，地震、沙塵暴和雷電都在那一刻發生。

宙斯的雷石產生了這一切。當互相對抗的兩個陣營聽到及看到所發生的這一切，「戰場上發出了可怕的喧囂；非凡的行為出現了；戰爭的勝負即將分出。」戰爭有了停止的趨勢，因為宙斯這一方的神在對抗泰坦神時，有了明顯的優勢。

為了「發洩他們對戰爭的不滿」，三個獨眼巨人猛攻泰坦神，用手中的放射物襲擊他們。「他們將泰坦神用鐵鍊拴住」，並把這些俘虜關到很遠的深層地獄。「依照騰雲駕霧的宙斯的意圖，泰坦神被關在陰暗的地獄，那裡是大地的最底層。」三個獨眼巨人留在那裡，因為他們是宙斯「忠實的看守者」，由他們來看守囚禁於此的泰坦神。

當宙斯正準備宣布自己獲得了神的最高統治權時，一個挑戰者突然出現了。這是因為，「當宙斯從天空中帶走泰坦神的時候，蓋亞對她最小的兒子巨人堤豐（Typhoeus）心生憐憫，在愛與美的女神愛芙羅黛蒂的幫助下，堤豐沒有被帶到地獄。」堤豐（即泰風，Typhon）是一個真正的怪物：「他的手力量無窮，他的腳不知疲倦，可以隨意跋涉。他的肩膀上長出了一百顆頭，其中有蛇頭、龍頭，還有不可思議的黑暗蛇頭。在他的眉毛下面火光四射；當他怒視的時候，頭上可以燃燒出火焰。他可怕的頭還可以發出各種不可思議的聲音」：有人的聲音、牛的聲音、獅子的聲音，還有幼犬的聲音（根據希臘抒情詩人品達和埃斯庫羅斯〔Aeschylus〕的記錄，泰風是一個高大無比的巨人，「他的頭可以觸碰到星星」）。

「過去曾發生的真實事件，是在那天發生的。」繆思對赫西奧德說；這一切似乎是不可避免的，堤豐「到來並統治了所有的人類和非人類」。宙斯很快就面臨了危險，他快速地回擊堤豐。

眾神和蛇神泰風之間的對抗，是這一連串戰爭中最可怕的戰役，因為蛇神泰風有翅膀，而且可以飛得和宙斯一樣高（見圖14）。「宙斯發出威力無窮的雷擊，大地頓時發出可怕的聲音，天空怒吼，大海咆哮，大地以下的地獄也在震動。」又一次，戰爭的雙方都使用了神的武器：

> 他們之間的戰爭雷電交加，深藍色的海面上熱氣沸騰；怪物釋放出的火焰使風疾馳，雷電怒吼，整個大地、天空、海洋沸騰了。海邊波浪翻滾，產生了無盡的搖晃。

在大地的底部，「地獄之神黑帝斯感受到強烈的搖晃」。被關押在地獄的泰坦神也有同樣的感受。宙斯和堤豐在天空與陸地相互追逐，宙斯努力用他的「震耳欲聾的雷聲」給堤豐直接的攻擊。這次攻擊「燒掉了這個怪物肩膀上所有可怕的頭」；堤豐及其奇妙的武器一起倒向了大地：

圖14：宙斯與蛇神泰風對戰

宙斯征服了堤豐，並且鞭打他。堤豐受傷的身軀用力地往下墜落，巨大的大地呻吟著，在昏暗崎嶇、與世隔絕的山谷中，堤豐被擊敗，但他在那裡依然發射出火光。因為熱能爆發，大地的大部分區域都在奔騰、咆哮，人類把這種能量煉成了錫……在燃燒的火焰中，大地融化了。

儘管泰風的武器遭受了沉重的打擊，但是泰風還活著。根據《神譜》的紀錄，宙斯抓住他並把他「關進陰森的地獄」。宙斯因為取得勝利，保住了王權；接下來他專心和妻子、嬪妃生兒育女。

雖然《神譜》只描述了宙斯和泰風之間的一場戰爭，但其他的希臘著作認為，那就是最後的戰爭，也是讓宙斯首次受傷的一場戰爭。最初，宙斯和泰風近距離作戰，宙斯使用母親給他的鐮刀來消除惡魔，目的是要砍掉泰風的生殖器。但泰風使宙斯落入了他的網中，並且奪走鐮刀，用它砍掉了宙斯手上和腳上的肌肉。然後他把無助的宙斯及其肌肉和武器，都藏到一個山洞裡。

但神艾吉潘（Aegipan）和赫耳墨斯發現了山洞，他們救出宙斯並使他的肌肉復原，還將武器歸還給他。宙斯隨後逃走，並乘坐「有翅膀的戰車」飛回奧林帕斯山，在那裡獲得更多雷電能量。之後，宙斯再一次向泰風發起攻擊，並把他帶到妮莎山（Nyssa）。在那裡，命運女神欺騙泰風吃下人類的食物；於是泰風沒有了能量，越來越虛弱。這場新的戰爭在色雷斯的哈莫斯山（Haemus）上方的天空開始，並且在西西里島的埃特納山（Etna）繼續進行，最後在東地中海亞洲海岸的卡修斯山（Casius）結束。在那裡，宙斯運用雷電交加的能量，將泰風擊下了天空。

這些戰爭有著許多相同點，使用的武器、發生的地點，以及閹割、砍斷肢體和復活的傳說，都是在爭戰的過程中發生的，這使得希羅多德（以及希臘其他的古典歷史學家）相信，希臘是從埃及借來了神譜。艾吉潘相當於埃及的非洲神拉姆（Ram），赫耳墨斯則相當於圖特神。赫西奧德認為，當宙斯來找人間的美女阿克梅娜（Alcmena），讓她懷上英雄赫拉克里斯（Heracles）時，他是在夜晚從奧林帕斯山下來，到泰豐歐尼（Typhaonion）大陸的費塞（Phikion，即獅身人面像山）上面休息。「可怕的獅身人面消滅了卡德美亞人（Catlmeans，古人）」；卡德美亞人與宙斯的正式配偶赫拉有相似的特徵；這也跟泰風及其領土的傳說有所相關聯。雅典的阿波羅托羅斯（Apollodorus）講到，當泰風出生並長成令人不可思議的巨人時，眾神為了目睹這隻可怕的怪物而來到埃及。

大多數學者認為，宙斯和泰風最後一場戰爭的發生地——卡修斯山，位於今天敘利亞奧倫特河（Orontes）的河口。但奧圖埃斯菲德（Otto Eissfeldt）在一本重要的著作中表示，還有另一座以存在的年代命名的山脈，位於地中海西奈半島上的「蘆葦之海」（Serbonic Sealet）的海角上。他認為這才是傳說中所指的山脈。

我們只能再一次相信希羅多德在希臘得到的資訊。他在描述從腓尼基經過非利士到達埃及的大陸時，他寫道，亞洲大陸「延伸到靠近位於海邊的卡修斯山的賽博尼斯湖（Serbonis）。埃及發源於賽博尼斯湖，傳說中泰風藏在這裡」。

希臘和埃及的傳說再一次匯聚在一起，西奈半島成為了他們的交會處。

印度神譜

儘管古代希臘人發現，他們的神譜和埃及人的神譜有著許多連結，但相差得有點遠。而在印度，十九世紀的歐洲學者曾經發現更令人吃驚的相似之處。

當古印度的語言「梵語」在十八世紀末期被掌握的時候，歐洲人就開始因為翻譯出至今無人知曉的著作而欣喜若狂。最開始，英國人占有印度的一片土地，將對於梵語哲學、神話和文學的研究，交給十九世紀中期的德國學者、詩人和智者，因為梵語被證實是印歐語言（屬於德國）的母語，他們在印度居住的後來者，是來自裡海的移民——阿利安人（Aryans，又稱雅利安人），德國人認為他們的祖先也是阿利安人。

文獻的中間部分寫的是《吠陀經》（*Vedas*），它是關於印度人所相信的傳統——「並非人類的起源」——中關於神的著作的經典，在早先的時代裡，這部著作由神自己完成。它們被西元前兩千年的阿利安移民帶到印度半島。但隨著時間的流逝，最初的十萬篇原稿也逐漸佚失；大約在西元前兩百年，一位聖人寫下了至今仍存在的紀錄，它被分成四個部分：梨俱吠陀（Rig-Veda，吠陀詩篇），由十本書構成；娑摩吠陀（Sarna-Veda，歌頌的吠陀）；夜柔吠陀（Yajur-Veda，大多數是祭祀祈禱）；阿闥婆吠陀（Atharva-Veda，法術和咒語）。

《吠陀經》的不同組成部分及附屬的文獻，都產生於頌歌、梵書、森林書和奧義書，它們被無吠陀的宇宙古史提升。它們和偉大的神話史詩《摩訶婆羅多》（*Mahabharata*）、《羅摩衍那》（*Ramayana*）一起，構成了阿利安人和印度有關天地、神及英雄傳說的來源。

因為長時間的口述間隔，又長又多的文獻經過了幾個世紀才完成，各式各樣的名字在神的交替期被使用。事實上，有很多最原始的名字，根本不是阿利安人的名字。精確性和持續性不是梵語文獻的代表特徵。但是，有很多事實成為阿利安印度文化遺產信條的基礎。

起初，這些來源講述著，只有一個天空之體「原始地流動著」。在那時，天空劇烈地動盪，而且「龍」被「奔湧的風暴」分成了兩截。但這兩半不是按照阿利安人的起源來命名。這個傳說說明，被毀壞土地的上部瑞胡（Rehu）為了復仇，不停地橫越天空；下半部分，計都（Ketu，被砍掉的那部分）和原始的那一部分結合，沿著它們奔湧的軌道前行。許多年過去後，天國之神和大地之神的時代到來。天國的國王摩利支（Mar-Ishi）和配偶婆利蒂毗（Prit-Hivi，地母）生有七

（或者十）個孩子。其中的一個孩子迦葉波（Kas-Yapa，坐擁王位者）統治了德婆（Devas，閃亮之地），並且被稱為「帝奧斯－皮塔」（Dyaus-Pitar，天空之父）——這正是希臘名字「宙斯」和羅馬統治者朱比特，毋庸置疑的來源。

迦葉波有很多子嗣，他與妻子及嬪妃們生下許多神。其中最傑出的是在吠陀時代便被人們熟知的阿底提耶眾神（Adityas）——是由迦葉波和其配偶阿底提（Aditi）所生。阿底提生下了七個孩子，他們是：毗濕奴（Vishnu）、伐樓拿（Varuna）、密多羅（Mitra）、樓陀羅（Rudra）、普善（Pushan）、陀濕多（Tvashtri）和因陀羅（Indra）。然後，阿底提和火神阿耆尼（Agni）結合，阿耆尼或許是迦葉波和阿底提（一些文獻記載）的兒子，也可能是迦葉波和地母婆利蒂毗的兒子。在希臘奧林帕斯山的神族裡，阿底提家族的人口一下子達到了十二個。財富之神跋伽（Bhaga）也是他們的其中一員，學者們認為，他是斯拉夫人的最高神柏格（Bogh）。阿底提最小的孩子是蘇利耶（Surya），但他的父親可能不是迦葉波。

陀濕多（時尚者）是眾神的工匠，擔任「完成全部」（All-Accomplishin）的角色，為這些神提供了空中的車輛和魔力武器。他用空中的耀眼金屬，為毗濕奴製作了一個鐵餅，送給樓陀羅一個三叉戟，給阿耆尼一個「火武器」，給因陀羅一個可發出雷電的武器，並且把「會飛的權杖」送給了蘇利耶。在古印度的著作中，所有的武器看起來都是形狀各異、可以手持的發射物（見圖15）。除此之外，眾神還從陀濕多的助手那裡得到了其他的武器，例如，因陀羅擁有一個「空中大網」，可以在天空作戰時給敵人設下陷阱。

天空戰車都被描述成明亮且會發光的物體，外表是用金屬鍍成的。因陀羅的銀河戰機，每一邊都發出耀眼的光芒，其運行之快令人驚訝，它可以快速地穿越很長的距離。它那看不見的戰馬擁有「太陽眼」，可以發射出淡紅色的光線，但也會變換顏色。在其他一些文獻中，神的天空戰車被描述成具有多層結構；它們不僅能在天空飛翔，也能潛入水底。在敘事史詩《摩訶婆羅多》中，描述了神乘坐天空戰車去參加婚禮慶典的場景：

> 眾神乘坐戰車穿越雲層前來參加婚禮；阿底提耶眾神到來的場面很壯觀，魔錄多（Maruts）在流動的空氣中到來；有翅膀的蘇鉢剌尼（Suparnas，金翅鳥），是神祕的龍族之神，天神瑞希思（Rishies）純淨而高傲；樂神乾闥婆（Gandharvas）有飛天舞女的陪伴；耀眼的天空戰車從廣場上駛向雲端。

文獻中也描述了阿沙文（Ashvins），他是專門駕駛天空戰車的神。「如年輕的雄鷹一樣敏捷」，他們是「天空中最好的戰車駕駛員」，通常是兩人同駕一輛戰車，有領航員的陪伴。他們的戰車用金屬製成，「明亮而耀眼……有舒適的座位和隆隆的響聲。」戰車根據三倍原理製成，有三個平面，三個座位，三個支撐桿，三個轉動的輪子。「你們的戰車」，《梨俱吠陀》（第八冊第二十二首）的讚歌這樣歌頌阿沙文：「因為擁有三個座位和由黃金鍍造而成，這架有名的戰車穿越了天地。」轉動的車輪也有不同的作用：一個輪子使戰車上升，另一個為戰車指引方向，第三個輪子保持戰車前行：「其中一個戰車車輪飛速地轉動，指引戰車前行。」

就跟希臘傳說一樣，《吠陀經》裡的神在對待兩性關係上，也不負責任和沒有道德感。憤怒

圖15：古印度著作中的手持武器

的阿底提耶眾神選擇樓陀羅（三眼者），來殺害他們的祖父帝奧斯（Dyaus），因為他玷汙了他們的姊妹黎明之神烏紗斯（Ushas），帝奧斯被傷害了，但他逃到遙遠的天空而保全了性命。其他跟希臘傳說相同之處是，根據印度的口頭傳說，在之後的時代裡，眾神在人類英雄的愛情和戰爭中的作為也是一樣。在這些戰爭中，駕駛天空戰車的神所起的作用，比他們的武器要大得多。因此，當一個英雄倒下的時候，阿沙文會出現在由三架戰車組成的艦隊裡，「自我控制且不漏水的飛行器，穿過雲端」進入海底，在深海中尋找英雄，而且「將他帶到海邊的陸地上」。隨後有了雅耶地（Yayati）的傳說，他是娶了神的女兒為妻的一個國王。當這對夫妻有了孩子，高興的祖父送給這個國王「閃閃發光的金色天空戰車，這架戰車能夠馬不停蹄地前往任何地方」。說時遲那時快，「雅耶地登上戰車進入戰爭，用六個晚上攻占了整個大地。」

在《伊利亞德》和印度的傳統故事中，也將戰爭中的人和神描述成英雄。其中最著名的傳說是《羅摩衍那》，這部史詩講述的是一個王子的美麗妻子被蘭卡（Lanka，錫蘭的一個島嶼，靠近印度）國王劫持。眾神中，出面幫助羅摩（Rama）的是哈努曼（Hanuman）。他有著一張猴臉，與大鵬金翅鳥迦樓羅（Garuda，見圖16）一起駕駛著天空戰車。迦樓羅是迦葉波異形後代的其中一個。

另一個例子是，「被無道義玷汙了名字」的神蘇克拉（Sukra），劫持了因陀羅戰車駕駛者的

圖16：哈努曼（右）與大鵬金翅鳥迦樓羅（左）

美麗妻子塔拉（Tara）。「傑出的神樓陀羅」和其他眾神隨後幫助了這位悲傷的丈夫。他們發動「一場可怕的戰爭，為了塔拉，戰爭是對神和惡魔的毀壞。」儘管擁有最具震撼力的武器，神還是要和「最偉大的女神」一起去尋找避難所。於是神的祖父親自來到地球，他使塔拉回到她丈夫的身邊，結束了戰爭。不久後，塔拉生下一個兒子，孩子的「美麗使天國之神黯然失色……眾神帶著疑惑，決定弄清楚這位孩子的親生父親是誰：是塔拉的合法丈夫，還是劫持她的神蘇克拉。」塔拉說這個男孩是「不朽的天神」索瑪（Soma）的兒子，並給這個男孩取名為「佛陀」（Budah）。

但所有一切都還沒到來。在很久以前，眾神因為很重要的原因而相互鬥爭：為了地球和其他領地的最高統治權。迦葉波和妻子、嬪妃們生下了眾多的子女，其他老神的後代同樣也很多，爭鬥因此就不可避免了。阿底提耶眾神的主導地位很快就受到老神阿修羅（Asuras）的影響。阿修羅的母親在阿底提耶眾神出生之前，就把阿修羅帶到卡斯亞帕（Kasyapa）。

嫉妒、競爭，還有其他的摩擦，最終導致了地球的戰爭，「此處在最初不必耕作就能生長糧食」，卻發生了大饑荒。文獻講述，眾神喝著索瑪以維持不朽的生活；索瑪是由老鷹從天國之神那裡帶到人間的，可以與牛奶混合的飲料。上帝的「黃牛」同樣也成為眾神享受美味烤肉的「犧牲品」。但這些必需品越來越稀少的時代到來了。《百道梵書》（*Satapatha Brahmana*）描述了這件事情：

> 眾神和阿修羅都是最高神和人類統治者的後代，卻因為最高統治權而鬥爭。眾神戰勝了阿修羅；從那以後，爭奪統治權的戰爭一次又一次地發生……
>
> 眾神和阿修羅為爭奪統治權而戰。這一次，眾神被征服了。而且阿修羅認為：「我們都是屬於這個世界的。」

於是他們說：「既然這樣，讓我們把世界從人和神之間分開；讓我們繼續在各自的土地上生活。」因此，他們將世界分成了東方和西方。

被打敗的阿底提耶眾神聽到之後，便請求得到大地的一部分：

當他們聽到這些話，神說：「阿修羅瓜分了大地！讓我們到阿修羅劃分領地的地方；如果我們沒有得到大地的任何資源，我們又能擁有什麼？」

眾神由毗濕奴領頭，去會見阿修羅。

傲慢的阿修羅只給了阿底提耶眾神跟毗濕奴的領地相同的大地領地……但眾神使用了計謀，將毗濕奴的領地「圈住」，這樣便可以「朝著三個方向行走」，因此眾神獲得了四分之三的大地。

聰明的阿修羅隨後從南面攻擊。眾神問火神阿耆尼，「要怎樣才能永遠征服阿修羅？」阿耆尼建議他們使用鉗子策略：當眾神攻擊阿修羅的地區時，「我會去北邊，而你們則從那裡把他關進去；在將他關進去的時候，我會把他放倒」。就這樣，阿修羅被征服了。《百道梵書》記載著，「眾神急於知道他們要如何彌補這場犧牲」。因此，古印度著作寫道，「因為這場戰爭，黃牛和索瑪飲料都恢復了供應。」

這場戰爭同時在陸地、海洋和天空展開。根據《摩訶婆羅多》記載，阿修羅在空中建造了三座城堡，並從城堡裡攻下大地的三個區域。在這場戰爭中，阿修羅的同盟神隱身作戰，而且他們使用的武器也無法被看見；其他在海上之城作戰的將士們，都被天神俘獲了。

在這些戰爭中，打得最漂亮的是因陀羅（風暴者）。在陸地上，他重擊了阿修羅的九十九個要害，並且給予全副武裝的進攻者沉重的打擊。在天上，他從天空戰車裡進攻躲在「雲中堡壘」中的阿修羅。

《梨俱吠陀》的讚美詩中，寫出了眾神和個體神靈被因陀羅擊敗的情況：

> 你用武器將沙斯悠（Sasyu）拉到最低處……在遠離天堂的四處，古老無禮的人逃到毀滅之中……你從天上燒了達斯攸（Dasyu）。
>
> 他們與清白者的軍隊狹路相逢，接著納維戈瓦斯（Navagvas）展現出所有的力量；他們像是與男人戰鬥的被閹割者一樣逃跑，並被因陀羅造出的陡峭路徑分散了。因陀羅擊毀並穿過埃利畢沙（Ilibsa）的強大城堡，他把沙西納（Sushna）切割成碎片……
>
> 你用閃電擊倒了敵人……因陀羅的武器凶狠地落在敵人頭上，他的尖銳衝擊霹靂，將敵人的城鎮變為碎片。
>
> 你勇敢地一次又一次朝戰鬥前進，用你的力量摧毀一個又一個的城堡。你，因陀羅，和朋友一起擊敗敵人，從遠方慢慢趕來的狡猾的納馬奇（Namuchi）。你擊倒了克蘭亞（Karanja）、佩南亞（Parnaya）……你摧毀了上百個凡格瑞達（Vangrida）的城鎮。
>
> 當你勇敢地親自重擊沙巴拉（Sambara）的時候，高聳天國的脊脈也為此震撼。

眾神打敗了敵軍，並且使他們「逃向毀滅」，因陀羅隨後努力使黃牛恢復自由。黃牛被惡魔藏在一座被維拉（Vala，環繞者）守衛的山裡。因陀羅在能夠釋放火焰的神安格瑞瑟司（Angirases）的幫助下，擊碎高強度的隱蔽處，解救了黃牛。一些學者，如赫伯特（J. Herbert），在《印度神話》（*Hindu Mythology*）一書中，認為因陀羅釋放了威力無窮的射線。

因陀羅的統治權

當眾神之間的戰爭開始時，阿底提耶眾神將阿耆尼命名為「讚頌祭司」，擔任他們的「軍隊首領」。在一千多年前的一些文獻認為，在戰爭進行的過程中，毗濕奴成為了首領。戰爭結束後，由於因陀羅為戰爭的勝利做出傑出的貢獻，所以被封為最高統治者。在希臘的《神譜》中，他建立統治權的第一個行為是殺死自己的親生父親。《梨俱吠陀》宛轉地向因陀羅發問：「因陀羅，是誰讓你的母親變成寡婦的？」因陀羅以提問的方式回答：「當你殺死父親，抓住他的腳時，是什麼造成了神的衝突？」

因陀羅因為殺害父親的罪行，喪失了喝神的索瑪飲品的權利，他的不朽之軀遇到了危險。他們「登上天堂」，讓因陀羅和被釋放的黃牛在一起。但「他透過釋放雷的武器，在眾神離開後逃走」，並從眾神的北方領地上升。眾神因為恐懼因陀羅的武器，便喊道：「不要擲武器！」並同意讓因陀羅再次享用神聖的食物。

因陀羅擁有了神的統治權，但他並不是沒有對手。挑戰來自陀濕多，讚美詩含蓄地稱他為「長子」，這也許可以解釋他認為自己將要繼位的說法。因陀羅迅速用雷武器重擊他，但這個武器對陀濕多來說已經過時。戰爭隨後被惡神弗栗多（Vritra，阻礙者）接管，一些文獻認為，他是陀濕多的第一個孩子。但一些學者認為，他是一個人造的怪獸，因為他的生長非常迅速，而且大到令人吃驚的程度。最開始，因陀羅被擊敗，逃到地球遙遠的角落。當所有的神都拋棄他的時候，只有二十一個魔錄多與他站在同一戰線。這一組神擁有最快的天空戰車，他們「大聲咆哮，就像風吹得岩石搖晃」並使自己「升到高處」：

這確實令人驚奇，他們咆哮著，沿著空中山脊飛馳前行⋯⋯

他們用光速散播自身⋯⋯

他們在天上將閃電握在手中，頭上戴著金色頭盔，非常明亮。

有了魔錄多的幫助，因陀羅重新回到了和惡神弗栗多爭鬥的戰場。用生動的詞語描寫這場戰爭的梵文文獻，已被繆爾（J. Muir）翻譯成詩歌：

勇敢的神駕著戰車前行，熾熱的速度橫掃而過，英雄加速劃過天際。

東道主馬魯特（Marut）護送他，受到風暴的影響而產生浮躁情緒。

在閃電般的車上，閃爍著如戰爭一樣浮華和驕傲的閃光⋯⋯

他們對厄運的咆哮就像獅子的怒吼，鐵力使牙齒消耗。

山和地球都在搖晃，所有的生物都處在即將到來的震動中。

雖然地球在搖晃，而且所有生命都在想辦法逃脫，但敵人惡神弗栗多仍冷靜地想著對策：

棲息在陡峭的空中，惡神弗栗多的堡壘明亮無比。

這隻勇敢又巨大無比的惡魔站在牆上，

對他的魔法藝術非常有自信，同時帶著火熱的飛鏢。

「沒有警報，不畏懼因陀羅手臂的強大力量」，不怕那些「致命飛行的恐懼」，惡神弗栗多站著等待。

然後當上帝與魔鬼在戰鬥中相會時，出現了可怕的場景。
他削弱了弗栗多發射的導彈的威力，他使雷電交加、大雨傾盆。
神激烈的憤怒受到蔑視，徒勞地將無用的遲鈍武器丟到因陀羅身上。

當弗栗多用光所有強烈的導彈後，因陀羅掌握了戰爭的主導權：

因陀羅自豪地投擲武器，使雷電交加，風馳電掣。
受到驚嚇和恐懼的眾神仍然站立著，恐懼填滿了這個廣闊的世界……

因陀羅投擲的雷電，「是技術之神陀濕多使用神鐵製造的」，這是一種複雜的、光芒四射的放射物：

在如矢般迅疾的陣雨中，誰可以穩定地站立？
透過因陀羅的紅色右手，成百個雷電和上千磅鐵軸，
在火焰的嘶嘶聲中劃過天空，使驕傲的敵人處於劣勢。
突發和無休止的打擊，能夠確實擊潰對手。
誰去抗擊雷電的力量，誰就是傻瓜。

導彈準確地擊中了他們的目標：

弗栗多的末日被敲響了，因陀羅的鐵彈猶如陣雨，發出了飛行的叮噹聲；
穿透的、分裂的、壓碎的與可怕的吼叫，讓瀕臨死亡的惡魔從他的雲中堡壘跌下天際。

如同「砍伐樹木的斧頭落在樹幹上」一樣，弗栗多跌躺在地面。儘管「沒有根基又赤手空拳，他仍然挑戰因陀羅」。因陀羅給了他致命一擊，並「用棒杵刺透了他的雙肩」。

因陀羅勝利了，但命中注定勝利並不僅僅屬於他。他宣布自己獲得了迦葉波的王位，而他的父親卻懷疑其父子關係的真實性。在他出生時，由於迦葉波的憤怒，他的母親將他隱藏起來。為什麼？關於他的親生父親是其哥哥陀濕多的傳言，是真實的嗎？

《吠陀經》只敘述了這個故事的一部分。他們認為，因陀羅是偉大的神，但他不能獨掌政權：他要與兄弟阿耆尼和蘇利耶分享權力，就像宙斯不得不與其兄弟黑帝斯和波塞頓分享領地。

4・地球編年史

希臘神和印度教神之間的族譜及戰爭，其相似性似乎是不充分的，在西臺皇家檔案館（現今被稱為玻哈茲邱〔Boghazkoy〕的網站）發現的泥版裡，記錄了更多具有類似故事情節的傳說：一代人是怎樣攻擊另一代人，一個神怎麼對抗其他神以奪取統治權。

如同我們可以想像到的一樣，我們所發現的最長文獻，記錄了西臺的最高神特舒蔔：他的家譜；他統治地球上層區域的合理設想；以及神庫瑪爾比（KUMARBI）所發動的，對抗特舒蔔及其後代的戰役。

在希臘和埃及的傳說中，庫瑪爾比的復仇者在神族的幫助下被隱藏了起來，他們一直在地球的「黑暗」部分成長。最後的戰鬥在天空和海洋上打響。在一次戰鬥中，特舒蔔得到了七十個駕駛戰車的神的支持。一開始，特舒蔔被打敗了，並且過著躲藏流亡的生活，最後，特舒蔔在神與神的戰役中，面對他的挑戰者。

特舒蔔全副武裝，依靠「能夠將岩石放射到九十英哩遠的雷風暴武器」，以及「發出可怕光芒閃電」的戰車，登上了天空，「從天空中，他將臉部」朝向敵人。雖然支離破碎的泥版就此結束了故事，但毋庸置疑的是，特舒蔔最終取得了戰爭的勝利。

這些古老的神是誰？誰為了爭奪領導權互相攻擊，並且透過國家之間的戰爭來爭奪地球的霸權？也許條約恰當地結束了這些人類發起的非常戰爭，而神是這些戰爭的引導者。

西臺與埃及的和平條約

埃及人和西臺人之間，在經過兩個多世紀的戰爭之後，由於西臺國王哈塔斯利西三世（Hattusilishm）的女兒和埃及法老拉美西斯二世的婚姻，換來了和平。

法老在紀念石柱上記錄了這件事情，這些石柱分別位於卡奈克（Karnak）、阿斯旺附近的埃利潘蒂尼（Elephantine），以及阿布辛貝（Abu Simbel）神廟。

描述西臺公主前往埃及的旅程之著作認為，當「埃及的陛下看見她擁有如女神一樣美麗的臉龐時」，他立刻愛上了她，並且認為她是「普塔神賜給他的天使」，而且也是西臺承認他的「勝利」的象徵。文獻的另一部分說明了這一外交事件的目的：十三年前，哈塔斯利西向法老發出了和平條約；但拉美西斯二世仍沉浸在加低斯戰役中瀕臨死亡的經歷，而忽視了和平條約；「西臺的偉大首領之後每年都向他的陛下書寫和平條約，但拉美西斯沒有重視。」最後，泥版上記錄了，西臺不是派使者，而是在國王的親自陪伴下「送來了他的大女兒，在這之前送來的是珍貴的貢品」。拉美西斯想弄清楚這些禮物的含義，便派出埃及護衛隊接見和護送這些西臺人。而且，如上所述，他被西臺公主的美麗折服，使她成為皇后，並為她取名為「瑪阿特—尼夫魯—拉」（Maat-Neferu-Ra，意思是拉神能看見的美女）。

我們的歷史也得益於這段一見鍾情的愛情，因為埃及法老隨後接受了遲來的和平條約。在距加低斯戰役和美麗西臺公主的傳說發生地不遠的卡奈克，故事繼續被記錄下來。關於這個故事的兩個版本，被後人發現，一份幾乎是完整的，另一份卻支離破碎，它們已經被埃及的歷史學家翻譯出來。因此我們不僅有完整的條約內容，也知道西臺國王用阿卡德語寫下條約，那是當時（如同法語在一、兩個世紀以前一樣）處理國際關係的共同語言。

他把寫在銀版上的阿卡德語原稿的副本給了法老，在卡奈克的埃及語描述是這樣的：

在銀版的前段是：一些人物，其中包含有一張塞特的畫像，還有偉大的西臺大王子，被印了字的邊緣包圍：「天國之神塞特；哈塔斯利西指定的統治規則」……

在另一邊包圍塞特像的圖片中，包含了：由西臺女神形象構成的人物圖，其中的西臺公主畫象也被印了字的邊緣包圍：「阿麗娜城（Arinna）的拉神，大地之神」……

在內部圍繞這些人物的是：阿麗娜城的拉神，各處大地之神。

在皇家西臺檔案館，考古學家們發現了描述西臺神的印章，包括西臺國王在內（見圖17）。這枚印章的描述和埃及文獻一樣詳細，甚至把印章邊緣的包圍物也描述得清清楚楚。在克服種種困難後，最初用阿卡德語寫在兩塊泥版上的條約，也在檔案裡被發現了，但是，所謂西臺文獻中的首席神是特舒蔔，而不是「西臺的塞特」。因為特舒蔔意味著「風暴」，而且塞特（他的希臘名字是龍捲風）意思是「狂風」，看起來似乎是埃及人和西臺人根據神的姓名的修飾詞，將眾神與其信仰相匹配。按照這個觀點，特舒蔔的配偶赫巴特（HEBAT）被稱為「天國的女士」，以便和埃及版本條約中的女神之名字相匹配；拉（意思是光明者）就是西臺人所謂的「天國之神」，在阿卡德語版本中，

圖17：西臺神的印章

他們被稱為沙馬氏（SHAMASH，光明一號）等。

很明顯，埃及人和西臺人對眾神的信仰是對立的，但也是平行的；而且學者開始期待，接下來還會揭露出一些什麼樣的古代條約。

西臺和米坦尼的條約

一個簽訂於西元前一三五〇年左右的條約裡，有許多讓人驚奇的資訊。條約是由西臺國王夏皮努尼馬（Shuppilulima）和米坦尼王國（Mitanni）的國王馬提瓦扎（Mattiwaza）制定的，當時米坦尼王國位於幼發拉底河中部，夾在西臺國、蘇美古國以及阿卡德古國中間。

這個原始條約也是採一式兩份，原版放置在卡哈特城（Kahat）的特舒蔔神殿裡，這座古城以及記載條約的石碑，在歲月的風沙中消失了，但另一份放置在西臺阿麗娜（意思是在飛盤女神前面）聖城中的石碑，在大約三千三百年後被考古學家發現了。

和當時的其他條約一樣，西臺和米坦尼國王的條約末尾有一個禱告：「締約雙方的神在場，聽到了雙方的締約並且擔當證人。」因此，遵守條約將得到神的護佑，而違背契約者將會激怒神。這些「契約雙方的神」，當時從作為兩個王國的至尊統治神（擔當國王和王后）特舒蔔和配偶赫巴特開始列起，所有條約就放置在西臺和米坦尼王國的神龕中。當時，很多年輕神（這兩個統治神的後代），不論男女，被列在各省會城市代表其父母充當統治神。

在那個時候，有一長串相同的神處在同一個等級；這和埃及不同，在埃及，當時不同的神殿必須相配。根據其他已經發現的版本所知，西臺神殿實際上是照搬或模仿人類的神殿。但這個特殊的條約有些奇怪，在石碑尾端的見證神中間，同時列有Mitra-ash、Uruwana、Indar、Nashatiyanu——也就是米特拉、伐樓拿、因陀羅和印度教萬神殿的拉瑟提亞神（Nasatya）！

西臺人、印度人、人類，誰是起源呢？在西臺人和米坦尼人的條約中可以找到答案：三者都不是。這些所謂的「阿利安」神和他們的父母、祖父母一起列在條約上，這些「古老的神」包括：阿努（Anu）、安圖（Antu）夫婦、恩利爾和妻子寧利爾（Ninlil）、艾（Ea）及妻子唐克娜（Damkina）；以及「邪惡之神，誓言之神……庫德城的奈格爾……戰神尼努爾塔……好鬥神伊師塔。」

這些都是些家喻戶曉的名字；早期他們經常被阿卡德的薩貢提到，薩貢自稱是「伊師塔的監護者，為阿努施塗油禮的牧師，恩利爾的偉大而正直的牧羊人。」

他的孫子那拉姆－辛抵達雪松山，當時有奈格爾神幫他「開路」。巴比倫的漢摩拉比授命於阿努，讓恩利爾走在軍隊的前面，進軍其他地方。亞述的國王提格拉特帕拉沙爾（Tiglat-Pileser）因接受了阿努、阿達德和尼努爾塔的命令而大勝；撒縵以色用奈格爾提供的兵器作戰；以撒哈頓在伊師塔的配合下進軍尼尼微。

不難看出，在西臺人和胡里人（Hurrians）的語言裡，眾神名字的發音不同，但他們寫眾神的名字時，都是使用蘇美字體；甚至連「神聖的」稱呼，都是用蘇美的DIN.GIR（丁基爾），意思是正義者。因此，特舒蔔的名字寫成 DIN. GIR IM（暴風神），也就是蘇美人伊希庫爾神（ISHKUR）的名字，也被稱作「阿達德」；或者也可以寫成 DIN.GIR U，意思是「神十級」，這也是伊希庫爾（阿達德）的序位等級，其中阿努的等級最高（六十），恩利爾為五十，艾為四十，這樣依次往下排下去。同樣的，就像蘇美人的伊希庫爾（阿達德）一樣，特舒蔔被西臺人描繪成「揮舞他那發光的武器」（見圖18）。

圖18：特舒蔔揮舞發光的武器

當西臺人以及它們的著作重新面世時，學者們就確信：在西臺和埃及文明之前，在亞述和巴比倫之前，甚至在阿卡德之前，在美索不達米亞南部，就已經出現了一個高度發達的蘇美文明。所有的其他文明只是這個現知最早文明的分支。

無可爭議，蘇美最早記錄了神和人類的傳說。那裡有很多內容被首次銘刻，比我們想像的多得多、詳細得多。在那裡，所有那些文字記錄的歷史，以及有關地球起源的史前史，被我們稱為「地球編年史」。

文物中的文字祕密

發現和理解古代文明，是一個讓人驚訝不斷、難以置信的認知過程。如果不是這些書寫下來的文字的話，古代的石碑，如金字塔、金字型神塔、巨臺、柱狀廢墟、雕石，依然只是過去歷史中神祕而無言的證據。沒有這些文字，古老的石碑只是一團謎：它們的年代不明、建造者無法考證、建造的目的也無從得知。

謝天謝地，我們能認識古代豐富且詳細的文字記載，人們用石碑、手工物、基石、瓦片、餐具、任何能夠想像的物體製成的武器，像誘人的石版一樣，在上面刻著名字和歷史事件。此外還有泥版：平整的濕黏土，有些小的可以握在手掌上，在其上，抄寫員用一根鐵筆靈巧地用浮雕的符號湊成音節、字和句子，然後讓這些泥版變乾（或者烤乾），這樣永久的紀錄就製成了，它們在經歷自然侵蝕和人為破壞後依然保存了數千年。

在古老的近東各地，包括經濟和政治中心、廟宇和皇宮等不同地方，無論是國家或私人建築，都有這樣的泥版；而且有正式的圖書館裡有成千上萬塊泥版，按照主題清楚分類，內容都有寫上標題，也有作者的署名，所有續集也用數字標明。可以肯定，無論他們是在何時記錄了這些歷史、科學和神，都被認為是以前用古代文字書寫的碑刻的複製品。

亞述和巴比倫王國這種輝煌的展現，著實讓考古學家驚訝，但讀了它們的「古城」刻文後，考古學家變得更加困惑。蘇美和阿卡德國王的稱謂到底有什麼涵義，以至於這些帝國的國王都這麼鍾愛？

在發現關於阿卡德城的薩貢紀錄後，現代的學者才開始確信：一個偉大的王朝，薩貢王朝，確實在亞述和巴比倫繁榮的前五百年，就崛起於美索不達米亞了。學者們興致勃勃地在這些記載中讀到：「薩貢打敗烏魯克（Uruk），並摧毀了他的城池……薩貢，阿卡德城的國王，打敗了烏爾的土著……他打敗伊尼瑪爾（E-Nimmar），毀了他的城池，並占領從拉格什到海邊的領土，在海裡清洗他的武器。薩貢在與烏瑪（Umma）土著的戰鬥中大勝……」

學者們質疑：在阿卡德城的薩貢王朝之前，甚至在西元前二千五百年前，世界上存在城市中心和城牆嗎？

首批定居地球的外星人

現在，大家都知道，這些確實存在。這些就是蘇美的城市和城市中心，此蘇美被名為「蘇美與阿卡德之王」。這些地方被確認為考古發現和學術研究中心。這裡的土地早在六千年前就被開墾了；和其他地方不同的是，此處算是突然且難以理解地出現了文字和文化、國王和牧師、學校和廟宇、醫生和太空人、高聳的房子、運河、碼頭和船；發達的農業、先進的冶金術、紡織工業、商貿、法律、政治和道德的觀念；宇宙理論，以及歷史和史前史的記載。

在長篇敘事傳說、兩行諺語等所有作品中，都記錄著世界和神，而這些事實成為蘇美人及其後代民族不變的信念：在過去，丁基爾（DIN.GIR），那「火箭太空船的正義之人」，自希臘人開始稱之為「神」的存在，從自己的星球來到地球。他們選擇美索不達米亞南部做為自己離家後的新家。他們把這片土地稱為奇恩基爾（KI.EN.GIR）——「火箭主人的領地」（阿卡德名，而蘇美語中意思是大地的守護者）。他們把這裡當成在地球的第一個棲息地。

來自外星，首次定居地球的太空人，在蘇美人的版本中沒有特別記載，而在其他不同的版本中，總是這樣展開它的陳述：在大洪水前的四十三萬二千年前，丁基爾（火箭太空船的正義之人）從自己的星球登臨地球。蘇美人認為，他們來自太陽系的第十二個組成成員。太陽系以太陽為中心，有月亮、目前已知的九大行星，以及一顆更大的行星，它的軌道很大，三千六百年才繞太陽一圈。他們寫道：這個軌道把這顆星球帶往遙遠宇宙的一個「站」，然後越過火星和木星，來到地球附近。這個情況，正如古人在四千五百年前的畫所描寫的（見圖19）：它的名字叫做尼比魯（NIBIRU，交叉），符號就是一個「十字叉」。

大量的古代文獻記載著：從尼比魯星球來到地球的太空人首領叫艾（E.A，意思是他的房子是水）：在他登陸定居於埃利都（Eridu），建立在地球的第一個站後，被授予了稱號——恩基（EN.KI，意思是地球之主）。在廢墟中，我們找到這樣的文字記載，上面有艾登陸時的報導：

> 當我來到地球，到處都是洪水。當我來到它的綠色草地後，大家在我的命令下，堆起了土堆。我在一個乾淨的地方建造我的房子……房子的影子落在蛇沼澤（Snake Marsh）上。

文章繼續描述艾在波斯灣的沼澤地上，努力營造非凡的供水系統：他調查了這片沼澤地，挖溝掘渠以控制水和排水，用當地黏土製造磚以修建建築物。他用溝渠連接了底格

圖19：尼比魯

里斯河和幼發拉底河；而在沼澤地的邊緣，他建造了房屋、碼頭和其他的設備。

尼比魯人的目的

這一切都有一個原因。在他的星球上需要黃金。它不是用來製造珠寶或其他瑣碎的用品，因為在以後的幾千年中，這些到達地球的遊客從來沒有表現出佩戴了黃金首飾的樣子。毫無疑問，尼比魯人的太空計畫需要黃金，例如印度文獻中就指出天空戰車覆蓋著金子。事實上，在許多方面，黃金對於太空設備和我們當今的交通工具，都是非常重要的。但是，這一點可能不是尼比魯人在地球上密切尋找黃金，並將它們大量運回母星球的原因。這種金屬具有獨特的性質，在帶回他們的家園後，可以滿足重要的需求，足以影響該星球上人們的生命存活；據我們所知，將黃金顆粒懸掛在尼比魯逐漸消失的大氣中，便可以減少大氣的損耗。

尼比魯統治者的兒子艾，被選擇來承擔這個重要的使命。他是一個傑出的科學家和工程師，其綽號是努迪穆德（NU.DIM.MUD），意思是「他很會製造東西」。這項計畫，就如艾的綽號所表示的一樣，是要從平靜的波斯灣，以及從波斯灣延伸到美索不達米亞的淺灘沼澤連接處，抽取黃金。蘇美人描述艾就像水流的主人，他坐在一個被相互連接的小瓶所包圍的實驗室中（見圖20）。

圖20：被小瓶包圍的艾

已經公開的傳說指出，這個計畫進行得並不順利。黃金的產量遠遠低於預期，為了加快抽取黃金的速度，更多的太空人——一些文獻把他們稱作「阿努納奇」（Anunnaki，那些從天國來到地球的人）——在地球上登陸。他們一行有五十人，其中的一個隊伍是由恩基的大兒子馬杜克（MAR.DUK）帶領的。文字記錄了馬杜克傳遞給父親的緊急消息，它描述了航向地球途中的一場意外，當太空船經過太陽系的一顆行星（可能是木星）時，差點和這顆行星外的一顆衛星相撞。當描述到太空船的遭遇時，馬杜克興奮地告訴父親：

> 它像一種武器；它像死亡般衝向前……阿努納奇遭到重擊……像鳥一樣的最佳飛行器，胸部遭到重擊。

圓筒印章上的蘇美雕刻（見圖21）具體描述了在太空船離開火星（第六大星球）到達地球時（從內計數的第七大行星，象徵著七點，總是和月亮一起被描繪），地球之主（左邊）急切地會見他打扮得如同太空人的兒子（右邊）的場景。

恩基的父親安（AN，在阿卡德語中是阿努）是母星球的統治者，對登陸一方的進程顯得焦慮又滿懷期望。但緩慢的進度使他在最後失去了耐心，此外，運用實驗室程序從海水中抽取黃金之計畫的進程，也不如預期。

但對黃金的需求仍然存在；而且阿努納奇面臨一個艱難的決定：放棄這個不可能實現的計畫，或是用新的方法來獲得黃金：採礦。阿努納奇那時已知道黃金在非洲大陸的阿普蘇（AB.ZU，

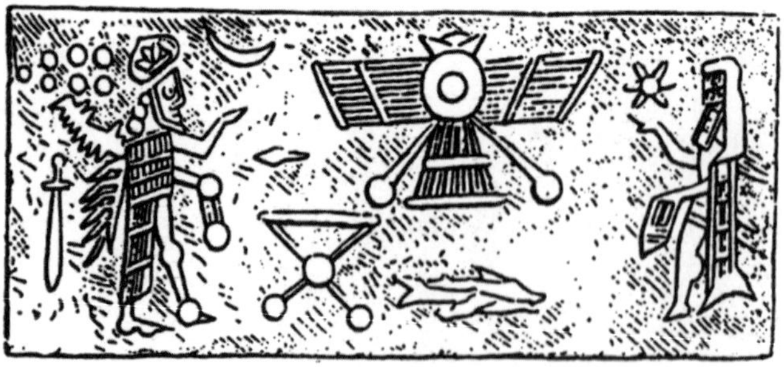

圖21：地球之主（左）與兒子（右）會見

意思是原始的來源）很豐富，並且它以自然的形態就可以使用。（在從蘇美進化而來的閃族語言中，Za-ab〔即Abzu的相反〕，直到今天還是用來指「黃金」的單詞。）

但是，有一個主要的問題。非洲黃金必須要透過開採，從地球的深處抽取；要從經過深思熟慮的海水抽取計畫，轉變到繁重艱辛的地下開採工作，是個長遠的決定，而且不容易實施。很明顯，這個新計畫需要更多的阿努納奇。他們在「閃亮的礦脈之地」建立採礦殖民地，在美索不達米亞擴建開採設施，還打造了一批礦石船——馬古如努阿普蘇（MA.GUR UR.NU AB.ZU，意思是阿普蘇礦石船）在兩地間往返。這一切都是由恩基本人處理的嗎？

阿努認為，恩基無法獨自做到這些；在恩基登陸後的尼比魯八年（地球上是二萬八千八百年），他來到地球觀察一切。他在繼承人恩利爾（意思是命令之主）的陪同下來到這裡。阿努認為，他的這個兒子可以承擔起地球的使命，而且可以將黃金運送到尼比魯星球去。

選擇恩利爾來完成使命，可能是必要的，但這個選擇也是令阿努痛苦的：因為它會激化兩名同父異母兄弟之間的競爭和妒忌。因為恩基是阿努的大兒子，他是阿努六個小妾的其中一名所生，有望繼承阿努在尼比魯的王位。

但後來，就如《聖經》中亞伯拉罕的故事，他的小妾夏甲（Hagar）和同父異母的妹妹兼妻子撒拉（Sarah）那樣，阿努同父異母的妹妹兼妻子安圖姆（Antum）生下了兒子恩利爾。按照尼比魯星球上的繼承規則，恩利爾將取代恩基成為合法繼承人。現在，恩基的繼承權競爭對手來到地球上並接受任命。

眾神的血統和家譜

人們不應該強調血統和家譜在眾神戰爭中的重要性；因為在血統和家譜戰爭中的眾神，就像在尼比魯星球和以後在地球上爭奪繼承權及統治權的戰爭一樣，十分尋常。

事實上，當我們解開眾神戰爭的持久性和殘酷性的神祕面紗，並且試圖把它們放入所有歷史的框架中時（這是以前從來沒有進行過的工作），我們很清楚地發現，這種持久性和殘酷性來自於性行為的準則，這種行為不是基於道德，而是基於遺傳純度的考慮。這些戰爭的核心，是基於由等級制度和繼承權所造成的複雜情勢；性行為不是由溫柔和強暴所決定，而是由他們的目的和結果所決定。

有一個蘇美的傳說，講述了阿努納奇的總司令恩利爾，他愛上一個在河裡裸浴的護士。他說服她和他去航行，而且不顧她的抗議（「我的陰唇小，不知道性交這回事」）就和她做愛。儘管恩利爾的等級很高，他還是被「五十級神」逮捕，當他回到他的城市尼普爾時，被「七個阿努納奇法官」發現，並且被判處了強姦罪罪行。他們判他流亡阿普蘇。（後來，當他和跟隨他一起流放的這位年輕女神結婚時，就被赦免了。）

許多歌曲紀念了伊南娜（Inanna）和名叫杜姆茲（Dumuzi）的年輕神之間的愛情，其中的〈催眠調〉用感人肺腑的語言描述了這段愛情：

啊，把他的手放在我的手裡。
啊，把他的心放在我的心的旁邊。
與他攜手不僅僅是甜蜜，最令人甜蜜的是與他心連心的愛情。

我們可以理解這些紀念詩中的支持口吻，因為杜姆茲是伊南娜的准新郎，她的選擇贏得了她哥哥烏圖（沙馬氏，Utu/Shamash）的支持。但是，要如何解釋描寫伊南娜與她自己的兄弟激情做愛的文字呢？

我心愛的人遇見了我，他和我在一起很開心。
我的兄弟把我帶回他的家，讓我躺在他甜蜜的床上……
我們的口舌緊緊相連，長相俊朗的哥哥和我一起激情了五十次。

如果我們瞭解兄妹之間不結婚但可以做愛的準則，就能夠理解這件事。另一方面，與自己同父異母的妹妹結婚是被允許的；同父異母的姊妹所生的兒子，在等級制度中是最高貴的。儘管強暴的行為會遭到譴責，但如果是為了獲得王位，性，甚至是無規則或暴力的性，也是被縱容的。有一個很長的傳說講述了，恩基為了獲得他的（以及恩利爾）同父異母的妹妹蘇德（Sud）所生的男性繼承人，強迫自己在她獨自一人的時候，「將精液倒在她的子宮內」。她生下一個女兒（而不是一個兒子），當這個女孩變得「年輕而美麗時……」恩基不錯失任何時機，立即與她做愛，「他討她的歡心，擁抱她，坐在她的大腿上：他觸摸她的大腿，他觸摸……並且與這名年輕的女孩同居」。這種事情持續發生在這名女孩的後代身上，直到蘇德詛咒恩基，使他癱瘓。直到此時，尋找男性繼承人的荒唐事才停止。

當恩基做這些性事時，他已經娶了寧基（Ninki），這就說明了，譴責強姦罪的基準並不禁止婚外情本身。我們也知道，神被允許擁有任何數量的妻子和小妾（編目為CT-24的文獻列出了阿努的六個小妾），但如果要結婚，他們必須選擇一個做為官方配偶時，正如我們已經提到的，同父異母的姊妹就可以擔任這樣的角色。

如果這些神在名字和綽號之外，也被授予了稱號，他的正式配偶就要擁有這個稱號的女性形式。因此，當安獲得稱號（天國之神）後，他的配偶被稱為安圖，在阿卡德語中是阿努和安圖姆。嫁給恩利爾（命令之主）的護士，獲得了稱號——寧利爾（命令之女士）；恩基的配偶唐克娜也被稱為寧基。

由於大阿努納奇之間家庭關係的重要性，許多古代作者所編寫的神之名錄，本質上就是一個家譜。在這樣的重要清單裡，被古代作者命名為「AN: ilu Anum」的系列，列出了「恩利爾的四十二位祖先」，很明顯是二十一對夫妻神。這一定是皇家血統的偉大象徵，因為另外兩個描寫阿努的相似檔案，也列出了他在尼比魯星球的二十一對祖先夫妻。我們知道，阿努的父母是安沙戈（AN.SHAR.GAL，偉大的天國王子）和奇沙戈（KI.SHAR.GAL，偉大的大地公主）。就像他們的名字所表示的，他們並不是在尼比魯具統治地位的夫妻，但是，阿努的父親是偉大的王子，也就是皇位繼承人；他的配偶是一位偉大的公主，代表她是統治者的大女兒（由不同的妻子所生），因此是安沙戈同父異母的姊妹。

這些家譜讓我們能對眾神在登陸地球前後發生在尼比魯星球上的事情，有更好的理解。

尼比魯人來到地球

將艾發送到地球上尋找黃金，代表尼比魯人在出發且著陸於地球之前，就已經得知此金屬在地球上的可得性。他們是怎麼做到的？

有很多種答案：他們可能用無人衛星探索地球，就像我們用極地系統探索其他星球一樣。他們可能會登陸在地球上來加強調查，就好像我們登陸月球一樣。實際上，他們在火星上登陸時，並不能排除他們也從尼比魯進行太空航行到地球的可能，就像我們在文獻中讀到的一樣。

我們無從得知，無人太空船是否曾在地球上登陸過，若是如此，又是在什麼時候發生的呢？但是，的確存在關於在戲劇性環境中發生的、更早期登陸的編年史：被廢除的尼比魯統治者，乘坐太空船逃到地球上。

這件事情肯定是發生在艾被其父親送到地球上之前，因為透過這件事，阿努成為尼比魯的統治者。實際上，確實是阿努霸占了尼比魯的王位。

這些資訊都包含在一份文獻裡，它的西臺版本被古代學者命名為《天空的王權》（*Kingship in Heaven*）。它揭露了尼比魯皇家宮廷的耀眼生活，也講述了彷彿莎士比亞情節中的背叛和掠奪行為的傳說。文獻裡說，當尼比魯的繼位大典到來時，由於自然死亡或其他原因，並不是由准繼承人安沙戈（阿努的父親）登上王位。一位名叫阿拉盧（Alalu，在西臺文獻中稱阿拉盧沙〔Alalush〕）的親戚取而代之，登上了王位。

阿拉盧可能有意和解或是尊重文化傳統，任命阿努為他的皇家司酒者，我們從許多東方文獻和皇家記事（見圖22）中瞭解到，這是一個受人尊敬且值得信賴的職位。但在尼比魯時間九年後，阿努（在西臺文獻中稱阿努須〔Anush〕）「向阿拉盧發起戰爭」並且罷免了他：

> 在遠古時代，阿拉盧沙是天國之王。阿拉盧沙坐在寶座上；強大的阿努須，在眾神中名列第一位，站在他面前：他向阿拉盧沙鞠躬，將酒杯送到阿拉盧沙的手中。阿拉盧沙擔任了九年的天國之王。在第九年裡，阿努須向阿拉盧發起戰爭。

古代文獻告訴我們，隨後發生了飛行到地球的戲劇性事件：

圖22：受人尊敬的皇家司酒者

阿拉盧沙被擊敗，他在阿努須面前逃離！他下降到黑暗的地球。阿努須繼承了王位。

雖然在阿拉盧之前，關於地球及其起源的種種，很可能已經被尼比魯人知曉，但事實是，在這個傳說裡，確實有關於承載著艾的使命來到地球的尼比魯人，乘坐太空船登陸地球的記載。蘇美國王列出了一個報告，上面寫著，埃利都的第一個統治者被稱為阿盧利姆（Alulim），這個名字可能是「艾（恩基）」（Ea/Enki）的另一個綽號，或是蘇美人對於阿拉盧名字的翻譯。它可能讓我們想到的是，儘管阿拉盧被罷免，還是密切地關注尼比魯星球的命運，並且告訴罷免他的人，他在地球的水域裡發現了黃金，罷免者和被罷免者之間的和解，證明了這的確發生過。因為阿努先邁出和解的步伐，並任命阿拉盧的孫子庫瑪爾比為他的皇家司酒者。

但和解的姿態只是造成了尼比魯星球自身歷史的重演。儘管年輕的庫瑪爾比擁有所有的獎項榮譽，卻無法忘記阿努從他的祖父手裡篡奪了王位；隨著時間的推移，庫瑪爾比對阿努的敵意變得越來越明顯，阿努「不能面對庫瑪爾比的目光」。

所以阿努決定帶著繼承者恩利爾一同離開尼比魯星球前往地球，認為這比帶著年輕的庫瑪爾比更安全。但無論阿努是帶著恩利爾或庫瑪爾比同行，都會造成衝突的結果，對阿努個人而言也充滿了痛苦。

把恩利爾帶到地球上的決定，使恩利爾有責任和恩基爭鬥。這場爭鬥在目前為止發現的文獻中，找到了來源。憤怒的恩基威脅說要離開地球，返回尼比魯星球；但人們能夠相信他沒有篡奪王位嗎？如果阿努本人為了妥協而留在地球上，並任命恩利爾為尼比魯的代理統治者，人們可以相信恩利爾在阿努回來的時候會自動放棄王位嗎？最後，他們決定用抽籤來隨機決定到底應該怎麼做。關於權力的分配，在蘇美和阿卡德文獻中也反覆提到。地球最長的編年史之一，被稱為《阿特拉—哈西斯》（*The Atra-Hasis*）的史詩，記載了這次抽籤的過程和結果：

眾神雙手合十，然後開始劃分：阿努上升到天國；對恩利爾來說，地球是他的統治主體；有海洋循環圍繞的大地，給了王子恩基。恩基前往阿普蘇，被授予該處的統治權。

阿努相信他已經設法分開相互競爭的兄弟，便「升上了天空」。但在空中，一個意想不到的局勢變化正等待著他。也許為了防範，庫瑪爾比被留在圍繞地球運行的太空船上；當阿努回到太空船，準備開始返回尼比魯星球的漫長旅行時，遇到了憤怒的庫瑪爾比。一開始是措辭嚴厲的爭執，不久後就變成打鬥：「阿努向庫瑪爾比發起攻擊，庫瑪爾比也向阿努進攻。」當庫瑪爾比在摔跤上擊敗阿努時，「阿努從庫瑪爾比的手中掙脫」。但庫瑪爾比設法抓住阿努的腳，而且「有點偏向膝蓋中間」，傷害了阿努的「男子氣概」。後來，人們發現了相關的古代描繪，包括此事件（圖23a），以及阿努納奇在摔跤打鬥時有傷害對方生殖器的習慣（圖23b）。

阿努帶著羞恥和疼痛，起飛前往尼比魯星球，將庫瑪爾比和太空人操作的空間平臺留在後面。但他在離開前，詛咒庫瑪爾比「在他的肚子上有三個怪物」。

這個西臺的傳說，與希臘故事中烏拉諾斯

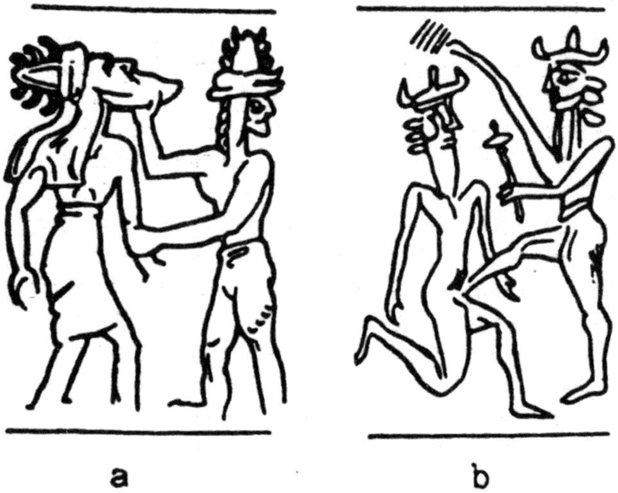

圖23a、b：阿努納奇的摔跤打鬥

被克洛諾斯閹割，以及克洛諾斯吞下自己的孩子的相似性，無須贅言。而且，正如在希臘傳說中一樣，這個小小的插曲為神和泰坦神之間的戰爭奠定了基礎。

阿努納奇與地球使命

在阿努離開後，地球使命被認真執行。

隨著越來越多的阿努納奇登陸地球（那時，人數已經上升到六百位），一些人被分配到下游，以幫助恩基開採黃金；另一些人控制礦石船；其餘的和恩利爾一起留在美索不達米亞。在那裡，按照恩利爾制定的總體計畫，建立了更多的定居點，它是一個擁有清楚步驟的組織計畫的一部分：

> 他完善了程序，列出神聖的條例；在最佳的地點建立了五個城市，為它們命名，而且把它們當作中心。其中的第一個城市是埃利都，恩利爾將它給予先驅努迪穆德。

在大洪水來臨之前，美索不達米亞的這些定居點都有一個特殊的功能，其功能可以從它們的名字看出來。首先是埃利都（E.RI.DU），意思是在遙遠的地方建造的房屋，它是水域邊緣的黃金抽取設施，在所有時間內長期保留艾的美索不達米亞居留權。接下來是巴地比拉（BAD.TIBIRA），意思是次礦石最終被建造的光明之地，是熔煉和提煉的冶金中心。接下來是拉勒克（LA.RA.AK），意思是看到了明亮的火焰，是指導太空船登陸的燈塔城市。西巴爾（SIPPA），意思是鳥城，是一個內陸城市；然後是蘇若帕克（SHU.RUP.PAK），意思是最具幸福感的城市，被建成醫療中心，它由蘇德（意思是她獲得了重生）掌管，蘇德是恩基和恩利爾同父異母的妹妹。

此外，他們還建造了另一個燈塔城市—拉爾撒（LA.AR.SA，意思是看見紅色的光芒），其複雜的操作取決於在地球上登陸的阿努納奇和三百名太空人之間的密切協調；這些太空人被稱為伊吉吉（IGI.GI，意思是看和觀察的人），一直待在圍繞地球的恆定軌道上。這些伊吉吉就像地球和尼比魯星球之間的仲介代理，待在地球上空的軌道平臺站裡，被加工過的礦石會被太空船從地球上運載到平臺站，隨後被轉移到適當的太空船裡。當運行在巨大橢圓形軌道上的母星球週期性地接近地球時，這些太空船就會將黃金運送回母星球。太空人和設備則使用的相反順序，被送到地球。

總之，這需要一個任務指揮中心，而恩利爾已經在著手建造和裝備。它被命名為尼布魯基（NIBRU.KI，意思是尼比魯在地球上的殖民地），也就是在阿卡德的尼普爾。在裝設了天線且高升的平臺站（這是美索不達米亞「巴別塔」〔Towers of Babel，見圖24〕的原型），其上方有一個祕密的房間名為迪爾加（DIR.GA，意思是黑暗、炙熱的），它是展示太空圖（以星星為記號）和操控杜爾安基（DUR.AN.KI，意思是連接天國和地球）的地方。

編年史認為，阿努納奇在地球上的第一住宅區是「要被建為中心」。這加深了後洪水時代的國王關於重建被洪水沖走的蘇美城市之聲明中的疑惑：

> 這是一個建築已經被確定的永恆平面計畫，其中承載著來自古代的繪圖，以及上天國的文書。

只要我們在地圖上標出恩基與恩利爾建立的第一批城

圖 24：美索不達米亞「巴別塔」

市，並且將它們用同心圓連接起來，就能解出難題。它們的確是「要被建為中心」：所有這些城市離尼普爾任務指揮中心的距離，都是相等的。這確實是「來自上天國」的計畫，因為它只有對那些可以從高空中瞭望整個近東地區的人來說，才有意義：選擇該地區最顯著的象徵——雙峰山亞拉拉特（Ararat）做為地標，他們把太空站建在以從亞拉拉特山穿過幼發拉底河為基礎的北線上。在這個「永恆的平面計畫」中，所有的城市被排列成一個箭頭，標記出到達西巴爾太空站的路徑（**見圖25**）。

這減少了定期運送到尼比魯星球的黃金所受到的關注，甚至是城市間的對抗，因為阿努在那以後一直都是這顆星球的統治者。但在地球上，所有生活在「黑暗」時期的人們，都有難以想像的情緒和不可思議的衝突。

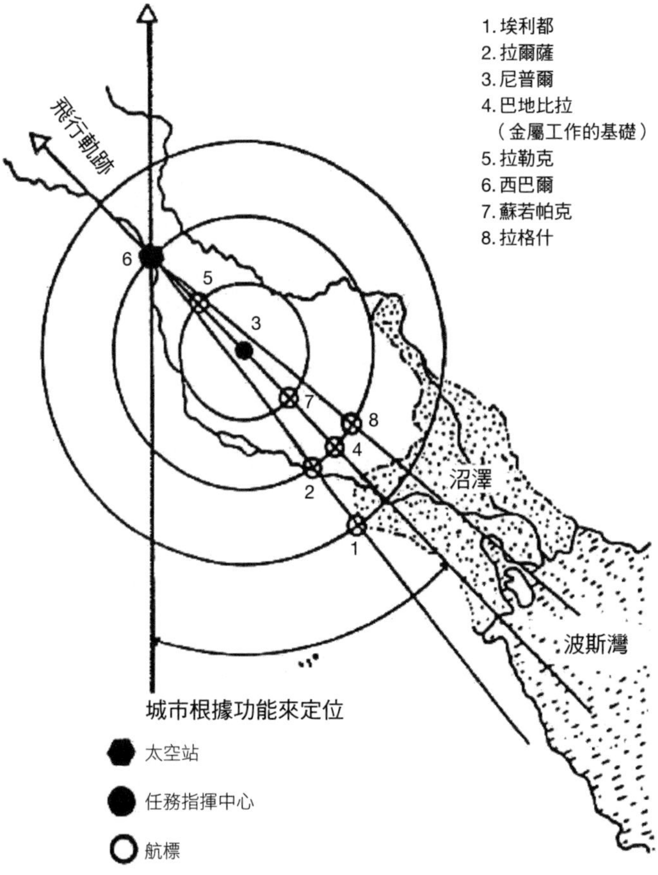

圖25：各城市到達西巴爾太空站的路徑

5・老神之間的戰爭

阿努首次訪問地球和隨後所做出的決策，導致了之後千年來在地球上發生的所有事情。眾所周知，他們創造了亞當所代表的人類——我們稱之為智人（*Homo sapiens*）；他們還為日後恩利爾和恩基以及他們後代之間在地球上的戰爭埋下了種子。

但首先，在阿努的地盤和阿拉盧的地盤上，有著持久的衝突，地球上的仇恨爆發在對泰坦神的戰爭中。這是一場「天空之神」對抗「在地球黑暗時期的神」的戰爭；在其最後的高潮階段，這是一場眾神的起義！

它發生於尼比魯人在地球上定居的早期，以及阿努首次訪問地球後的一個月；這是從《天空的王權》文獻中得知的事。這部文獻在回顧對手的時候，指稱他們為「強大的老神，生活在古老時代的神」。它在將阿努和阿拉盧之前的五位神命名為「父母神」之後，開始講述關於在尼比魯星球篡奪王位、阿拉盧的飛行、阿努對地球的訪問，以及阿努和庫瑪爾比之間衝突的傳說。

《天空的王權》中的故事，還增加了其他的西臺／胡里人文獻，學者們將這些文獻統稱為《庫瑪爾比週期》（*The Kumarbi Cycle*）。這些經過費力拼湊在一起（仍然嚴重分散）的文獻，近來變得更加通俗易懂了，因為人們又發現了這些文獻的其他碎片和另外的版本。

庫瑪爾比在與阿努爭鬥後多久才登上王位，文獻中並沒有給出明確的答案。我們是在這件事情過後的一段時間，才知道答案。庫瑪爾比在設法吐出生長在肚子裡的「石頭」後，來到了地球。他為了某個可能在佚失文獻中有解釋的原因，來找在阿普蘇的艾。

特舒蔔與烏利庫梅的戰爭

這份支離破碎的文獻中，隨後講述了風暴神特舒蔔出現的場景。根據蘇美人的文獻，特舒蔔是恩利爾最小的兒子伊希庫爾（**阿達德**）。風暴神特舒蔔告訴庫瑪爾比，每個神都要授予特舒蔔美好的特質和物品，這惹怒了庫瑪爾比；在這些特質中應該有智慧，而智慧是從庫瑪爾比身上轉移過來的。「庫瑪爾比帶著憤怒前往尼普爾」。破碎的文獻使我們無法知曉接下來發生在恩利爾司令部的事情，但庫瑪爾比在尼普爾待了七個星期之後，便前往與艾商議。

艾建議庫瑪爾比「升上天國」並尋求拉馬（Lama）的幫助，拉馬是「兩位神的母親」，因此，很顯然，她是兩個競爭王朝的女家長。艾出於一些自身利益的考量，用馬吉達（MAR.GID.DA，**天空戰車**）將庫瑪爾比運送到太空，這個天空戰車被阿卡德人稱為提爾瑞塔（Ti-ia-ri-ta，**意思是飛行工具**）。但這位女神發現，艾沒有得到眾神的允許便來到這裡，因此她發出「閃電風」襲擊艾的太空船，迫使他和庫瑪爾比返回地球。

但庫瑪爾比並沒有返回地球，他選擇與被西臺人／胡里人稱為依沙瑞拉（Irsirra，**觀察和環遊的人**）的軌道神待在一起；依沙瑞拉在蘇美語中被稱為伊吉吉。庫瑪爾比手中握著充足的時間，「他充分思考……在心裡思考著……他反覆的思考創造出不幸的計畫……他醞釀邪惡的陰謀」。他思考的重點是，他必須被尊稱為「眾神的父親」，最高的神！

庫瑪爾比在獲得軌道神依沙瑞拉的支持後，「穿上神速鞋」飛向地球。在那裡，他向具有領導地位的神派出了使者，要他們承認他的最高統治地位。

這時，阿努受夠了這個情況，決定要徹底擊敗阿拉盧的孫子，便命令自己的孫子風暴神特舒蔔去找到並殺死庫瑪爾比。激烈的戰鬥隨後在由特舒蔔率領的地面神，和由庫瑪爾比率領的天空神之間展開；在一場戰鬥中，至少有七十位神參加，他們都駕駛著天空戰車。儘管大多數戰鬥場面消失在破損的文獻中，但我們知道的是，最後特舒蔔取得了勝利。

庫瑪爾比的戰敗並沒有結束這場爭鬥。我們從其他的西臺史詩中瞭解到，在庫瑪爾比死亡之前的掌權時代裡，庫瑪爾比設法使山區女神懷上他的孩子，從而誕生他的復仇者「石神」烏利庫梅（Ullikummi）。當他把這個神奇（或怪異）的兒子隱藏在軌道神之中時，他指導烏利庫梅成長並攻擊特舒蔔的「美麗城市庫米亞（Kummiya）……攻擊風暴神並將他撕裂成碎片……像射鳥一樣從天空中擊落所有的神！」一旦烏利庫梅在地球上取得勝利，便「登上天空以奪取王位」，並且透過暴力獲得了尼比魯的王位。在發表這些指示後，庫瑪爾比就逝世了。

在很長的一段時間裡，這個孩子都被隱藏著。但隨著他長大，在漫遊天空的時候，被烏圖（沙馬氏）發現。烏圖衝進特舒蔔的住所，並且通知他，復仇者出現了。特舒蔔用食物和飲料慰勞烏圖以後，便命令他：「乘坐戰車升上天空。」並且密切關注烏利庫梅的成長。隨後他來到山上親自監視石神。「他看到了令人畏懼的石神，憤怒地搖了搖拳頭。」

特舒蔔意識到除了戰爭之外別無選擇，便立刻準備戰車作戰；西臺人在文獻中用蘇美名字ID.DUG.GA，意思是流動的騎士，來稱呼特舒蔔，而西臺文獻中使用了原蘇美人的術語，所以裝備戰車的指示很值得引用。因為高轉速的要求而使用「大爆竹」為車輛加速；附有前面「點亮」的「公牛」（能量設備），和後面的「高導彈公牛」；在前方安裝了可以指明方向的雷達和導航設備；用強大的能量石啟動設備；然後為這個工具裝備了「暴風雷電」，並且至少裝入了八百塊「火石」：

「光亮騎士」的「大爆竹」，為戰車潤滑並且發動它。「點亮的公牛」放在犄角中間，尾部的

「高導彈公牛」鍍上了黃金。前端的「指路者」會放入並旋轉，為裡面提供高能的「石頭」，製造出「風暴閃電」，它會將岩石掀出九十費隆（furlongs，作者注：一費隆等於八分之一英里），確定有八百塊火石……覆蓋。「恐怖閃耀著的光芒」，讓它們從貯藏室中出來，讓它們帶來馬吉達並將之準備好！

「在天空浩瀚的雲層中，風暴神和石神面對面。」在最初的攻擊失敗後，特舒蔔（阿達德）的兄弟尼努爾塔加入了戰爭。但赤手空拳的石神將戰爭帶進了庫米亞的城門，它是風暴神的城市。

在庫米亞，特舒蔔的配偶赫巴特在神住宅的內屋裡密切關注戰況。但烏利庫梅的導彈「迫使赫巴特離開房子，她可能再也聽不到神的消息……不管是特舒蔔的消息，還是其他神的消息，她都不可能知道」。她命令信使「穿上飛鞋」前往神的聚集地，帶回有關戰爭的最新消息；她這樣做是由於害怕「石神殺害我的丈夫，那高貴的王子」。

但特舒蔔沒有被殺害，他拒絕了隨從要他躲在山區裡的建議。「如果我們這樣做，」他說：「天空將沒有國王！」所以兩人隨後決定去找在阿普蘇的艾，並且根據「記載了命運的舊牌匾」，去尋找那裡的聖人。

艾意識到庫瑪爾比有一個失去控制的怪物兒子，便前去告訴恩利爾，他們所面臨的危險：「烏利庫梅將封鎖天空和聖殿！」那是大阿努納奇集會的地方。當所有人都不知所措地尋找解決方法時，艾想出了一個法子：讓他們從裝「石頭切割器」的密封倉庫裡，帶出一把專門的舊金屬刀，然後砍下石神烏利庫梅的腳。

在這個計畫成功後，石神殘廢了。當眾神聽到這個消息，「他們來到了神的集會處，所有的神開始怒吼並攻擊烏利庫梅。」特舒蔔備受鼓舞，跳上了戰車；「他在海洋裡追趕到石神烏利庫梅，並且要和他作戰」。但烏利庫梅仍然狂妄地宣稱：「我將摧毀庫米亞，接手神殿，趕走眾神……我還將成為天空之王！」

西臺史詩的最後幾行完全被損壞了；但我們懷疑，它是否為我們講述了一個梵語傳說，也就是發生在因陀羅和惡神弗栗多之間的最後戰役？

當神和惡神在戰場上碰面後，便出現了一個可怕的場面。
弗栗多發射了鋒利的導彈，還有雷和電的熱量……
因陀羅擲出的雷電開始閃光，雷聲轟轟……
因陀羅的鐵彈如陣雨般的叮噹聲和隆隆聲，很快敲響了弗栗多的末日。
穿透聲、碎裂聲、壓碎聲與可怕的吼叫，使瀕臨死亡的惡魔頭向前跌下……
因陀羅用棒杵重擊了他的兩肩之間。

我們認為，這是「神」和希臘傳說中泰坦神（Titans）之間的戰爭。到目前為止，沒有人發現「泰坦神」的含義。但如果故事和神的名字都具有蘇美起源的話，「TI.TA.AN」在蘇美語中的意思就是「居住在天空中的神」，準確地說，這些神是由庫瑪爾比領導的，他們的對手是生活在地球上的阿努納奇。

祖的背叛

事實上，蘇美文獻中還記錄了阿努的孫子和不同部族的惡神之間，一場古老的生死之戰；故事被稱為《祖的神話》（*The Myth of Zu*）。傳說中的英雄是尼努爾塔，他是恩利爾和其同父異母的妹妹蘇德的兒子；它很可能是印度教和西臺故事所取用的原始傳說。

蘇美文獻中的故事，發生在阿努訪問地球之後。根據恩利爾的全域指揮，阿努納奇完成了他們在阿普蘇和美索不達米亞的任務：礦石開採和運輸，冶煉和提煉。透過繁忙的西巴爾太空站，太空船將珍貴的金屬帶到由伊吉吉控制的軌道站中，然後透過定期訪問的太空船到達了母星球。

這個複雜的太空作業系統——在各自依循軌道運行的地球和尼比魯星球之間，透過太空運輸工具來去以進行交流——透過恩利爾在尼普爾的任務指揮中心進行協調。在上升的平臺站上方，有一個名叫迪爾加的房間，它是最受到管制的「神聖之物」，在那裡安裝有重要的天體圖和軌道資料板——「命運碑刻」（Tablets of Destinies）。

一個名叫祖的神獲准進入這個神聖的房間，並抓住了關鍵的碑刻，因此阿努納奇眾神和尼比魯的命運掌握在他的手中。

將蘇美文獻中的古巴比倫和亞述版本連結在一起，一個完整的傳說便重生了。但毀壞的部分仍然使祖的真實身分以及他是怎麼獲准進入迪爾加，成為了祕密。在一九七九年，哈羅（W. W. Hallo）和莫蘭（W. L. Moran）這兩位學者在耶魯大學收藏的古巴比倫泥版裡，尋找到這個祕密的答案，從而重塑了古代傳說的開端。

在蘇美語中，祖意味著「知識」，也就是具有一定知識的專家。很多版本認為，他是傳說中的邪惡英雄安祖（AN.ZU，天空的知識）。他建議，要與連接地球和尼比魯的太空工程建立聯繫；而且重塑的編年史開端，確實講述了孤兒祖是怎麼被操縱太空船和軌道平臺站的太空人接受的，這些太空人被稱為伊吉吉——透過他們，我們瞭解了天空和太空旅行的祕密。

當伊吉吉「從各地聚集在一起」，決定向恩利爾請求時，行動便開始了。他們投訴說「直到那時，伊吉吉就連一塊破碎的聚居地都沒有」。換句話說，地球上沒有為伊吉吉提供任何休息和娛樂的設施，讓他們可以暫時離開嚴格的空間和失重的狀態而得到放鬆。為了表達他們的想法，他們選擇祖擔任發言人，並且將他帶到恩利爾在尼普爾的中心。

恩利爾，「居住在杜爾安基（Dur-An-Ki）的眾神之父，他看見了祖，而且思考伊吉吉所說的話」。當他在心裡盤算著這個請求的時候，仔細研究了來自天空的祖。他是一名使者，雖然不是太空人，為何穿著太空人的制服？當恩利爾的懷疑加重時，艾意識到祖的真正祖先，並且說了出來。艾建議，如果祖在恩利爾的總部被耽擱的話，恩利爾就可以延遲決定那件伊吉吉所請求的事。「你接待了他，並且讓他進入」，艾對恩利爾說。「在這個聖殿裡，在這個最核心的位置上，讓他成為阻擋道路的那個人。」

> 神同意了艾對他說的話。在這個聖殿裡，祖擁有了職位……
> 在這個聖殿的入口，恩利爾已經任命了他。

於是，有了艾的縱容，敵對一方的神（阿拉盧的祕密後代）被恩利爾最深處且最具敏感性的空間接納了。祖在那裡「總是觀察著負責聯繫天國和地球的眾神之父恩利爾……祖總是觀察著天體的命運碑刻」。他很快就制定了一個計畫：「在他心裡醞釀很久的，推翻恩利爾政權的計畫」：

> 我將獲取天體的命運碑刻，主宰神的命運；我將建立政權，在天空發號施令；我將命令太空裡的伊吉吉！

「他野心勃勃，內心裡裝滿了侵略的設想。」有一天，當恩利爾去游泳的時候，祖認為時機來臨了。「他抓住命運碑刻，緊握在手裡」，而且讓他的鳥帶著他「安全地飛到胡沙吉姆（HUR.SAG.MU，高山上的天空會場（Sky Chamber））。」當這件事發生時，一切都靜止了：

神聖的法則暫停了；燈光逐漸消失；沉默蔓延。
在太空，伊吉吉困惑不已；聖殿失去了光輝。

最初，「眾神之父恩利爾無言以對」。隨著通信的恢復，「聚集在地球上的神一個接一個得到了消息」。在尼比魯星球的阿努也聽說了這件事。很顯然，祖將被抓捕，而且命運碑刻將被重新安裝在迪爾加裡。但這一切要由誰來做？幾位英勇的年輕神都來了，但他們都不敢到遙遠的高山上去和祖作戰，因為祖現在和恩利爾一樣強大，並且偷用了恩利爾的「智慧」；「而且那些反對他的人會變成黏土……因為他的神勇，眾神退卻了。」

隨後，恩利爾的法定繼承人尼努爾塔走上前，承擔起對抗祖的重任，因為正如他的母親蘇德指出的一樣，祖要打敗的不僅是恩利爾，還有「恩利爾政權」中的尼努爾塔。她建議尼努爾塔也用「智慧」這個武器，在祖隱居的山脈上向他進攻，只有在他躲在布滿灰塵的屏障後方且能夠接近祖的時候，才能展開行動。為了助尼努爾塔一臂之力，蘇德借給他「能夠捲起灰塵的七次颶風的寶貝」。

隨著「日益堅定的戰爭勇氣」，尼努爾塔登上了哈茲山（Hazzi），這是在庫瑪爾比傳說中出現的一座山脈。尼努爾塔在那裡騎上了戰車，拿起七個武器，用颶風刮起灰塵，出發對抗祖，「去發動一場恐怖而激烈的戰爭」：

祖和尼努爾塔在山腰上見面。當祖覺察到尼努爾塔的到來時，祖狂怒了。他用他的智慧使山和白天一樣明亮；他因為憤怒，釋放出散亂的射線。

因為灰塵，祖無法看清他的挑戰者，於是對著尼努爾塔咆哮：「我獲得了所有的權利，現在我可以直接對眾神發號施令！你是誰，竟然敢來挑戰我？說說你是誰！」

但尼努爾塔繼續「侵略地向前」進攻祖，並宣布是阿努派他來抓捕祖，奉命要恢復命運碑刻的運作。聽到這裡，祖沒有了光輝，「山的表面馬上籠罩了黑色」。尼努爾塔無所畏懼，繼續朝著「陰暗前進」。他從戰車的「胸部」朝著祖釋放閃電，「卻無法射擊祖；閃電反彈回來」。祖所擁有的能量，使任何放射性的攻擊都不能「傷害他的身體」。

所以「戰爭和攻擊停止了；武器在山腰靜止；它們無法征服祖」。

戰爭僵持著。尼努爾塔要求他的弟弟伊希庫爾（阿達德）去向恩利爾徵求建議。「王子伊希庫爾將戰爭的近況告訴了恩利爾。」

恩利爾吩咐伊希庫爾，前去告訴尼努爾塔：「不要喪失信心，顯示出你的力量。」實際上，他送給了尼努爾塔一根提魯（tillu），這是一種射擊物（用圖形描述出來就是）——用來射擊暴怒的祖。他說，尼努爾塔要躲在他的「旋風鳥」裡，然後盡可能接近祖的鳥，直到他們「翼對翼」。然後，尼努爾塔再將發射物對準祖的「旋風鳥」的「小齒輪」上。「讓射擊物如光束一樣飛行；當刺眼的光輝包住小齒輪的時候，旋風鳥會像蝴蝶一樣震動翅膀；這樣祖就會被征服。」

所有泥版上，關於這場最後的戰爭場面的描寫都遺失了，但我們知道不只有一隻「旋風鳥」參與了這場戰爭。在現在被稱為蘇丹—土丘（Sultan-Tepe）的遺址中，我們發現了被毀壞的西臺檔案，其中有關於這個場面的支離破碎的紀錄，它告訴我們，在那時，尼努爾塔集合了「七隻席捲塵埃的旋風鳥」，帶著他的「三號風」武器登上他的戰車，像他父親建議的那樣進攻祖。「大地震動了……世界一片灰暗，天空變黑了……祖的小齒輪被攻破。」祖被抓捕了，而且在恩利爾到達尼普爾之前被帶回；命運碑刻被安裝在它本應存在的地方：「王位重新回到了伊庫爾；神聖的法則重新回來。」

被俘虜的祖，在由七位大阿努納奇組成的軍事法庭上，接受審判：他被判有罪且處以死刑；他的征服者尼努爾塔「切斷了他的喉嚨」。有很多文獻都描述了審判的場面，在這些文獻裡，由於祖和太空人之間的關聯，他的打扮被描繪得像一隻鳥。在美索不達米亞中心發現的一個古老浮雕上，描繪了對祖的真實處決，並把祖（屬於「觀察的人」）畫成一隻在前額上長了眼睛的惡公雞（見圖26）。

圖26：祖是一隻在前額上長了眼睛的惡公雞

審判與傳承的儀式

長期以來，擊敗祖的場面一直在阿努納奇眾神的記憶裡徘徊。或許因為對祖的精神性假設——代表了背叛、欺騙及所有的邪惡——造成了虐待和痛苦，審判和處決祖便成為一種在人類中代代相傳的詳細儀式。在每年的儀式中，用一隻公牛代表祖，來彌補他的罪惡行為。

在巴比倫文獻和亞述文獻中，都發現了與這個儀式相關的長篇描述，它們都指出了源自蘇美的早期來源。經過大規模的準備工作後，在一個特定月份的第一天，一頭「來自美麗草原的，偉大、強壯的牛」被帶到神廟並且被淨化。透過蘆葦管，在牛的左耳低聲說：「牛，你就是罪惡的祖。」然後對著牠的右耳說：「牛，你已經被挑選出來，將要參與慶典和儀式。」在第十五天時，公牛被帶到「七位法官神」以及代表太陽系的十二個天體象徵前方。

對祖的審判重演了，牛被放在「偉大的牧羊人」恩利爾的面前。問罪的祭司重複朗誦帶有修辭色彩的控訴問題，就好像在對恩利爾致辭一樣：你怎麼將「儲存的寶藏」交給了敵人？你怎麼讓敵人來到，並讓他住在「純淨之所」？他是怎麼進入你的住宅的？其後的表演是艾和眾神懇求恩利爾提出建議的那一段，因此尼努爾塔走上前問他的父親：「請為我指出正確的道路！給我發布正確的命令。」

在審判中重複提到證據之後，審判結束了。按照詳細的指示屠宰牛隻以後，祭司朗讀對牛隻的判決：牠的肝臟在熱水裡翻煮，牠的皮膚和肌肉都在廟內燒毀；但牠「邪惡的舌頭應該留下」。

然後扮演其他神的祭司用讚美詩讚美尼努爾塔：

上帝保佑，上帝保佑，就像恩利爾一樣接受我們的膜拜吧！所有的神都會為你歡欣鼓舞！

當眾神尋找向祖挑戰的志願者時，他們對祖的征服者保證：

在所有的神中，你的名字會是最偉大的，沒有神以及你的兄弟可以和你平起平坐；你永遠值得眾神的讚美！

在尼努爾塔勝利後，眾神信守了承諾。但這也為眾神之間未來的爭鬥埋下了種子：尼努爾塔確實是恩利爾在尼比魯的法律繼承人，但不是整個地球的繼承人。現在，就像神廟裡的紀念儀式所顯示的一樣，他「像恩利爾一樣，成為了地球之王」。我們從關於蘇美和阿卡德地區眾神的文獻記載中，瞭解到他們的繼承也是按照順序的。阿努在神中的地位最高，等級是六十。他的合法繼承人恩利爾等級是五十；第一個兒子（由於恩利爾死亡而成為繼承人）艾的等級是四十。現在，因為使其成為「像恩利爾一樣」的神祕承諾，尼努爾塔的等級是五十了。

一份記錄了神廟儀式但已經部分殘缺的文獻中，有著以下清晰的描述：「啊，馬杜克，因為您的國王關鍵性的話語『我釋放了！』啊，阿達德，因為您的國王關鍵性的話語：『我釋放了！』」我們可以猜測，缺失的部分也包括了辛神認同尼努爾塔在眾神之間的領導權，並承認他在恩利爾政權中的地位。我們知道，在那之後，辛神（恩利爾在地球上的第一個兒子）得到的等級為三十，他的兒子沙馬氏為二十，女兒伊師塔為十五，伊希庫爾（阿卡德語中的阿達德）的等級為十（資料中沒記錄馬杜克的排名）。

祖的陰謀及其邪惡留在人們的記憶中，像是能夠造成痛苦和瘟疫的像鳥一樣的惡魔（見圖27）。其中一些被我們稱為力魯（Lillu），這個單字有著「怒吼」和「黑夜」的雙重含義；他們的女性領導人莉莉圖（Lillitu）——莉莉絲（Lilith）——被描述為一個裸露的、有著翅膀及像鳥一樣的大腳的女神（見圖28）。許多文獻中都有抵

圖27：會造成痛苦和瘟疫的鳥惡魔

圖28：有翅膀和大腳的女神莉莉圖

抗邪惡的咒語公式，這些巫術和巫術崇拜持續了整個千年。

阿努納奇發動叛亂

儘管為了紀念和尊重恩利爾的最高統治權，以及尼努爾塔擔任第二命令人的地位，嚴肅的誓言在打敗祖以後被兌現，但這些因素使得對立和爭論持續存在，並且在隨後的千年間不時地公開出現。

阿努和恩利爾意識到事情的發展態勢，便提供給尼努爾塔新的非凡武器。阿努給予他「沙烏爾」（SHAR.UR，皇家獵手）和「沙加日」（SHAR.GAZ，皇家獵手）；恩利爾給了他幾件武器，其中有獨特的艾比（IB），那是最可怕的、擁有「五十個殺人腦袋」的武器；編年史中說尼努爾塔是「艾比的主人」。裝備好武器後，尼努爾塔成為「恩利爾的頭號戰士」，隨時準備擊退所有的挑戰。

下一次的挑戰是在阿努納奇發動叛亂的時候，當時尼努爾塔正在阿普蘇開採黃金。這次的叛亂，以及之後發生的事件，在被學者稱為《阿特拉－哈西斯》的史詩中有完整的描述。這是一個完整且成熟的地球記事，其中記錄了導致現代智人（也就是我們現在所知道的人類）出現的事件。

文獻告訴我們，在阿努回到尼比魯星球，以及地球被恩利爾和恩基瓜分以後，阿努納奇在阿普蘇的金礦開採工地上，辛苦地工作了將近「四個時代」——行星圍繞地球轉動了四圈，也就是地球上的十四萬四千年。這項工作困難而艱辛，「在深山裡，在很深的山軸裡……阿努納奇辛勤地勞作；他們的工作量大，強度也大，這個工作一直持續了四十個可以計算的時期。」

挖掘地球的開採工作從來沒有停止過：阿努納奇「不分晝夜地工作」。但當軸越來越深，而且工作越來越艱辛的時候，阿努納奇的不滿增長了：「他們抱怨，竊竊私語，對開採工作憤憤不平。」

為了幫助維持紀律，恩利爾派尼努爾塔來到阿普蘇，但和恩基的關係卻越來越緊張。隨後恩利爾決定去阿普蘇並親自評估局勢。於是不滿的阿努納奇抓住了兵變的時機！

《阿特拉－哈西斯》史詩的語言生動程度和現代文獻不相上下，它用超過了一百五十行的詩句，清楚地描述了接下來發生的事情：反叛的阿努納奇如何把他們的工具放在火上，並在半夜前往恩利爾的住所；其中一些高喊著「讓我們殺了他……讓我們打破枷鎖！」一位不知名的領導人提醒他們，「恩利爾是舊時代的首領」，並建議談判；恩利爾又是如何憤怒地拿起武器，但他被內臣提醒：「我的神，這是您的兒子……」

恩利爾就像一名囚犯那樣被包圍在自己的住所裡，他向阿努發出訊息並要求他前來地球。當阿努到達時，大阿努納奇召開了軍事法庭會議。「阿普蘇的統治者恩基也出席了會議」。「恩利爾決定對這場兵變的煽動者處以死刑。但由於沒有得到阿努的支持，恩利爾提出了辭呈：『崇高的神』，他對阿努說，『拿走權力，我將和你一起到天國去。』」但阿努表達了他理解開採者的艱辛，以此使恩利爾平靜下來。

原始工人的誕生

恩基由於受到鼓勵，「開口對眾神表達他的想法」。他重複了阿努言論的摘要，並且提供一個解決方案。由於當時首席的醫官——他們的妹妹蘇德——和他們一起在阿普蘇：

讓她創造一種原始工人（Primitive Worker），來承擔枷鎖……讓這種工人承擔眾神的艱辛，讓他承擔枷鎖！

在《阿特拉—哈西斯》史詩接下來的一百行裡，以及保存有多種描述的其他幾個關於「人的創造」的文獻中，都用令人驚訝的細節，描述了智人基因工程的傳說。為了達到驚人的壯舉，恩基提出，「人類已經存在」——母人猿——透過「結合」沒有完全進化好的「神的模型」，創造了路路艾米路（**Lulu Amelu，意思是混合的工人**），女神蘇德提取了年輕男性阿努納奇的「本質」：她將其混合母人猿的卵子。然後受精卵被植入一名女阿努納奇的子宮，以度過所需的懷孕期。當「混合的生物」出生，蘇德將他舉起並大聲說道：「是我創造了它！是我用雙手創造了它！」

「原始工人」——智人——開始出現。它發生在大約三十萬年前：它是透過基因工程的壯舉和胚胎移植技術而創造的。毫無疑問，這要經過一個漫長的進化過程；但隨後阿努納奇加入這個過程，並且加速了它的演變，他們「創造」了我們，這比仰賴我們自己的進化要快得多。學者們在很長時間裡，一直在尋找人類進化過程中的「失落環節」。蘇美文獻顯示，「失落環節」是一個在實驗室裡進行操控的偉大基因工程……這不是一次性的壯舉，也不是在一瞬間內完成的。文獻很清楚地指出，阿努納奇做了相當多的實驗，也曾錯誤地創造了原始工人理想的「完美模型」，但當實驗成功後，大規模的生產過程便隨之展開：十四個「生育女神」在同一時間被植入母人猿的基因：有七個生下了男孩，還有七個生下了女孩。這些工人長大後，被安排進行開採工作；而且隨著人數的增長，他們在阿普蘇承擔起越來越多的體力勞動。

恩基和恩利爾之間的武裝衝突很快便發生了，但同樣也是基於這些奴隸勞工之上……

隨著在阿普蘇被生產和改善的礦石越來越多，阿努納奇經營美索不達米亞設施的負擔便越來越重。這裡的氣候溫和，降雨較充足，而且美索不達米亞的河流總是流量過大。漸漸地，美索不達米亞的阿努納奇開始「挖掘河流」，提高堤防和加深運河。很快地，他們也開始呵斥奴隸工人——他們是有著茂密的黑髮且「沉著冷靜的創造物」：

> 阿努納奇緊跟恩利爾的步伐……黑頭人聽從於他們的要求。他們將鋤頭交給這些黑頭人。

我們在由克萊默（S. N. Kramer）命名的《鶴嘴鋤神話》（*The Myth of the Pickax*）中讀到一些事件。雖然文獻中有一部分已經遺失，我們還是瞭解到，恩基拒絕了恩利爾將原始工人轉移到美索不達米亞的要求。恩利爾為了掌握所有的事情，採取了極端的行為，切斷了與母星球的聯繫：「在『地球和天空的聯繫處』，他製造了一條傷口……真正加速了天空與地球的隔離。」然後他對採礦地區發動武裝攻擊。

在阿普蘇的阿努納奇，將原始工人集合到中央大院裡，加速修建城牆以抵禦攻擊。但恩利爾製造了一個神奇的武器，名為阿爾阿尼（AL.A.NI，能生產電力的斧子），該武器配備了「非洲之角」和「地球分路器」，可以穿越牆壁和泥土。恩利爾利用這些武器，在防禦城牆上鑽了一個洞。這個洞不斷擴大，「原始工人向恩利爾進攻。他用魔力望著這些原始工人」。

此後，原始工人完成了雙方分派的手工任務：在採礦地區，他們「辛苦地工作」；在美索不達米亞，他們用鋤

圖29：原始工人的生活

頭和鐵鍬建立起神的宮殿，修建運河堤防；他們種植糧食以維持神的需求。

許多雕刻在圓筒印章上的古老圖畫，描繪了這些原始工人執行的任務，他們像赤身裸體的動物一樣勞作（見圖29）。各種蘇美文獻都描述了人類發展過程中這個類似動物的階段：

當人類最初誕生的時候，他們不知道該吃麵包，不知道在更衣室穿戴服裝；他們像綿羊一樣用嘴巴吃植物，從溝裡飲水解渴……

但在多長的時間裡，年輕的女阿努納奇被要求（或是強迫）扮演了「生育女神」的角色？在恩利爾毫不知情、蘇德卻縱容的情況下，恩基設法給這些新的創造物一個附加的基因變化：給予這些混合生物擁有後代的的、生育孩子的性「知識」能力；所有混合生物一開始都是無法生育的。這個事件與亞當和夏娃在伊甸園的傳說產生了共鳴，雖然關於這個傳說的原始蘇美文獻尚未找到，我們卻真實地發現了蘇美人對這個事件的描繪。他們展示了故事的不同方面：生命之樹；偷食禁果；「上帝」和「毒蛇」的憤怒相遇。然而，另一個文獻顯示，夏娃在腰間纏有衣服，但亞當仍然是赤裸裸的（見圖30）。另一個相關的細節出現在《聖經》中。

雖然在所有的古代著作中，蛇神都有顯著的特徵，但該描寫在這裡再一次重複，卻具有特別重要的意義。古老

圖30：腰間纏有衣服的夏娃，與赤裸的亞當

的蘇美人的神的稱號（名字）就像。「星星」拼寫出來就是「上帝」，而且三角符號意味著BUR、BURU或BUZUR，所有的詞語使稱號（名字）稱意味著「解決了祕密的神」、「深不可測的礦山之神」，以及其他相關的意思。在最初的希伯來文版本的《聖經》中，把誘惑夏娃的神拿轄（Nahash）譯作「毒蛇」，但字面意思是「他解決了機密問題」，以及「他知道金屬」。這種描述和蘇美文字中對神的描述一樣。這種描述格外有趣，因為它顯示蛇神的手和腳被繩子繫住，表示恩基在擅自行動後被抓住。

恩利爾在一怒之下，下令將亞當（地球智人）從伊丁（E.DIN，正直者之家）驅逐。人類不再局限於阿努納奇的居住地，開始在地球上漫遊。

「有一日，那人和他妻子夏娃同房，夏娃就懷孕，生了該隱……又生了該隱的兄弟亞伯。」（《創世記》4：1—2）從此地球上不僅僅只有神了。

阿努納奇並不知道，原始工人將在眾神之間的戰爭中扮演的角色。

6・人類的崛起

自從喬治・史密斯（George Smith）發現了關於人類起源的美索不達米亞傳說（用迦勒底語〔*Chaldean*〕記錄的創世記），並於一八七六年詳細報告之後，L・W・金（L. W. King）也發現了關於人類起源的七塊泥版。學者和神學家都已經認識到，《舊約・創世記》第一章至第三章中關於人類起源的傳說，是原始蘇美文獻的濃縮和編輯版本。一個世紀後，在《第十二個天體》一書中，我們已經指出，這些文獻的原始神話雖然還未被發現，但可以肯定的是，它們保存了先進的科學技術，這些技術對現代的學者而言，才剛剛開始迎頭趕上。

一艘無人太空探索器對木星和土星的探索，證實了蘇美知識中關於極地系統的許多「不可思議」的方面，例如外部星球有著無數衛星，而且其中一些衛星上有水。那些遙遠的行星以及它們的一些主要衛星，被發現具有能夠產生熱的活躍的內核；其中一些產生很大的熱量，這個熱量比從遙遠的星球太陽上得到的熱量要大得多。火山活動使這些天體具有獨特的環境。那裡具有所有生命生存的基本要求，這正如蘇美人在六千年前所說的一樣。

那麼，我們星系的第十二個成員的存在——冥王星之外的第十個行星，蘇美人所說的尼比魯（也就是巴比倫的馬杜克）——這個行星的存在是《第十二個天體》一書的基礎以及確切的結論吧？

一九七八年，在美國華盛頓海軍氣象臺的天文學家們確定，冥王星（實際上比我們以前所認為的小）本身並不能干擾天王星與海王星的運行軌道；他們假設，在冥王星旁邊存在著另一個天體。美國國家航空暨太空總署（NASA）在一九八二年宣布了結論，也就是確實存在這一個天體；關於它是否為一個巨大的天體，則打算透過發射兩個疾馳進入土星周圍的先鋒太空船來確定。

一九八三年末期，天文學家在加州噴氣推進實驗室（Jet Propulsion Laboratory）宣布，由美國國家航空暨太空總署和其他一些國家贊助下所發射的，裝有紅外線望遠鏡的宇宙衛星IRAS，發現了在距離冥王星非常遠的地方，有一個體積是地球四倍且朝著地球移動的「神祕星球」。他們還沒有確定它是一顆行星；但我們的地球編年史確實記錄了這個最終的發現。

一九八三年，我們在南極洲和其他地方發現了一種岩石，毫無疑問，它們是來自月球和火星上的碎片；但這一切是怎麼發生的呢？這無疑又給科學家們帶來一個巨大的難題。關於太陽系產生的蘇美傳說中，對於尼比魯的衛星和火箭之間的碰撞，以及在人類起源史詩中的人類進化論部分，都給了完整的解釋。

文獻講述了如何透過遺傳操作（**體外授精和複植法**），創造了人類。

近年來，在遺傳科學和技術上的發展，在一方面肯定了蘇美人所說的逐漸進化，另一方面（**否則無法解釋**），也肯定了阿努納奇透過遺傳技術，而使智人的面貌獲得生物學上的發展。即使是最近的試管生殖測試：提取一個受精卵，並注入男性精液，在一個女人的子宮重新植入受精卵，也和幾千年前在蘇美文獻中描述的步驟很相似。

如果這兩個主要的事件——地球的起源和人類的起源——在《聖經》中都有準確的描寫，為什麼我們不應該去接受《聖經》故事中關於人類在地球上起源的記載？

如果《聖經》故事是一個較詳細文獻的濃縮版本，那麼早期的蘇美編年史不能用來加強和完善那些最早的《聖經》紀錄嗎？

從一個點折射出其他，讓我們拿起鏡子去看那個古老的記憶火焰……讓我們繼續來解釋這些令人驚奇的傳說。

亞當後代之書

在講述了「亞當」（字面意思是居住在地球上的人）是如何擁有「生育能力」以後，《創世記》從敘述地球上的一般故事，轉而講述人類具體分支的傳說：一個名叫亞當的人及其後代子孫。

《創世記》5：1告訴我們：「這是亞當後代之書。」（編按：《聖經》和合本譯為「亞當的後代記在下面」。）我們可以有把握的認定這些紀錄是正確的。這些證據強烈地指出《聖經》中的「亞當」，就是蘇美人所稱的「阿達帕」（Adapa），是恩基將地球人類進一步「完美化」的成果，他擁有恩基的基因遺傳。「廣泛理解恩基為了他自己而完善人類，並且解釋了他對於地球的創造設計；他給了人類博學，但沒有給予不朽。」

「阿達帕傳說」的一部分已經被發現；這份完整的文獻很可能就是《舊約．創世記》所指的「亞當後代之書」。亞述王可能被記錄在內，因為許多亞述王都聲稱保有阿達帕的其中一種特質。薩貢和西拿基立擁有恩基賜予阿達帕的那種智慧；辛沙里什庫（Sinsharishkun）和以撒哈頓誇口說，他們擁有「阿達帕的智慧形象」。根據對以撒哈頓的描寫，我們知道，他在阿舒拉神廟的浮雕上雕刻了阿達帕的形象；亞述巴尼帕宣稱，就像阿達帕懂得的一樣，他也「知道大洪水之前……從以前的文獻中學到撰寫刻寫版的祕密」。

蘇美的史料顯示，在大洪水橫掃地球之前，當地除了有城市據點之外，也有耕種和放牧的鄉村文明。《創世記》提到，亞當和夏娃的第一個兒子該隱，「是種地的」，而他的弟弟亞伯「是牧羊的」。後來，該隱因為殺害亞伯而被驅逐，「離開耶和華的面」，去到了伊甸東邊的挪得（Nud）之地，建造了一座人類的城市。該隱生下了兒子，命名為以諾（Enoch），他所建的城市也以兒子的名字來命名，意思是「根基」。《舊約》對該隱這條系譜草草交代，直接跳到以諾的第四代拉麥（Lamech）。

> 拉麥娶了兩個妻子：一個名叫亞大，一個名叫洗拉。亞大生雅八；雅八就是住帳棚、牧養牲畜之人的祖師。雅八的兄弟名叫猶八；他是一切彈琴吹簫之人的祖師。洗拉又生了土八該隱；他是打造各樣銅鐵利器的。（《創世記》4：19—22）

據說，在西元前二世紀時，根據早期資料編寫的偽經之書《禧年書》（*Book of Jubilees*），在第四章的末尾增加了一個情節，即該隱和自己的妹妹阿萬（Awan）結為配偶，並且在第四年末生下以諾。在第五年的第一個星期裡，地球上有房屋被建造出來，而該隱打造了一座城市，並且在為他的兒子命名後，將之取名為根基。這些額外的資訊來自哪裡？

長期以來，人們一直認為，這部分的起源傳說是獨立存在的，既無證據或是在美索不達米亞文獻中也沒有相似的傳說。但我們發現，事實上並非如此。

首先，我們在英國博物館中（NO. 74329，見圖31）發現了一個巴比倫泥版，記載了「一些未知的神話」。然而，它實際上可能是在西元前二千年左右編寫的、已經遺失的蘇美關於該隱家族記錄的巴比倫／亞述版本。

由米勒德（A. R. Millard）翻譯和蘭伯特（W. G. Lambert）解說的泥版，講述了那些耕種者的開端；他們相當於《聖經》中的「土地耕種者」。他們被稱為阿麥克達（Amakandu），意指「悲傷漫遊著的人們」；他們等同於對該隱的譴責：「禁止你開採有你兄弟鮮血的土地……一群

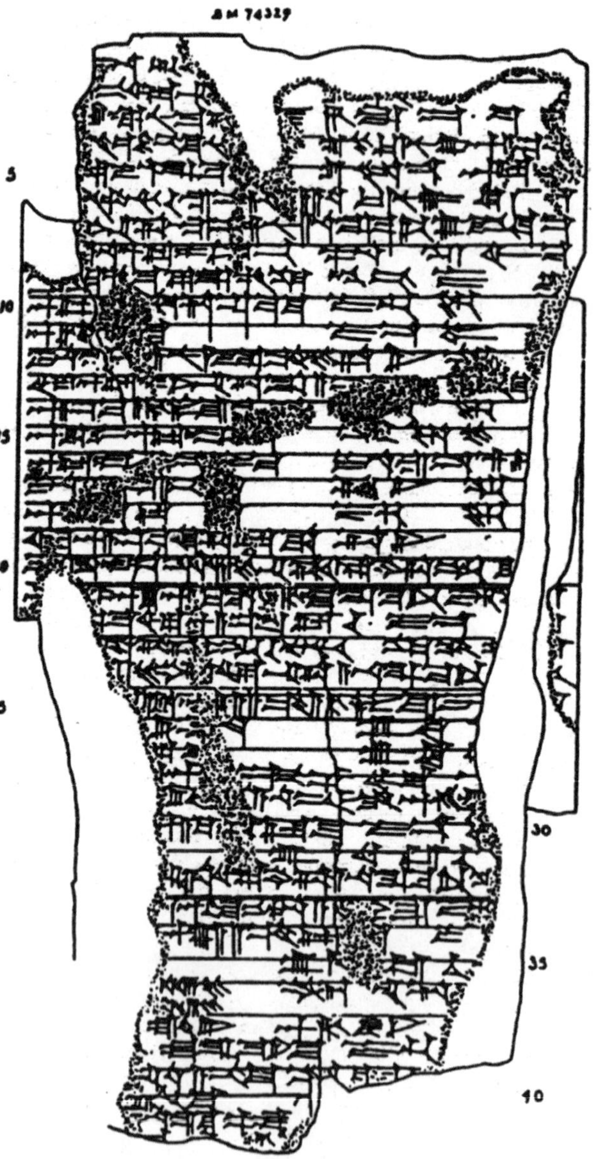

圖31：巴比倫泥版

焦躁的流浪者漫步在地球上。」然而最引人注目的是，這些流浪者的美索不達米亞首領被稱為凱恩（Ka'in）！此外，與《聖經》故事相似的地方是：

> 他在敦奴（Dunnu）建造了一座擁有雙塔的城市。凱恩授權自己統治這座城市。

這座城市的名稱很吸引人，因為音節的排序正好與蘇美文相反，但含義並沒有改變。這個名字也可以拼寫為NU.DUN，也就是《聖經》中該隱的放逐地「挪得」（Nud）。蘇美文的含義是「挖掘出的休息之地」，這也和《聖經》中城市名稱具有「根基」的含義非常相似。

在凱恩去世（或被謀殺）後，「他安息在其鍾愛的城市敦奴」。正如《聖經》傳說一樣，美索不達米亞文獻記錄了以下四代的歷史：兄弟娶了他們的姊妹，還謀殺他們的父母，取得了敦奴的統治權，並且建立了新的城市，最後一個城市名為夏佩特（Shupat，判決）。

第二個來源顯示，關於亞當和兒子該隱的聖經傳說之美索不達米亞編年史，是亞述文獻。例如，我們發現一個古老的亞述國王列出了最早期的國家，那時他們的祖先還是帳篷居民（tent-dwellers），這個詞語在《聖經》中被複製，源自於該隱家族，其族長名叫阿達木（Adamu），即是《聖經》中的亞當。

我們也在傳統的亞述皇家姓名裡，發現了名字組合：阿舒爾—貝爾—凱尼（Ashur-bel-Ka'ini，意思是阿舒爾是凱尼的主）；而這個亞述名稱就等於蘇美文中的阿舒爾—恩．敦尼（ASHUR-EN.DUNI，意思是阿舒爾是敦尼的主），這意味著凱尼（Ka'ini，意思是凱恩的人民）和敦尼（Duni，意思是敦的人民）是同一個名稱；這樣就重申了《聖經》中的該隱，以及挪得或是敦的土地。

大洪水來襲

《舊約．創世記》簡要記述了該隱這條系譜後，就將全部的注意力轉到亞當另一個兒子的系譜了：「亞當又與妻子同房，他就生了一個兒子，起名叫塞特，意思說，神給了我另一個兒子代替亞伯，因為該隱殺了他。」（4：25）隨後《創世記》補充說：「亞當活到一百三十歲，生了一個兒子，形像樣式和自己相似，就給他起名叫塞特。」（5：3）

「亞當生塞特之後，又在世八百年，並且（又）生兒養女。亞當共活了九百三十歲就死了。塞特活到一百零五歲，生了以挪士（Enosh）。塞特生以挪士之後，又活了八百零七年，並且（又）生兒養女。塞特共活了九百一十二歲就死了。」（5：4－8）

塞特的兒子以挪士，是大洪水之前的族長傳承中，特別受到關注的一位，以挪士在希伯來語的意思是「人類、凡人」；《舊約》中，很明顯的將以挪士視為古代編年史中人類血統傳承的先祖。經文中特別記載著，「那時候，人才求告耶和華的名。」（4：26）也就是從以挪士開始，才有了禮拜和祭司的制度。

有一些蘇美文獻將更多目光集中在最吸引人的面向。有部分阿達帕文獻記述，以挪士是「完美的」，並且在恩基的城市埃利都被恩基當作兒子看待。就像威廉．哈羅（William Hallo）在《大洪水之前的城市》（*Antediluvian Cities*）一書中描述的一樣，隨後，以挪士偉大的孫子取名為雅雷德（Yared），意為「埃利都的主」。那麼，答案就是：雖然《聖經》對於亞當被放逐的後代不感興趣，卻關注來自亞當家族，且居住在伊甸園（美索不達米亞南部）的族長，他是第一個被稱為祭司（priesthood）的人。

以挪士傳到第四代，長子叫做「以諾」；學者認為這個名字的含義源於變異的希伯來文字根，意味著「培訓、教育」。《創世記》5：24用簡潔的文字描述以諾「與神同行，神將他取去，他就不在世了」。而在《禧年書》裡，將這段簡短的經文加以擴充。這本聖經外傳詳細描述了以諾的升天之旅，他在天使的陪伴下，見識了各式各樣的科學和道德。隨後，他回到地球，將學到的知識和成為祭司的條件傳授給兒子後，再次被帶到天空，永遠住在納菲力姆（Neflim，這個《聖經》詞語的意思是那些從天而降的人）的天體居所上。

蘇美國王名錄中，記錄了先王恩麥杜蘭基（Enmeduranki）在西巴爾的祭司統治，然後是在烏圖（沙馬氏）指揮下的太空站位置。他的名字，「杜爾安基的祭司主」，表示出他曾在尼普爾受過訓練。一個鮮為人知的泥版曾由蘭伯特以〈恩麥杜蘭基及相關的資料〉之題報導，其內容如下所述：

> 恩麥杜蘭基是西巴爾的王子，受到了阿努、恩利爾和艾的愛戴。沙馬氏在光明寺任命他。沙馬氏和阿達德帶著他到神的集會前……他們告訴他如何在水裡發現石油，這對於阿努、恩利爾和艾來說是一個祕密。他們將記載了天地之間所有祕密的命運碑刻給了他……他們教會他如何利用數字進行計算。

當恩麥杜蘭基瞭解了對於一些神來說是祕密的知識後，他返回了蘇美。這個「尼普爾的男人，西巴爾和巴比倫都宣稱他的存在」。他宣告了自己所學到的知識，並且建立了祭司制度。神命令道，這一切應該是從父親傳到兒子的世襲制。「博學的學者，守護祕密的神，將在沙馬氏和阿達德面前，賜予他們心愛的兒子一個誓言……並且指導他瞭解一些祕密。」

這個泥版包括了一個後記：「這是由祭司創造的，只為那些被允許接近沙馬氏和阿達德的人。」

到了以挪士的第七代，在大洪水席捲地球之前，地球進入了新的冰河時期。美索不達米亞文獻詳細描述了人類所遭受的痛苦，食物的短缺，甚至同類相食。《創世記》中，僅暗示了挪亞（Noah，意思是喘息）出生時的形勢，他的父親為他取「挪亞」這個名字，是希望他的出生「能讓他們從耶和華所詛咒的工作和勞苦中」獲得喘息。《聖經》對挪亞的記載不多，只說「挪亞是個義人，有著純正血統」。美索不達米亞文獻告訴我們，大洪水時代的英雄住在蘇德經營的醫療中心舒魯派克（Shuruppak）。

蘇美人的書中提到，在人類變得更艱苦時，恩基建議採取減輕人類痛苦的措施，但遭到恩利爾的激烈反對。最令恩利爾心煩的是，年輕的男阿努納奇（《聖經》中的納菲力姆）與人類的女兒結合。在《創世記》中，描寫了納菲力姆開始「娶妻」：

> 當人在世上多起來，又生女兒的時候，（眾）神的兒子們看見人的女子美貌，就隨意挑選，娶來為妻。（6：1—2）

考古學家齊拉（E. Chiera）所寫的《蘇美人宗教文獻》（*Sumerian Religious Texts*），講述了過去有一位名叫瑪圖（Martu）的年輕神曾抱怨，他也應該被允許娶一個人類為妻。在著作的開始，它這樣寫道：

> 里納伯城（Nin-ab）存在，夏德特伯城（Shid-tab）不存在；神聖的三重冠存在，神聖的王冠不存在……有同居……有孩子被生下來。

「里納伯，」這個著作繼續寫道，「是一個建在偉大之地上的城」。它的最高祭司是一位有成就的音樂家，有一個妻子和女兒。當人們聚集在一起，向神獻上烤肉當作祭品時，單身的瑪圖看上了祭司的女兒。他很仰慕她，於是去找自己的母親並抱怨道：

我在我的城裡有朋友，他們已經娶了妻子。我有同伴，他們已經娶了妻子。在我的城裡，我不像我的朋友，我沒有娶妻；我沒有妻子，沒有孩子。

女神問他，他所仰慕的那位少女是否也喜歡他並同意他的要求。接著，其他年輕神準備了一場宴會，這樁婚姻被宣布了，「里納伯城的人們被銅鼓聲召集在一起；七個小手鼓一起被演奏著。」

這種年輕神和原始工人後代結合的增加，並沒有得到恩利爾的喜愛。蘇美文獻告訴我們，「隨著占地的擴大和人類的增加」，恩利爾開始對人類的嘈雜，以及對性和貪欲的迷戀而感到煩惱。阿努納奇（《聖經》中的納菲力姆）與人類的女兒結合的事，使得他失眠。「神說：我將毀掉我在地球表面親手創造的地球人」。

這份文獻告訴我們，阿努納奇決定去阿普蘇挖掘更深的礦產時，也打算在非洲的頂端建立一個科學觀測站。這個觀測站是由恩利爾的孫女厄里斯奇格（Ereshkigal）所掌管。一個蘇美史詩故事記載了，恩利爾和厄里斯奇格從美索不達米亞來到遙遠山地中的一座危險峽谷。一篇文字揭露了厄里斯奇格在那個山谷被恩基綁走或強制帶走了，被「當作一個戰利品帶到庫爾」。

我們從其他史詩中得知，在關於厄里斯奇格的使者的侮辱事件後，厄里斯奇格被恩基的兒子奈格爾襲擊了住所。最後，厄里斯奇格以嫁給奈格爾為條件，救了自己的性命，並且一起控制觀測站的「智慧碑刻」。

當在非洲頂端的科學站開始預告一種危險的情況時，恩利爾看到了毀掉地球人的機會。南極洲的冰山在一些半融的冰上開始鬆動。這種不穩定的情況會變得嚴重，是因為循著軌道運行的尼比魯星球開始接近地球；尼比魯的重力作用將破壞冰層的平衡，並將使鬆動的冰塊滑落到南極的大洋中。這股巨大的潮水有可能將整個地球吞沒。

當伊吉吉繞著地球運行，確定將會有這場大洪水後，阿努納奇開始在西巴爾太空站聚集。然而，恩利爾堅持人類不會察覺這場大洪水，並在一場眾神的特殊集會上，要求所有神，特別是恩基，要發誓保守這個祕密。

在《吉爾伽美什史詩》（*Epic of Gilgamesh*）的主要部分、《阿特拉－哈西斯》的最後部分，以及另一本美索不達米亞著作，描述了接下來的事件——大洪水這場災難如何被恩利爾利用並達到消滅人類的目的，以及恩基如何設法解救其忠誠的追隨者吉烏蘇他拉（Ziusudra，即挪亞）：他為吉烏蘇他拉設計了一艘能夠抵擋洪水、可以潛水的船。

阿努納奇「上升」到魯庫伊南尼（Rukub ilani，諸神的戰車）裡，這艘火箭船「使土地著火並閃耀著」。他們在自己的太空船裡，繞著地球盤旋，驚恐地目睹大洪水襲擊了地球。地球上所有的一切全淹沒在一片汪洋之中。A.MA.RU BA.UR RA.TA——「洪水到處肆虐」。與恩基一起創造人類的蘇德，「看得哭了起來……。伊師塔哭泣得像一個正在分娩的婦女……阿努納奇也隨著她哭泣」。洪水翻滾著沖走了土壤，留下巨大的泥沙堆積物：「所有被創造出來的東西，都變回灰塵。」

在《第十二個天體》中，我們為大洪水的結論找到證據，那場突然結束了最後冰河時期的大洪水，發生在大約一萬三千年以前。

大洪水退去後的農牧業

大洪水之後，隨著「地上的水消退了」，一切開始平息，阿努納奇開始登上尼西爾山（Nisir，救贖之山），也就是亞拉拉特山。吉烏蘇他拉（挪亞）駕駛著恩基給他的船，在領航者的引導下到達亞拉拉特山。恩利爾發現「人類的種子」得救之後，十分憤怒，但恩基勸他要寬厚。他指出，眾神要是沒有人類的幫助，將無法再存在於地球上。「神賜福給挪亞和他的兒子，對他們說，你們要生養眾多，遍滿了地。」（《創世記》9：1）

《舊約》主要將注意力集中在挪亞的系譜上，方舟上除了挪亞一家之外，沒有其他乘客。但在蘇美文獻裡，關於大洪水的部分提到了方舟的領航者，並且揭露了吉烏蘇他拉的朋友或幫助者（以及他們的家庭）在最後關頭也上了船。在希臘版本中，貝羅蘇斯（Berossus）解釋說，在大洪水之後，吉烏蘇他拉、他的家庭和領航者被上帝帶著，他們待在一起，而其他人被指引著，去找尋回到美索不達米亞的路。

這些被救的人類直接面臨的是食物問題。神對挪亞和他的兒子們說：「凡地上的走獸和空中的飛鳥，都必驚恐懼怕你們，連地上一切的昆蟲並海裡一切的魚，都交付你們的手。凡活著的動物都可以做你們的食物。」神還加上一個重要的補充：「這一切我都賜給你們，如同菜蔬一樣。」（《創世記》9：2—3）

這個章節很少被注意到，它觸及了農業的源頭，而這一點在蘇美文獻中被擴大了許多。學者們同意，農業在美索不達米亞的新月形之地展開，但不能解釋為什麼它最早不是出現在平原上（因為在平原上耕作更容易），而是在高地上。他們同意，「原始祖先」在一萬兩千年前有過大麥和小麥的大豐收，卻被這些早期穀物基因的一致性所困惑；他們在解釋遺傳的壯舉時也存在著疑惑：僅在兩千年的時間內，野生的二粒小麥是怎麼被雙倍、三倍甚至四倍地培養出來，並讓這種穩定的小麥基因，成為可培育的、營養價值高的大麥，更讓人不可置信的是，同時還得將大麥這種一年兩收的作物遍布各地。

伴隨著這些謎團的是，突然間幾乎所有水果和蔬菜同時出現在這塊核心區域，還有動物的「馴養」——那些提供肉、奶、羊毛的綿羊和山羊被圈養起來。

這些究竟是怎樣做到的呢？現代科學已經找到了答案，而蘇美的文獻中在幾千年之前就已經做出了解釋。《創世記》揭示了農業是如何在後洪水時代開始的，「挪亞作起農夫來」；但我們記得在《創世記》之前的章節裡，描述過大洪水之前就已經有了土地的耕作（該隱）和放牧（亞伯）。蘇美編年史告訴我們，史前的農作物種植和家畜飼養的發展。

在被學者命名為《畜牧和穀類的神話》（*The Myth of Cattle and Grain*）的文獻裡提到，當阿努納奇到達地球時，沒有任何培育的穀類和馴養的家畜存在。

> 當阿努從高空的天國，帶著阿努納奇來到地球時，穀類還沒有被帶來，地面上還沒有植物。沒有母羊，小羊羔還沒有降生，也沒有母山羊。母羊的孩子沒有誕生，母羊沒有生小羊，母山羊也沒有生孩子。羊毛織物還沒有出現，這一切還不存在。

在阿努納奇的「創造室」中，多毛羊（Lahar）和穀類（Anshan）的基因得到了良好的製作：

> 在那些日子，在神的創造室中，房子被用小土墩做成，羊和穀物被完美地製成。神的房子堆滿了食物，羊和穀物在繁殖，阿努納奇在神聖的小山上，吃著從羊圈拿來的上好奶汁，但不滿

足。阿努納奇在神聖的小山上，喝著，但不滿足。

這些「不知道吃麵包……，用他們的嘴吃植物」的原始工人們已經存在：

在阿努、恩利爾、恩基和蘇德創造了黑頭人之後，繁茂的植物在土地上倍數增加；他們精巧地創造出四條腿的動物，並把牠們放在伊丁（正直者之家）裡。

為了增加穀物和牛羊的產量，阿努納奇做出決定：為了神的緣故，要教納路加路（NAM.LU.GAL.LU，文明的人類）學會耕地和養羊：

為了滿足眾神對東西的渴望，為了純潔的羊圈。文明的人類被創造了。

就像早期萬物被創造出來的那樣，這篇文章同樣列舉了那時沒有被馴化的種類：

植物的繁殖沒有被創造出來，房屋沒有建造出來……三十天生產三倍的穀物還不存在，四十天生產三倍的穀物還不存在。小穀物，山上的穀物還不存在。純潔的亞當的穀物不存在……根莖蔬菜的田地還沒有出現。

正如我們所看到的，這些是恩利爾和尼努爾塔在大洪水之後引進地球的。大洪水在地球上肆虐之後，對於阿努納奇來說，首先要面對的是去哪裡找到作物的種子。幸運的是，已培育出的穀類植物的樣本已經送到尼比魯星球；現在「阿努將這些從天國拿來給恩利爾。」恩利爾找到一個種子可以重新發芽的安全之處。地面仍然被水覆蓋著，唯一適合播種的地方是「有香味的雪松山」。在克萊默的《尼普爾的蘇美文學文獻》（*Sumerische Literarische Texte aus Nippur*）的部分片段中，我們讀到：

恩利爾來到山頂舉目四望。他俯視腳下：到處是汪洋大海般的洪水。他抬頭仰望：是芳香的雪松山。他將大麥種在山上，沿著斜坡將大麥種下。

恩利爾選擇雪松山，也使雪松山成為聖地，這不是偶然的。遍及近東地區，的確只有雪松山有世界性的聲譽：它位於黎巴嫩的巴勒貝克，是一個用巨大石塊鑄成的平臺，也是技術的奇蹟（見圖32）。它就像是我們在《通往天國的階梯》中所指出的一樣，是阿努納奇的降落之地；傳說它是在大洪水之前，甚至早在亞當的時代，就被建造出來的。在大洪水之後，它是唯一可以立刻作為阿努納奇登陸點的地方——那時，西巴爾的太空站被洪水淹沒，埋在泥漿之中。

有了種子之後，問題就是要在哪裡

圖32：雪松山，巨大石塊鑄成的平臺

播種……低地仍充滿洪水和泥漿，不適合定居。高地的水雖然已經消退，卻因為下雨而十分潮濕，且開始爆發泥石流。小河還沒有找到新河道：水無處可去；耕種是不可能的。我們在蘇美文獻中讀到這樣的描寫：

> 饑荒嚴重，沒有收成。河流汙濁，泥沙堆積。田地一片荒蕪，雜草叢生。

美索不達米亞的兩條大河，幼發拉底和底格里斯河，同樣失去了它們應有的功能：「幼發拉底河不再受到約束，釀成了人間悲劇；底格里斯河河水翻滾、發怒」。天神尼努爾塔挺身而出，承擔起在山上建造大壩，為洪水開挖管道，排掉多餘水量的任務：「之後，上帝傳達了他的最高旨意；恩利爾的兒子尼努爾塔，為人們帶來珍貴的禮物」：

> 為了保護大地，他建造了一個巨大的圍牆。他用權杖猛擊岩石；英雄砸下岩石並將之堆積起來，建成了人類的定居點。四處潰散的洪水，被他搜集起來；靠近高山的洪水被引導排走，他疏通底格里斯河，使它向下游流動，高處的河水灌溉了下游的農田。現在，請看看，大地上的萬事萬物都對尼努爾塔——大地之主，感激涕零。

有一份長篇文獻《尼努爾塔的成就與開拓》（*The Feats and Exploits of Ninurta*）被學者搜集整理出來，在尼努爾塔為了幫他所主宰的地球帶來秩序而做出的努力上，增添了具有濃厚悲劇色彩的注解。尼努爾塔為了馬上解決所有的問題，在山上坐著飛船，馬不停蹄地從一個地方趕往另一個地方，但「他的長翅膀的鳥在最高點粉身碎骨了，牠的翅膀撞向大地」（一首作者不詳的詩歌說他被阿達德所救）。

我們從蘇美人的記載中，知道最早在山坡上種植的是果樹和灌木，極有可能是葡萄。記載中提到，阿努納奇給了人類「最優良的白葡萄和最好的白葡萄酒；最好的紅葡萄和最好的紅葡萄酒」，難怪我們會在《創世記》中看到這樣的描述：「挪亞作起農夫來，栽了一個葡萄園」。

當尼努爾塔發明的排水設施在美索不達米亞被採用時，人類就可以在這塊平原上耕種了。阿努納奇「從山上帶下來的穀類植物」和「種滿小麥和大麥的田地，變得為人所熟知」。

在接下來的太平盛世裡，人類認為尼努爾塔是教會他們耕種的人，一本「農夫年鑑」將此歸功於他，這本年鑑事實上已經在蘇美人的遺址上被考古學家發現了。古阿卡德人將他稱為烏拉許（Urash，犁田之神）；一枚蘇美人的圓筒印章描述他（也有人認為是恩利爾）將犁賜給人類（見圖33）。

圖33：烏拉許將犁賜給人類

當恩利爾和尼努爾塔因賜予人類農業而被稱頌時，引入畜牧業的榮耀則落到了恩基的頭上。這是在人們首次種植穀物之後，但「穀物的繁殖」還沒有發生。這些穀類作物會有雙倍、三倍、四倍染色體，都是在恩利爾的許可之下，被恩基人工培育出來的。

那時恩基對恩利爾說道：

恩利爾父親，羊群和穀物在神聖的山丘上歡欣鼓舞，在神聖的山丘上繁衍生長。

讓我們，恩基和恩利爾，下令：「羊群和穀物在神聖的山丘上繁衍。」

恩利爾同意了，豐富的收成接踵而至：

> 他們把羊群放在羊圈裡。他們把發芽的種子灑向大地母親。他們確定了耕種穀物的地方，將犁和軛賜予農人……牧羊人使羊群滿圈；年輕婦女讓大量的種子發芽；她們在田裡昂起頭；豐收從天國而來。羊群和他們種植的穀物，伴著壯麗的光輝出現在眼前。豐收被賜給了聚集的人類。

就像前面的記載所描述的，革命性的農業工具——簡單卻有著優良設計的木製工具——犁，透過把軛套在農夫的身上，首次被使用。但之後，恩基「引進了大一點的牲畜」——馴養過的牛。公牛代替人類成為拉犁的工具（見圖34）。因此，前述記載得出了上帝使大地變得豐饒的結論。

當尼努爾塔正忙著在美索不達米亞築堤壩和排乾平原的洪水時，恩基返回非洲去評估大洪水對那裡造成的損失。

事實證明，恩利爾和他的後代子孫，最終控制了從東南（埃蘭，隸屬於伊南娜（伊師塔））到西北（托羅斯山脈和小亞細亞，被劃給了伊希庫爾（阿達德））的所有高地，也就是在隸屬於尼努爾塔的南部領域和月神娜娜（辛）的北部領地之間拱起的高地。恩利爾自己則保留了可以俯瞰古老的伊丁（正直者之家）的中央位置。在雪松山上的登陸點則由烏圖（沙馬氏）控制。恩基和他的族人將何去何從呢？

就如恩基在非洲調查時所看到的那樣，只有阿普蘇不能自給自

圖34：公牛成為拉犁的工具

足。正如美索不達米亞的「豐饒」是建立在河岸的耕作上，在非洲也得要這麼做才行，因此他將所有的關注、規畫與知識，都貢獻給尼羅河河谷的重獲新生。

我們已經知道，埃及人認為他們偉大的上帝曾經從烏爾（意指古老的地方）來過埃及。根據曼涅托的記載，普塔統治尼羅河沿岸土地的時間，比美尼斯早一萬七千九百年，大約在西元前兩萬一千年。九千年後，普塔將埃及的領土傳給了他的兒子拉，但後者的統治經過短短的一千年就意外結束了，也就是在大約西元前一萬一千年；之後，透過我們的推算，大洪水就發生了。

大洪水之後，埃及人相信，普塔返回埃及從事開墾土地的偉大事業，並且將被水淹沒的土地抬高，使之露出水面。我們在蘇美人的記載中，同樣證實了恩基去過美路哈（Meluhha）之地（衣索比亞／努比亞）和馬根（埃及），使之適於人類和野獸生存：

> 他繼續前進來到美路哈之地；恩基，阿普蘇的王，頒布了他的命令：黑土地，讓你的樹木長成參天大樹，讓它們成為高地之樹；讓你的寶座占據皇家的宮殿；讓你的蘆葦成為高大的蘆葦，讓它們成為高地蘆葦……讓你的公牛成為高大的公牛，讓它們成為高地公牛……讓你的白銀成為黃金，讓你的黃銅成為錫和青銅……讓你的子民增加，讓你的英雄如公牛般勇往直前……

這些蘇美人的紀錄，將恩基與尼羅河岸的非洲大地連結起來，呈現了雙重的重要性：它證實了埃及人與美索不達米亞人的傳說，並將蘇美人的上帝（尤其指恩基上帝）與埃及人的上帝連結起來；至於普塔，我們確信他就是恩基。

非洲被劃分

當大地再次變得適宜於人類居住時，恩基將非洲大陸分成六份給六個兒子（見圖35）。最南端的領地給了奈格爾（NER.GAL，偉大的看守者）及其妻子厄里斯奇格。吉比爾（GIBIL，火神）被安置在北端礦產豐富的地區，而且被其父親授以金屬製造的技術機密。尼那格爾（NIN.A.GAL，偉大的水神），如他的名字所暗示的，被賜予了大湖和尼羅河的上游。在更遠的北部，最年幼的兒子杜姆茲（DUMU.ZI，生命之子），綽號是「牧人」，統治著蘇丹的高原草場。

另一個兒子的身分在學者間引起很大的爭論（或許我們以後會解決這個問題）。但毫無疑問，這第六個兒子——事實上是恩基的長子和法定繼承人。他就是馬杜克（純潔的築堤之子）。因為他的五十個別稱中有一個是「阿薩爾」，讀音聽起來很像埃及語中的亞薩（As-Sar，希臘神話中的冥王）。有一些學者推斷，馬杜克和冥王是同一個人。但這些綽號（像「全能的」或「可怕的」）會被用到不同的神身上，阿薩爾有「千里眼」之意，也是亞述人的上帝阿舒爾的綽號。

實際上，我們發現巴比倫人的馬杜克和埃及人的上帝拉神有許多相似之處：前者是恩基的兒子，後者是普塔的兒子，而恩基和普塔，在我們的觀點中是同一個人，因此冥王是拉的曾孫，是比拉神或馬杜克小得多的晚輩。實際上，這些內容零零星星地記

圖35：恩基將非洲大陸分給六個兒子

載於蘇美人的文獻中，而證據支持我們的論點，也就是：埃及人的上帝拉神，和美索不達米亞人的上帝馬杜克，其實是同一個神。因此，有一首對馬杜克歌功頌德的詩說，他許多綽號中的一個叫做「the god IM.KUR.GAR RA」（住在山邊的拉神）。

而且，有文字上的證據顯示，蘇美人知道神的埃及名字是「拉」。有些蘇美人的個人名字與聖名「拉」合併，在烏爾三世那個朝代發現的石碑中提到了Dingir Ra（拉的大門），他的宮殿是E.Dingir.Ra（拉神的大門）。這個朝代滅亡之後，當馬杜克在他最喜歡的城市巴比倫，獲得了至高無上的權力後，他的蘇美名字KA.DINGIR（上帝的大門），變成了KA.DINGIR.RA（上帝拉的大門）。

確實，就像我們即將提到的一樣，馬杜克變得突出是始於埃及，他最著名的紀念碑是吉薩（Giza）金字塔，這在他動盪不安的統治生涯中具有舉足輕重的作用。但偉大的埃及上帝，馬杜克（拉），渴望統治整個地球，並且在位於美索不達米亞的古老的「地球之臍」開始實施。正是這樣的決心，使他放棄埃及的神聖王位，以支持他的兒子和孫子。

他絲毫不知道這麼做竟然會導致兩場金字塔之戰，並且幾乎使他喪命。

7・當地球被分割

「出方舟挪亞的兒子就是閃、含、雅弗……這是挪亞的三個兒子，他們的後裔分散在全地。」（《創世記》9：18—19）

在《聖經》故事裡，詳細地敘述了大洪水之後國家的創建史（《創世記》第十章）。這份獨一無二的文獻，最初被學者們質疑，因為它列出了未知的民族和國家，而且劃分得十分仔細，但讓人驚訝的是，在一百五十年的考古學研究之後，人們發現它有著令人吃驚的精確性。它提供了大量可靠的歷史、地理和政治資訊，提及了大洪水之後，從泥濘和荒蕪中一路走來的人類倖存者的不斷繁衍，直到到達文明與帝權的高度。

當閃這一支繁衍發展到最後，族譜從雅弗（Japher，意思是公正者）的子孫後代開始延續：「雅弗的兒子是歌篾、瑪各、瑪代、雅完、土巴、米設、提拉。歌篾的兒子是亞實基拿、利法、陀迦瑪。雅完的兒子是以利沙、他施、基提、多單。這些人的後裔將各國的地土、海島分開居住，各隨各的方言、宗族立國。」（《創世記》10：2—5）當較晚的一支向沿海區域和島嶼遷移時，一個不引人注意的事實是，雅弗的七族子孫都遷徙到小亞細亞的高地、黑海和裡海區域。高地在大洪水之後變得適宜於人類居住，不像低窪的沿海區域和島嶼，要經過更長的時間才適合人類居住。

含（Ham，意思是熱的人，以及黑仔）的兒子是「古實、麥西、弗、迦南」，之後是大量的民族和國家，與之相應的是非洲大陸的努比亞、衣索比亞、埃及和利比亞，這些在非洲重新建立的國家，再一次從高地傳播到低地。

「雅弗的哥哥閃，是希伯子孫之祖，他也生了兒子。」閃的兒子是「以攔、亞述、亞法撒、路德、亞蘭」，這些民族圍繞著從南部的波斯灣到西北的地中海之間拱起的高地而居，並以還不適合居住的河流之間的大片土地為邊界。這些地區可稱為太空站地區：美索不達米亞，是大洪水來臨前的太空站；雪松地區的前登陸點依舊發揮著作用；沙微谷則成立了後洪水時代的任務指揮中心；毗鄰的西奈半島則是未來太空站的位置。因此，這些民族的祖先的名字——閃，意思是天空會場——與這段歷史非常相符。

依據《聖經》，人類在廣義上分為三支，這不僅源於人類分布的地理及地形位置，也在於恩利爾的子孫和恩基的子孫的分布。閃和雅弗在《聖經》中被描述成好兄弟，然而對於含這一支的態度，特別是迦南，是令人心酸的回憶。《聖經》中同樣有虛偽的謠言被傳播，那是關於上帝與人類的故事，以及他們之間的戰爭……

關於我們的祖先分成三支的記載，同樣與我們所熟知的文明的產生一致。

學者們已經認識到，在西元前一萬一千年的大洪水時代，人類的文明有個突然的轉變，並依據我們的發現，將之命名為「中石器時代」。大約西元前七千四百年，另一個突然的大轉變得到了學界的正式承認，並將之命名為「新石器時代」。但其概念上的特徵在於，從石頭轉向黏土以及陶器的出現。之後，「突然且令人難以理解的是」，確切地說是在三千六百年之後，在幼發拉底河與底格里斯河之間的平原上，蘇美人的文明產生了高度的繁榮發展。接著，大約在西元前三千一百年，就是尼羅河沿岸的文明；西元前兩千八百年，第三次的古老文明，即印度河流域的文明出現了。這就是人類的三大文明發祥地，由這三大文明演化出了中東、非洲、印歐民族，這些區分忠實記錄在古老的《聖經》家譜裡。

蘇美編年史認為，這是阿努納奇深思熟慮之後的決定：

判定命運的阿努納奇，針對地球交換意見。他們要創造四個地區。

蘇德與西奈半島

有幾篇蘇美文獻呼應了前述的簡單字句，證實了地球在後洪水時代的命運和居民。三個區域與三個不同的人類文明有關；第四個區域被阿努納奇據為己用，並將之命名為提爾蒙（TIL.MUN，導彈之地）。在《通往天國的階梯》一書中，我們已經證明提爾蒙和西奈半島有關。

雖然就人類的居住狀況而言，那些居住在半島中非管制區域的人，是埃及經文中閃族的「沙漠居民」的後裔。但一提到阿努納奇領土的分配，就會產生更深層次的差異。只要控制了後洪水時代的太空站，就相當於控制了地球與尼比魯星球之間的聯繫，同樣的，庫瑪爾比和祖的故事也清楚地表明了這一層關係。恩利爾家族和恩基家族之間重新燃起的仇恨，顯示在導彈之地急需一個權威的中立機構。

最後有了一個巧妙的解決方案：和他們身世相當的姊姊蘇德。身為阿努的女兒，她討厭被稱為寧瑪赫（NIN.MAH，偉大的女士）。她屬於阿努納奇最早到達地球的大群體，地球的開發者，十二個神殿組織中的一個。她為恩利爾生了一個兒子，為恩基生了一個女兒，被親切地稱為瑪米（Mammi，眾神之母）。在創造人類的過程中，她也發揮了一定的作用。她用醫術救活了很多人，但從來都沒有自己的領土。讓提爾蒙成為她的領土，是任何人都不會反對的提議。

西奈半島是一塊貧瘠的土地，南部有高含量的花崗岩；中部為山地高原；北部為硬地，被連綿的山地所包圍。很多地中海海岸的沙丘都有沙土流失的現象。但那些可以保留水的地方，比如一些綠洲，或者冬天雨季時會被填滿的河床，和能夠在地下留住水分的地方，會生長一些茂盛的棕櫚樹、水果和蔬菜，綿羊和山羊也可以在這裡覓食。

種族之間的情況，在幾千年之前就像現在這樣了。儘管為蘇德準備的住所是在美索不達米亞的一個重建地點，她仍然決定前往那裡，去掌管這個多山民族做為自己的私人財產。由於她的身分和知識所限，她總是處於第二領導的位置，當她剛到地球時，她年輕美麗（見圖36a）；如今她已經老了，人們戲稱她為「奶牛」（見圖36b）。現在她有了自己的領土，她決定要前往該地。她自豪地宣稱：「我是這裡的女主人！我將永遠地獨自統治這裡！」

她的兒子尼努爾塔試著勸阻她，但沒有用，便決定利用他自己在水壩和疏通水道方面的經驗，幫助母親，把她的領土變得生機勃勃。我們在「尼努爾塔的豐功偉績」IX碑刻上閱讀到這些記載，他對母親說：

> 因為你，高尚的女士，獨自統治的領土之土地正在消失，那些已經失去的土地對你無所畏懼，所以離開了。我需要為你築一座水壩，讓這些土地擁有自己的女主人。

在他完成灌溉工程之後，他又說服人們去執行該做的

a

圖36a：年輕美麗的蘇德

b

圖36b：老邁的蘇德

事情。尼努爾塔告訴母親，在她的大片山地領土內有大量的植物、木材和礦產：

山谷裡長滿了植物，山地的斜坡能夠為你提供蜂蜜和酒。當然還能生產更多的樹木；梯田應該被水果花園所裝飾；哈爾薩格（Harsag）應該為你提供上帝的香味，為你提供閃亮的礦藏；礦產將為你提供銅和錫；山上應該繁殖大大小小的牛群；哈爾薩格應該帶來許多四足動物。

這是對西奈半島的恰當描述：一個礦產豐富的地區，一個古老的重要銅礦區，出產綠松石及其他礦物；盛產阿拉伯樹膠植物，被用於廟宇的裝飾；綠意盎然且水資源豐富；畜牧業發達。人們還把半島的冬季河流稱為阿里斯（Aris，農夫），這是對尼努爾塔的戲稱？

在西奈半島南部地區的花崗岩高地，尼努爾塔為母親建造了一個家，並且贈予她一個新的名字：寧呼爾薩格（NIN.HAR.SAG，頂峰之女）。從此之後，蘇德就被這麼稱呼。

後洪水時代太空站

「頂峰」顯示了它是這裡的最高峰，也就是現在的聖凱薩琳山（St. Katherine）。旁邊較低的山被稱為摩西山，應該就是《出埃及記》中的西奈山。雖然這一點尚值得懷疑，但這兩座山在古代都是神聖不可冒犯的。我們認為，這是因為它們在後洪水時代的太空站和登陸走廊的規畫中，扮演關鍵的角色。

新計畫採用了舊原則；為了理解偉大的後洪水時代的設計，我們必須先回顧大洪水之前的太空站和登陸走廊的發展。那時候，阿努納奇首先選擇亞拉拉特山的雙峰，它是西亞的最高峰，從天空中能夠看到明顯的地標。另一個明顯的自然地標，是幼發拉底河和波斯灣。阿努納奇從亞拉拉特山畫一條想像的線，決定了太空站需要設在這條線與河流相交的地方，然後，從這裡到波斯灣的對角線方向，準確地說是四十五度角，他們畫了登陸通道。然後他們決定第一個定居點，以便在登陸通道兩旁標出登陸走廊。在中心點的尼普爾，成立了任務指揮中心，所有其他定居點都與它維持相同的距離（參見第一〇一頁的圖25）。

後洪水時代的太空設施是按照相同原則建成的，亞拉拉特山的雙峰是重要的焦點。在登陸通道四十五度角線的地方，自然地形和人工設施結合，勾畫出類似箭形的登陸走廊。不同的是，這次阿努納奇使用他們在雪松山（巴勒貝克）已經建好的平臺，並且將它建成新的登陸座標。

就像在大洪水之前那樣，亞拉拉特山又一次被當成北部的地標，將登陸通道與走廊固定在中心（見圖37）。登陸走廊的南線連接了亞拉拉特山和西奈半島的最高點—哈爾薩格（聖凱薩琳山）和它旁邊稍微矮一點的摩西山；登陸走廊的北線，從亞拉拉特延伸到巴勒貝克，直到埃及。由於那裡的地面太過平坦，無法提供自然的地標，因此，我們可以確定，阿努納奇便在吉薩高地修建了最高的兩座金字塔。

那麼，這個錨點被設在哪裡？

有一條橫貫東西的假想線，被阿努納奇的宇宙學大膽地想像著。它們將被天空籠罩著的地球，任意地劃分為三個分支或「路」。北邊的那個是「恩利爾之路」，南邊的那個是「恩基之路」，中間的是「阿努之路」。劃分它們的是，我們所熟知的北緯三十度線和南緯三十度線。

北緯三十度線似乎有著特別「神聖」的意義。從埃及到西藏的古代聖域，都在這條緯線上。它被選擇做為大金字塔修建的位址（亞拉拉特山—巴勒貝克航線的交叉點上）；這一條線也體現在西奈半島中部平原地區，也就是太空站所在的位置；在登陸走廊的正中間，登陸通道的一條線也將太空站引向了北緯三十度。

我們認為，登陸座標和太空站就是這樣確定的，吉薩高地的大金字塔也是因此而建造的。

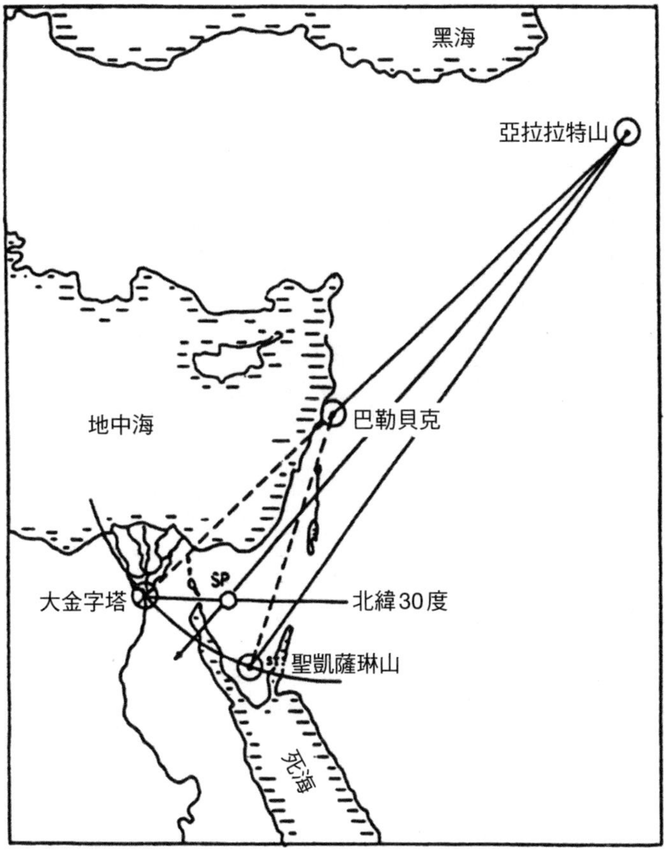

圖37：登陸走廊

大金字塔的建造者

根據各種證據，我們在前文中提出，吉薩的大金字塔不是法老們修建的，而是在法老們幾千年之前由阿努納奇所建，我們理所當然地反對長期以來有關這些金字塔所持的傳統理論。

十九世紀的埃及考古學者認為：埃及金字塔，包括吉薩的三座獨特金字塔，是由幾代法老們為自己修建的巨形陵墓。但這種理論長期以來沒有得到證實：在金字塔中，沒有發現任何已知的或假定為建造者的法老的屍體。於是，吉薩大金字塔被推測是由古夫（Khufu，希臘歷史學家稱他為基奧普斯〔Cheops〕）修建的，後來的那座是一位名叫卡夫拉（Chefra，希臘歷史學家稱他為齊夫倫〔Chephren〕）的繼任者修建的，而第三座小金字塔是第三位繼任者孟考拉（Menkara，希臘歷史學家稱他為邁瑟林諾斯〔Mycerinus〕）所建，包括了第六王朝的所有國王。那些埃及學家們推斷獅身人面像是卡夫拉修建的，因為它緊靠著一條通往第二座金字塔的堤道。

有那麼一段時間，人們相信，證據在吉薩的這三座金字塔中最小的那一座中被發現了，並鑑定出了修建這座金字塔的法老。這是由名叫霍華德·維斯（Howard Vyse）的上校和兩名助手聲稱的，他們說在金字塔內發現了棺材和孟考拉法老的木乃伊。然而，事實上，無論是這個木棺還是遺骸，都不具可信度。學者們已知道此事一段時間了，但出於某些原因，至今要公開這個消息仍然很困難。有人（無疑是維斯上校和他的朋友）推定，金字塔裡的棺木是兩千年前的，也就是孟考拉生活的年代之後，金字塔裡的屍骨甚至被推定為基督教徒時代之後的。這顯然是一場考古欺詐。

按現在的理論來看，金字塔的建造者很可能是用象形文字刻下自己名字的古夫，這些文字在大金字塔中長期密封著，顯然正是建造者身分的證明。但有一個事實一直被大家忽視了，維斯上校和助手在一八三七年發現了這些碑文。在《通往天國的階梯》中，我們提出有大量證據顯示碑文是偽造的，是它的發現者的罪證。一九八三年末，《通往天國的階梯》的一位讀者，向我們提供了他們家的一些紀錄。紀錄顯示，他的曾祖父是名為哈姆弗萊斯．布萊維（Humphries Brewer）的石匠，曾經幫維斯上校用火藥炸開了通往金字塔的通道，他是這份偽證的見證人，他反對這樣的行為，所以被驅逐出金字塔，並且被強制驅離埃及。

在《通往天國的階梯》中，我們可以看出，古夫不可能是大金字塔的建造者，因為在他生活的時代，已經在附近的一座金字塔（這才是由他建造的）的石碑上提及了它。甚至，碑文中也提到了被推測是由古夫的下一代繼承人所建造的獅身人面像。

現在，我們從第一王朝的法老王那裡找到了有圖畫的證據——這比古夫和他的繼承人早很多——確切證實了這些早期的國王見證了吉薩奇蹟。我們可以清楚地看到，獅身人面像在描繪國王的來世旅程（見圖38a），以及被冠以「古人」之名乘船抵達埃及（見圖38b）的景象。

我們得到一個證據：在最早的法老王美尼斯著名的勝利之碑上，記載了他對整個埃及帝國強有力的統一。在碑的一邊是他的畫像，戴著白色的上埃

a

圖38a：國王的來世旅程

b

圖38b：國王乘船抵達埃及

及王冠，擊敗了上埃及的首領，並占領了他們的城市。在碑的另外一邊，是他戴著紅色的下埃及王冠（見圖39a），在下埃及的領土上遊行，並斬殺了他們的首領。刻畫石碑的藝術家在美尼斯頭部的右邊，清楚地註明了他的稱號「那爾邁」（Nar-Mer），這一稱呼是美尼斯自己授予的；在碑的左邊，是新帝國最重要的建築結構——金字塔（見圖39b）。

所有的學者都同意這一點：這個勝利之碑真實地描述了當時的情形、築城術，以及美尼斯在統一上埃及和下埃及的戰役中所遇到的敵人。而金字塔符號則成為了能夠打敗其他所有猜測的唯一解釋。我們堅信，這個金字塔符號以及碑上的所有圖畫，之所以被如此清晰地刻畫在下埃及的一邊，是因為這種建築結構的確曾經在那裡存在過。

整個吉薩複雜建築群，包括金字塔和獅身人面像，在埃及統一之前就已經存在了；它們的建造者不是也不可能是第六王朝的法老。

埃及還有其他一些金字塔，它們相較起來更小，更粗糙，而且年代久遠，甚至有些在未建成之前就倒下崩塌了。事實上，這些金字塔是由多位法老王建造的，不是用來當墳墓，也不是紀念碑（紀念碑象徵墳墓），而是用來效仿神。因為在古代，法老們堅信吉薩金字塔和獅身人面像，為他們指示了一個通往天國的平臺，即西奈半島的太空站。法老們建造金字塔，是為了死後能踏上前往天國的旅途。法老們用相關的符號和天國旅程插圖來裝飾金字塔，有一些還將《亡靈書》的引文刻寫在牆面上。吉薩有三座特殊的金字塔，它們無論是外部結構、內部結構、尺寸大小，還是驚人的經久耐用程度，都是獨一無二的。另外，它們還有一個很顯著的特點，就是內部都沒有任何題字碑文或裝飾。它們只是赤裸荒涼的、功能性良好的建築，像雙胞胎燈塔一樣拔地而起，並不是為人類提供服務，而是服務那些「從天國來到地球的人們」。

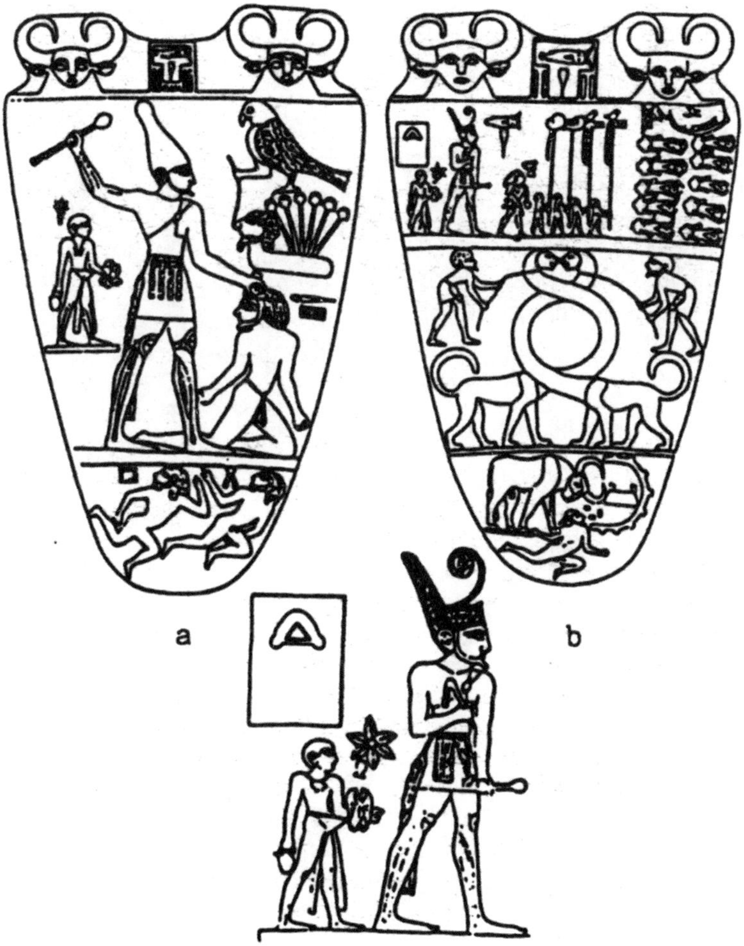

圖39：法老王美尼斯的勝利之碑

大金字塔的內部構造

我們在前文提到的吉薩的三座金字塔中，最先建造的是其中比較小的第三金字塔，它被用來當作幾何模型。由於懷有對雙尖結構的偏愛，人們又建造了另外兩座比較大的金字塔。雖然第二大的金字塔比最大的金字塔要小一些，但它們看上去的高度幾乎一樣，這是因為第二大的金字塔所在的地理位置高一些，所以兩者看起來一樣高。事實上，它並不需要和第一高的金字塔具有相同的高度。

除了不可比擬的尺寸大小之外，最大的金字塔還有其他獨特的地方。除了其他金字塔都有的下降通道以外，它還具有獨一無二的上升通道，一條水平走廊，兩個上層廳房，以及一系列狹窄的間隔房（見圖40）。透過一條精心製作的大走廊，和一個僅靠拉動繩索就可以被密封的前廳，能夠通往最上面的房間。最上面的房間包含了一個非同尋常的被挖空的石塊，它的造型需要驚人的技術才能做成，而且它還能像鐘一樣發出響聲；在這個房間的上面，是一系列狹窄低矮的堅固空間，能產生極致的共振回聲。

這麼做的目的是為了什麼？

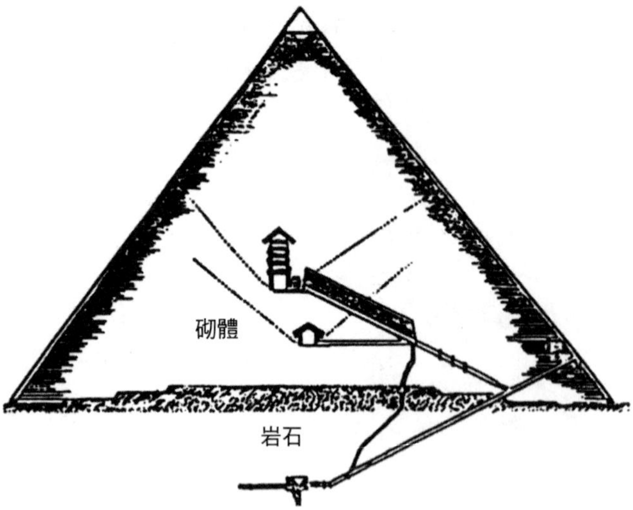

圖40：最大金字塔的內部結構

我們發現，透過對比大金字塔所表現出來的這些獨一無二的特徵，以及恩利爾在大洪水之前的伊庫爾（E.KUR，像山一樣的房子）——他在尼普爾的金字神塔，它們之間存在許多相似之處。伊庫爾和金字塔一樣拔地而起，以統治周圍的平原。在大洪水之前的時代，尼普爾的伊庫爾中放置了杜爾安基（意思是連接天國和地球），並且做為任務指揮中心，配備有命運碑刻，那是寫有軌道資料的面板。其中還包含名叫迪爾加的神祕「暗房」，它的「光輝」將會引導太空船降落在西巴爾。

然而，在祖的故事中提到的有關伊庫爾的神祕性和功能等這一切，都發生在大洪水之前。當人們在美索不達米亞再次定居下來，以及尼普爾被重建的時候，恩利爾和寧利爾的住所已經變成被庭院包圍的巨大神殿，參加禮拜的人們可以透過大門進入神殿。此住所已經不再是封閉的區域；而與太空有關的功能，就跟太空站一樣，已經轉移到其他地方了。

對於新興的、神祕的、令人敬畏的伊庫爾，蘇美人在文獻中將這個「像山一樣的房子」，描述成一個遙遠的地方，這個地方不是在恩利爾而是在寧呼爾薩格的庇護下。有一個史詩故事寫道，在後洪水時代的早期，有一個名叫伊塔那（Etana）的蘇美人首領，朝著阿努納奇的天體居所上升；他上升的位置離位於「老鷹之地」的新伊庫爾不遠的地方；這個不遠的地方，指的就是太空站。有一本阿卡德人的「約伯記」（Book of Job）書中，以《讚美深淵之神》（*Ludlul Bel Nimeqi* ("I Praise the Lord of Deepness")）為標題，指的是「來自伊庫爾的不可抵抗的魔鬼」在「下層世界（非洲）的地平線上」。

由於學者們沒有認識吉薩金字塔的古代歷史，以及它們真正的建造者是誰，便對這個明顯提到遠離蘇美的伊庫爾的內容感到困惑。實際上，如果遵循一般對美索不達米亞文獻的公認解釋，那麼沒有任何一個美索不達米亞人曾經知道埃及金字塔的存在。在美索不達米亞的歷史上，沒有任何一位君王曾經侵略過埃及，也沒有任何一位商人曾經與埃及有過接觸，沒有任何一位使者曾經訪問過埃及，也就沒有任何一個美索不達米亞人有可能發現這些龐大的紀念碑……

這怎麼可能呢？

我們認為，蘇美人和阿卡德人都知道吉薩金字塔群。而且金字塔是建於後洪水時代的伊庫爾，這在美索不達米亞文獻中的確有被提及（後文將講到這一點）。我們也認為，古美索不達米亞的圖畫，在金字塔的建造過程中及完成後，都對金字塔進行了描述。

現在，我們展示了美索不達米亞的「金字塔」——金字神塔或階梯塔，到底長成什麼模樣（參見第九十九頁的圖24）。我們還在某些最古老的蘇美人圖畫中，發現了絕對不同的建築結構。某些建築（見圖41）具有方形的底部及三角形的側面，那是一座表面平滑的金字塔。有些建築完全是金字形狀（見圖42a、42b），上面的蛇形符號代表它位在恩基的領地上。還有一個圖像上（見圖43）的金字塔被賦予了翅膀，用來顯示它與太空有關的功能。這幅圖畫顯示了金字塔還擁有其他令人驚奇的精緻特徵：一個蹲伏的獅身人面像朝著蘆葦的居住地，另一個獅身人面像則在蘆葦湖的另一邊，支持了埃及文獻的說法：在西奈半島上，存在著另一個獅身人面像。金字塔和獅身人面像都被放置在河流旁邊，因為

圖41：表面平滑的金字塔

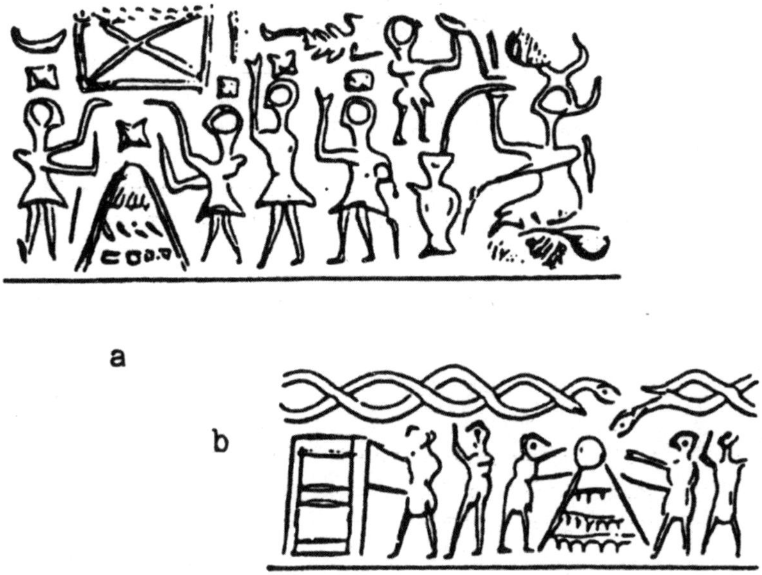

圖42a、b：有毒蛇象徵符號的金字塔

圖43：被畫上翅膀的金字塔

吉薩複雜建築群就是位在尼羅河畔。圖像的其他部分，則是有角的神在河流上航行，正如埃及人所說，他們的神來自南方，從紅海上來。

這幅古老的蘇美人圖畫與古老的埃及圖畫（參見第一四九頁的圖38a）之間，有著驚人的相似處。這提供了不容忽視的證據，也證明了一個常識：埃及的金字塔和獅身人面像，與蘇美的相同。事實上，甚至在一些微小的地方，都能看出這種驚人的相似處：例如大金字塔的傾斜度是五十二度，而在蘇美人圖畫中的「金字塔」，角度與其精確地吻合。

於是我們得到一個必然的結論：美索不達米亞人都知道大金字塔的存在，如果找不出其他原因，那麼原因就是金字塔和在尼普爾的最早的伊庫爾，是由同一群阿努納奇建造的。同樣符合邏輯的是，金字塔也被人們稱作伊庫爾（像山一樣的房子）。吉薩的金字塔與它的前輩一樣，具有神祕的暗房，並且有相關設備，可以引導太空船降落到後洪水時代的西奈半島太空站。而且，為了確保金字塔的中立性，它是由寧呼爾薩格來任命。

我們認為下面這首高深莫測的史詩的含義，是將寧呼爾薩格晉升為「有尖峰的房子」——金字塔的女主人。

房子的光亮，以及天國和地球之間的黑暗，由火箭太空船串連起來。
伊庫爾，有尖峰的眾神之屋，為了連接天國和地球而有精良的設備。
房子的內部發出微紅的天國之光，閃動著一條射向遠方的寬闊光波；
它的超凡魅力觸動了肉體。
令人敬畏的金字神塔，高聳的山脈，
這是人類無法理解的，偉大而崇高的創造物。

在後面這首名為〈有尖峰的眾神之屋〉的詩中，金字塔的作用就十分清楚了：這是一個「設備之外」，能夠提供給「在軌道上觀察」的太空人用來「降落休息」的「巨大陸地平臺」（即「天空會場」）。

房子的設備，永恆的高聳房屋；
它的根基是已經觸碰到水的石頭；
它的四周都設置在黏土上。
房子的各個部分被巧妙地連接在一起；
這發出咆哮的房子，是要讓在軌道上觀察的偉人人物降落休息……
房子因為它的巨大陸地平臺而成為大地標，那是烏圖建造的山。
這個房子深得使人無法穿透……
並且阿努又放大了它。

詩文緊接著描述了這個建築的內部結構：它的地基是「令人敬畏的金屬」，它的入口像人的嘴巴一樣張開閉合，「發出微弱的綠光」，門檻「像一條巨龍張開來等待食物的巨口」，門框兩側的直木「像兩把用來威嚇敵人的刀刃」。建築內部的房間「就像這條整天到處衝撞的巨龍所要守護的巢穴」，它吐露的金光「就像一隻沒人敢靠近的獅子」。

其中的上升通道被這樣描述：「它的拱頂就像一條彩虹，黑暗在此處消失；它令人敬畏；它的連接處就像一隻準備好抓捕獵物的禿鷹」。在通道的頂端，是「通往山頂的入口」；「對敵人來說，它是封閉的，它僅對活著的人開放」。三個聯動裝置——「門閂、門插和鎖……在令人敬畏的地方滑動」——保護著通往最頂端房間的通道。在最頂端的房間，伊庫爾「視察天國和地球，就像張開了一張網」。

如果你已經瞭解了大金字塔內部結構的一些知識，那麼將這些知識與前文的詩篇連結起來，你會發現一些讓人吃驚的細節。金字塔的入口在其南面，隱藏在一個旋轉的石頭後面，這個石頭的確「像人的嘴巴一樣開合」。進到金字塔裡面，站上一個平臺，在你面前的是一個下降通道的入口，「像一條巨龍張開來等待食物的巨口」（見圖44a）。入口之處的洞穴被兩對對角放置的石塊保護著，「像兩把用來威嚇敵人的刀刃」，在入口正中間展示著一個神祕的雕刻石塊（見圖44b）。

在下降通道的不遠處是一條上升通道。它通往一條可以到達金字塔中心的水平走廊，金字塔內部的房間就「像個巢穴」。上升通道還可以通向一個莊嚴的、精心設計的上升走廊，走廊兩邊牆壁的間距隨著階梯的上升而越來越小，讓人覺得這個連接處就「像一隻準備好抓捕獵物的禿鷹」（見圖45）。這條走廊可以通往最頂部的房間，那裡有一個充滿力場的「網」可以「視察天國和地球」。在通往最頂部的房

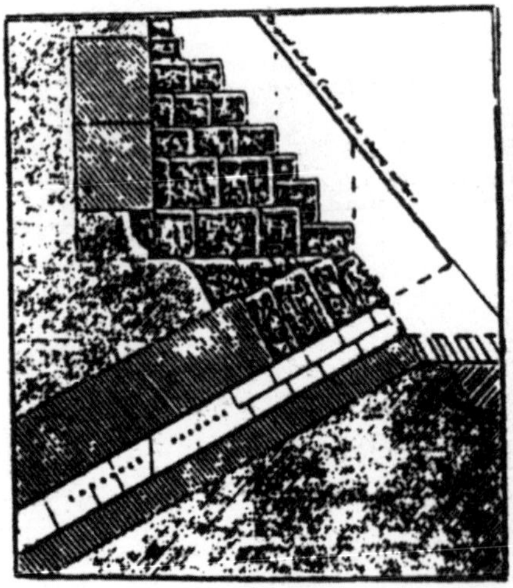

a

圖44a：下降通道像是張大嘴巴的巨龍

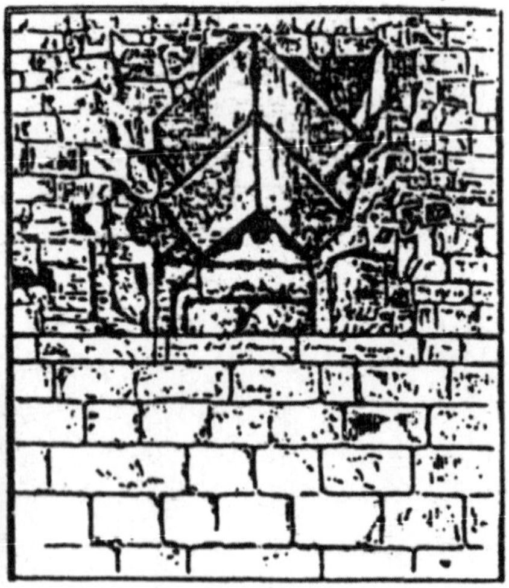

b

圖44b：石塊看起來像用來威嚇敵人的刀刃

圖45：北側較低入口的仰視圖（a & b），南側較高出口的俯視圖（c）

間時，還必須經過一個結構十分複雜的前廳（見圖46），那裡面有三種上鎖裝置，隨時準備滑動，以把敵人關閉在外面。

在如此詳細地描述伊庫爾內部及外部的結構之後，詩篇接下來介紹了這種建築物的功能以及地理位置。

這一天，女主人自己說，
她是火箭太空船的女神，純淨的偉大女士，
「我是女主人，阿努決定了我的命運；
我是阿努的女兒。
恩利爾又賜給了我偉大的命運；
我是他的王妹。
神將這個天國和地球之間的飛行導航器賜到我的手中。
我是天空會場之母。
厄里斯奇格將飛行導航器的開始部分分配給我。
我已經在烏圖建造的山上，建立了我的講臺。」

如果像我們先前推斷出的一樣，寧呼爾薩格是吉薩金字塔的女主人，那麼她應該被埃及人所熟知，並且被當作女神一樣尊敬。事實上，當時就是如此；此外，在埃及以外的地方，她是哈索爾（Hat-Hor）。課本會告訴我們，這個名字的含義是「荷魯斯之屋」（House of Horus），但這只有表面上正確。在象形文字中，這個名字的含義是房子和獵鷹，而獵鷹曾經是荷魯斯的象徵，因為他可以像獵鷹一樣飛翔。寧呼爾薩格這個名字的字面意思應該是「將家建在獵鷹之地的

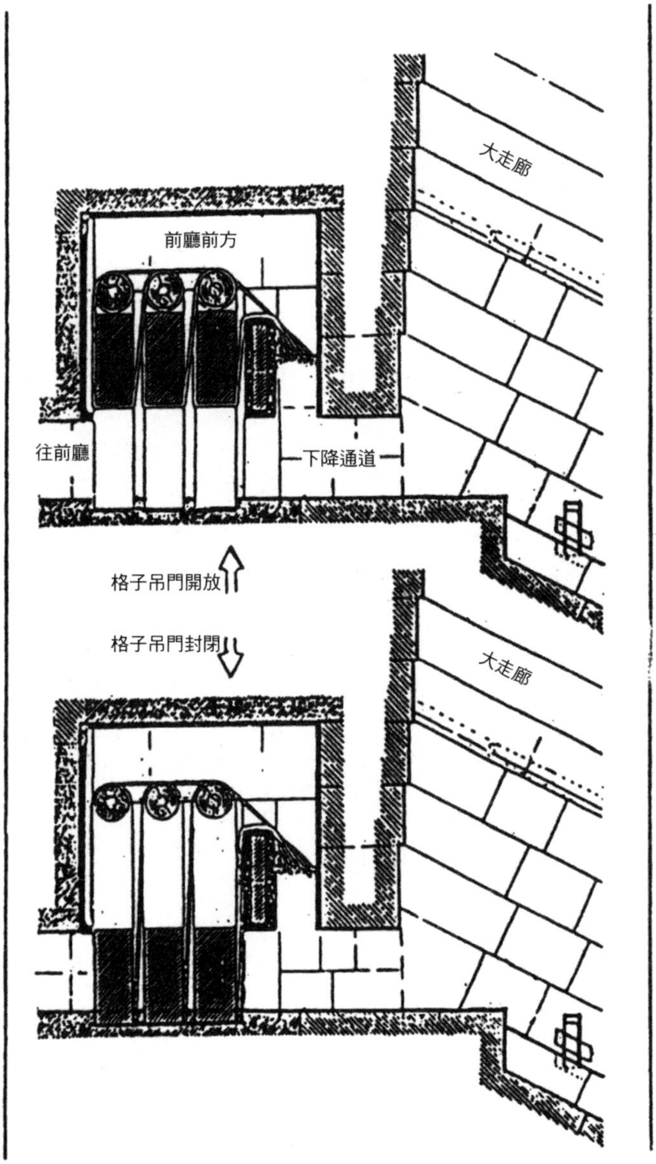

圖46：結構複雜的前廳

女神」，即太空人休息的家——太空站。

我們已經確定，這個太空站就位於後洪水時代的西奈半島。因此，哈索爾的頭銜「房子和獵鷹」，代表擁有此名的女神成為西奈半島的女主人。確實，埃及人認為，西奈半島一直是哈索爾的領域。埃及法老王在半島上修建的所有神廟和石柱，都是獻給這位女神的。像晚年的寧呼爾薩格一樣，哈索爾也被稱為「奶牛」，並被描述為母牛的角。

但哈索爾也是大金字塔的女主人（正如我們對寧呼爾薩格所聲稱的）嗎？令人驚訝但並不意外的是，哈索爾也是大金字塔的女主人。

證據是法老古夫（大約西元前二千六百年）在吉薩的一座獻給愛西絲的神廟中，所豎立的紀念石碑上的碑文。被稱為庫存石碑（Inventory Stela）的紀念碑及其碑文明確證實，大金字塔（和獅身人面像）在古夫開始統治時已經存在。他聲稱自己是在現有的金字塔和獅身人面像旁邊，建造了獻給愛西絲的神廟：

荷魯斯永生。
致埃及天上和人間的國王，古夫。
生命永存！
他創建了愛西絲（金字塔女主人）之屋，就在獅身人面像旁邊。

在那時，愛西絲（奧西里斯的妻子和荷魯斯的母親）一直被認為是「金字塔女主人」，其象形文字是，但隨後的碑文證實，她不是金字塔的第一個女主人：

荷魯斯永生。

致埃及天上和人間的國王，古夫。
生命永存！
致他神聖的母親愛西絲，「哈索爾西部山區」的女主人，
他將這篇碑文寫在石碑上。

因此，金字塔不僅是「哈索爾之山」（與蘇美的「像山一樣的房子」正好平行），而且還是她的西部山，這意味著她還有一個東部的山。我們從蘇美的來源知道它是哈爾薩格，是西奈半島的最高峰。

金字塔的秘密廳房

儘管兩個神聖王朝之間有對抗和猜疑，但毫無疑問的是，實際建設太空站和控制及指導設施的工作，落入了恩基及其後代手中。尼努爾塔證明了自己能勝任築壩和灌溉工程；烏圖（沙馬氏）知道如何指揮及運作登陸和起飛設施；但只有在之前經歷了所有這一切的主要工程師兼科學家恩基，擁有規畫大規模的建設工程與監督其執行的必要知識和經驗。

在蘇美文獻中，沒有一丁點關於尼努爾塔和烏圖成就的描述，他們都沒有計畫或從事與太空有關的建造工程。後來尼努爾塔讓一個蘇美國王為他建造金字神塔，其中有給他的神鳥的特別領地。神鳥是另一個神，一直陪伴著尼努爾塔。尼努爾塔給了國王建築計畫和建設指示。另一方面，一些文獻說恩基已經把他擁有的科學知識，傳承給兒子馬杜克。文獻中提到父子之間的一次對話。馬杜克向父親請教一個難題後：

恩基回答兒子馬杜克：「我的兒子。你不知道什麼呢？我可以給你什麼呢？馬杜克，你不知道什麼呢？我還可以給你什麼呢？我知道的，你全都知道了！」

就像父輩普塔和恩基一樣，身為兒子的馬杜克和拉是如此相似，我們毫不驚訝地發現，埃及的文獻把拉與太空設施及相關建設工程連結在一起。同時他是在舒神和泰芙努特，蓋布和努特，以及魔法技藝之神圖特的協助下，完成這些事。獅身人面像是「神聖的導遊」，它準確地沿北緯三十度朝向東方，擁有賀阿克提（Hor-Akhti，獵鷹的地平線）的特徵；賀阿克提是對拉神的尊稱。法老時代，獅身人面像附近豎立的石碑上的題詞，直呼拉神為工程師（擴展的繩），是他建造了在「神聖的沙漠」中「受保護的地方」。從那裡，他可以「美麗地升天」和「穿越天空」：

你為這個計畫擴展繩索，你把形式給了大地……
你使下層世界神祕不已……
你為自己建立了受保護的地方，在神聖的沙漠裡隱藏了名字。
白天你背對他們上升……你美麗地上升……你伴著和風劃過天空……
你乘著天空的三桅船穿越天空……
天空歡呼著，大地喜悅地叫喊。
拉的船員每天都在歌頌；他凱旋而來。

埃及文獻斷言，舒神和泰芙努特透過「維護地球上方的天空」，參與了拉神廣泛意義上的太空相關的工程。他們的兒子蓋布的名字，源於詞根gbb（積累，堆積），學者認為，這證明他參與了堆積相關的工程，也明顯暗示他參與了金字塔的實際建造。

一個關於古夫法老及其三個兒子的埃及故事顯示，在那些日子裡，大金字塔的祕密計畫是在埃及人稱為圖特（天文學、數學、幾何及大地測量之神）的監管之下。大金字塔的一個獨特特點，是它的上層廳房和通道。但由於這些通道在從下降通道分支的地方被封鎖（我們將展示如何、何時和為什麼），因此所有試圖效仿吉薩金字塔來建造的法老，都只能仿效金字塔的下層廳房，而無法仿效上層廳房，因為他們不是缺乏精確的建築知識，就是不知道這些上層廳房的存在。但古夫似乎知道大金字塔內這兩個祕密廳房的存在，而且他因為被告知了圖特神隱藏它們的地方，差一點就發現他們的建築計畫。

寫在所謂的威斯卡（Westcar）莎草紙上，題為「魔法師的故事」中說：「有一天，當國王古夫統治了所有的土地」，他找來三個兒子並讓他們重述古代「魔法師的事蹟」的傳說。首先說的是「皇子哈夫拉（Khafra）」，他講述了「你（古夫）的祖先尼布卡（Nebka）一世時代的故事……當他走進普塔的神廟所發生的事情」。這是一個魔法師如何使鱷魚起死回生的故事。然後皇子包耶夫拉（Bau-ef-Ra）說了古夫祖先時代的一個奇蹟，當一個魔法師分開湖中的水以便取其底部的寶石時，「魔法師說著他的咒語，使所有的湖水再次回到各自的位置」。

有點玩世不恭的第三個兒子賀德德夫（Hor-De-Def）站起來說道：「我們已經聽說過以前的魔法師和他們的事蹟了，但我們無法驗證其真實性。現在我知道我們這個時代的事情。」法老古夫問是關於誰的事，賀德德夫回答說，他知道一個名叫戴迪（Dedi）的人，此人知道如何替換一顆被砍的頭來馴服獅子，也知道「圖特廳房的匹答（Pdut）號碼」。

聽到這話，古夫極為好奇，因為他一直在設法找到大金字塔（在古夫時代已經被封鎖和隱藏）裡「圖特廳房的祕密」。因此，他下令尋找智者戴迪，並從其住所——西奈半島角落的一座島嶼——把他接來。

當戴迪被帶到法老面前，古夫首先測驗他的魔力，像是讓被切了頭的鵝、鳥和牛起死回生。

然後古夫問道：「聽說你知道圖特的艾普（Iput）的匹答號碼，這是真的嗎？」而戴迪回答說：「國王，我不知道號碼，但我知道匹答所在的地方。」

埃及古物學家基本上一致認為，艾普的意思是「原始聖殿的祕密廳房」，而匹答的意思是「有號碼的設計、計畫」。

魔法師（他的年齡是一百一十歲）回答古夫：「國王，我不知道設計中的資訊，但我知道被圖特隱藏的有號碼的計畫在哪裡。」在回答進一步的詢問時，他說：「在赫利奧波利斯，一個被稱為『圖表房』的神聖廳房裡，有一箱磨刀石，它們就在那個箱子裡。」

古夫興奮地下令戴迪去為他尋找那個箱子。但戴迪回答說，他和古夫都不能得到這個箱子，它注定是要被古夫未來的後裔找到。他說，這個人就是拉。我們已經看到，古夫屈服於神的意願，最終只有在獅身人面像附近建造了一座獻給金字塔女主人的神廟。

※

證據就此循環完成。蘇美和埃及的文獻互相證實，我們的結論是：中立女神是西奈最高峰和建於埃及的人工山的女主人，而西奈最高峰和人工山都是登陸走廊的錨點。

但阿努納奇保持西奈半島及其設施中立的願望，並未能維持很久。競爭和愛情悲劇性地交織，打破了現狀，使分裂的地球很快捲入了金字塔大戰。

8・金字塔戰爭

「尊敬的陛下、聖主、地平線上的獵鷹、永存不朽的生靈——拉，在肯努的土地上。他由勇士們陪伴著，因為有敵人陰謀陷害他們的國王……。長翅膀的測量者荷魯斯來到拉的船上。他對他的祖先說：『哦，地平線上的獵鷹，我看到了敵人陰謀反對您的統治，為他們自己戴上耀眼的皇冠。』……聖主、地平線上的獵鷹——拉，對長翅膀的測量者——荷魯斯說：『我的兒子：迅速地擊倒你所看到的敵人。』」

刻在古埃及艾德芙神廟牆上的故事就此開始了。我們認為，這只能被稱為第一次金字塔戰爭的故事。這場戰爭有其根源：為了控制地球及其太空設施的永無休止的爭鬥，以及大阿努納奇的鬼把戲，特別是恩基（普塔）和他的兒子拉（馬杜克）。

根據曼涅托的記載，普塔在統治了埃及九千年後交出統治權；但其後，拉的在位時間縮短到一千年，我們總結是由於大洪水的關係。接著，舒神統治了七百年，他幫助拉神「控制地球的上空」，蓋布（意思是堆積大地的人）統治了五百年。大約是在西元前一萬年的時候，太空設施——在西奈半島的太空站和吉薩金字塔——被建造了。

雖然太空站所在地西奈半島和吉薩金字塔處在寧呼爾薩格的保護之下，被認為是保持中立的，但值得懷疑的是，這些設施的建設者——恩基及其後代，是否確實打算放棄控制這些設施。一個以田園詩般的描述開頭的蘇美文獻，已被學者們命名為「天堂的神話」（Paradise

Myth）。其古老的名稱是「恩基和寧呼爾薩格」，它記錄了他們倆出於政治動機的結合，這是恩基和同父異母的妹妹寧呼爾薩格之間有關控制埃及和西奈半島（金字塔和太空站）的交易故事。

八位年輕神

故事發生在阿努納奇對地球的分配時：提爾蒙（西奈半島）被分配給寧呼爾薩格；埃及被分配給恩基的部族。蘇美人的故事提到，那時恩基越過了隔開埃及和西奈半島的沼澤湖泊，來到孤獨的寧呼爾薩格所在處，並大肆求愛：

致一個單獨的人兒。致生命的夫人，土地的女主人。恩基來到你們英明的生命夫人之處。他用他的陰莖澆灌堤壩；他用他的陰莖淹沒蘆葦……他用他的精液澆灌阿努納奇的貴婦，將精液澆在寧呼爾薩格的子宮內；她將精液放入子宮，恩基的精液。

恩基的真實意圖是獲得一個由同父異母妹妹所生的兒子；但生出的後代是一個女兒。當她出落得「年輕漂亮」後，恩基與這個女兒結合了，之後又和他的孫女結合。由於這些性行為，一共誕生了八位神——六女二男。寧呼爾薩格被亂倫所激怒，便用她的醫療技能讓恩基病倒。支持恩基的阿努納奇懇求寧呼爾薩格救救恩基的生命，但寧呼爾薩格決定：「直到他死了，我才會用『生命之眼』看他的！」

令人滿意的是，恩基確實停止了這些行為。尼努爾塔在前往提爾蒙視察後，返回美索不達米亞，在有恩利爾、娜娜（辛）、烏圖（沙馬氏）、伊南娜（伊師塔）參加的集會上，他報告了這些發展。不讓人滿意的是，恩利爾命令尼努爾塔返回提爾蒙並帶回寧呼爾薩格。但在中途，寧呼爾薩格同情她哥哥並改變了主意。「寧呼爾薩格讓恩基坐在她的外陰處並詢問：『我的哥哥，你有什麼地方不舒服？』」當她一點一點地治好他的身體之後，恩基提議，身為埃及和西奈半島的主人，他們應該把工作、配偶和領地分派給八個年輕的神：

讓阿布（Abu）成為植物的主人；寧圖拉（Nintulla）成為馬根（Magan）的主人；寧穌圖（Ninsutu）娶尼納如（Ninazu）；寧卡西（Ninkashi）成為滿足渴望的女神；納吉（Nazi）娶寧達拉（Nindara）；阿日木（Azimua）娶寧吉什西達（Ningishzida）；寧圖（Nintu）成為月份女王；恩夏格（Enshag）成為提爾蒙的主人！

來自孟斐斯的埃及神學文獻同樣認為，從普塔的心、舌、牙齒、嘴唇和身體的其他部位「應運而生」了八位神。這個文獻也和美索不達米亞文獻一樣。普塔創造了這些神之後，分派住所和領土給他們：「在他創造這些神之後，他建造城市，創建城區，把這些神放在各自神聖的住所裡；他創造了他們的神龕和後代。他所做的一切是『使生命的女主人感到高興』」。

第一次金字塔大戰

如果這些故事像表面上看來的那樣有事實根據的話，那麼如此混亂的出身所導致的爭鬥，只會因拉神的性惡作劇而加劇。其中最重要的是，關於奧西里斯是拉神而不是蓋布的兒子的斷言，他是拉神祕密地侵犯自己的孫女時，使她所懷下的。這就是我們之前提到的奧西里斯－塞特衝突的核心。

當時上埃及已被分配給蓋布，為什麼塞特會覬覦給予同母異父兄弟奧西里斯的下埃及？埃及古物學者們已從地理、土地的肥沃度等方面提供解釋。但正如我們所揭露的那樣，還有另一個因素。從眾神的角度來看，更重要的不是一個地區能生長多少作物。在吉薩，誰控制了大金字塔建築群，誰就控制了太空活動：來來往往的神，以及來往於第十二個天體的重要補給環節。

塞特的野心暫時成功了，他用智謀戰勝了奧西里斯。但是，「在三六三年」，奧西里斯消失後，年輕的荷魯斯成為其父親的復仇者，發動了反對塞特的戰爭——第一次金字塔大戰。如我們所瞭解的，這也是第一次有人類參與的眾神之間的爭鬥。

在統治非洲的恩基神的支持下，復仇者荷魯斯開始了與上埃及敵對的行動。在圖特為他製作的有翼的圓盤幫助下，荷魯斯堅持向北挺近金字塔。一場重要戰鬥發生在「水區」（把埃及與西奈半島分開的湖泊鏈），有許多塞特的追隨者被殺害。過程中，塞特藏在半島某處的「祕密隧道」；在另一場戰役中，他失去了睪丸。因此，在眾神的會議上，決定將整個埃及「當作遺產……給荷魯斯」。

而身為普塔後裔八神之一的塞特怎麼樣了？

他被逐出埃及，移居到東邊的亞洲，包括一塊可以讓他「從天空說話」的地方。他不就是蘇美人關於恩基和寧呼爾薩格的故事中被稱為恩夏格的神，是被這兩個戀人分配給予了提爾蒙（西奈半島）的人嗎？如果是這樣的話，那麼他是埃及神，是他將領地擴展到閃（後來被稱為迦南）的地方。

正是由於第一次金字塔之戰的成果，才讓人們有了對《聖經》故事的瞭解。這次的戰爭還導致了第二次金字塔之戰。

受詛咒的迦南

除了太空站和導航設施之外，在大洪水之後還需要一個新的任務指揮中心，以取代之前在尼普爾的那個。在《天國的階梯》一書中，我們已經揭露，使這個中心和其他太空相關設施之間保持相等距離的需要。它定位在摩利亞山（Mount Moriah，指揮之山），即未來的耶路撒冷城。

依據美索不達米亞和《聖經》的記載，這個地方位於閃族恩利爾一族的領地。然而，它最終被恩基——含族神以及含族的迦南子孫非法占領。

《舊約》中說，迦南成為耶路撒冷這塊土地的首都，是在第四個也是最小的兒子含時期。《舊約》中還特別譴責迦南，並使他的後代屈從於閃的後裔。導致這種待遇的令人難以置信的原因，是含——不是他的兒子迦南——無意中看到了他父親挪亞赤裸裸的生殖器；因此，上帝已經詛咒了迦南：「迦南當受咒詛，必給他弟兄作奴僕的奴僕。又說，耶和華閃的神，是應當稱頌的，願迦南作閃的奴僕。」（《創世記》9：25—26）

《創世記》的故事中，遺留了許多未解釋的部分。是他的父親意外犯罪，為什麼迦南要被詛咒？為什麼他的懲罰是變成閃和閃族眾神的奴隸？以及眾神如何參與這一罪行及其處罰？當人們讀到前聖經《禧年書》上的補充資訊時，人們就會清楚地發現，真正的犯罪是非法占領閃的領土。

在人類被分散，以及其各部族被分配土地後，《禧年書》提到，「含和他的兒子前往領地，這塊土地是南方國家的一部分。」但那時，從挪亞被救的地方，到他的非洲分配地的旅途中，「迦南看到，從黎巴嫩這個地方一直到埃及河邊，是非常好的。」於是他改變了主意：「他不去他所繼承的海域以西（紅海西部）的土地，轉而落腳在黎巴嫩，約旦的東部和西部。」

他的父親和兄弟試圖勸阻迦南的這種非法行為：「他的父親含，兄弟古實（Cush）和麥西（Mizra'im）對他說：「你定居在不屬於你的土地上，這塊土地按規定並不屬於我們。不要這麼做，如果你真的做了，你和你的兒子將在這塊土地上墮落，並因為煽動叛亂而被詛咒，你們將永遠被剷除。不要在閃的住處居住，因為這個地方注定屬於閃和他的兒子。」

由於迦南非法占領了分配給閃的領土，因此他們說，「詛咒你，詛咒你不再是挪亞的兒子，在神聖的法官和我們的父親挪亞在場下，以誓言約束我們自己的詛咒……」

「但迦南沒有聽他們的話，他和他的兒子一直住在黎巴嫩從哈馬到埃及的入口。出於這個原因，這片土地被命名為迦南。」

《聖經》中除了記載有關於含的一個後裔篡奪領土的故事外，還有著類似埃及神的一個後裔的篡奪故事。我們必須記住，在當時，土地和領土的分配，不是在各國人民之間，而是在眾神之間，土地的主人是神，而不是人。一個民族居住在分配給他們的神的領土上，只有他們的神透過協議，或者已經發展到有能力治理該領土，他們才可以占領別人的領土。

第二次金字塔大戰

塞特入侵迦南，意味著所有與太空站有關的地區——吉薩、西奈半島、耶路撒冷——都歸於恩基後代眾神的控制之下。恩利爾一族顯然不願意看到這樣的結果。我們相信，在此後不久的三百多年後，他們蓄意發動了驅逐非法占領重要太空設施者的戰爭。一些文獻描述了第二次金字塔大戰，其中一些在古蘇美文獻中，其他則在阿卡德和亞述的譯文中。學者們稱這些文獻為「庫爾神話」（Myths of Kur），意即山地的「神話」。事實上，他們在編年史中詩意地渲染了與太空站有關的戰爭：摩利亞山、西奈半島的聖凱薩琳山，以及埃及的人工山——伊庫爾（大金字塔）。

從文獻中可以清楚看出，受尼努爾塔（恩利爾最重要的戰士）領導和指揮的恩利爾一族軍隊，第一次與對方在西奈半島相遇。含族神在那裡被攻擊，但他們撤退到非洲山地繼續作戰。尼努爾塔接受挑戰，在戰爭的第二階段於敵人的據點作戰。這一階段發生了激烈的戰鬥。接著在最後階段，戰爭發生在大金字塔中，這是尼努爾塔的對手最後堅不可摧的堡壘。在那裡，含族神被圍困，直至他們耗盡乾糧和水。

我們稱之為第二次金字塔大戰的這場戰爭，在蘇美人的紀錄中被廣泛紀念，包括在書面編年史及圖案描繪中。

致尼努爾塔的讚美詩中，包含了許多他在這場戰爭中的功動和英雄事蹟。「你就像阿努」，詩篇的很大一部分專門用來記錄這場戰鬥及最後的勝利。但主要和最直接的戰爭編年史，見於史詩文獻《盧加爾力・烏德・麥拉比》（*Lugal-e Ud Melam-bi*，以下簡稱盧加爾力），由薩繆爾・蓋勒（Samuel Geller）整理編輯的出色文章，刊載在《古代東方研究》（*Altorientalische Texte und Untersuchungen*）中。就像所有美索不達米亞的文獻一樣，緊接著開場白的是：

國王，你這一天的榮耀是高貴的；
尼努爾塔，最重要的神聖力量擁有者，從痛苦動盪的山區走了出來。
他就像無法阻止的洪水一樣，進入猶如緊縛的腰帶般的戰爭之地。
最重要的這一位，進入激烈的戰鬥中；英雄的手裡拿著神聖的光輝武器；
主說：你所制服的山地是你的創造物。
父親將力量賦予神聖之子尼努爾塔；
英雄說：因為害怕你，這座城市已經投降了……
哦！這位強大英勇的神，讓大蛇遠離了所有的山。

詩篇歌頌了尼努爾塔，他的功勳、他的光輝武器。這首詩還介紹了衝突的位置（山區）和他的主要敵人：「大蛇」，它是埃及神的領導者。在蘇美史詩中，有幾次描述這個對手是阿札格（Azag），一次是阿舒爾，它們都是馬杜克著名的綽號，因此使得恩利爾和恩基的兩個重要兒子——尼努爾塔和馬杜克，成為第二次金字塔大戰中敵對陣營的領導人。

在第二個泥版（十三篇長詩之一）中，介紹了第一次戰役。尼努爾塔能夠在戰爭中占有優勢，歸功於他的神聖武器和新飛船（原來的飛船在一次事故中被摧毀）。新飛船被稱為伊姆杜吉德（IM.DU.GUD），通常譯為「神聖風暴鳥」，但字面上的意思是「就像英雄風暴運行那樣」。我們從各種文獻中得知，它的翼展開約為七十五英尺。

古代繪畫把它描繪為機械構造的「鳥」，有兩個跨梁的機翼表面（見圖47a）；一個起落架露出一排圓口，也許是噴氣式發動機的進氣口。這架幾千年前的飛機，不僅與早期的雙翼飛機酷

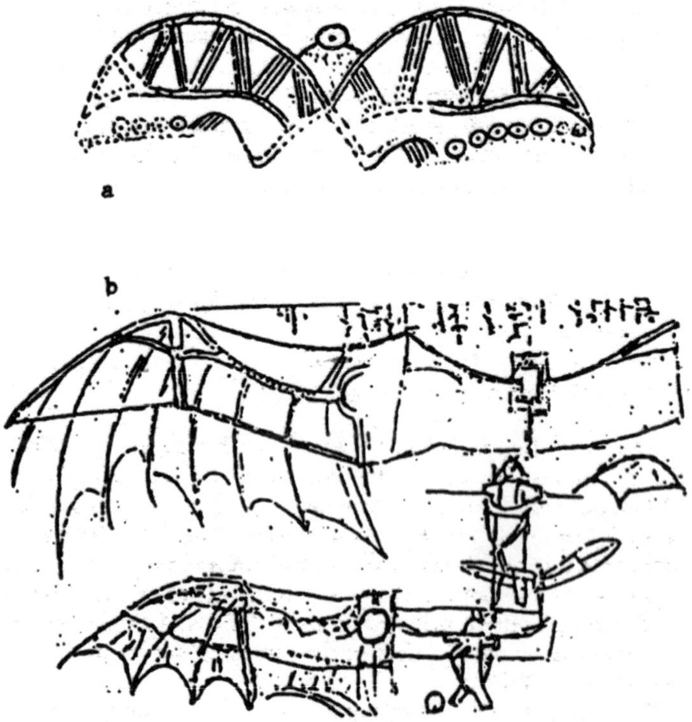

圖47a：古代繪畫中的機械構造「鳥」
圖47b：達文西的動力飛行機草圖

似，也與一四九七年達文西（Leonardo da Vinci）描繪的人力飛行機器的草圖之概念，難以置信地相似（見圖47b）。

伊姆杜吉德是來自尼努爾塔之象徵的靈感——一隻有雄偉獅頭的鳥停在兩頭獅子（見圖48）或兩頭公牛上。正是用這種「精製的船」（製造的飛行器），「在戰爭中摧毀了王侯的住所」，尼努爾塔在第二次金字塔大戰時上升到天空中。他上升得如此之高，以致他的同伴看不見他了。之後，文獻中提到，「用他的翼鳥，對抗有牆的住所」，他俯衝下來。「當他的鳥接近地面，峰頂（敵人的據點）被他打碎。」

敵人被趕出據點後，開始撤退。當尼努爾塔持續正面攻擊時，阿達德在敵後的鄉間四處搗亂，破壞敵人的糧食供應：「在阿普蘇，阿達德將魚沖走並把牛四處分散。當敵人撤退到山區時，這兩位神『像山區洶湧的洪水一樣蹂躪他們』。」

圖48：尼努爾塔的象徵，一隻有雄偉獅頭的鳥停在兩頭獅子上

隨著戰鬥在時間和範圍上的延伸，交戰雙方中具領導力的神呼籲其他神加入他們的行列。「我的神，戰鬥範圍越來越廣，你為什麼不參加？」他們向一位神問道，這個神的名字由於詩句的損壞而缺失了。顯然，這個問題也問了伊師塔，因為她的名字被提到了：「在武器的衝突中，在英雄的壯舉中，伊師塔的武力並沒有躊躇。」當兩位神看見她，便向她鼓勵地喊道：「來這兒，不要猶豫！把你的腳堅決地放在這兒！我們在山區等待著你！」

「女神帶來的這種武器氣派輝煌……她為這個武器製造了一個角。」她在對抗敵人的壯舉中使用它，在「遙遠的時代」，「天空像紅色調羊毛的顏色」。武器發射出的爆炸束「拆散敵人，讓他們用手抓住自己的心」。

接下來的故事在第五至第八塊泥版中，但已被破壞得無法閱讀。部分詩句顯示，在伊師塔的幫助下，猛烈的攻擊在敵軍土地上造成浩大的哭泣和哀悼。「對尼努爾塔的恐懼圍繞著這塊土地」，其居民不得不使用其他東西來取代小麥和大麥「去碾磨麵粉」。

這次的攻擊使得敵軍部隊繼續向南方撤退。這時，戰爭顯露出其凶猛惡性的特徵，當尼努爾塔領導恩利爾一族的隊伍，攻擊奈格爾非洲領地的中心地帶，和他的神廟城市麥什拉姆（Meslam）時，他們燒焦土地並血染了河流，這些血來自無辜的旁觀者——阿普蘇的男子、婦女和兒童。

雖然主要泥版中描寫戰爭的許多詩句已經毀壞了，但其細節可以從其他各種零碎的泥版中看出。泥版中提及尼努爾塔「摧毀土地」，這一壯舉使他贏得了「麥什拉姆的勝利者」稱號。在這些戰鬥中，攻擊者訴諸化學戰。我們可以讀到尼努爾塔向城市撒下有毒導彈，「他用彈射器發射毒藥，摧毀了城市」。

這個城市的倖存者逃到周邊的山區。但尼努爾塔「用毀滅性武器向山上開火；神的神聖武器的破壞性如此厲害，摧毀了人類」。下面的詩句也暗示了一些化學戰：

> 這種武器撕裂並讓感官失去作用：巨大的威力剝奪了他們。他撕裂了土地，用血充滿運河，在敵軍的土地上，人們像狗一樣舔牛奶。

阿札格被無情的襲擊所威懾，要求他的追隨者不要抵抗：「敵人對著他的妻子和孩子呼喊；但那位對抗尼努爾塔的領導者，沒有抬起手臂；庫爾的武器與土壤一起被覆蓋」（也就是隱藏起來）；「阿札格沒有反抗」。

尼努爾塔認為，阿札格不抵抗是他取得勝利的象徵。據赫羅茲尼（F. Hrozny）所描述的是，尼努爾塔殺害對手後，占領了西奈的哈爾薩格之地，接著他在庫爾「像鳥」一樣攻擊「撤退到牆背後」的神，他在山區擊敗他們。然後，他突然唱了一首勝利之歌：

我的令人敬畏的才華像阿努一樣強大。誰敢反抗它？
我是高山的神，從地平線上突出尖峰的高山之神。
在山上，我是主人。

但宣告勝利還為時過早。阿札格透過不抵抗戰術，避免了被擊敗。首都確實被毀掉了，但領導人卻得以保存。從《盧加爾力》文獻中可以清楚地看到：「尼努爾塔沒能消滅在庫爾的敵人。」相反的，敵人的神退入大金字塔之中。那裡的「智慧工匠」是恩基或圖特？他打造出一座保護牆，「其威力無可匹敵」，死亡射線無法穿透這個防護物。

一些文獻中從「另一方面」論證了這個最後和最引人注目的第二次金字塔大戰。正如尼努爾塔的追隨者為他唱讚美詩，奈格爾的追隨者也是這樣做的。後者也被考古學家發現，收集在博倫魯切（J. Bollenrücher）所著的《給奈格爾的祈禱和讚美詩》（*Gebete und Hymnen an Nergal*）一書中。

回顧奈格爾在這場戰爭中的英雄壯舉，文獻中提到，奈格爾是「伊庫爾的寵兒，高尚的龍」，也「趁著夜色衝了進來」。奈格爾攜帶可怕的武器，在副手的伴隨下，衝破尼努爾塔對大金字塔（伊庫爾）所形成的包圍。他在夜間抵達，進入「可自動打開的鎖著的門」。他一進來就受到熱烈歡迎：

神奈格爾，趁著暗夜衝進來的神，已經到了戰場！
他打開他的鞭子，他的武器錚錚作響……

他是值得歡迎的，他的力量是巨大的：就像一場夢，他在門口出現。
神奈格爾，是值得歡迎的。
打擊伊庫爾的敵人，抓住來自尼普爾的野人吧！

但被圍困的神所持的厚望，很快就破滅了。從另一份文獻中，我們得知了這次金字塔大戰最後階段的更多情況。這份文獻是由喬治·巴頓（George A. Barton）從尼普爾的恩利爾廟宇遺址中，那些刻著文字的黏土碎片拼湊出來的，它因此被命名為《混雜的巴比倫文獻》（*Miscellaneous Babylonian Texts*）。

當奈格爾加入捍衛大金字塔（那像山峰一樣拔起的可怕房子）的行列時，他透過金字塔內的各種射線發光晶體（礦物「石頭」）來加強其防禦能力：

水石、尖石……石頭、石頭……領導者奈格爾增加了力量。
保護他的大門……他抬起對著天國的眼睛，深深挖掘能賦予生命的東西……在房子裡，他餵食物給他們。

隨著金字塔的防禦力增強，尼努爾塔採用另一種策略。他呼籲烏圖（沙馬氏）透過改變基礎設施附近的「水流」，來切斷金字塔的供水。在這裡，文獻過於殘缺不全，以致不能閱讀相關的詳情，但這個戰術顯然達到了它的目的。

那些被圍困的神，也被切斷了食物和水的供給，擠在最後的據點裡，竭力避開尼努爾塔的攻擊。直到那時，儘管戰鬥很殘酷，但沒有任何一個主要的神傷亡。但現在，年輕神荷魯斯偽裝成公羊，試圖偷偷逃出大金字塔。他被尼努爾塔的光輝武器襲擊而失去了視力。然後，一位老神哀求寧呼爾薩格（她因醫療奇蹟而著名），來拯救年輕神的生命：

當時，致命的光亮到來，房子的平臺承接住這位神。
對寧呼爾薩格強烈地呼喊：「……這武器……我的後代，受死亡的詛咒……。」

其他蘇美文獻稱這個年輕神是「不知道自己父親的後代」，這是一個適合荷魯斯的說法，他出生於父親去世之後。在埃及傳說《拉姆傳奇》（*Legend of the Ram*）中，當一位神向荷魯斯「點火」後，他的眼睛受傷了。

戰爭的尾聲

當時，為了回應「強烈的呼喊」，寧呼爾薩格決定進行干預，以停止這場戰鬥。《盧加爾力》文獻的第九塊泥版以寧呼爾薩格的聲明開頭，她對恩利爾一族的指揮官說，她的兒子尼努爾塔，是「恩利爾的兒子……妹妹兼老婆所生的合法繼承人。」在暴露內情的詩句中，她宣布了她將越過戰線以停止雙方敵對行動的決定：

致繩子測量開始的地方：
在那裡，阿薩爾用眼睛向阿努示意。
我將前往。我將切斷繩子，為了交戰的眾神。

她的目的地「繩子測量開始的地方」，就是大金字塔！

起初，尼努爾塔震驚於寧呼爾薩格的決定：「單獨進入敵軍的陣地」。但自從寧呼爾薩格打定主意後，尼努爾塔向她提供「讓她不會害怕（光束所留下的輻射？）的衣服」。當她接近金字塔時，她對恩基說話：「她對他喊……她懇求他。」泥版的破碎，導致雙方交流的訊息遺失了，但恩基同意將金字塔交給她：

房子像個土堆，我曾經將它向上堆砌——其女主人可能是您。

然而，有一個條件：在「決定命運的時刻」到來時，投降需要徹底解決衝突。寧呼爾薩格承諾會將恩基的條件轉達給恩利爾。

隨後的事件都記錄在《盧加爾力》史詩和其他零散的文獻中。但最驚人的描述，出現在命名為《我歌唱眾神母親之歌》（*I Sing the Song of the Mother of the Gods*）的文獻中。這份文獻保存了很多資訊，因為它在整個古代近東被多次複製。文獻首次在德爾米（P. Dhorme）的《神的主權》（*La Souveraine des Dieux*）的研究報告中被報導出來。這是一個富有詩意的讚揚寧瑪赫（偉大的女士）的文獻，在雙方的戰線中，她的角色是瑪米（眾神之母）。

這首詩以呼籲「武裝的同志和戰鬥人員」傾聽為開頭，簡要介紹了戰爭及其參與者：幾乎涉及了全球性範圍。一方是「寧瑪赫的初生兒」（尼努爾塔）和阿達德，後來辛神加入了，再後來加入的是伊南娜（伊師塔）；對立方是奈格爾，被稱為「強大、崇高」的神——拉（馬杜克）；以及「兩個偉大之家的神」（吉薩的兩個大金字塔），也就是那位曾試圖用山羊皮偽裝逃跑的神——荷魯斯。

寧呼爾薩格聲稱她受到阿努的批准，接受了恩基向恩利爾的投降。當阿達德在場時，她會見了他（那時尼努爾塔留在戰場上）。「啊，聽我的祈禱！」她在解釋想法時，懇求這兩個神。阿達德最初堅持：

阿達德站在那裡，對這個母親說：「我們期待著勝利。敵軍正遭到打擊。顫抖的土地，令他無法承受。」

阿達德說，如果她想停止敵對行動，就要把討論建立在恩利爾一族即將勝利的基礎上：

「起來，去告訴敵人。讓他參加討論，那麼這次的襲擊就會撤回。」

恩利爾用更加有力的語言，支持這樣的建議：

在眾神的大會上，恩利爾開了口，他說：「既然阿努在山區聚集眾神，是為了阻止戰爭，帶來和平，還派出眾神的母親並懇求我，讓眾神的母親成為使者。」

在談到他的妹妹時，他用和解的口氣說：

「去吧，安撫我的兄弟！幫助他去生活。從封鎖他的門口，放他出來！」

寧呼爾薩格按照建議，「去接他的兄弟，把她的祈禱放在神的面前」，並告訴恩基，「他以及他兒子的安全是有保證的：「她透過星星給出訊息。」

正當恩基猶豫時，她溫柔地對他說：「來吧，讓我帶你出去。」恩基照做了，他把手伸過去給了她……。

她引導他和其他大金字塔的守護者，前往她的住所哈爾薩格。尼努爾塔及其戰士們看著恩基一族離去。

堅不可摧的龐大建築孤獨地聳立著，沉默不語。

金字塔裡的神祕石頭

如今，大金字塔的訪客發現，其通道和廳房裸露空蕩，看上去，複雜的內部結構顯得毫無目的，其壁龕和角落也看不出有什麼意義。

從人們首次進入金字塔起，它就一直是如此。但可以肯定的是，在尼努爾塔進入時，它並不是這樣的。根據我們的計算，大約是在西元前八六七〇年。蘇美文獻中提到，尼努爾塔進入後，其維護者放棄了這個「輻射的地方」。他進入後的所作所為，不僅從內到外改變了大金字塔，而且還影響了人類事件的進程。

當尼努爾塔第一次進入「像山一樣的家」，他一定想知道自己會在裡面發現什麼。恩基（普塔）構思的、拉（馬杜克）計畫的、蓋布建造的、圖特配置的、奈格爾捍衛的：這個太空站為何如此神祕？其堅不可摧的防禦能力有什麼祕密？

正如稱讚寧呼爾薩格的文獻描述的，在光滑且看似堅固的金字塔北面，一個受到對角石塊保護的石頭，會旋轉並打開入口。一條直直的下降通道通往較低的服務廳房，尼努爾塔可以在那裡看到維護者在尋找地下水時所挖的井。但他關注的焦點在上層通道和廳房：在那裡，神奇的「石頭」被陳列著，它們像是礦物和晶體，一些世俗的，一些天上的，一些他從來沒有看過的樣式。會發光發熱的震動從那裡發射出來，用以指導太空人，以及用輻射保護這個結構。

在首席礦物大師的陪同下，尼努爾塔檢驗了一系列的「石頭」和文書。他停在每一顆石頭面前並決定它們的命運：搗毀破壞，被帶走當作展覽品，或安裝為其他用途。我們知道這些「命運」，因為從史詩《盧加爾力》的第十至十三塊泥版中，可以見到尼努爾塔所駐足的石頭的順序：其神祕的目的，以及金字塔內部結構的許多特徵和功能，最終可以被理解。

走上上升通道，尼努爾塔到達莊嚴的大走廊和水平通道的交界處。尼努爾塔首先透過水平通道，到達一個拱形屋頂的大廳。這個廳的軸線正處於金字塔東西方的中心線上，因此在關於寧呼爾薩格的詩中被稱為「陰門」。它的發射物（像獅子那樣無人敢攻擊的傾盆大雨）來自嵌於東側牆壁龕中的石頭（見圖49）。這是偽裝的（命運）石頭。尼努爾塔「在黑暗中看見」紅色的光芒，那是金字塔正在搏動的心臟。但尼努爾塔非常討厭它，因為在戰鬥中，當他在空中時，這石頭的「強大能量」用於「抓住並要殺死我，它跟蹤我並差點抓住我」。他下令「退出……分開……並消滅摧毀」。

尼努爾塔回到通道的交叉口，在大走廊裡四處張望（參見第一五九頁的圖45）。和整個金字塔的精妙複雜一樣，這個大走廊看上去美極了，而且帶有一種十分獨特的景象。與那些

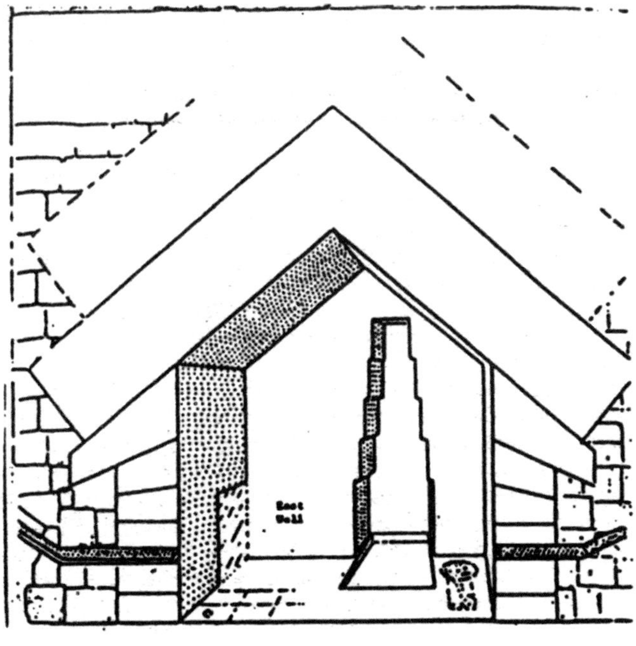

圖49：東側牆壁龕中的石頭

又低又窄的通道比起來，它由七個重疊的臺階逐漸抬高（大約二十八英尺），每往前一個臺階，牆壁就越靠近。天花板也做成向巨大牆壁傾斜的斜面，這樣就不會給下面的部分造成很大的壓力。那些狹窄的通道裡只有「一盞昏暗的綠燈發出光線」，但在大走廊裡卻閃耀著各式各樣的彩燈——「它的拱頂像一道彩虹，黑暗在那裡失去了蹤跡」。二十七對不同形狀的水晶石折射出各種顏色的光。這些水晶石沿著大走廊的兩側平均分散開來（見圖50a）。這些閃閃發光的石頭，被放置在大走廊兩側與其等長的坡道上，精確切刻而成的洞穴裡。每顆水晶石被牢固地安放在牆壁中精巧的壁龕裡（見圖50b），折射出不同的光輝，使整個大走廊有了彩虹的效果。尼努爾塔一路上來經過它們的時候，最關注的就是最上面的大廳房及它那正在搏動的石頭。

在大走廊的上面，尼努爾塔來到一個大臺階，它由一條低矮的通道引向設計獨特的前廳（參見第一六〇頁的圖46）。那裡有三座吊門——蘇美人詩中的「門閂、門插和鎖」——被精巧地安裝在牆和地板的接縫處，將最上面的大廳房緊緊地封堵起來：「對敵人，它們永遠不會打開；只有對那些活著的人，它們才會開啟。」但現在，只要拉拉某些繩索，吊門就升起來了。尼努爾塔穿了過去。

他現在到了金字塔裡最受管制的（最神聖的）大廳房。從這裡開始，像嚮導一樣的「網」（雷達）「四處延伸」以「全面視察天國和地球」。這一靈巧的機制被放在一顆中空的石頭裡。這顆石頭被準確地置於金字塔的南北軸線上，並用鐘一樣洪亮的回聲應和著各種振動。整個嚮導部分的核心是下坡道（GUG，決定方向的）石。下坡道石所發出的光，被大廳上面五個凹陷的隔間放大增強後，透過兩條傾斜的路徑向外面和上面發射出去，直接通向金字塔的北面和南面。尼努爾塔命令旁人毀掉這顆石頭：「在決定命運的尼努爾塔命令下，下坡道石就在那天從洞穴中被挖出來，並被打碎了。」

為了確保沒有人能夠再用石頭恢復金字塔「決定方向」的功能，尼努爾塔移動了那三道吊門。

他首先處理的是混合（SU，縱向的）石和卡舒爾拉（KA.SHUR.RA，打開的、美妙純潔的）石。然後，這個英雄走向凹陷的粗鐵石（位於前方的堅固石頭）。他使出吃奶的力氣，「把它從其洞穴中搖晃出來，砍斷了拉著它的繩索，然後把它放到地上。」

然後輪到大走廊裡的礦石和安放在坡道上的水晶石。尼努爾塔一邊往下走，一邊停在每一顆

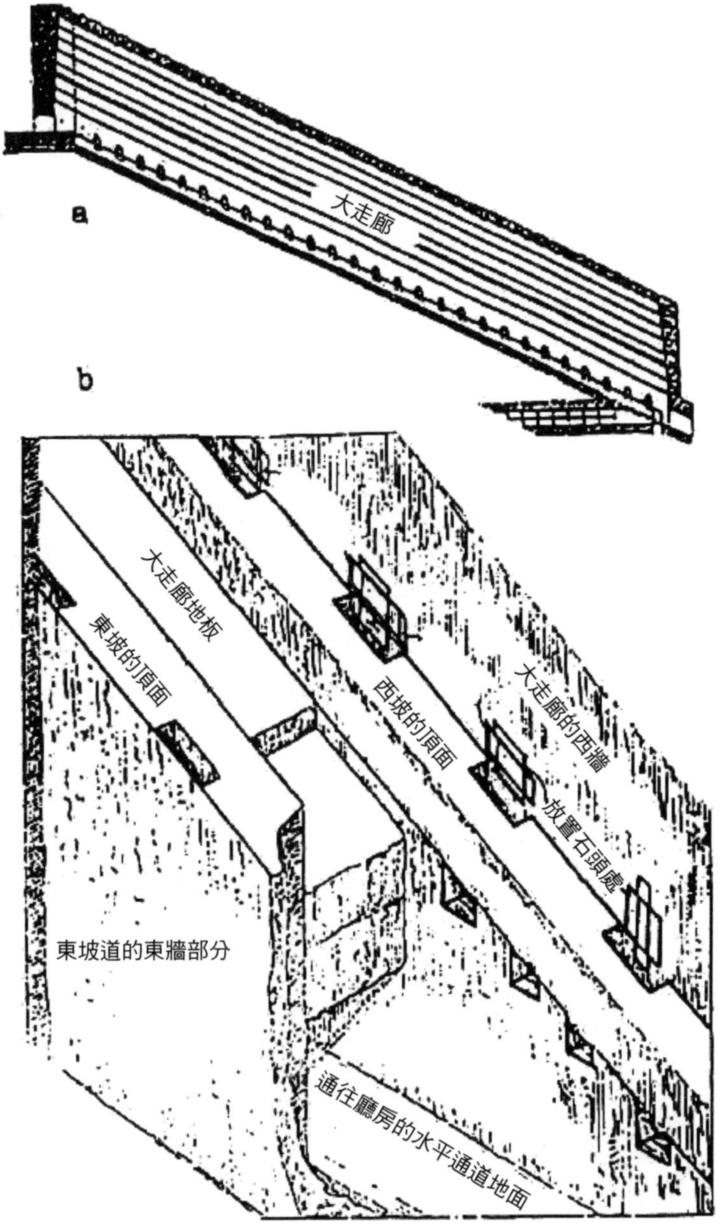

圖50a：大走廊的兩邊的水晶石
圖50b：水晶石被放在牆壁的壁龕裡

石頭前面，宣讀它的命運。如果不是記載著文字的泥版上有裂痕，我們就會知道二十七對水晶石的全部名字，因為只有二十二對的名字是可以辨認的。它們其中有些被尼努爾塔粉碎了或者壓成細粉；其他能夠用在新任務指揮中心的石頭，則給了沙馬氏；剩下的被美索不達米亞人搶去，放在尼普爾的尼努爾塔神廟裡，以及其他能夠證明恩利爾一族大勝恩基後代神的地方。

尼努爾塔宣布，他正在做的這一切，不僅是為了他自己，也是為了子孫後代：「讓我們對你的擔心（也就是大金字塔），在我的子孫中去除，讓他們永遠和平。」

最後是金字塔的尖石，上下（UL，高如天空）石：「讓母親的後代不再看到它。」他命令道。而且，隨著石頭被摔下，他喊道：「讓每顆石頭都疏遠它自己。」被尼努爾塔「詛咒」的「石頭」，從此不再存在。

在所有事情都已經完成後，尼努爾塔的同伴勸他離開戰場，返回家園。現在，回到你家，你的妻子和兒子在那裡等待著你：「在你最愛的城市，在尼普爾的住所，願你的心得到休息……願你的心得到滿足。」

第二次金字塔大戰已經結束，但其激烈程度和功勳，以及尼努爾塔在吉薩金字塔的最後勝利，在之後的史詩和歌曲中被長期銘記，此外，在圓筒印章的卓越繪圖上，也顯示了戴著勝利花環的尼努爾塔的神鳥，在兩個偉大的金字塔上凱旋上升（見圖51）。

而大金字塔本身，光禿裸露且沒有尖石，已經被當成其維護者失敗的沉默見證。

圖51：戴有勝利花環的尼努爾塔的神鳥

9・地球上的和平

金字塔戰爭是如何結束的呢？

它們如同歷史上的其他大戰那樣結束：一場議和協議；參戰方的集會，如同維也納會議（一八一四至一八一五年），在拿破崙戰爭之後重新畫出歐洲地圖，或巴黎協定，用凡爾賽和約結束了第一次世界大戰（一九一四至一九一八年）。

第一個跡象是，交戰中的阿努納奇在一萬年前用相同的習俗召開了會議，這件事記錄在被喬治・巴頓發現的一塊破泥碑上的文獻中。這份文獻是阿卡德語版本，是對較早期的蘇美版本的阿卡德詮釋；喬治・巴頓指出，這塊泥碑是被統治者那拉姆－辛於西元前二千三百年左右放置的，當時亞甲國王正忙著重修位於尼普爾的恩利爾神廟的平臺。巴頓對比美索不達米亞的文獻，以及差不多同一時期的埃及法老們記錄下來的文獻，他指出，埃及文獻「圍繞著國王，並執著於他進入眾神隊伍後的命運」，而另一方面，美索不達米亞的文獻「關心著它（文明）自身與眾神的交流」；它的主題並非國王自己的強烈訴求，而是眾神自己的各種事務。

眾神的和平議約

雖然這部文獻已有損毀，尤其是開頭部分，但很清楚的是，領頭的眾神在一場偉大而痛苦的戰爭之後聚集在一起。我們發現，他們在西奈半島哈爾薩格的寧呼爾薩格住所舉行了集會，而寧呼爾薩格在會議裡擔任和平締造者的角色。然而，文獻作者並沒有給她一個真正的中立要人的身分：他不斷地給她冠以Tsir（蛇）這個稱號，暗指她是埃及和恩基集團的女神，並表現出一種較為明顯的不敬。

這段文字開頭的內容，正如我們所說的那樣，簡短地描述了戰爭的最後一個階段，以及導致防禦者們「高聲尖叫」的、被包圍的金字塔內部情況，是這些情況導致了寧呼爾薩格進行干涉的決心。

我們從接下來的古代編年史中得知，寧呼爾薩格首先帶著她的停戰與和平議會的想法，來到恩利爾的營地。

恩利爾一族對寧呼爾薩格的大膽倡議的第一個反應，是指責她給予「惡魔」援助和安慰。寧呼爾薩格否認這項指控：「我的家是純潔的。」她回答。不過，到目前為止，我們還不清楚其身分的一位神諷刺地質疑她說：「難道崇高且最明亮的房子——大金字塔，也是『純潔』的？」

「這我不能說。」寧呼爾薩格回答：「吉比爾是因軍事而輝煌。」

經過一開始的指責，以及對一些已消失的痛苦做解釋後，他們舉行了一個象徵寬恕的儀式。這是在底格里斯河和幼發拉底河這兩個水域內舉行的洗禮儀式，象徵著寧呼爾薩格在美索不達米亞再次受歡迎。恩利爾用他的「發亮權杖」和「她沒有被推翻的權力」來觸及她。

阿達德的反對是針對和平會議，而不是無條件投降，這正如我們在前一章所報導的那樣。但後來恩利爾同意了，並對她說：「去吧，安撫我的兄弟。」我們已經在另一份文獻裡閱讀到寧呼爾薩格是如何越過戰線去安排停火。寧呼爾薩格帶著恩基和他的兒子，到她在哈爾薩格的居住處。恩利爾一族已經在那裡等待著。

寧呼爾薩格宣布她是代表「偉大的主阿努……阿努的仲裁者」之後，就舉行了她自己的象徵儀式。她分別為以下聚集的眾神點燃了七堆火：恩基和他的兩個兒子；恩利爾和他的三個兒子尼努爾塔、阿達德和辛。當每點燃一堆火時，她都說出一個咒語：「將熱烈的禮儀給尼普爾的恩利爾……給尼努爾塔……給阿達德……給來自阿普蘇的恩基……給來自麥什拉姆的奈格爾。」被黃昏照射的地方是閃亮的：「因為陽光是最光亮的女神。」

然後寧呼爾薩格呼籲智慧的眾神，讚美和平的美德：「偉大是智慧神的成果，偉大神聖的河流將會到來……它將使流經的地方像上帝的花園。」那裡有豐富的植物和動物，小麥和其他穀物，葡萄和水果，對「三倍增長的人類」為神種植、建設及服務帶來好處，一切將遵循和平，然後由她概述。

在寧呼爾薩格完成和平神諭後，恩利爾第一個發言：「從地球表面解除的是痛苦。」恩利爾對恩基宣布：「偉大的武器已被高舉。」他同意讓恩基收回他在蘇美的居住處：「伊丁（E.DIN）應為你的神聖之家。」周圍有足夠的土地可以為神廟結出碩果，也有田地可以播種。

尼努爾塔聽到後，表示反對。「恩利爾的王子」喊道：「不要讓他來！」

寧呼爾薩格再次發言。她提醒尼努爾塔，他是如何辛苦——「不分白天和黑夜地努力」——才讓土地上的耕種和放牧牲畜成為可能，他如何「建立基礎、填補大地、築建堤壩」。但後來痛苦的戰爭摧毀了「所有的這一切」，「生命的主，果實的上帝」，她對他呼籲著：「讓我們採取雙重措施，重新製造大量的啤酒和豐富的羊毛！」

尼努爾塔被她的請求征服，做出讓步：「啊，我的母親，讓我們開始曾經的輝煌。我不會停止生產麵粉……王國的花園將得到恢復……為了結束痛苦，我真誠地祈禱。」

現在，和平談判終於可以著手進行了。在《我歌唱眾神母親之歌》文獻裡，兩方交戰眾神之間前所未有的交會。首先對聚集的阿努納奇演說的是恩基：

恩基對恩利爾表示讚美：「啊，誰是最重要的兄弟。天空之牛掌握著人類的命運：我的土地廣闊而荒涼，由於你的攻擊，所有的住房都裝滿了悲傷。」

第一個議程是關於停止在地球上的反和平活動，恩利爾欣然答應，但條件是必須結束領地方面的爭端，恩基一族必須交出原屬於恩利爾一族及閃族人民的領地。

恩基同意永遠放棄這些領土：

「我會承認你在眾神禁區的統治者地位；我會把光輝之地交託到你的手中！」

對於放棄禁區（西奈半島的太空站）和光輝之地（任務指揮中心的地點，未來的耶路撒冷），恩基提出堅定的條件。他同意給予恩利爾及其後代永恆的權利做為回報，但恩利爾必須承認恩基及其後代在吉薩的主權。

恩利爾同意了恩基的提議，但條件是，如果今後恩基及其後代將大金字塔用於戰爭，他的兒子們應該被禁止統治吉薩或整個下層埃及。

恩基在考慮條件後同意了，並在那裡宣布他的決定。他說，吉薩和埃及的主，將是他的一個年幼的兒子，而這個兒子將會支持恩基和寧呼爾薩格所生的女神。「他所任命的王子，還有王子那與Tsir（寧呼爾薩格）同居的耀眼妻子被帶到前面。這個強壯王子就像一頭完全成年的野生山羊，被命令去守衛生命之地。」然後，他賦予這位年輕神一個崇高的稱號：寧吉什西達（NIN.GISH.ZI.DA，意思是生命之神的主宰）。

到底誰是寧吉什西達？學者找到有關他的少量且令人困惑的資訊。在美索不達米亞文中，提到他與恩基、杜姆茲和寧呼爾薩格有關係；在偉大的眾神名單裡，他是被包括在非洲眾神裡的，他的下面是奈格爾和厄里斯奇格。蘇美人描繪的他，是與恩基徽章上的纏繞蛇和埃及的十字標誌在一起（見圖52a、52b）。然而，他們看好寧吉什西達。尼努爾塔友好地邀請他去蘇美。一些文獻顯示，他的母親是厄里斯奇格，恩利爾的孫女。我們的結論就是，他確實是恩基的一個兒子，在恩基和厄里斯奇格的風雨交歡中來到了世界。因此，雙方都承認他是金字塔的祕密的守護者。

阿克·蕭柏格（Ake W. Sjoberg）和貝格曼（E. Bergmann）認為，在由西元前三千年阿卡德王國薩貢的女兒所編的《蘇美神廟讚美詩彙編》（The Collection of the Sumerian Temple Hymns）中，這些讚美詩高度讚揚了寧吉什西達的金字塔，並且確認了他在埃及的地位：

在歷久不衰的地方，光線充足的山脈，它以一種巧妙的方式而建立。
它那黑暗的暗房令人敬畏；它位於監督區域。
它的方式沒有人可以徹底瞭解。
在盾的土地上，你的基礎像細網那樣密集……
到了晚上，你面對天空，你的古老測量是卓越的。
你的內心知道，烏圖會在什麼地方升起，其寬度的衡量是影響深遠的。
你的王子是一個伸出其純潔之手的王子，他美麗、密集的頭髮垂到了背部，
主寧吉什西達。

a　b

圖52a：與纏繞蛇同在的寧吉什西達
圖52b：與埃及的十字標誌同在的寧吉什西達

讚美詩的結論詩句中，兩次重述了此獨特結構的地位：「盾的土地」。這與美索不達米亞的阿卡德人為埃及的命名相當：在另一個由蕭柏格重製和翻譯的讚美詩中，「眾神的獵鷹」寧吉什西達，被當成一個埃及神的象徵，普遍應用在埃及文獻裡，但在蘇美文獻裡只發現一次，而且是指稱征服金字塔的尼努爾塔。

埃及人將什麼稱之為恩基（普塔）的兒子？他們的「測量地球的繩索之神」是圖特。他是（與「魔法師的故事」相關）被任命為吉薩金字塔的祕密的守護者之一。根據曼涅托的記載，他是取代了埃及寶座上的荷魯斯的圖特。這發生在大約西元前八六七〇年，正好是第二次金字塔戰爭已經結束的時候。

既然解決了他們之間的爭端，大阿努納奇轉向處理人類的事務。

從古老的文字紀錄中可以清楚瞭解到，這一場和平會議不僅處理停止敵對活動和制定具有約束力的領土界限，它也為即將由人類解決的土地問題創立了方法！我們閱讀到，恩基「在對手恩利爾立足於這些城市之前，它們就被分配給恩基了」；反過來，恩利爾「在他的對手恩基立足於蘇美之前，恩利爾就遺棄這片土地了」。

我們可以設想兩個兄弟在面對彼此時，恩基一如既往地更關注於人類與其命運這兩方面。恩基在處理了阿努納奇自身之間的糾紛後，轉向關注人類的未來。由於大洪水為農業和家畜帶來了嚴重的後果，現在是尋找並提前做出計畫的機會，他把握住這個機會。在古老的文字記載裡，描述了這種自主行為。恩基「在恩利爾前面」的地上，畫出在他的土地上建立人類定居點的計畫；恩利爾則透過在「恩基面前」畫出恢復大洪之前美索不達米亞南部（蘇美）城市的計畫做出回應，以表示同意。

如果大洪水之前的古老城市美索不達米亞將被恢復，恩基有一個條件：他和他的兒子要被獲准能夠自由出入美索不達米亞。並且，埃利都這個地方將會歸還給他，這是他建立第一個地球站的神聖之地。恩利爾接受了條件，說：「在我的土地上，允許你擁有永久的居留權。從即日起，我會意識到你的存在，餐桌上會為你擺滿美味餐食。」恩利爾希望這份熱情的款待會得到回報，因為恩基將有助於為美索不達米亞帶來繁榮：「向土地上傾入豐富的資源，每年增加它的財富。」

既然所有問題都已經解決，恩基和他的兒子便離開了他們的非洲領地。

恩利爾的繼承人

在恩基和他的兒子離開後，恩利爾和他的兒子開始設想新舊領土的未來。由喬治．巴頓所報導的第一個紀事，提到重申尼努爾塔的地位在恩利爾之後，但優於他的兄弟。恩利爾讓尼努爾塔掌管以前的土地。在西北，阿達德的領土被延伸到了包括在巴勒貝克的登陸點。關於領土的爭論點是，我們所稱的大迦南地，是從南部埃及的邊界到北部阿達德的邊境，包括現代的敘利亞，都被歸為在月神娜娜及其後代的保護之下。為此，「一項法令成立了」，所有恩利爾一族為此而聚餐慶祝。

在《我歌唱眾神母親之歌》文獻中，可以找到關於這些最終會議的更生動版本。我們了解到，在那個關鍵時刻，法定繼承人尼努爾塔（Ninurta，恩利爾與同父異母姊妹所生的兒子）與娜娜（恩利爾與正式配寧利爾所生的長子）之間的對抗，已經全面展開了。我們也知道，恩利爾仔細地考慮了娜娜的特質：「長子……擁有優美的面貌，完美四肢，無與倫比的智慧。」恩利爾「愛他」是因為娜娜給了他兩個重要的孫子，即雙胞胎烏圖（沙馬氏）和伊南娜（伊師塔）。恩利爾把娜娜稱為「蘇恩」（SU.EN，意思是多重的主），這是一個可愛的稱號，而娜娜的阿卡德／閃族語名稱「辛」（Sin）就是源自這個詞。儘管恩利爾喜愛娜娜，但事實上尼努爾塔是法定繼承人。他是「恩利爾一族最重要的戰士」，帶領恩利爾一族取得了勝利。

正當恩利爾在辛和尼努爾塔之間舉棋不定時。辛得到了妻子寧加爾（Ningal）的幫助，她求情於恩利爾及其妻子（也是辛的母親）寧利爾：

為了得到任命，他讓寧加爾邀請寧利爾來幫助處理。她也請求父親做出有利的決定。恩利爾權衡她的話……她在母親的面前請求……她說：（對寧利爾）「還記得小時候。」這位母親迅速擁抱他……她對恩利爾說：「按照你的心願。」……

在這些會影響眾神和人類幾千年命運的深遠決定中，女性配偶發揮了決定性的作用嗎？我們讀到了寧加爾幫助她的丈夫，還有寧利爾努力說服舉棋不定的恩利爾。但隨後進入的另一個偉大女神和她的話語，贏得了意想不到的決定……

由於寧利爾努力勸說恩利爾「隨你的心」，而非想法，那是他喜歡第一個孩子的程度超過法定繼承人的想法。「尼努爾塔張開他的嘴說……」他後面的反對話語被損害得不成詩文，但隨著故事的進展，我們瞭解到，寧呼爾薩格將天平偏向她的兒子尼努爾塔：

她哭了並感嘆自己的兄弟，她激動得像一個孕婦一樣，說：「在伊庫爾，我召喚我的兄弟，我召喚那個使我懷孕的兄弟！」

但寧呼爾薩格懇求的措詞是不當的，她的要求聽起來像是求助於恩基。恩利爾憤怒地對她大喊：「你呼喚的那個兄弟是誰？這個兄弟使你的嬰兒出生？」他做出了偏袒於辛的決定。從那時起，一直到今天，太空站的土地一直被稱為辛的土地——西奈半島。

恩利爾在他的最後行動中，任命辛的兒子擔任任務指揮中心的指揮官：

他召集沙馬氏，寧利爾的孫子。他親自帶著他，在蘇尼姆（Shulim）任命他。

耶路撒冷（烏爾—蘇尼姆，意思是蘇尼姆之城），被交給沙馬氏去指揮。它的名稱「蘇尼姆」是指「四個區域的最高地方」，而蘇美徽章「四個區域」（見圖53a），可能是被稱為大衛之星的猶太教徽章的前身（見圖53b）。

後洪水時代的任務指揮中心耶路撒冷，取代了大洪水前的尼普爾，還獲得尼普爾以前的稱號：地球的肚臍——神聖網的中心點，這使得往來於地球和尼比魯星球成為可能。

他們仿效大洪水前在尼普爾的方案，將該地點選在「地球的肚臍」——摩利亞山，它位於登陸走廊的中間線（見下頁圖54）。它到巴勒貝克的登陸平臺和太空站的距離是相等的。

登陸走廊的兩個航標與任務指揮中心必須是等距離的，但在這裡，有必要在原來的計畫上做出改變，因為以往人造的「像山一樣的房子」——大金字塔——被尼努爾塔拿掉晶體和設備後，已經變得毫無用處。解決的辦法是重新建造。在西北走廊線，而不是吉薩北部，一個新的燈塔城市將會被建立。埃及人稱之為阿努之城，其象形符號描述了它做為一個高坡塔（見圖55）像箭頭似地指著天空。幾千年後，希臘人叫這個地方

圖53a：「四個區域」的蘇美徽章
圖53b：猶太教徽章「大衛之星」

圖55：阿努之城的象形符號

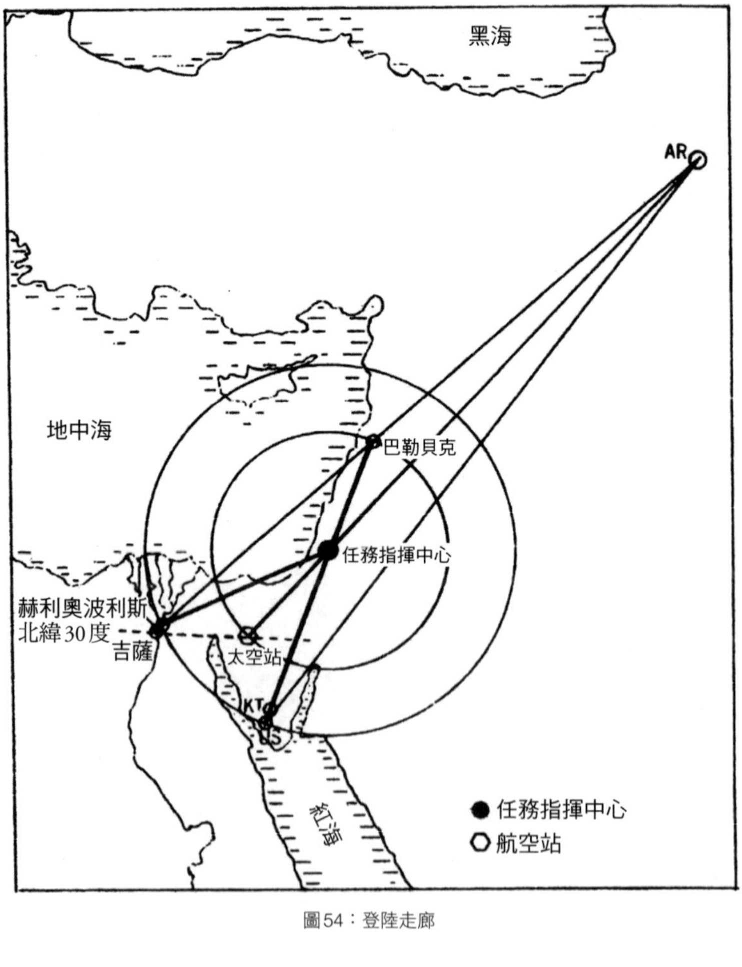

圖54：登陸走廊

為赫利奧波利斯（太陽城），這個相同的名稱被應用於巴勒貝克。這兩者都是與沙馬氏有關的早期名字：「像太陽一樣光明的人」的翻譯。事實上，巴勒貝克在《聖經》裡被稱為伯示麥（Beth-Shemesh）、沙馬氏之家，在希臘則叫赫利奧波利斯。

位於吉薩的登陸走廊西北錨的燈塔，需要轉移至赫利奧波利斯，東南錨也需要轉移。為了保持摩利亞山到兩個錨點的距離相等，他們找到一座略低於聖凱薩琳山，但仍位在精確的走廊線上的一座山，並用來進行任務。它就是所謂的烏姆—舒瑪律山（在我們的地圖上是蘇美的母親山峰）。在蘇美人的地理列表中，稱這兩座位於提爾蒙的毗鄰山峰為卡哈沙吉（KA HARSAG，意思是通向頂點）和哈沙吉札拉札拉吉（HARSAG ZALA.ZALAG，意思是釋放輝煌的山頂）。

令人困惑的耶利哥文明

位於提爾蒙和迦南的太空站設施，其建設、管理和運作都需要新的補給路線和保護前哨。通向提爾蒙的海線，因為在紅海東海岸建立了一個港口城市（「提爾蒙城」，而非「提爾蒙地」）而得到改善。伊爾托爾（el-Tor）這個港口城市可能仍然存在。我們認為，它也導致了世界上最古老的城市耶利哥的建立，以獻給辛（希伯來語的 Yeriho），和他在天上的象徵——月球。

耶利哥時代是一個不斷讓學者感到困惑的謎。學者將人類的進步（由近東傳播而來）劃分為中石器時代，它見證了大約西元前一萬一千年農業和動物馴養的引進；三千六百年後的新石器時代，帶來了村莊和陶器；然後，再過了三千六百年，大約在八千五百年前的某個時候，出現了蘇美的城市文明（也就是耶利哥）：當人類還沒有學會進入鄉村生活的時候，一個城市便突然被建立了……

人們對耶利哥的困惑，不僅與它的年代有關，還有考古學家在那裡發現的東西：以石頭為基礎建造的房屋，門上配備了木製側柱，牆上仔細地塗滿了紅色、粉紅色和其他顏色，有時甚至還有壁畫。整潔的壁爐和臉盆沉嵌在白色石膏地板裡，地板上有圖案裝飾。在地板的下面有時會埋葬死者：至少發現了十個頭骨，其中填滿了石膏以重現死者的特點（見圖56）。所有的觀點皆認為，他們呈現出來的特點比同一時期的一般地中海居民更先進及優越。所有這一切，都受到圍繞著城鎮的大量圍牆所保護（在約書亞前幾千年）。詹姆斯・梅拉爾特（James Mellaart）在《近東的早期文明》（*Earliest Civilizations of the Near East*）中指出，在中東的一條近三十英尺寬和七英尺深的溝裡，不用借助鎬和鋤頭就可以挖出石頭。這是一個「爆發式發展……壯觀的發展，其根源，」梅拉爾特說：「我們仍不知道。」

因為圓形糧倉證據的發現，使得史前的耶利哥之謎變得更為複雜：其中一些糧倉仍有部分矗立著。在極為炎熱的死海附近，在海平面以下八百二十五英尺處，一個不適合耕種的荒涼地方，有證據顯示，這裡曾持續供應著充足的小麥和大麥。是誰在如此早的時期建立了這種先進的城市，誰會到這樣的地方生活，又是誰把它建成一個堅固的倉庫城市？

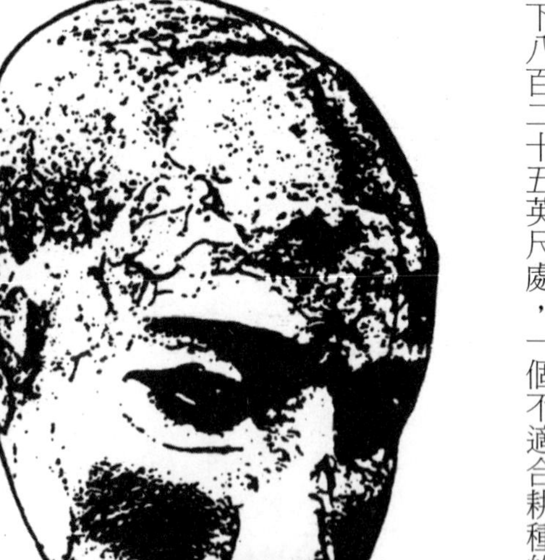

圖56：填滿石膏以重現死者特點的頭骨

在我們看來，解決這個謎的要點在於年表中的「神」，而不是人類。事實是，第一個令人難以置信的城市的建立，是與耶利哥（從大約西元前八千五百年到七千年）完全相同的時期。根據曼涅托的記載，其中包括了統治埃及的圖特（從西元前八千六百七十至七千一百年）。正如我們在美索不達米亞文獻中所看到的，他的即位是在和平會議之後。埃及文獻說，他的即位，被斷言為「代表阿努的決定性因素，尾隨在戰爭之夜後面」，是在他幫助「打敗暴風」（阿達德）和「旋風」（尼努爾塔），然後「協調兩個戰鬥者和睦相處」之後。

圖特統治埃及的期間，是眾神之間的和平時期。這是阿努納奇建造及保護新太空設施的定居時期。

經過紅海通往埃及和提爾蒙的海線，必須由陸路通道延伸，以便連接美索不達米亞與任務指揮中心和太空站。從遠古時期以來，這條陸路通道是由幼發拉底河，到位於巴厘克河（Balikh River）地區的哈蘭（Harran）的主要中途站。遊客可以在那裡選擇隨著地中海沿岸繼續南下（這條道路後來被羅馬人稱為「經由馬里斯」〔Via Maris〕，意思是海之路），或沿同樣著名的國王公路（King's Highway），進入東面的約旦。前者是前往埃及的最短路線，後者可能經過埃拉特海灣、紅海、阿拉伯和非洲，還可以進入西奈半島，它也可以經由幾個合適的過境點，通往約旦的西側。這是非洲黃金被帶到埃及的路線。

其中最重要的，可以直接通向耶路撒冷任務指揮中心的路線，是在耶利哥的過境點。以色列人可以在那裡越過約旦進入應許之地。我們認為，幾千年前，阿努納奇為了守衛過境點和為旅客的後續旅程提供食物，而在那裡建立了城鎮。直到人類將耶利哥當作家園之前，它都是眾神的一個前哨站。

是不是阿努納奇只在約旦的西側設立了定居點，離開更重要的東邊，不保護國王公路所經之處？我們有更合乎情理的理由，來解釋定居點為何存在於約旦東部的對面。儘管這樣的地方在考古界以外鮮為人知，但它確實已經被發現，甚至所發現的東西比在耶利哥發現的更令人吃驚。

考古新發現

在一九二九年，由梵蒂岡主教聖經學院組成的考古團，第一次在使人困惑的地方發掘出令人震驚的文物。由艾歷克西斯·馬倫（Alexis Mallon）帶領的考古學家，對於在該處發現的高度文明感到驚訝。即使在最古老的居住房間裡（大約七千五百年前）也鋪有地磚，這是由石器時代末延伸到青銅器時代的時期，考古學家驚訝地發現了文明階段的印痕。

這個地方是以在該處發現的，一個稱為特爾佳蘇爾（Tell Ghassul）的小山命名的，現在尚不清楚其古老的名字。借助許多衛星定點，它清楚地控制著重要的交叉點和通往那裡的道路。現在仍然可以沿著這條路通向過境點，現在這條路叫艾倫比橋（Allenby Bridge，見圖57）。當考古學家們開始挖掘其文物時，特爾佳蘇爾的戰略位置引起了他們的注意：「從山丘頂上俯視，是有趣的全方位觀察：約旦在西方，像有一條暗線串連起來；在西北方，有耶利哥的小丘；此外還有包括伯特利（Beth-El）和耶路撒冷橄欖山的猶大山脈。伯利恆（Bethlehem）被伊爾芒塔山（el-Muntar）遮蓋了，但可以看到提哥亞（Tekoah）的高度和希伯倫的周圍；往北三十英里是沒被遮蓋的區域；在東方，人們可以看到莫阿布山（Moab）和尼波山（Nebo）的前部；在南方，「越過死海海面，人們可以看到鹽山和所多瑪山。」

在特爾佳蘇爾發現的主要文物，屬於西元前四千年到大約西元前二千年，它被高度先進的移居者占領的這段期間（當時這個地方突然被遺棄）。史前古器物和灌溉系統，比當時在這個地區所盛行的標準要高得多，這使得考古學家確信，這些移居者來自美索不達米亞。

由三座小丘共同形成了大丘，有兩座似乎被用作住所，一座被當作工作區。後者被細分幾個矩形區段，其中有經常成對的圓形「坑」。他們不是為了準備食物而精心設置這個。這些圓形坑

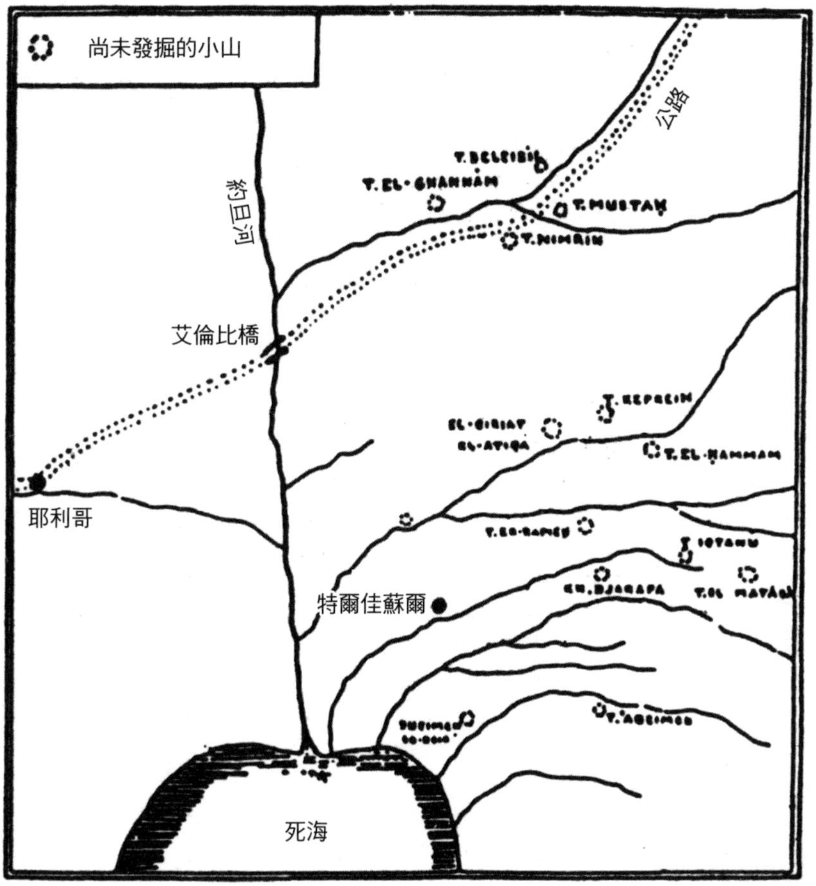
尚未發掘的小山
公路
約旦河
T. EL-GHANNAM
T. MUSTAH
T. NIMRIN
艾倫比橋
T. EL-HAMMAM
耶利哥
特爾佳蘇爾
死海

圖57：艾倫比橋

不僅成對，數量也多（為什麼在一間室內要六個或八個?），而且其中有一些是圓柱形且深入地下，將它們與神祕的「灰燼層」結合起來（見圖58）；他們在一些可燃材料的殘骸上面，覆蓋細沙和普通的土壤，形成了這些「灰燼層」的層層基礎。

從表面上看，地面布滿了鵝卵石，它們因為外力而破碎且變黑了。在這些文物中，發現了一個由黏土燒製而成的小圓形物體（見圖59），它是使用一些未知技術而被精確塑造出來的。

考古學家在住宅區的發現更深化了這個謎。有些矩形房屋的圍牆，彷彿突然遭受到地面上的衝擊而倒塌了；會如此判定的理由是，牆壁的上半部分全都是整齊地向內倒塌。

正因為牆壁是如此整齊地倒塌，讓考古學家有可能將那些繪製在牆壁上的、令人吃驚的壁畫拼湊起來。舉個例子，創作在牆上的一個籠形網格物體展現了三度空間幻覺。在一間房屋內，每面牆上都畫了一些場景；在另一個凹進的窗內，也是如此設計的，它使得居住者在斜倚時，可以看到對面牆上的完整壁畫。它描繪了一排人，前兩個坐在王位上，面向（或問候）另一個人，這個人顯然剛走出一個發光的物體。

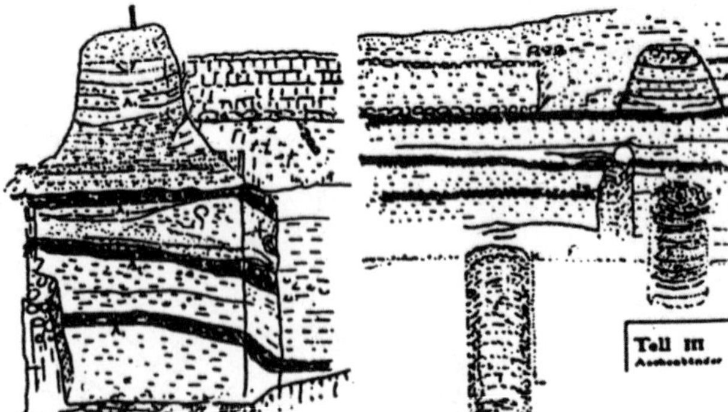

圖58：神祕的「灰燼層」

圖59：黏土燒製的小圓形物體

根據一九三一年至一九三二年，以及一九三二至一九三三年發現這些壁畫的考古學家的推斷，這個發光的物體可能類似於畫在另一座建築內很不尋常的發光「星星」。這是在一個較大的八角形「星星」裡又有一個八角形「星星」，最後射出八條光線（見圖60）。這個精確的設計，採用了各種幾何形狀，藝術性地處理了黑色、紅色、白色、灰色，以及它們的組合色。對這些塗料進行的化學分析顯示，它們不是天然物質，而是十二種至十八種礦物質的複雜化合物。

壁畫的發現者認為，八條光線的「星星」有一些「宗教意義」。他指出，八角形星星代表著金星，是伊師塔天體的象徵。然而，沒有任何證據顯示，在特爾佳蘇爾和其他地方的異常發現屬於宗教崇拜，因為沒有「禮拜對象」、神的小塑像等。我們認為，這暗示了占據這裡的不是信徒，而那些被崇拜的對象：是阿努納奇「眾神」的古物。

圖60：八角形星星壁畫

事實上，我們在華盛頓遇到了一個類似的設計，它出現在國家地理學會總部的大堂裡：鑲嵌在地板的羅盤，指著位於地球上的四個角落及其中間點（東部、東北、北部、西北、西部、西南、南部、東南）。正是因此，我們相信，那些古代畫家清楚這些地方與地球的四個地區有關。

那個發光的「星星」沒有神聖意義，這已經被它周圍不敬的塗鴉進一步證實了。在這些厚壁建築物上，描繪了鰭魚類、鳥類、翅膀、船舶，甚至（有些認為是）海龍（左上邊角落）。這些塗鴉有黃色和棕色，以及各種已經提到的顏色。

特別令人感興趣的是其中的兩個形狀：一雙突出的大「眼睛」。在其他房屋的牆壁上，畫了此圖像的更大且更詳細版本。這些物體被描繪成球形或橢圓形，其上部塗有黑色和白色。該中心由兩個大「眼睛」占據，完美的黑色圓圈在白色圓圈內。紅色的底部有兩個（或四個）支撐物，在這些機械腿之間，有一個球根狀的精妙裝置從其主體中伸出來（見圖61）。

這些物體是什麼？它們是近東文獻中的「龍捲風」（包括在《舊約》裡），或是阿努納奇的「飛碟」？這些壁畫、圓形坑、灰燼層、散落物、黑卵石，從這個地方已經揭露的和許多還沒有揭露的，可以預測，特爾佳蘇爾是阿努納奇巡邏飛行器的要塞和補給站。

特爾佳蘇爾／耶利哥的過境點，在幾個《聖經》事件中發揮了重要且神奇的作用。有個事實可能增強了梵蒂岡對該地點的興趣。先知以利亞來到事先約定的地點（在特爾佳蘇爾嗎？），「忽有火車火馬……以利亞就乘旋風升天去了。」（《列王記下》2：11）他被高高舉起，過河到了東岸。正是在這個領域內，大批的猶太人從埃及移民到這裡。摩西「從摩押平原（作者注：也就是特爾佳蘇爾）登尼波山，上了那與耶利哥相對的毘斯迦山頂。耶和華把基列全地直到但，拿弗他利全地，以法蓮、瑪拿西的地，猶大全地直到西海，南地和棕樹城耶利哥的平原，直到瑣珥，都指給他看。」（《申命記》34：1－3）。這個描述涵括了考古學家站在特爾佳蘇爾最高處所能看到的一切。

圖61：神祕的大「眼睛」物體

在約書亞的領導下，在神聖的方舟及其中物品的影響下，約旦河水神奇地回流到這個交叉點。那時，「約書亞靠近耶利哥的時候，舉目觀看，不料，有一個人手裡有拔出來的刀，對面站立。約書亞到他那裡，問他說：『你是幫助我們呢，是幫助我們敵人呢？』他回答說：『不是的，我來是要作耶和華軍隊的元帥』。約書亞就俯伏在地下拜，說：『我主有什麼話吩咐僕人』。耶和華軍隊的元帥對約書亞說『把你腳上的鞋脫下來，因為你所站的地方是聖的』。」（《約書亞記》5：13—15）

然後耶和華軍隊的元帥向他透露了主征服耶利哥的計畫。他說，不要嘗試用武力猛攻城牆。相反的，要帶著耶和華的約櫃繞城七次。在第七天，祭司吹響了羊角，百姓呼喊，因為「耶和華已經把城交給你們了！」而耶利哥城「和其中所有的都要在耶和華面前毀滅」。

雅各也在夜間穿越約旦河的這個交叉點，在他從哈蘭返回迦南的途中，遇到「一人」，還有兩人摔角直到黎明：後來雅各意識到他的對手是一位神：「雅各便給那地方起名叫毘努伊勒（Peni-El，神之面），意思說：我面對面見了神，我的性命仍得保全。」（《創世記》32：30）

事實上，《舊約》裡明確指出了，早期阿努納奇的定居點是通向西奈半島和耶路撒冷的重要途徑。希伯倫這個城市守衛著耶路撒冷和西奈半島之間的航線，「希伯崙從前名叫基列亞巴（Kiryat Arba，意為「亞巴的保壘」）；亞巴是亞衲族（Anakim）中最尊大的人。於是國中太平，沒有爭戰了。」（《約書亞》14：15）我們進一步說，亞衲族的子孫，在以色列人征服迦南時仍留在該地區。《聖經》中還提到了許多位於約旦東面的亞衲族居住點。

誰是這些亞衲族？這個詞常常被譯為「巨人」，正如《聖經》裡的譯詞「納菲力姆」。但我們已經可以肯定，納菲力姆（那些從天而降的人）是《舊約》中提到的「火箭太空船中的人民」。

我們認為，亞衲族不是別人，正是阿努納奇。

每隔三千六百年的時代變化

到目前為止，沒有人特別關注曼涅托所分配的，在圖特王朝中「半神」統治了三千六百五十年。但我們發現這個數字非常重要，因為這與阿努納奇所來自的尼比魯星球運行的三千六百年軌道，相差了五十年。

我們一直相信，人類從石器時代進步到蘇美高度文明時代，間隔了三千六百年，大約是西元前一萬一千年、西元前七千四百年和西元前三千八百年，此事並非偶然。在這期間，好像每一次都有「一隻神祕的手」幫助人從衰退中走出來，並帶領他們進入一個更高層次的文化、知識和文明水準。我們在《第十二個天體》上寫道：「我們認為，每個事例復發的時間，與阿努納奇可以往返於地球和尼比魯星球的時間一致。」

這些進展從美索不達米亞人的核心，傳遍到整個古代世界和埃及的「小神時代」（神和人結合的後代），大約從西元前七千一百年到西元前三千四百五十年。曼涅托所劃分的每個時代，毫無疑問都與埃及的新石器時代相吻合。

我們可以假設，在這些間隔裡，每一次大阿努納奇都討論了關於人類的命運和眾神的關係的「七條法令」。我們可以確定，這個協議不是突然產生的，否則無法解釋高度發展的蘇美文明，因為蘇美人已經為我們留下了這些討論的紀錄！

在重建蘇美時，首先要進行的是其區域內的那些舊城市，它們不再是眾神的專屬城市，因為人類現在已經獲准可以進入這些城市的中心，到屬於眾神的周圍領域、果園和家畜圈，並且可以以有效的方式服務眾神：不僅是廚師和麵包師、工匠和衣商，還可以擔任牧師、音樂家、專業演員和神廟妓女。

首先要重建的是埃利都。這是恩基在地球上的第一個居住處，再次被永久性地賜給他。這也是他最初的聖地（見圖62），那個早期時代的建築裡有一個罕見的例子，是當時修建並擴大的一座宏偉廟宇伊恩格拉（E.EN.GUR.ra，意思是房子的主的返回就是勝利），裡面裝飾了來自下層世界的金、銀和貴重金屬，並且受到「天空之牛」保護。為了恩利爾和寧利爾，尼普爾被重建。他們修建了新的伊庫爾（見圖63），這一次它不只是設置成任務指揮中心，還有可怕的武

圖62：恩基最初的聖地埃利都

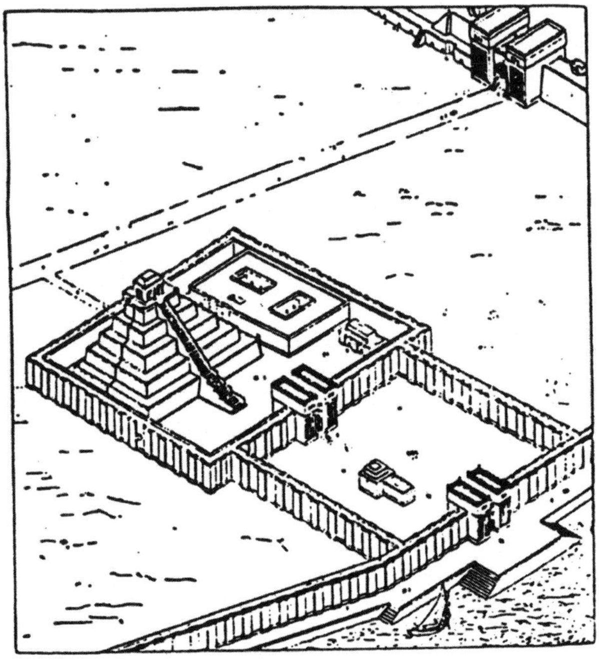

圖63：新的伊庫爾

器：「可以掃描土地的抬升眼」和「抬升電波」，這些設備能夠穿透一切物體。在他們神聖的領域裡，也安裝了恩利爾的「快速步行鳥」，它的「抓捕能力使人無法逃脫」。

由費爾肯斯坦（A. Falkenstein）編輯和翻譯的蘇美文獻《為埃利都唱讚美歌》（Hymn to Eridu），描述了恩基如何去參加所有偉大的神的集會，這是在阿努訪問地球的時候，其中的一份協議決定了每隔三千六百年眾神和人類在地球上的命運。經過一番慶祝，當「眾神喝了醉人的飲料，即人類準備的酒」之後，便是做莊嚴決定的時候了。「阿努坐在榮耀的寶座上，在他身邊坐著恩利爾，寧呼爾薩格坐在一個有扶手的椅子上」。

阿努按照議程召開會議，並「向阿努納奇如此表示」：

> 來到這兒的偉大眾神，為了集會來到這兒的阿努納奇！我兒子建造了他自己的房屋。對那主恩基，埃利都像他在地球上抬升的山脈；他的房子被建造在一個美麗的地方。這個地方是埃利都，不請自來的人不可以進入……在他的聖殿裡，恩基儲存了從阿普蘇得來的神聖方法。

這將會議帶到了議程上的主要項目：恩利爾抱怨恩基私自保留了從其他神那裡得到的「神聖方法」——有關文明的一百多個方面的知識，僅限於埃利都及其人民的進步（這是一個考古界所證實的事實，埃利都是蘇美最古老的後洪水時代的城市，是蘇美文明的發源地）。當時便決定，恩基必須與其他神分享神聖方法，讓他們也可以建立和重建他們的城市中心：文明屬於整個蘇美。

當會議結束後，地球上的眾神有一個驚喜給天國的訪客：在尼普爾和埃利都中間，他們為了紀念阿努而建立一個神殿，這個居住地被命名為伊安納（E.ANNA），意思是阿努之屋。

阿努和他的配偶安圖在離開地球，返回母星球之前，花了一個晚上造訪他們在塵世的神殿。這是一個以壯觀和環境為特點的建築。當這對神夫妻到達新城鎮——後來被稱為烏魯克（Uruk，《聖經》中的以力），眾神陪同他們參觀了神殿的院子。在準備豐盛的晚餐時，坐在寶座上的阿努，與男神交談著；安圖在女神的陪同下，在神殿中的「金床之屋」裡換了她的衣服。

祭司和其他神殿服務員端上了「葡萄酒和純油」，並屠宰了「一頭公牛和一隻公綿羊獻祭給阿努、安圖和所有的神。」但宴會被延後到天黑，黑到可以看見行星的時候：「木星、金星、水星、土星、火星和月球，它們即將出來的那刻」。就在這時，經過洗淨雙手這一儀式後，晚餐的第一部分被獻了上來：「公牛肉、綿羊肉、家禽……以及黃金啤酒和葡萄酒。」

在晚會進入高潮的時候，一群祭司開始唱讚美詩：「阿努的行星升向天空」，一名祭司走到「神殿塔樓的最高臺階」仰望天空，想要觀看阿努的星球尼比魯的出現。行星在預計的時刻出現在天空中的預定位置。於是祭司們高唱詩的內容：「獻給那個帶來光明的星球，主阿努神聖的行星」和「造物主的形象出現了」。一堆篝火被點燃了，並且像信號一樣從一個觀察哨傳遞到另一個，一個接一個地方的篝火被點燃了。在夜晚結束前，整個大地都在發光。

早上，在神殿的禮拜堂裡舉行了感恩祈禱，隨後安排慶祝活動和儀式，來自天國的訪客準備離去。「阿努離開時，」祭司高喊：「阿努，天國和地球的偉大國王，我們請求你的祝福。」阿努送出他們所要的祝福後，送行的隊伍從「眾神之街」蜿蜒到「阿努輕舟停靠的地方」。這裡聚集了更多的祈禱者，他們在禮拜堂高唱聖歌「創建地球上的生命」。現在是留下來的人為即將離開的這對夫妻祈福的時候，隨後下面的經文被念誦出來：

阿努，願天地保佑你！
願神恩利爾、艾和寧瑪赫保佑你！
願神辛和沙馬氏保佑你……

願神奈格爾和尼努爾塔保佑你……
願在天堂的伊吉吉和在地球上的阿努納奇保佑你！
願阿普蘇的眾神和聖地的眾神保佑你！

然後阿努和安圖起飛，飛向太空。這是他們訪問地球的第十七天，在烏魯克的檔案中發現了這次的行程表。這次重大的訪問就此結束。

這次決定了要為舊城以外的新城市的建立，開闢道路。其中第一個也是最重要的是基什（kish）。它在尼努爾塔的管轄內。「恩利爾的重要之子」，他把它變成蘇美的第一行政首都。為了娜娜（辛）——「恩利爾的長子」，烏爾這個新的城市中心被建立起來了，成為蘇美的經濟心臟。

還有更多的決定是關於新時代人類的進步的，並且與阿努納奇有關。我們讀到的蘇美人文獻，是關於發起蘇美偉大文明的關鍵密會，即「判定命運的大阿努納奇」認為，眾神「對人類來說太崇高」。其所使用的詞——阿卡德文裡的elu，確切的意思是：「崇高的」，它來自於巴比倫語、亞述語、希伯來語和烏加里特語——希臘人用這個詞來意指「神」。

阿努納奇決定有必要給予人類「王權」，做為他們和人類的公民之間的媒介。所有的蘇美人紀錄都證明了，這一重大決定是在阿努來訪時，在偉大眾神的會議上做出的。在一份阿卡德文獻《檉柳和棗椰樹寓言》（*Fable of the Tamarisk and the Datepalm)*）中，描述這次會議發生「在很久以前，在遙遠的時代」：

在諸神的土地上，阿努、恩利爾和恩基，召開了一次大會。恩利爾和眾神商議，其中坐著有沙馬氏，其中坐著有寧瑪赫。

當時「土地上還沒有王權，法規由眾神決定」。但偉大的會議決心改變這一切，並給予人類王權。所有蘇美文獻都同意第一個皇家城市是古實。被恩利爾任命的那個人就是國王，稱為努戈（LU.GAL），意思是英雄。我們發現，在《舊約》裡（《創世記》第十章）有同樣的紀錄：當人類建立起他自己的王國：

古實又生寧錄，他為世上英雄之首……他國的起頭是巴別、以力、亞甲，都在示拿地。（《創世記》10：8—10）

巴別塔事件

雖然《聖經》文獻命名的前三個首都為古實、巴別和以力，但在蘇美國王列表的聲明裡，我們發現，王權是從基什轉到以力，再到烏爾，根本就沒有提及巴比倫（巴別）。我們認為，存在這個明顯差異的原因，是與巴別塔事件有關，但《舊約》中沒有記錄此一事件。我們認為，這個事件一定與馬杜克的堅決主張有關，他認為應該是他自己，而不是月神娜娜，可占有蘇美下次的首都。時間顯然是在重新安置蘇美平原（《聖經》裡的示拿）期間，當時新的城市中心正在建造：

他們往東邊遷移的時候，在示拿地遇見一片平原，就住在那裡。他們彼此商量說：來吧！我們要做磚，把磚燒透了。他們就拿磚當石頭，又拿石漆當灰泥。（《創世記》11：2—3）

造成這個事件的提案，是由一位不具名的煽動者提出的：「來吧！我們要建造一座城和一座

塔，塔頂通天。」（《創世記》11：4）

「耶和華降臨，要看看世人所建造的城和塔。」耶和華對不具名的同仁說：「看哪，他們成為一樣的人民，都是一樣的言語，如今既做起這事來，以後他們所要做的事就沒有不成就的了。」耶和華繼續對他的同仁說道：「我們下去，在那裡變亂他們的口音，使他們的言語彼此不通。」然後耶和華「使他們從那裡分散在全地上；他們就停工，不造那城了」。（《創世記》11：5—8）

這是人類「都是一樣的語言」的最初時期，是蘇美人歷史回憶的一個信條。所有證據都顯示，語言的混亂，伴隨著人類的分散，都是神的蓄意行為。就像《舊約》一樣，西元前三世紀的巴比倫史學家兼祭司貝羅蘇斯（Berossus）也說，「神在人類中引入了多種語言，在那之前人類都講同一種語言。」如同《聖經》故事，貝羅蘇斯將語言的多樣化和人類的分散，與巴別塔事件連結起來：「原本當所有人說同一種語言時，他們之中那些從事建設一座大且崇高的塔的人，可能會爬上天堂。但主派遣了一個旋風，混淆他們的設計，並給予每個部落一種自己的特定語言。」

故事中相符的部分，代表了有一份共同的古老資料存在著，《舊約》和貝羅蘇斯所撰寫的內容，都來自於它。雖然人們普遍認為，這種原始文獻尚未被發現，但事實是，喬治．史密斯在一八七六年的第一本出版物中，報告他在尼尼微的亞述巴尼帕圖書館裡發現了「塔樓故事中支離破碎的一部分」。他得出結論，這個故事最初是寫在兩塊刻版上的，其中一塊已經被他發現（K-3657），上面有六列楔形文字，但他只能拼湊出四列的碎片。這無疑是蘇美人的巴別塔傳說的阿卡德文版；並且很清楚的是，這起事件不是人類發起的，而是由神自己造成的。人類只是爭鬥中的犧牲品。

由喬治．史密斯拼湊，並由波司卡文（W. S. C. Boscawen）在《聖經考古學學會交流》

（*Transactions of the Society of Biblical Archaeology*）中重新翻譯的故事中，以對煽動者身分的確認、線路的損壞為開始，但抹去了這個名字。這個神心中的「思想」是「邪惡的，他邪惡地反對眾神之父（恩利爾）。」為了實現他的邪惡目的，「他誘使巴比倫人民走向罪惡」，包括「在土丘上使大的和小的鬼混在一起。」

罪孽深重的工作受到了「純潔土丘的主」的注意，在已經確認的恩利爾的牛和糧食的故事裡，恩利爾「對著天堂和地球發言……為了收到他真心請求的命令，他向眾神之主阿努，他的父親展現了真心。當時他還向唐克娜展現（他的心？聲音？）。」我們都知道，唐克娜是馬杜克的母親，因此，所有的線索都指向馬杜克是煽動者。但唐克娜支持馬杜克說：「我與我兒子一同上升……」她說。她陳述了「他的數字」——此數字是指階級地位？——後面不完整的話語成為爭論點。

第三列的清晰部分涉及了恩利爾努力說服反叛團體放棄他們的計畫。奴南利爾（Nunamnir，恩利爾）讓自己在旋風中上升，「從天空向地球發言，但他們沒有與他站在同一條陣線。他們猛烈地攻擊他。」當恩利爾「看到這個情況，他回到地球」。但是，即使他出現在特定地方，也沒有造成影響。我們在最後一列裡讀到，「當時他沒有讓眾神停止下來」，他沒有別的選擇，只能訴諸於武力：

> 在黑夜裡，他讓他們的高塔據點徹底結束。在憤怒之中，他還下了一個命令：他決定將他們分散到國外。他命令他們的顧問去製造混亂。……他停止了他們的進程。

古老的美索不達米亞文獻，以痛苦的記憶結束了巴別塔的故事：因為他們「用暴力反抗眾神，他們為巴比倫傷心地哭泣；他們非常傷心地哭泣」。

《聖經》文獻還指定巴別塔（巴比倫的希伯來文）做為事件發生的地方。這個名字有重要的意義，因為在最初的阿卡德語裡，Bab-Ili意味著「眾神之門」，這個地方是眾神進入和離開蘇美的必經之地。

《聖經》故事陳述著，在那裡，肇事者計畫建造「其頂部應達到天堂的塔」。這個詞與金字神塔的真實名字完全相同（七級金字塔），它是古巴比倫的重要象徵（見圖64）：伊沙吉拉（E.SAG.ILA），「崇高屋頂之屋」。

《聖經》與美索不達米亞文獻，毫無疑問是基於原蘇美紀事，所以會提到同一事件：馬杜克企圖阻止王權從基什轉到以力和烏爾，但他失敗了。城市注定是娜娜（辛）及其孩子的權力中心。同時，他也為自己的城市巴比倫，奪取宗主權。

然而，馬杜克因為這個企圖而開始了一連串充滿悲劇的事件。

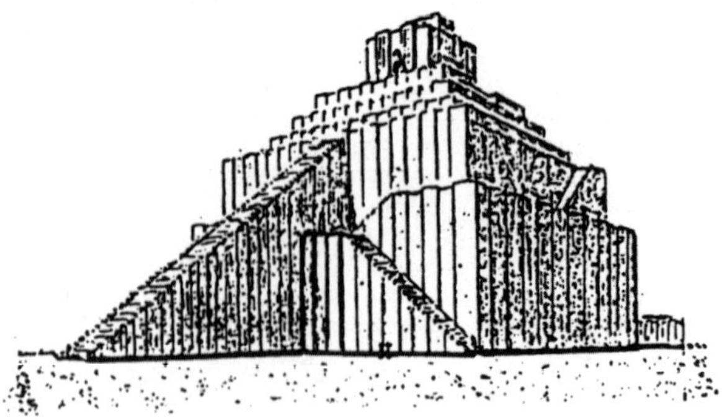

圖64：金字神塔

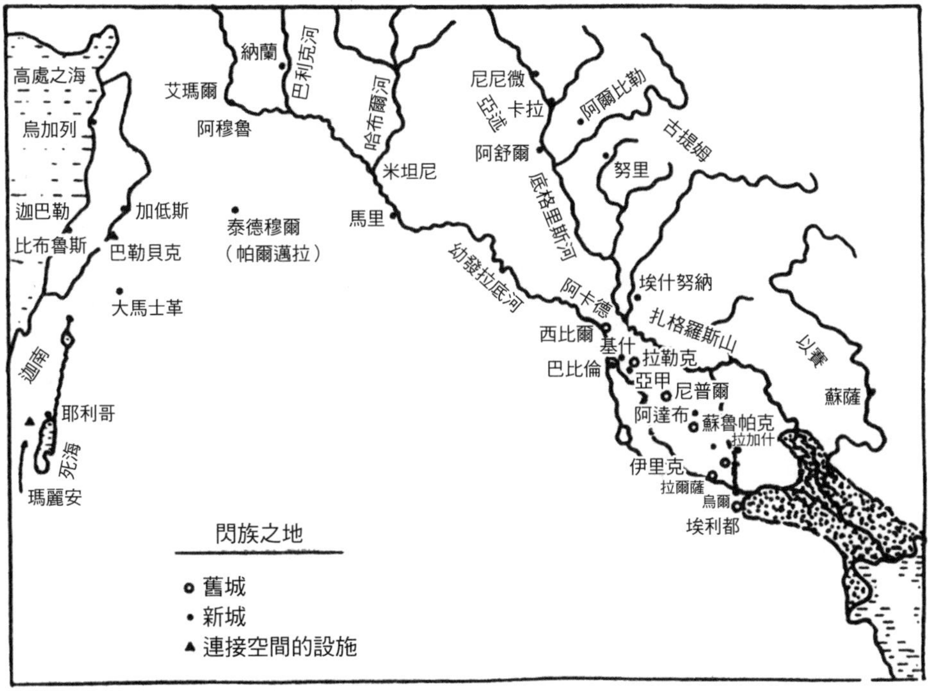
高處之海
烏加列
迦巴勒
比布魯斯
加低斯
巴勒貝克
大馬士革
迦南
耶利哥
死海
瑪麗安
艾瑪爾
納蘭
巴利克河
阿穆魯
哈布爾河
米坦尼
馬里
泰德穆爾
（帕爾邁拉）
幼發拉底河
尼尼微
亞述
卡拉
阿爾比勒
阿舒爾
古提姆
努里
底格里斯河
埃什努納
阿卡德
西比爾
基什
拉勒克
巴比倫
扎格羅斯山
以覽
蘇薩
亞甲
尼普爾
阿達布
蘇魯帕克
拉加什
伊里克
拉爾薩
烏爾
埃利都
閃族之地
舊城
新城
連接空間的設施

10・金字塔裡的囚徒

巴別塔事件引發了一連串悲劇事件，意外地結束了和平。那是人們能回想起來的，地球上最長的和平年代。我們認為，巴別塔事件引發的一連串悲劇事件，與大金字塔及其不解之謎之間有著直接的關聯。為了解開謎團，我們提供了自己關於金字塔這一獨特建築是如何設計、建造，以及如何封口和如何被闖入的理論。

位於吉薩的大金字塔建成以後，有關其建造過程和建造目的的眾多謎團又多了兩個。那些假設金字塔是被建造為皇家陵墓的理論，都露出了破綻。我們認為謎底不在有關法老的傳說中，而在眾神傳說中。

在古代希臘羅馬編年史家有關大金字塔的著作中，援引的許多資料都證實，在他們那個年代，金字塔三角形的巨石入口、下坡道和地底房間就已為人熟知，但人們對於通道、走廊和墓室的整個上部系統卻一無所知。因為上坡道被三塊花崗岩巨石牢牢堵住了，這些巨石前面還擋了一塊三角形石塊來偽裝，以致於走進下坡道的人，都料想不到這兒能連接上部通道（見圖65）。

阿拉伯人探勘金字塔內部構造

在之後的幾個世紀裡，甚至連有關原始入口的瞭解也被人遺忘了。西元八二〇年，在哈里發阿爾・瑪沐恩（Al Mamoon）決心進入金字塔時，他派出的人在石壁上漫無目的地鑽探，鑽出了一個入口，他們聽到金字塔裡面好像有什麼地方落下了一塊石頭。他們朝著聲音的方向鑽，到達了下坡道。落下的石頭正是擋住通往上坡道連接處的三角形石頭，這塊石頭一落下，便露出了擋在那裡的花崗岩石塊，但他們怎麼鑿，花崗岩都紋絲不動，只好鑿開花崗岩周圍砌的石灰石，才發現了上坡道和金字塔上層的內部。據阿拉伯史學家記載，阿爾・瑪沐恩的人一無所獲。

他們清理了上升通道中的碎石（這些石灰石碎片以某種方式滑到了花崗岩石塊那裡）之後，他們爬到上升通道的上端。在爬出這個方形隧道出來後，他們可以站起來，因為此處是上升通道、水平通道與大走廊的交會處（見圖66）。

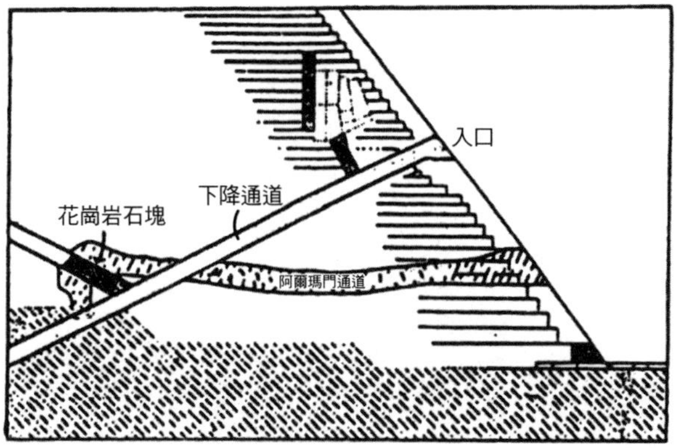

圖65：難以發現的通道入口

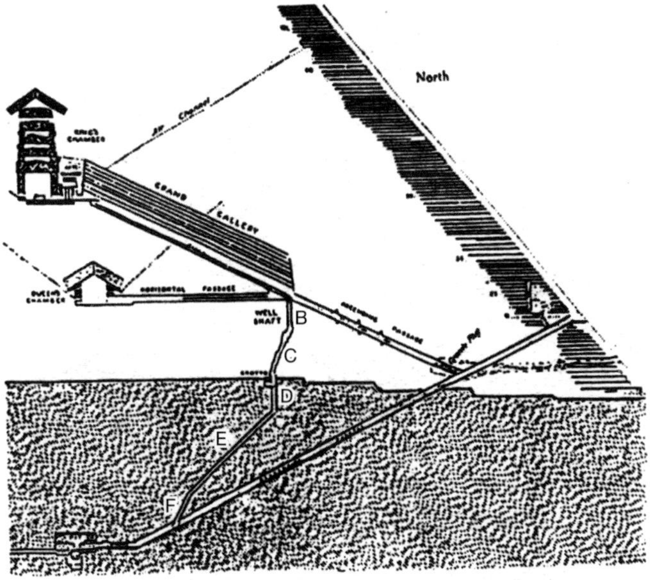

圖66：通往上升通道的交會處

順著水平通道走到盡頭，他們來到一個拱形廳房（後來的探索者稱其為皇后房）；這個廳房和它的神祕壁龕都是光禿無物的（參見第一八三頁的圖49）。他們返回通道的交會處，向上爬進了大走廊（參見第一五九頁的圖45）。原先那些精細切刻的凹槽，現在成了有助於攀爬的小洞和角落，因為有一層白色灰塵覆蓋在大走廊的地面和斜坡上。他們經過了大臺階，大臺階在大走廊上端與前廳的地面齊平；進入前廳後，他們發現擋在前廳前方的吊門不見了（見圖67）。他們繼續爬進上方的拱形廳房（後來稱為國王房）；廳房中除了一個鏤空的石盒（俗稱箱櫃）之外別無他物，但這個箱櫃也是空的。

阿爾．瑪沐恩派出的人回到了三條通道（上升通道、大走廊、水平通道）的連接處，他們發現西面有個洞口，原來在那裡的斜形石頭被移走了（見圖68）。這個洞透過一小段水平通道，通向一個垂直壁，阿拉伯人認為那是一口井。當他們爬下這個「井道」（後來這樣稱呼）時，他們發現這是一條（約二百英尺長）曲折轉彎的井道的上面部分，而它的末端透過一段六英尺長的通道與下降通道相連，這樣一來，金字塔的上層廳房、通道和下降通道就連接起來了（參見上頁的圖66）。有證據證明，在阿爾．瑪沐恩的人沿著井道爬下並打開底部入口前，這個較低的入口被人堵起來了，所以在下降通道的人無法發現這一入口。

阿拉伯人的發現以及後來的調查研究，提出了一大堆難題。上升通道是在什麼時候由誰擋住的？他們為什麼要這麼做？穿過金字塔和石基的曲折井道是誰鑿的？什麼時候鑿的？為什麼？

挖掘通道的工程密室

最早也是持續時間最長的一個理論，以一個答案解答了這兩個疑團。這個理論認為，金字塔是法老古夫（基奧普斯）為自己建造的陵墓，工匠把他的木乃伊放在國王房的箱櫃裡以後，將三

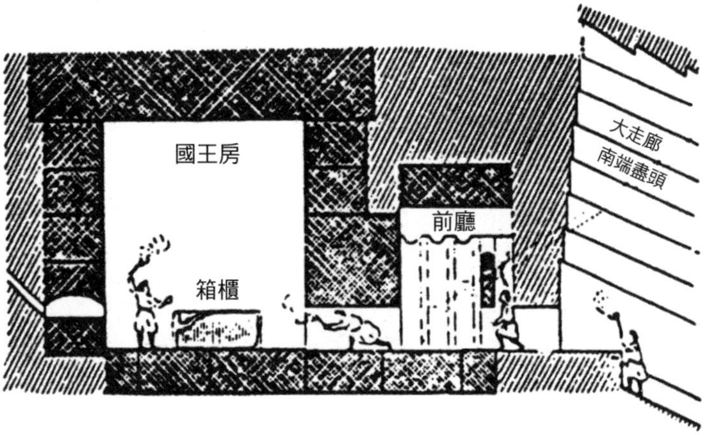

圖67：接待廳

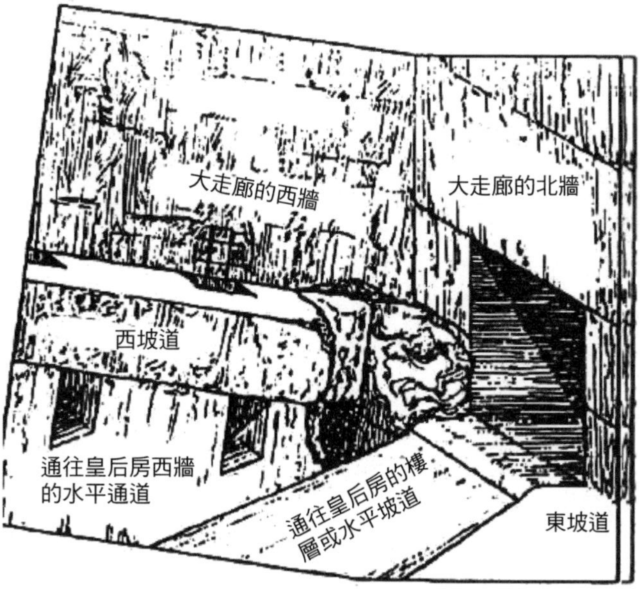

圖68：三條通道的交會處

塊花崗岩巨石從大走廊沿著上升通道反向往下滑，把墓穴密封起來。這樣一來，工匠們就會被封在大走廊裡，但工匠們瞞過了祭司，移開斜坡盡頭的石頭，挖出井道，到達下降通道，從那裡爬到金字塔的出入口，救了自己。

但這個理論經不起嚴密的推敲。因為井道是由七個不同的部分組成（參見第二一七頁的圖66）。它開始於從大走廊通向B垂直段的上部A水平段，再通過扭曲的C段與下部的D垂直段連接。緊接著是又長又直卻非常傾斜的E段，連接往另一個角度傾斜的F段。F段的盡頭，是一段本來想挖成水平但最後有些傾斜的G段，將井道與下降通道連接起來。除了連接通道的A段和G段之外，井道本身（B、C、D、E和F）在南北平面上觀察時，路線有所變化，但東西平面上卻正好與金字塔的通道和廳房平行；從上部A段到G段的直線距離為六英尺。

井道的上面三段穿過金字塔的石灰石砌石的長度大約有六十英尺，而一百五十英尺長的較低段落則是在堅硬的岩石上鑿出來的。那些留下來用花崗岩擋住上升通道的工匠，肯定無法在堅硬的岩石上鑿通井道。而且，如果是從上面挖的話，挖出來的碎石要放在哪裡呢？他們總不能一直挖一直帶著這些碎石吧？井道的總長度大約有二十八英尺，挖出來的碎石足足有一千多立方英尺，都能填滿整個上部通道和廳房了。

這樣顯然講不通，因此一種新的理論出現了，這種理論假設井道是由下向上挖的（碎石透過下降通道運到金字塔外）。但為什麼會這樣呢？答案是：這是一場事故。因為埋葬法老的時候，發生了地震，使金字塔內部的花崗岩石塊太早鬆動。所以不只是工匠，就連皇室成員和高級祭司都被活活關在裡面。金字塔的建造計畫仍在實施，救援隊往上挖掘，到達大走廊，救了這些被困的大人物。

這個理論（以及一個早已被拋棄的關於盜墓者向上挖掘的理論）在其他幾點上，就精確性而言也是站不住腳的。除了C段挖得粗糙不規則，G段的兩個方形壁較粗糙，不完全水平外，井道的其他段落都挖得筆直、精確又平整，每段的內角度都相同。救援工人（或者盜墓者）為什麼要浪費時間把通道挖得這麼精緻完美呢？他們又為什麼要費事地把把邊壁打磨得這麼光滑，使得在井道裡爬起來更困難呢？

既然證據顯示沒有法老被埋葬供奉在大金字塔裡，另一種新的理論便獲得了追隨者。井道是為了檢查地震造成的裂紋而挖鑿的。這一理論的代表人物是約翰·愛德格（John Edgar）和莫頓·愛德格（Morton Edgar）兄弟，他們被一名宗教狂熱者在金字塔裡的石頭上看到的《聖經》預言所鼓舞，進入金字塔，清理、檢查並測量了金字塔裡所有已知的部分並拍了照片。他們斷定，通往井道的短短A水平段和最上面的B垂直段，都是金字塔原有建築的重要部分（見圖69）。他們還發現，較低的D垂直段是用石灰石砌好的，並穿過了石基上的一個洞穴（俗稱石窟，見圖70）；這石窟只有在岩石表面尚未鋪上金字塔的磚石之前才能被如此建造。換言之，這一部分肯定也是金字塔早期原有建築的一部分。

如愛德格兄弟理論所說，當金字塔在基石上開始建造以後，大地震把石基的不少地方都震裂了。為了知道破壞的程度，以便決定金字塔能否繼續建在有裂縫的石基上，建造者便鑿出了岩石通道E段和F段做為檢查井。檢查後，發現破壞狀況不是很嚴重，於是金字塔建造工程繼續進行；但為了方便定期檢查，從下降通道挖了短短的G段（約六英尺）與F段相連，這樣就可以從下面入口進入檢查井了。

儘管愛德格兄弟的理論被所有這類金字塔研究者和一些埃及學學者採用，但他們的理論仍然不能解決疑問。如果較長的E段和F段是臨時檢查井的話，為什麼要耗費時間挖得這麼平整？建造最初的垂直B段和D段的目的是什麼呢？為什麼又要鑿出穿越砌石建築的那些不規則的彎曲C段？它是什麼時候建造的？還有，既然沒有葬禮，為什麼還要用花崗岩石塊來擋？對於這些問題，無論是金字塔研究者還是埃及學學者，都沒能給出令人滿意的答案。

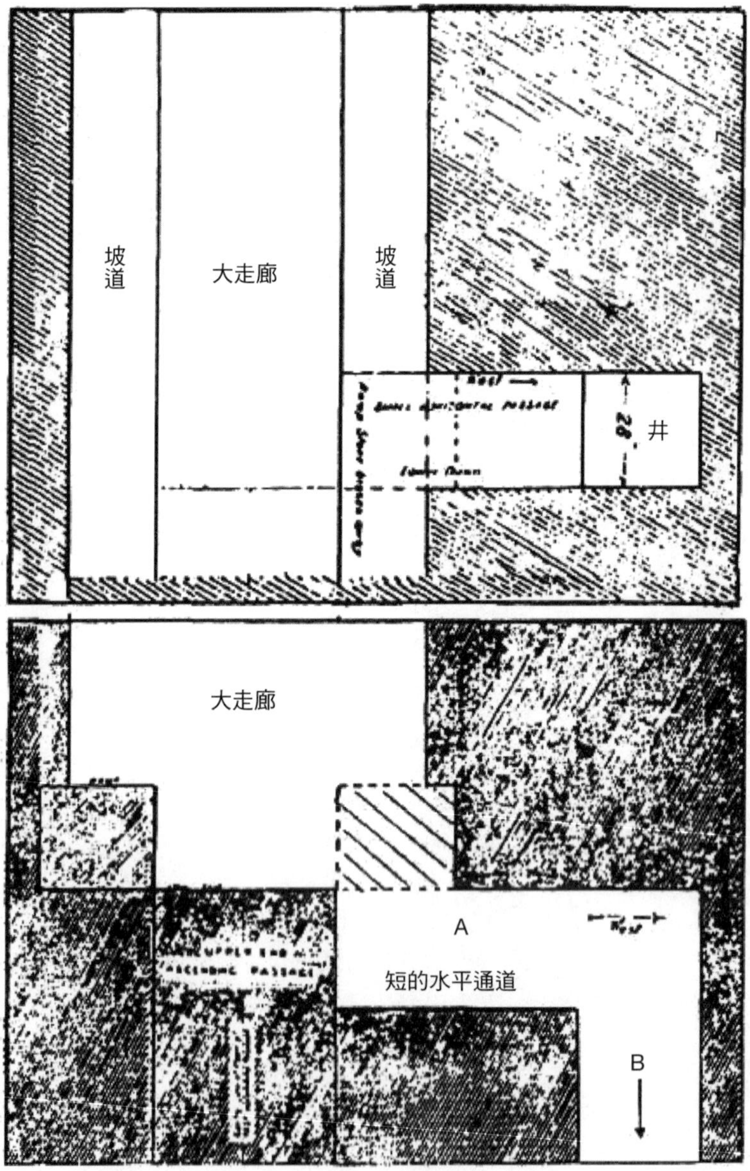

圖69：通往井道的通道

另外兩個小組所進行的艱巨而充滿熱忱的測量和重新測量，則抓住了問題的實質，我們認為，井道的主要部分是由最初的建造者建造的，既不是事後挖掘的，也不是為了應對突發情況，而是事前計畫的結果：井道的特徵為金字塔的建造提供了建築指南。

幾個世紀以來，有很多文章記載了大金字塔不可思議和令人驚歎的幾何比例。然而，因為其他金字塔都只有較低的內部通道和墓室，這些文章的作者都傾向於把整個上層體系看作是後期工程。因此，人們很少注意到上層和下層特徵之間的某種對應性，然而只有上層和下層部分同時規

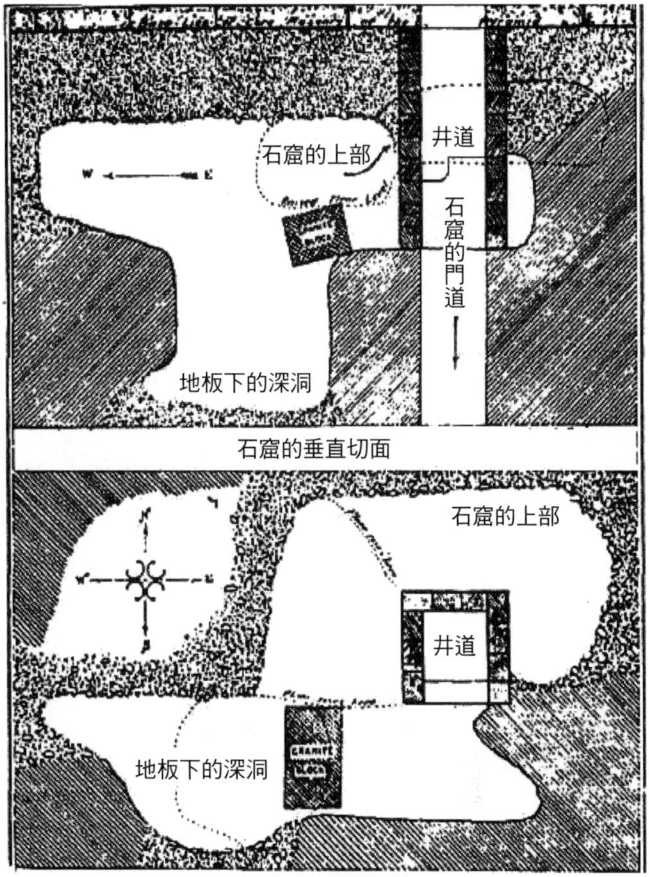

圖70：石窟

畫、同時建造，才能解釋這種對應性。因此，舉例來說，大走廊裡的一處陡然隆起的地面，形成了逐級而上的大臺階U。「皇后房」（Q）的中心軸，短水平通道的壁龕在同一條直線上，都在金字塔的中心線上。而且，上層水平通道上神祕莫測的向下臺階（S）與下降通道的盡頭位置相對應。還有很多這樣令人捉摸不透的對應，我們將在下一張圖中展示。

所有這些對應都只是建築學的奇特巧合嗎？還是精心規畫布局的結果？就如我們即將展示給大家的，這些對應以及其他還不為人知的對應，都源於對金字塔匠心獨運又簡單的規畫。我們也將證明，井道的最初那些通道，不光是建造金字塔的一部分，而且早在金字塔規畫時就已納入其中。

讓我們從井道D段說起，我們認為D段是最早建造的。現在普遍認為，有金字塔矗立於其上的岩石基底，是逐步磨平的。這個岩石基底的最低面（從金字塔外面可以看到）形成了基準線；岩石基底的最高面與石窟在一個平面上；在最高面的地方，可以看到金字塔砌石建築的最低一層（「層數」）。由於D段在這層砌石結構的下面，在其他段（即A、B和C段）建好之前，就要在石窟和基石處鑿出D段。由於通往基石的唯一通道只能從外露面往下挖，而E段是從D段的末端向下傾斜，只有先挖好D段，才能挖E段；接著挖F段，最後挖G段。

也就是說，D段必須在井道其他段建好之前，先穿過石窟和基石，而且必須建得非常精確（參見上頁的圖70）；為什麼D段完全垂直，而且不向上延伸，只有這麼一段？

有一個被忽略的事實是，為什麼E段朝D段傾斜，而且與基準線成四十五度角？如果E段是用來連接通道的話，為什麼不一直延伸到下降通道，而是轉了一個角度，成了F段呢？還有另一個被忽略的特點：為什麼F段與上升通道，成精確的九十度直角？

金字塔的幾何設計圖

若要回答這些問題，我們得問問自己：金字塔的建築師是如何設計完成所有這些對稱的、完美的對應，令人稱奇的幾何？我們給出的答案用一個圖表來表示（見圖71）；這是我們畫出的金字塔內部的平面圖。我們相信，金字塔的建造者們可能也畫過這樣的圖：一個簡單然而匠心獨運的建築方案，用幾條線和三個圓圈達到了令人歎為觀止的對稱、對應和完美！

金字塔的建造，是從金字塔矗立於其上的岩石基底開始的。為了使建築更加穩固，金字塔周圍的岩石被鑿至基準面，位於金字塔中心的石頭則更高，逐級上升。接下來，我們認為，石窟

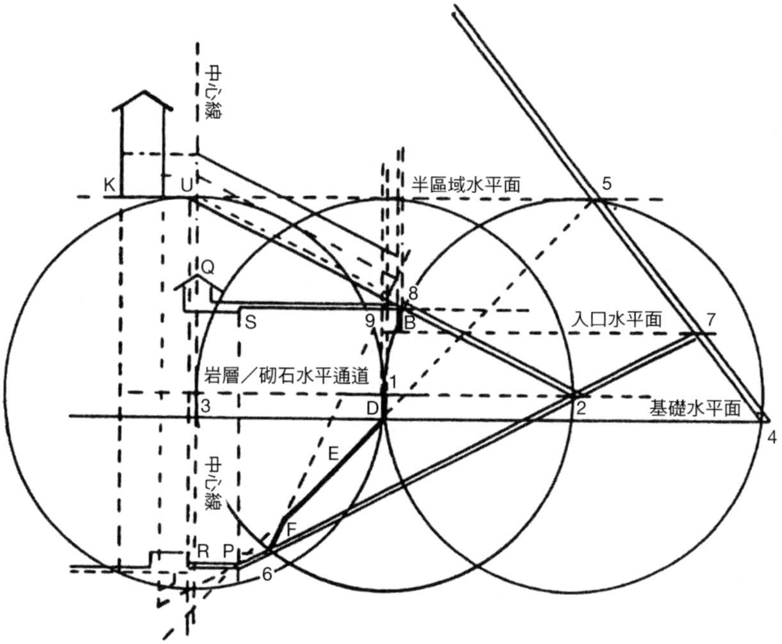

圖71：金字塔幾何設計圖

（是基石的自然凹處或是人工洞穴）被選為結構對稱性的起點。

在這個對稱點上，井道最先打通的D段垂直穿過石窟，部分穿過岩石，部分由石塊砌成（參見第二二三頁的圖70）。D段的高度（見圖71）精確描畫出，從基準面到岩石的盡頭，以及到起自金字塔核心處之砌石的水平距離。

人們早就認識到了圓周率（決定圓周或球體的比例、線性因素和等積方位投影的要素），而它被運用在金字塔的圓周、四邊以及高度的設計中。見圖所示，無論金字塔的外部框架還是其內部的所有構造，都是由這三個等大的圓來決定的。

井道D內的經緯儀設備向上投射出一條關鍵的垂直線，我們隨後會描述這條線的作用。但首先投射出水平岩石／砌石線，三個圓的圓心都在這條線上。第一個點在D點（點1）；在點2和點3，另外兩個互相交錯的圓的圓心和圓，分割了這條線。

金字塔建築師要畫出這些圖，當然要決定合適的半徑。長久以來，大金字塔的研究者一直因為不明白古埃及人使用何種測量工具來達到如此完美的比例而疑惑不解——既不是常見的二十四指腕尺，也不是御用的二八八指腕尺（約五百二十五公釐）。三個多世紀以前，艾薩克·牛頓（Isaac Newton）爵士就推斷，神祕的「聖腕尺」不只用在建造金字塔上，而且還用在挪亞方舟和耶路撒冷神廟的建造上。現在，埃及學學者和金字塔研究者都接受了這一結論。我們的計算結果顯示，我們預想的這三個圓的半徑等於六十聖腕尺；數字六十不是偶然的，而是蘇美人的六十進制數字體系。六十聖腕尺不只在金字塔內部結構的長度和高度的度量上占絕大多數，而且基底的尺寸也多使用這一度量。

選擇了半徑後，畫出三個圓；現在金字塔開始初具形狀：在第二個圓與基準線的分割點（點4）上，金字塔的邊與其成五十二度角——這是個完美的角度，因為只有以這個角度，金字塔才能融合圓周率。

井道E段從D段的底部開始向下挖掘，與D段成精確的四十五度角。經緯儀從E段向上投射，在點5切割第二個圓，形成的斜線就是金字塔的邊，同時也標出了半區域水平面。國王房和前廳（5-U-K線）都在半區域水平面上，而大走廊的盡頭也在半區域水平面上。傾斜的E段向下投射，決定了下降通道末端點P的位置，從P點開始的垂直線，決定了水平通道上向下臺階S的位置。

我們可以看到第三個圓的圓心（點3），標出了金字塔垂直中心線。向上臺階（U）在圓心與半面積線的切割點上，是大走廊的末端，同時也是國王房地面的開端，同時還決定了皇后房（Q）的位置，精確地處於中心線上。點2和點U連起來，就是上升通道和大走廊的地面線。

井道F段從E段的盡頭向下，其投影以直角切割上坡地面線2-U。從其與第一個圓的切割點（點6），畫一條線到點2，一直到金字塔的邊（點7）。這就劃定了上升通道（點2）和金字塔入口。

井道的D、E和F段，以及三個圓，就形成了較為合理的大金字塔最顯著的特點。然而，上升通道結束和大走廊開始的點，還沒有確定出來，同時它也是水平通道通往皇后房的點。我們認為，這也是井道B段開始的地方。還沒有人指出這個事實，那就是井道B段與D段的長度完全相等，這一長度與入口水平面和水平通道水平面之間的距離完全相等。B段在上坡線和圓2（點8）的分割點上。縱向延長線是大走廊地面牆開始的地方；點8和點9（**D段的投影與從點8開始的水平線分割點**）之間的距離，是圖68所繪的大交叉點的位置。

井道B段在點8連接到短短的水平A段，這樣一來，金字塔的建造者才得以在內部建造完成。在金字塔建好以後，這些井道就不再有任何建築學價值或功能了，所以就用合適的楔形斜石頭把這些井道的入口蓋起來（**見圖**72）。

井道D、E和F段也在金字塔的砌石從基石上拔地而起的時候，從視野裡消失了。不是特別平整的G段，可能是用來從G—E—F段中撤走投影經緯儀或者做最後的檢查。最後，在下降通道和井道G段的連接處，用一塊切割好的石塊擋住了入口；下層的井道也從視野裡消失了。

金字塔保存完整，所有井道段落都藏在隱密的地方；我們展示的所有段落裡，只有一個是在金字塔的設計和建造中毫無用處的。

這個例外就是不太規則也沒什麼特徵的C段。在砌石中鑿出的彎曲且凹凸不平的通道，還在石灰石中粗糙地挖出的通道，留下許多破碎和凸出的石頭。神祕的C段是怎麼形成的？建造於何時？為什麼要建造呢？

我們認為，在金字塔建造完成時還沒有這個通道。我們將展示，這個通道是後來馬杜克被囚於大金字塔的時候，倉促鑿出的。

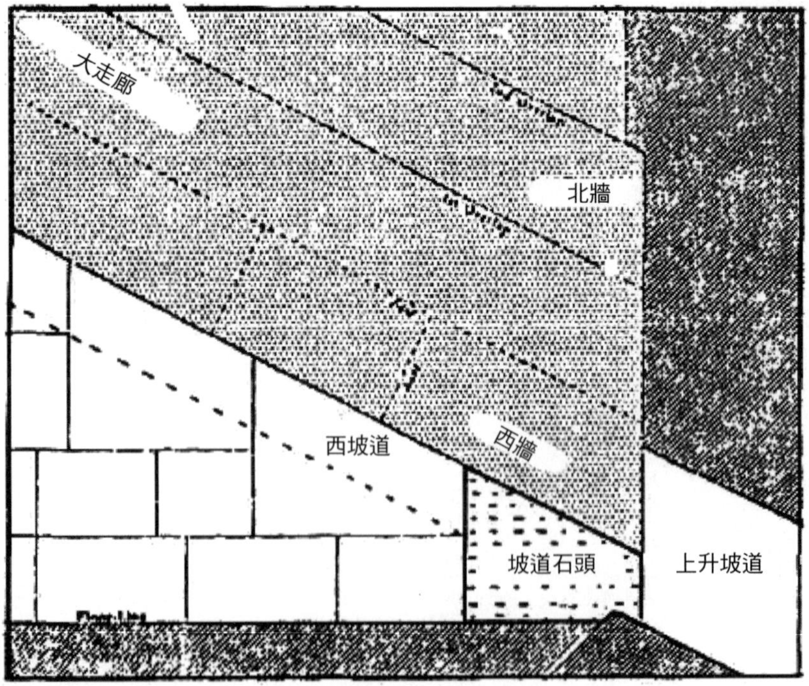

圖72：被封起的井道

古代版羅密歐與茱麗葉

馬杜克被囚禁在「山墓」中，這是毫無疑問的；在被發現的文獻和權威的翻譯中能證實這一點。另一些美索不達米亞文獻則闡明了他的犯罪性質。這些資料讓我們能夠對事件進行合理的重建。

馬杜克被驅逐出巴比倫和美索不達米亞後，返回了埃及。他迅速在赫利奧波利斯建立了自己的地位，並透過在一個特殊的「崇拜中心」中裝設天體紀念品來加強其作用，此後，這座神殿長期以來一直受到埃及人的朝拜。

馬杜克試圖重建在埃及的霸權，但他發現，自從他離開埃及，企圖在美索不達米亞發動政變時開始，事情就已經改變了。我們推斷，雖然圖特不為最高統治權而發起戰爭，奈格爾和吉比爾也遠離了權利中心，但一個新的競爭對手在不經意間出現了：杜姆茲。他是恩基的小兒子，他的統治範圍遠至上埃及，是一股剛湧現的爭奪埃及霸權的力量。

在他野心背後的不是別人，正是他的新娘伊南娜（伊師塔）；另一個原因是馬杜克對這個新娘的懷疑和厭惡。

有關杜姆茲和伊南娜的傳說——杜姆茲是恩基的兒子，伊南娜是恩利爾的孫女——讀起來就像莎士比亞的戲劇中羅密歐與茱麗葉的古老故事，這個故事也以死亡和復仇悲劇收場。

伊南娜（伊師塔）在埃及的第一次亮相，被記錄在艾德芙文獻裡。這份文獻講述的是第一次金字塔戰爭。文獻中把伊南娜稱為亞絲托瑞（Ashtoreth，她的迦南名字），據說她出現在戰場上，面對了荷魯斯強大的進攻力量。她此次不可思議地亮相於埃及的原因，可能是去看她的新郎杜姆茲，因為戰鬥部隊會經過該地。我們從一份蘇美文獻中瞭解到，伊南娜在遙遠的鄉村地區見到了杜姆茲（主人），它講述了杜姆茲盼望著她的到來，並且保證將來在一片外國土地上，為他的新娘打一場戰爭：

這位年輕的小夥子站立等待著；杜姆茲推開了門。她像一縷月光般傾灑在他的身上。他看著她，幸福而高興。他把她抱在懷裡，吻了她，並伸手摟住了她。「你的桌子將會是一個輝煌的桌子。我坐在這張桌子上吃飯……」

當時伊南娜（伊師塔）為她的父母、娜娜（辛）和寧加爾以及她的兄弟烏圖（沙馬氏）祈禱。羅密歐與茱麗葉似的愛情，發生在恩利爾的孫女和恩基的兒子之間。杜姆茲的一些兄弟，很可能包括恩基本人在內，也對這件事情表示了贊同。他們送給伊南娜一塊天青石當作禮物，她非常珍愛這塊藍色調的寶石。他們把這塊寶石上的珠子藏到伊南娜平時最喜歡的一堆水果下面。在臥室裡，她發現了「滿床的黃金與天青石相互映襯，這是吉比爾在奈格爾的住所專門為她打造的」。

隨後，戰爭開始了，兄弟之間互相殘殺。戰爭是在恩基的後代之間進行，沒有人覺得恩利爾的孫女出現在戰場上有什麼不對勁。但在荷魯斯獲勝以後，塞特占領了不屬於他的土地，情況就發生變化了：第二次金字塔戰爭使得恩利爾的兒子和女兒一起對抗恩基的後代。「茱麗葉」不得不和「羅密歐」分離。

戀人在戰爭結束之後團聚，他們完美地進入了婚姻的殿堂。在很長的時間裡，他們都沉浸在幸福和欣喜中——這是無數蘇美愛情詩歌的主題。儘管他們非常相愛，伊南娜還是會在對杜姆茲竊竊私語時挑起話題：

就像你甜蜜的嘴巴是你身體的一部分一樣，他也擁有合格的王侯地位！制服叛逆的國家，增強本國的力量：我會直接統治國家。

還有一次她向他坦白她的遠見：

我有一個關於偉大國家的設想，選擇杜姆茲做為這個國家的神……由於我，杜姆茲這個名字崇高無比，我給予他地位。

儘管這不是一個令人欣喜的聯盟，因為它沒有產生繼承人——卻顯示出神的抱負，也傳遞了想要有男性繼承人的意願。杜姆茲求助他的父親，想要找到一個策略性的方法：他試圖引誘並與自己的妹妹性交。雖然寧呼爾薩格曾經同意過恩基的建議，但杜姆茲的妹妹格西提南娜（Geshtinanna）拒絕了哥哥的要求。杜姆茲在絕望之下，違反了性的禁忌：他強姦了自己的妹妹。

悲慘的故事被學者們編寫在了一塊泥版上（CT.15.28～29）。文字記述了杜姆茲如何與伊南娜分別，此時杜姆茲向伊南娜宣稱，自己是到他的族群所生活的荒漠和平原上去。依照計畫，他約妹妹一同前往，「這首歌裡的妹妹，正坐在那裡」。她以為自己是受邀去野餐。當他們「吃著浸蜂蜜和黃油的純正食物，喝著令人心馳神往的啤酒」，以及「懷著愉快的心情度過這段時間之後，杜姆茲想要採取自己的行動了」。為了讓他的妹妹同意他的想法，杜姆茲讓一隻羔羊和牠的母親交配，然後讓一隻小羊與牠姊姊交配。當動物們上演亂倫的劇碼時，杜姆茲仿效著，觸碰他的妹妹，「但他的妹妹還沒有明白」。當杜姆茲的行為變得越來越明顯時，格西提南娜「尖叫，抗議」，但「他用力壓住她……他的精子流入她的外陰……」「停止！」她喊道：「這是一種恥辱！」但他並沒有停止。

完成他的行為後，「牧羊人，無所畏懼，並且無恥地對他妹妹說話」。根據破碎的泥版，我們知道，他對她解釋，這是一種不幸的迷失。但我們猜測，他——如文獻中記載的一樣，是「無所畏懼、無恥地」——向格西提南娜解釋他的行為的原因。我們從文獻中可以清晰地瞭解他的預謀；文獻還表示，伊南娜也參與了這個預謀：杜姆茲在離開前向她講述了自己的計畫和建議，身為他的配偶，「伊南娜回答了這個計畫，並且給出自己的意見。」

在阿努納奇的道德法典裡，強姦是嚴重的性侵犯。在遠古時代，當第一批太空人登陸地球的時候，恩利爾因為強姦了一名年輕的護士（後來恩利爾與她結婚），在軍事法庭上，他被最高指揮官判決流亡。杜姆茲清楚地知道這一切；他希望妹妹心甘情願與他交往，或為他超越了禁忌的行為，找出一個強制性的理由。伊南娜事先的同意，讓我們想起了《聖經》中亞伯拉罕和妻子撒拉的故事，撒拉將自己的侍女賜給亞伯拉罕，希望他可以得到男性繼承人。

杜姆茲意識到自己犯下了嚴重的罪行，強烈地預感到，他要用聲明來彌補自己的行為，正如蘇美文獻中記述的一樣，「他的心裡充滿了淚水」。文獻以一個自我滿足的夢想形式，講述了杜姆茲怎麼在睡夢中見到他所有的地位和財產，被一隻「高貴的小鳥」和一隻獵鷹一個接一個地奪走，這個噩夢最後以杜姆茲看到自己躺在羊圈中死去而結束。

醒來後，他要妹妹格西提南娜為他講述夢的含義。「我的哥哥，」她說：「對我來說，你的夢不是個好兆頭」，這預言出「強盜將在埋伏中攻擊你……你手上被綁上手銬，你的武器必定被羈絆。」格西提南娜剛結束談話，敵人就出現在山的周圍並抓住了杜姆茲。

被腳鐐手銬捆綁的杜姆茲，向烏圖（沙馬氏）上訴：「啊，烏圖，你是我的姊夫，我是你妹妹的丈夫……將我的雙手變成羚羊的雙手，將我的腳變成羚羊的腳，讓我從敵人處逃離！」烏圖聽到他的上訴，便設法使杜姆茲逃脫。杜姆茲在老貝里里（Old Belili）的房子裡找到了隱身之處；老貝里里是一個扮演雙面人的可疑角色。杜姆茲一次次地被抓，又一次一次地逃脫。在最後，他發現自己躲避在羊圈內……忽然，狂風大作，酒杯被推翻了；邪惡籠罩著他——如他在夢中所見到的一樣，最後：

酒杯倒下，杜姆茲死去。羊圈被狂風捲走。

在文獻裡，這些事件的發生地是在河流附近類似沙漠的平原。另一份文獻的版本擴大了這件事的地理範圍，這是一篇題為〈最痛苦的呼喊〉（The Most Bitter Cry）的文章。這是由伊南娜寫成的悲歌，它講述了庫爾的七名代表是如何進入羊圈，並圍繞在熟睡的杜姆茲周圍。不同於先前的版本只僅講述了「杜姆茲被邪惡勢力抓住」，這份文獻明確地表示，他們是為了更高的權威而來，七人中的首領對這位驚醒的神說：「我們的主派我們來到這裡。」接著，他們剝奪了杜姆茲的神特徵：

把你頭上神聖的頭巾取下，光頭起床。脫下你身上的皇家長袍，赤身裸體地起床。放開由你掌控的神聖人員，空手站起來；脫下你腳上神聖的鞋子，赤腳站起來！

被抓的杜姆茲設法逃脫，並逃到伊姆西（E.MUSH，蛇的家）沙漠中的偉大堤防的河邊。在埃及，只有一個沙漠和河流匯合的偉大堤防，它出現在第一次尼羅河氾濫時。這個地方現在是偉大的亞斯文大壩的位置。

但漩渦沒有讓杜姆茲到達另一邊的河岸，即便他的母親和伊南娜站在那裡提供保護。相反的，激流「沒有將載著他的船推向庫爾，而是將載有伊南娜的船推向了庫爾」。

這些和其他相關文獻都顯示，那些來抓杜姆茲的神，實際上是由上級神命令來逮捕他的；這位神是庫爾的主，將由他「來為杜姆茲做出判決」。但這不是由眾神議會來做的判決：恩利爾，如烏圖（沙馬氏）和伊南娜，他們幫助杜姆茲逃脫。這個判決是片面的，而且是在逮捕者主人的權威下通過。他不是別人，正是馬杜克，杜姆茲和格西提南娜的哥哥。

在學者命名為《伊南娜和比魯魯的神話》（*The Myths of Inanna and Bilulu*）文獻裡，我們瞭解到他的身分。在這裡，陰狠的老貝里里原來是個男性，由主比魯魯（恩比魯魯／EN.BILULU）偽裝的，是指揮去懲罰杜姆茲的神。阿卡德文獻用神聖的語言解釋恩比魯魯就是馬杜克，「犯罪的神馬杜克」和「伊南娜的不幸」。

馬杜克從一開始就反對杜姆茲和伊南娜的愛情，也更加反對金字塔戰爭後的聯盟。出於政治動機，杜姆茲強姦了格西提南娜，對馬杜克而言，這正是透過抓住和懲治杜姆茲，來阻止伊南娜在埃及的計畫的機會。難道馬杜克打算把杜姆茲處死？可能不會，單獨流放是慣常的處罰方法。杜姆茲之死，在某種意義上還仍不清楚，可能是一場意外。

但不管是不是意外，這與伊南娜無關。對於造成她心愛的人死亡的馬杜克，文獻裡明確指出，她希望復仇：

> 在神聖的伊南娜的心裡想著什麼？殺人！殺死主比魯魯。

學者們對分散在幾個博物館的美索不達米碎片進行研究，拼湊出文獻的部分文字，這份文獻（蘇美神話）被克萊默命名為「伊南娜和埃比」（Inanna and Ebih）。他認為這是屬於「龍的屠殺神話」裡的環節，因為它涉及伊南娜與藏在「山」裡的邪惡神的戰鬥。

現有的碎片講述了伊南娜如何用一系列的武器來武裝自己，並在神的藏身之地對神發起攻擊。雖然其他神試圖勸阻她，但她滿懷信心地靠近這座山，這座山被她稱為埃比（E.BIH，悲傷回憶的居住地）。她高傲地宣布：

山，你是如此之高，你比其他所有山都高……你用你的頂端觸摸天空……然而，我將摧毀你。我將使你跌落到地面……我將導致你內心的痛苦。

這裡的山，指的是大金字塔，這場對抗發生在埃及的吉薩，證據不僅在文獻裡，還在一個蘇美的圓筒印章（見圖73）中。伊南娜展現出她那熟悉的誘惑姿態，半裸著面對站在三個金塔上的神。印章中描繪的金字塔，與出現在吉薩的一模一樣；埃及十字標誌、佩戴著埃及頭飾的祭司，和纏繞的蛇只會同時出現在一個地方：埃及。

伊南娜繼續挑戰馬杜克，現在他藏在強大的建築裡，由於他無視她的威脅，導致她的怒火上升。「第二次被他的高傲所激怒，伊南娜再次走近金字塔並宣布：『我的祖父恩利爾允許我進入山的裡面！』在炫耀她的武器時，她高傲地宣布：『我將攻破山的中心……我要將我的勝利建立在山裡！』但裡面還是沒有反應，她開始了她的攻擊：

她不停地對埃比的兩側，和所有的角落進行攻擊，甚至波及它凸起的多種石頭。但在裡面……大毒蛇在

圖73：蘇美圓筒印章

那裡，不停地噴吐他的毒藥。

然後阿努親自進行調停。藏在裡面的神警告伊南娜，他們擁有可怕的武器：「它們的爆發是可怕的，它們將阻止你的進入。」阿努則勸伊南娜，透過審判那位躲藏起來的神來尋求正義。

相關文獻充分鑑定了這位神的身分。在尼努爾塔文獻裡，他被稱為阿札格，他的綽號為大毒蛇，是恩利爾一族對馬杜克的貶稱。他的藏身之地也被明確鑑定為「伊庫爾，這裡的牆赫然達到了天空」，也就是大金字塔。

有關審訊和判決馬杜克的紀錄，可以從賓夕法尼亞大學的巴比倫博物館出版的零碎文獻中找到。現存的資料從眾神圍繞著這座金字塔開始，被選為發言人的一位神對馬杜克說：「在他的圈子中」，「他為有罪的那一個懇求。」馬杜克被這個訊息所感動：「儘管他心中充滿了憤怒，但他的眼睛裡泛著淚水。」他同意出來接受審判。審判在金字塔附近河岸的一座神廟裡舉行：

到河邊一個令人敬畏的地方，他們與被指控的他同步。事實上，他們使敵人避開。正義正在上演。

在判決馬杜克時，提出了一個有關杜姆茲的死亡之謎問題。毫無疑問，馬杜克該對他的死負責。但這是有預謀的還是意外？馬杜克應該被判處死刑，但如果他的犯罪不是故意的呢？伊南娜從馬杜克的藏身之地走出來，站在能看到金字塔的地方。她邊走向眾神發言說：

在今天，我所說的，全都是事實。阿札格的原告。偉大的公主，說出了驚人的判決。

有一個辦法可以判處馬杜克死刑，但不用實際處死他。她說：讓他被活埋在大金字塔下！讓他被密封在一個巨大的密室裡：

這個巨大的密室是密封的。沒有人向他提供食物：讓他獨自去承受，飲用水水源也將被切斷。

審判的眾神接受了她的建議：「你是女主人……由來你判決。就這樣辦吧！」假設阿努同意了這一判決，「然後眾神就在天國和地球上實行這一命令」。伊庫爾，大金字塔，已經成為一所監獄；而女主人的稱號也多了一個：「監獄的女主人」。

我們認為，當時密封的大金字塔已經完成。馬杜克被獨自留在國王房，逮捕他的眾神放下了後方通道的花崗岩閥門，緊緊堵塞了所有進入上層廳房和走廊的通道。

透過從「國王房」往金字塔南北兩面的通道，馬杜克有空氣可以呼吸；但他既沒有食物，也沒有水。他被活埋了，注定要痛苦地死亡。

馬杜克重獲自由

那些記錄了有關馬杜克被活埋於大金字塔事件的泥版，是在古代亞述首都尼尼微的廢墟中被發現的。亞述文獻顯示，它已經被編寫為巴比倫的新年話劇劇本，重演了那場緩刑及神遭受的痛苦。現今已經發現，這個劇本既不是基於原始的巴比倫版本，也不是基於蘇美人的歷史紀錄。

海因里希·熱曼（Heinrich Zimmem）所轉錄和翻譯的亞述文獻，來自柏林博物館的泥版，當他在一九二一年九月的演講上，宣布自己對它的詮釋時，在神學界引起了相當大的轟動。原因是，他解釋這是處理死亡和復活的神的前基督教奧祕，因而這是個早期基督故事。史蒂芬·朗盾（Stephen Langdon）在其一九二三年的美索不達米亞新年神祕文獻，包括英文譯本中，將文獻命名為《貝爾—馬杜克的死亡和復活》（*The Death and Resurrection of Bel-Marduk*），並強調它與新約全書中耶穌的死亡和復活的故事是同期的。

但是正如文獻所寫的那樣，馬杜克或貝爾（主人）並沒有死，他的確是被監禁在一個像墳墓的山中，但他安然地活著。

古老的「手稿」一開始就介紹角色。第一個是「貝爾，他被監禁在山中」。然後是一個信使將監禁的消息，帶給馬杜克的兒子那布（Nabu）。他被這個消息所震驚，便開著戰車加速趕到山裡。他到達一個建築物面前。手稿說明：「這是山的邊緣的房子，他們在這裡面質問他。」在回答這些守衛的問題後，他們得知這位激動的神：「是從博爾西帕來的那布，他是來為被監禁的父親尋求寬恕的。」

然後演員站出來，奔走在舞臺上：「他們是疾走在街上的人，他們尋找著貝爾：『他被關押在哪裡？』」我們從文中知道，在貝爾被監禁在山裡後，「城市陷入混亂」，並且「因為他而爆發了爭鬥」。一位女神出現了，她是莎佩妮特（Sarpanit），馬杜克妻子的姊妹。她對著「在她面前流淚的一個使者說：他們已經帶他去山上。」他向她展示了馬杜克的衣服（可能有血汙），說：「這些都是從他身上脫下的衣服。」他還報告，馬杜克「穿的是囚衣」。對於觀眾，這意味著：「馬杜克已被埋葬在他的棺木裡！」

莎佩妮特走到象徵著馬杜克的墓穴前，看到一群送葬者。史書是這樣記錄的：

> 眾神將他鎖起來，讓他遠離這些活著的人，人們為此而悲痛不已。他進入被囚禁的房子，遠離了太陽和光明，他們把他關進監獄。

劇情來到了最糟糕的部分，馬杜克死了……但——還沒有完全失去希望！莎佩妮特向兩位可以接近監禁馬杜克的牢房的神——她的父親辛和她的哥哥烏圖（沙馬氏）祈禱，「讓馬杜克復活吧！」

祭司、占星師和信使也出現在祈禱的隊伍裡，背誦著禱文和咒語。謝罪禮被送給了伊師塔，「那麼她也許會憐憫馬杜克」。大祭司向最高的神——辛和沙馬氏祈禱，「讓馬杜克復活吧！」

現在，故事有了新的轉捩點。突然間，扮演馬杜克的男演員出現了，他穿著染上血汙的衣服，大聲叫喊著：「我不是一個罪人！我不應該受到重罰！」最高的神重新考慮他的事情，發現他是無罪的。

那麼，誰是兇手呢？觀眾的注意力被轉移到在巴比倫的一個門柱上。觀眾意識到真正有罪的神已經被抓到了。他們透過門縫看到了他的頭，「那是做壞事的人的頭，他們將重罰並殺死他」。

那布（馬杜克的兒子）回到了博爾西帕。「他回來，監視著兇手，並指認他！」我們不知道兇手的身分，不排除那布曾在馬杜克的朋友中看過他。那布說：「這就是兇手。」從此決定了兇手的命運。

祭司告誡兇手說：「做壞事終將受到懲罰。」殺死杜姆茲的人，將為此付出生命。

但這也是馬杜克的過錯（導致杜姆茲死亡的間接原因），抑或是一種贖罪？莎佩妮特再次出現，穿著贖罪的服裝，象徵性地擦去那些已經溢出來的血，用純水洗淨她的手，她說：「這是用來洗手的水，它們是在兇手被抓到後拿來的！屬於「貝爾（烏杜克）的所有聖地」的火炬被點燃，再一次向最高的神懇求。尼努爾塔——在他打敗祖後被正式宣布為至高無上的神——再次斷言，被釋放的馬杜克不可能向至高無上的眾神挑戰。祈禱成功了，最有權力的神派信使努斯庫（Nusku）「去向眾神宣布好消息」。

古拉（Gula，尼努爾塔的妻子）送了新衣服給莎佩妮特，送了新鞋子給馬杜克，以做為善意的象徵；還有馬杜克的神勇戰車也被送來了。但莎佩妮特目瞪口呆，她不明白為什麼馬杜克在入獄後，還會重新獲得自由。她問：「他們是如何讓一個不可能被釋放出來的人獲得自由的？」

神聖使者努斯庫告訴她，馬杜克將通過沙巴德（SA.BAD，輪廓分明的上方開口）。他解釋道：

眾神將挖掘一個煙囪形的通道。
他們將螺旋形地挖掘，重新進入他的住所。
在他面前的門將他隔絕，而螺旋形的挖掘將到達裡面。
他們將挖出彎曲的一個門道。
越來越近，到達它的內部時，他們就可以突破。

馬杜克是如何被釋放的細節，學者們還沒有弄清楚，但這首詩對於我們來說意味深長。正如我們所解釋的，井道中不規則且彎曲的C段，在金字塔完工和馬杜克被囚禁在裡面的時候，是不存在的；而是在解救馬杜克時，由「眾神挖出的門」。

出於對金字塔內部結構的熟悉，阿努納奇意識到通往囚禁馬杜克之處的最短及最快路徑，就是在B段和D段之間挖一條隧道。只要挖掘相對柔軟的石灰岩塊，挖出長度僅三十二英尺的隧道；這是在幾小時內就能完成的工作。

營救者從下降通道來到G段，除去擋在井道入口的石頭後，迅速爬上傾斜的F段和E段。在E段與垂直的D段連接處，一個巨大的石塊擋在洞穴的入口處：它已經被推到一旁，但還躺在洞穴的內部那裡，正如我們在圖70中所呈現的那樣。現在，營救者們爬過最短的距離到D段，面對著金字塔砌石建築工程的第一部分。

那條三十二英尺的隧道，讓他們到達了與B段垂直的底部側方，到達進入大走廊的路。但除了那些建造金字塔，知道其內部是如何封頂並能準確定位的人，誰還知道如何挖一個彎曲的連接通道——C段呢？

我們猜想，就是馬杜克的營救者們用工具破壞了石灰岩塊，用他們挖掘出的逐步傾斜又扭曲的通往內部的隧道，連接了D段和B段，正如古老的史書所記載的那樣。

到達與B段相連的地方後，他們困難地爬到了短的水平通道，到達A段。在這兒，任何不熟悉的人都會突然停下來，因為他所能看到的只是一道石牆——堅固的砌石建築。我們再一次猜想，只有擁有金字塔建築圖的阿努納奇，才有可能知道越過營救者面前的石塊後，將是大走廊上的巨大洞穴——王后房，和金字塔上層的其他廳房和通道。

若要到達這些廳房和通道，必須移開斜道上的楔形石塊（參見第二二八頁的圖72），但由於其嵌合得太緊了，不可能被移開。

如果石塊沒有被移開，它應該還躺在大走廊。但在那裡有一個敞開的洞（參見第二一九頁的圖68），它和傳言中的看起來一樣；它不是從大走廊裡打開的，而是從通道的內部打開的：這個洞看起來像是被來自通道內部的巨大力量猛然打開的。

同時，美索不達米亞的紀錄也提供了一條線索。石塊的確是從內部水平通道上被移開的，因為營救者們曾到達過那裡，並且它的確是被一股強大的力量猛然移開的。正如古代文獻記載的那樣，「靠近它，進入到它的中間，它將會被突破」。石灰岩塊的碎片沿著上升通道反向滑下，一直到花崗岩巨石那裡；而阿爾·瑪沐恩的人就是在那裡發現了這些碎片。爆炸所產生的白色細小粉末還覆蓋了大走廊，阿拉伯人就在大走廊的地板上發現它們。這些都是古代爆炸的無聲證據和所留下的空洞。

營救者們已經進入大走廊，帶著馬杜克沿著來時路返回。阿爾．瑪沐恩的人發現，進入下降通道的入口又被封起來了。花崗岩巨石還在三角岔道，堵住了洞口和上升通道。同時，在金字塔的內部，井道的較高和較低部分，將永遠被一條粗糙的扭曲隧道連接起來。

那些救出金字塔裡的囚徒的人，後來怎麼樣了呢？

美索不達米亞的相關紀錄顯示，他們開始了逃亡生涯。在埃及，拉獲得了稱號「阿蒙」，意思是隱藏者（The Hidden One）。

大約西元前二千年，他再次出現並向至高無上的神宣戰，為此，人類付出了巨大而痛苦的代價。

11・「我是女王！」

伊南娜（伊師塔）的傳說，是一個「自製女神」（self-made goddess）的傳說。她既不是最初來自第十二個星體的古老神祇其中一員，也不是他們初生女兒中的一個，儘管如此，她推動自己到了最高的地位，並且改變了萬神殿的十二位成員。為了達到她的地位，她將自己的狡猾和秀麗結合起來，成為無情的戰爭女神和愛神，她的戀人中有神也有人。她也是死亡和復活的真實事例。

杜姆茲的死亡，使得伊南娜有了成為地球上女王的欲望，同時，馬杜克遭到監禁和流放一事，也沒有滿足她的野心。現在，在挑戰並戰勝一個主要的神之後，她感到自己的領土可能不會再被剝奪了。但問題是，她的領土在哪裡呢？

一份收集自「伊南娜下降到下層世界」（Inanna's Descent to the Lower World）等資料的文獻指出，杜姆茲的葬禮是在南非舉行。南非是伊南娜的姊姊厄里斯奇格和她的配偶奈格爾的領域。恩利爾和娜娜，還有恩基，都勸告伊南娜不要去那裡。但她下定了決心。當伊南娜到達她姊姊領土的都城門口時，她對看門人說：「告訴我的姊姊厄里斯奇格」，讓她來「見證葬禮」。

你可能會期待姊妹之間的見面會是感人的，姊姊將充滿對失去丈夫的伊南娜的同情。但是，不請自來的伊南娜，並沒有得到她姊姊的安慰，而是受到了無限的懷疑。當她通過都城的七道門，到達厄里斯奇格的宮殿時，她已經被迫放棄了象徵神的儀態和王權。當伊南娜最後來到她姊姊的面前時，她看到姊姊正坐在由七位威嚴的阿努納奇圍繞的王位上。「他們緊盯著她，充滿了憤怒。」他們對她說惱怒的事，「拷打精神的詞」。她不僅沒有受到歡迎，還被判罰絞刑……恩基的介入使得伊南娜獲救並重生。

文獻中並沒有說明伊南娜受到嚴酷折磨的理由，也沒有援引審判者們給她定罪的審判詞。但我們從文獻的開頭知道，伊南娜在旅途中派出了信使：「天國充滿了我的怨言，眾神也在集會中為我哭泣。」出席葬禮只是一個藉口，她想要的是迫使眾神滿足她沒有自己領土的怨言。

從她到達都城第一個門的那刻起，就強烈地暗示著也許她不應該進去。當厄里斯奇格知道她到來以後，「她的面孔變得蒼白，她的嘴唇轉成了暗色」。她迫切地想知道伊南娜此行的真正目的是什麼。當姊妹倆面對面的時候，「厄里斯奇格看見她時大聲叫喊，而伊師塔毫無畏懼地看著厄里斯奇格。」伊南娜的意圖讓厄里斯奇格莫名地感到了威脅！

我們已經發現，聖經的婚姻和繼承法律中，有關阿努納奇死後如何處理所有財產的法規，其中關於同父異母姊妹的是一個特例。我們相信，在《舊約．申命記》第二十五章，記載了一個特別的律法，可以用來解釋伊南娜的意圖。這個律法是：當一個已婚男人死了，卻未留下子嗣繼承，如果他有兄弟，那麼遺孀就不能再嫁外人：兄弟要盡義務，娶了寡居的嫂子，兩人生育孩子。而婦人所生的長子要繼承亡夫的名字，「免得他的名在以色列中被抹去」。我們相信，這就是伊南娜展開冒險旅途的原因。由於厄里斯奇格已經和杜姆茲的兄弟結婚了，伊南娜不得不順從法規。我們知道，風俗要求長兄肩負責任，馬杜克就是恩基在這種情況下所生的兒子。但馬杜克間接導致了杜姆茲死亡，被懲罰及放逐了。那麼伊南娜有權利要求風俗規定中的下一個兄弟奈格爾，娶她做為他的第二個妻子，以便她能有一位男性繼承人？

伊南娜的意圖引起了厄里斯奇格對個人和繼承問題的想像。伊南娜是否會滿足於只是第二個妻子，或者她是否會密謀且策畫強占她在非洲領土的皇后身分？顯然的，厄里斯奇格並不想讓伊南娜利用這個機會。我們相信，在姊妹之間苛刻的對話以後，伊南娜被迫在一個倉促召集的由

「七位阿努納奇」組成的法庭上接受審判。她被判違反法規，並立即被吊起來垂懸至死。當她的公公恩基聽見這個可怕的消息時，立即派了兩名使者來救她，這才使她活了下來。「他們控制屍體脈搏的跳動和熱量；他們給予她生命所需的水和食物」，於是「伊南娜復活了」。

在蘇美復活的伊南娜，感到極度悲痛和孤獨，在幼發拉底河的岸邊度過她的餘生，靠著一棵野生的樹訴說她的悲傷：

最終我會擁有我能坐在上面的聖潔王位嗎？最終我會有我能躺在上面的聖潔之床嗎？關於這些伊南娜所說的……放下頭髮的伊南娜，她已經瘋了。單純的伊南娜。哦，她哭得多麼傷心！

蘇美人的記載顯示，對於出生在地球上，「至少曾經去過天國一次」的伊南娜，唯一同情和喜歡伊南娜的，只有她的曾祖父阿努。它也記載了阿努因她而幾次遷怒塵世。不確定在何時何地，阿努將伊南娜當作親密愛人而擁抱，不過這比較像是蘇美人的閒話，文獻暗示，阿努和他的曾孫女之間的愛更帕拉圖式。

考慮到最高統治神的同情心，伊南娜提出了統治的問題——「土地」，由君主統治的土地，但它在哪裡呢？

不管什麼理由，當時的懲罰對於伊南娜來說太重了。很明顯的，她並沒有打算獲得非洲的統治權。由於丈夫杜姆茲的死亡，伊南娜宣稱她擁有在恩基後代的土地上擔任女王的權利。假如她的痛苦感動了一位主神，給予她一塊屬於自己統治的領土，那麼它也必須在別處。但美索不達米亞，以及與它毗鄰的全部土地，都是恩基留下的。有什麼地方可能給伊南娜統治呢？神看了一下之後，有了答覆。

伊南娜與印度河流域

前文在講述到杜姆茲的死亡和馬杜克的監禁時，都提及蘇美人的城市及其百姓。這些暗示著，那些事件發生在大約西元前三千八百年，蘇美人的都市文明已經開始了。另一方面，以埃及為背景的傳說中，還沒有提到城市的居民區，並描述了易於放牧的環境，這就暗示著，應該是在西元前三千一百年城市文明在埃及開始之前。曼涅托的文字記載中，在美尼斯統治前，有一段長達三百五十年的混亂時期。那段時期大概是西元前三千四百五十到三千一百年之間，由馬杜克的麻煩和苦難所觸發：巴別塔事件、杜姆茲事件，使得埃及的神被抓住且被殺害，埃及的偉大神被監禁且被放逐。

然後，我們相信，阿努納奇將他們的注意力轉移到印度河谷的第三區域，文明很快就在那裡開始了。

不同於美索不達米亞和古埃及，文明在印度河谷的第三區域僅持續了千年。它很快就開始衰退，到了西元前一千六百年，它完全消失——城市變成了廢墟，居民四處逃散。人類的掠奪和自然的破壞，逐漸磨滅了文明的印跡，最後它完全被忘記。在一九二〇年代，由莫蒂默・惠勒爵士帶領的考古學家，挖掘出了兩個主要中心和幾個遺址，範圍從印度洋海岸向北順著印度河及其分支，延伸了超過四百英里。

兩個主要遺址——摩亨佐—達羅（Mohenjo-Daro）面向南方，還有在北部的哈拉帕（Harappa）——都展現出城市的特質，城區直徑大約有三英里。圍繞著城市和城市內部的高牆，不管是公共或私有建築，都是由黏土或泥土磚塊修建的。雖然這些磚塊在後來的時代裡被人們拿去蓋個人住宅或鐵路公共設施，但還是有足夠的物件能夠展現出該處是城市的遺址，以及它們是按照城市建築計畫而設置的特色。

這兩個城市遺址都是以衛城（城堡和神殿的凸起部分）為主。這兩個結構是被精確地安置在南北軸上，這就證明他們的建造者在建設神殿時，遵循嚴密的規則。城市的第二大特點是一種巨大的穀倉；這種容量巨大且功能強大的穀倉，位於河岸附近。這代表，五穀不僅是主要作物，還是印度河文明主要的出口產品。

在他們的遺跡中，還找到了一些人工製品——熔爐、缸、瓦器、青銅工具、銅珠，一些銀製的器具和裝飾品，所有這些都證實了，它是從別處突然被移植過來的一種高度文明。因而，在摩亨佐—達羅最早的兩個磚瓦建築（巨大的糧倉和堡壘塔）又再用木材加固了。但這種建築方法完全不合適印度的氣候，很快就被摒棄了，並且在隨後的所有建築中，都避免使用木料進行加固。因此學者認為，最初的建造者是外國人，在一開始的階段，他們還處於滿足自己對氣候的習慣之中。

在尋找印度文明的起源時，學者認為，它不可能是獨立出現的。蘇美人的文明至少比它早一千年。儘管有顯著的不同（像是尚未解譯的象形文字），但類似的文明印痕在美索不達米亞到處都能找到。建築用泥土或黏土磚、城市街道布局、排水系統、在玻璃上用化學方法蝕刻、空心小珠的製作、金屬匕首和瓶子的形狀及設計等，所有這些都與在烏爾或基什或其他的美索不達米亞遺址發現的很相似。甚至是陶器上的繪製和標誌，或者其他土製物品，事實上都是美索不達米亞的複製品。尼比魯的象徵，具有重大意義的美索不達米亞人的十字架，阿努納奇的主宰星，在印度文明中也很盛行。

印度河流域的人民崇拜哪些神？被找到的少數圖像描繪顯示，他們佩帶由美索不達米亞生產的神聖頭飾。大量的黏土小雕像顯示，統治神是女神，通常赤裸（見圖74a）或以小珠和項鍊做為她唯一的遮蓋物（見圖74b）。眾所周知，這些正是對伊南娜的描述，這一點在美索不達米亞有大量的發現且遍及近東。這也就是我們想要說的，當眾神在為伊南娜找尋一塊領土時，阿努納奇決定將第三區域當作她的領土。

儘管人們普遍認為，美索不達米亞是印度河文明的起源，以及蘇美和印度河谷之間有持續的接觸，但只有少數考古遺跡可當作證據。但我們相信也有一些文本證據能證實這些聯繫。我們最興趣的是名為〈恩麥卡爾與阿拉塔之王〉（*Enmerkar and the Lord of Aratta*）的長篇文獻，其內容是關於烏魯克（《聖經》中的以力〔Erech〕）和伊南娜的權力提升。

a

b

圖74a：赤裸的女神統治者
圖74b：以小珠和項鍊作為她唯一的遮蓋物

文獻描述了阿拉塔是在山脈及鞍山以外的土地之首都，比如越過伊朗的東南部。這的確是印度河流域所在：學者戴克（J. van Dijk）在一九七〇年出版的《東方史料》（*Orientalia 39*）中推測，阿拉塔是一座位於印度河流域或伊朗的高原城市。文獻中最顯著的地方就是阿拉塔的穀倉。在那裡，「麥子自己生長，豆類也自己生長」——莊稼生長並存放在阿拉塔的倉庫中。

接著，為了出口，他們「將穀物裝入麻袋，放進柳條箱，再放到驢的背上」。阿拉塔以它的地理位置，並以它與印度河文明極其相似的儲存穀物和豆類的糧倉而聞名。事實上，你一定想知道哈拉帕（或阿拉帕〔*Arappa*〕）是否正是古老阿拉塔的一個當代影子。

古老傳說帶我們回到以力王位的起點。一位半神半人（烏圖〔沙馬氏〕和凡人的兒子）在一個促使城市發展的神聖領域裡擔任主教兼國王。大約在西元前二千九百年，他的兒子恩麥卡爾（Enmerkar）繼位；根據蘇美國王列表，恩麥卡爾的字面意思是「建造烏魯克的人」。他將當地從一個缺席的神（阿努）的有名無實的住所，變成統治神的主要城市。他透過說服伊南娜選擇以力做為她權力的主要掌管者，並為此擴建伊安納（Eanna，意思是阿努之屋）神廟。

古老文獻中，記載了最初恩麥卡爾要求阿拉塔所做的一切：捐獻「寶石、鍍青銅、鉛、天青石石版」，用於擴大神廟建築，以及「熟練地鑄造金和銀」，以便讓神聖的伊南娜上升為有價值的女神。但恩麥卡爾所做的這些沒能比他的傲慢發展得快。天旱折磨了阿拉塔，而恩麥卡爾現在要求的不僅是物質，還要順從：他命令「讓阿拉塔移交給以力！」為了達到他的目的，恩麥卡爾派了一系列的使者控制阿拉塔。克萊默在《歷史開始於蘇美》（*History Begins at Sumer*）中認為，這代表著「第一場心理戰」。使者在讚美他的國王及其力量之後，逐字引述恩麥卡爾的威脅，以使阿拉塔感到孤寂並驅散它的人民。但阿拉塔的統治者用他自己的策略對抗這場心理戰。他用混淆的語言提醒使者，巴別塔事件的後果；他聲稱自己沒有聽懂用蘇美語傳達給他的消息。

被挫敗的恩麥卡爾，這次送去了用阿拉塔語寫在黏土版上的另一則消息，這看起來要歸功於文字的女神尼達巴（Nidaba）。恩麥卡爾為了讓威脅更有力，以提供在阿努神殿裡被保留做種子的「原始五穀」為籌碼。由於長期的旱災毀壞了莊稼，阿拉塔現在急需種子。天旱被視為伊南娜希望阿拉塔「受到以力的庇護」的象徵。

「阿拉塔的君主仔細看了使者帶來的竹簡，檢查了黏土版。」楔形文字這麼寫著：「這個命令看起來是不可改變的了。」要臣服或抵抗？就在這個時候，「一場風暴，像一頭偉大的獅子般襲來」，整個大地都在晃動，高山也在震動，再一次，「被白色圍繞的阿拉塔」成為了富饒的五穀之地。

阿拉塔沒有必要向以力臣服，其君主對使者說：「伊南娜，土地的女王，沒有拋棄她在阿拉塔的家；她沒有將阿拉塔交給以力。」

伊南娜的戀人們

儘管阿拉塔處於喜悅中，但它期望伊南娜不要拋棄她在阿拉塔的家的願望，並沒有完全被履行。受到阿努的蘇美城市中一座宏偉神廟的誘惑，她成為一位通勤的女神：一位「繁忙的神」，也就是說，遠離阿拉塔，定居在以力的中心城市。

她用她的「天堂飛船」從一個地方飛到另一個地方。關於她的飛行，有很多資料將她描述為飛行員（見圖75）。從一些文獻記載中可以推斷出，是由她自己駕駛「天堂飛船」。另一方面，和其他神一樣，為了確保

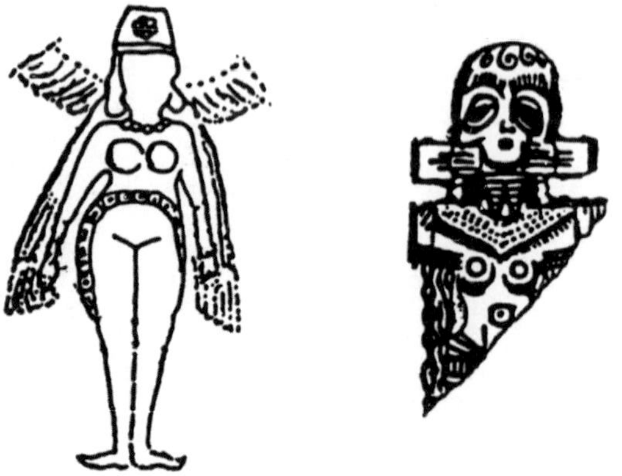

圖75：像飛行員的伊南娜

飛行安全，也為她分配了領航員。《吠陀經》記載了關於神的領航員普善，他引導因陀羅通過有斑點的雲彩，駕駛著金色的船在天空的中間區域航行。在早期蘇美人的文獻中也提到，有多位埃比格爾（AB.GAL）負責運送眾神到達天國。我們被告知，伊南娜的領航員是朗弋（Nungal），他是以將伊南娜帶到以力的阿努神殿而聞名的：

當恩麥卡爾統治烏魯克的時候，勇猛的朗弋是飛行員，他從天空將伊師塔帶到伊安納。

根據蘇美國王列表，大洪水過後的王權在基什展開了。然而，「伊安納的王權被帶走了」。考古學家已經證實，以力剛開始是一座神廟城市，由神聖的區域組成，在那裡，阿努的第一座中等神廟（白色神廟）在一個凸起的平臺上面被建造（見圖76）。城市的遺址及其圍牆顯示，雖然以力和它的神廟都擴建了，但白色神廟還是位於城市的中心位置（見圖77）。

考古學家還偶然發現了一個供奉伊南娜的壯觀神廟遺址，測定可能是恩麥卡爾在大約西元前三千年修建的。它是使用高大圓柱為裝飾的獨特建築（見圖78）。同時，神廟裡的其他部分也一樣豪華，並始終伴有讓人印象深刻的讚美頌歌：

用天青石裝飾，用尼那戈（Ninagal）的手工品裝飾。

在明亮的地方……

在伊南娜的住所，他們安裝了阿努的七弦琴。

即使有了這一切，以力仍是一個「守舊的」城，缺乏其他蘇美城市的特徵，有著明顯的、在被洪水淹沒過的城市上重建的痕跡。它缺乏來自「神聖的門伊」（Divine ME）土地應有的財富。

雖然門伊（ME）經常被提及，但其特性並不清楚，學者將「神聖的門伊」稱為「神的戒律」、「神的力量」，甚至「神化的優點」。然而，「門伊」被描述為一個可以整理和運載的物體，而且包含祕密知識或資料。或許就像我們當代的電腦晶片，資料、程式和操作指令詳細地被記錄在上面。他們文明的精華被加密了。

這些門伊是由阿努納奇的首席科學家恩基所有。它們被逐步投放，用於人類實現以力的高度文明，顯然，在伊南娜成了以力的常駐神時，以力還沒有實現這一個目標。急切的伊南娜決定用

圖76：平臺上面的白色神廟

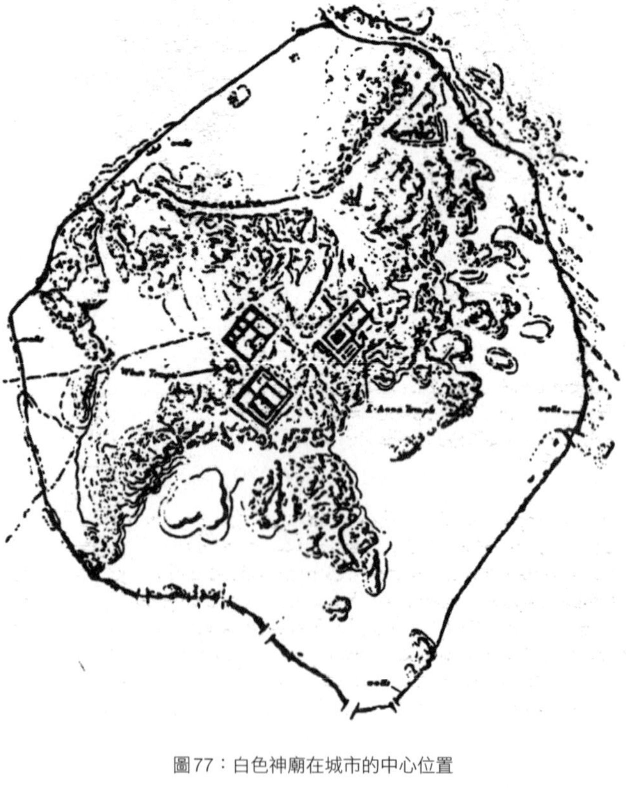

圖77：白色神廟在城市的中心位置

她的女性魅力改善形勢。

由克萊默命名的文獻《蘇美人的神話》寫的就是「伊南娜和恩基」，它描述伊南娜怎麼駕駛著她的「天堂飛船」遠航到阿普蘇，恩基將門伊藏在那裡。恩基意識到，伊南娜獨自來拜訪自己——「未婚，獨自，自主地來到阿普蘇」——恩基命令他的侍從準備一頓奢侈的餐食，包括大量的上好葡萄酒。在美食和酒的作用下，恩基的心情變得愉快，伊南娜談起了門伊的話題。兩人親密地喝著酒，恩基向她展示了關於「王權……神權的門伊。高貴不朽的三重冠和王權的寶座」，而「聰明的伊南娜拿走了它們」。當伊南娜在她年老的主人面前施展魅力時，恩基對她第二次介紹「高尚的君權和幕僚，高貴的聖壇，正當的統治者地位」，當然，「聰明的伊南娜也拿走了它們」。

隨著宴會繼續下去，恩基失去了主要的七個門伊，包括神聖夫人的神廟和儀式，以及祭司、太監和妓女的作用和特質；戰爭和武器；正義和法院；音樂和藝術；石工、木材加工和金屬作工；皮革製品和編織；醫學和數學等。伊南娜帶著這些象徵高度文明特質的編碼資料，駕駛著她的天堂小船回到以力。

幾個小時之後，冷靜下來的恩基意識到伊南娜和門伊都離開了。他的侍從提醒恩基，是他自己將門伊當作禮物送給伊南娜。恩基命令侍從駕駛著他「大天堂飛行器」去追捕伊南娜和找回門伊。在伊南娜的第一個停靠點，侍從向伊南娜解釋了恩基的命令；但伊南娜反問，「為什麼恩基改變了他給我的承諾？」並拒絕歸還門伊。侍從將情況向恩基報告，恩基命令侍從繳獲伊南娜的

圖78：以高大圓柱為裝飾的神廟建築

天堂飛船，把門伊和飛船帶回埃利都，然後放了伊南娜。

在埃利都，伊南娜命令她最信任的飛行員拯救「天堂飛船和被當作禮物給伊南娜的門伊」。因此，當伊南娜和恩基的侍從繼續爭吵時，她的飛行員開走了她的飛船並帶走那些無價的門伊。

得意洋洋的伊南娜沉著地應對民眾的歡呼，隨聲附和著以力人民的情緒。

門伊的女士，明亮輝煌的女王；
公正、散發著光環，被天堂和地球所深愛；
阿努的聖役，受到巨大崇拜；
為了高尚的三重冠，為了與崇高的聖職相適。
她得到了七個門伊，在她的手裡舉著。
偉大的門伊的主人，她是它們的守護者……

在那些日子裡，伊南娜成為萬神殿十二位神之一，並且（代替寧呼爾薩格）被分配了行星「金星」做為她的聖物，星座埃比辛（AB.SIN，處女座）做為她的黃道十二宮標誌。對於後者的描述，從蘇美時期起幾乎沒有改變（見圖79）。伊南娜為了表達她的喜悅，向所有的神和人宣布：「我是女王！」

頌詩中公認了她在眾神中的新地位和她的神聖特質：

對來自天國的人，對來自天國的人，
「嗨！」我們說……

圖79：處女座是伊南娜的黃道十二宮標誌

她是高傲的、偉大的、可靠的，
當她在夜晚光芒四射地到來，
宛如一個聖潔火炬照亮了天國。
她的姿勢在天國就像是月亮和太陽……
在天國，她是可靠的，阿努的好「野生母牛」：
在地球，她是不朽的，土地的主人。
在阿普蘇，她從埃利都那裡接受了門伊。
她的教父恩基將它們送給了她，
將統治權和王權交到她的手裡。
由於阿努，她獲得了最高統治權
由於恩利爾，她決定了自己土地的命運……

在蘇美人的頌詩《黑頭人》中，人們從她在眾神中的較高地位轉移到對她的崇拜，繼續歌頌著：

在所有土地上，豐收的時候，
所有黑頭髮的蘇美人聚集在一起……
他們來到她面前……帶著爭執。
她評判好壞並懲罰罪惡，
她是正義的，為他們做出好的決定……
這個好女人使阿努喜悅，她是女主角；

她必定來自天國。
……她是強大的、可靠的、偉大的；
她比少壯更有力。

以力的人民有感激伊南娜的充分理由。在她的統治下，以力成為蘇美文明的富有中心。以力的人民在稱讚她的智慧和勇氣時，沒有提及她的美貌和魅力。事實上，大約就是在那時，伊南娜制定了「神聖的婚姻風俗」，即性祭祀的祭司王應該成為她的配偶——但只有一夜。在關於國王艾丁—達甘（Iddin-Dagan）的文獻，描述了伊南娜的神廟生活，包括音樂、男妓等等：

男妓為她梳頭……他們的脖子上戴著彩帶……他們用女性的服飾裝飾右邊，當他們在純潔的伊南娜面前走過；他們用男性的衣服裝飾左邊，當他們在純潔的伊南娜面前走過……他們帶著跳躍的繩子，穿著漂亮的衣服，在她面前競爭。……年輕的男人們，帶著鐵環為她唱歌……

蘇吉雅（Shugia）的女祭司們，走到伊南娜面前……她們為我們的女王鋪床，她們用香甜的雪松油沖洗，為伊南娜，為國王，她們整理床鋪……國王高興地靠近她純潔的膝部；他驕傲地接近伊南娜的膝部……他愛撫她純潔的膝部；她躺在床上和他做愛。她對艾丁—達甘說：「你就是我的最愛。」

伊南娜的這個行為也許是從恩麥卡爾本人開始的，他們為了烏魯克的下一個統治者而採取以性結盟的方式，他們的後代是被稱為「神聖的盧加班達（Lugalbanda），正義的監督者」的半神。就和恩麥卡爾一樣，我們也找到了幾個與盧加班達相關的史詩傳說。伊南娜似乎希望盧加班達代替自己統治阿拉塔，但不安定、愛冒險的天性讓盧加班達不願意留在一個地方。另一個史詩傳說《盧加班達和呼蘭山》（*Lugalbanda and Mount Hurum*）記載了他經歷危險的旅途到「令人敬畏的地方」尋找神的黑鳥。他到達了禁區內的山：「阿努納奇，神的山，在地球裡面就像白蟻挖的隧道」。為了尋找飛向天堂的乘騎，盧加班達向保管牠的神懇求。他的話使人類追求飛翔的夢想不滅：

像烏圖一樣讓我去，像伊南娜，
像伊希庫爾的七個風暴在火焰中讓我飛起來，
同時伴隨著雷聲！
讓我去那些我眼睛能看到的地方，
無論我渴望去哪裡，讓我啟程吧，
讓我到達心裡想到達的任何地方……

當他到達了呼蘭山，盧加班達受到看門人的挑戰：「如果你是神，說一些友好的話，我就會讓你進去；如果你是一個凡人，你的命運就在我的手中。」

盧加班達，這個受寵愛的神的後代，
伸出他的手說：
「我就像撒拉，
是伊南娜心愛的兒子」。

但聖域的守護者用神諭拒絕了盧加班達：的確，你會到達遙遠的土地並且使你自己和以力都聞名於世，但你必須徒步去做這些。

另一個長篇史詩傳說，最初被學者稱為《盧加班達和恩麥卡爾》（*Lugalbanda and Enmerkar*），最近改為《盧加班達史詩》（*the Lugalbanda Epic*），肯定了盧加班達的半神血統，但沒有指明他的父親。不過，我們可以從隨後的事件推斷出他的父親是恩麥卡爾。目前已經證實，恩麥卡爾是在以象徵性的婚姻為幌子的一長串統治者名單上，第一個和伊南娜性交的人。

伊南娜的這個「邀請」在《吉爾伽美什史詩》（*Epic of Gilgamesh*）中是一個特色。吉爾伽美什身為以力的第五任統治者，尋求要逃脫人類終將一死的命運；他是女神寧松（Ninsun）和大祭司庫拉布（Kullab）的兒子，有「三分之二的血統是神」。在他尋求不朽的旅途中（在《通往天國的階梯》一書中已檢視過），第一站到達了雪松山「登陸點」——位於黎巴嫩山的古老登陸平臺（盧加班達似乎也到過那些地方）。吉爾伽美什與那些守衛在禁區周圍的巨大怪獸作戰，如果沒有烏圖的幫助，他和同伴幾乎全都被殺死。精疲力竭的吉爾伽美什脫下透濕的衣裳，以便洗漱和休息。就在這個時候，伊南娜（伊師塔）在天上看到了戰鬥，被吉爾伽美什的毅力征服：

洗淨髒了的頭髮，擦亮他的武器；
抖出披在背後的頭髮，綁起它們。
他解開那些髒了的衣物，換上乾淨的，
帶上一件裝飾華麗的斗篷，繫上腰帶。
當吉爾伽美什帶上他的頭冠，
光彩的伊師塔抬眼看到了吉爾伽美什的美麗。
「過來，吉爾伽美什。你是我的愛人！」
她說：「給予我你的強壯；你將是我的丈夫，我將是你的妻子。」

她以光彩的（雖不永恆的）生命的諾言加強了她的邀請，希望吉爾伽美什同意做她的性伴侶。雖然「她已經被塔模斯（Tammuz，即杜姆茲）授予神職」，但吉爾伽美什對她有一份以朋友方式對待的長串愛人名單感到反感。他說，「你年輕的戀人，年復一年哭泣。」在應該哀悼的時刻，她仍然追求並拋棄戀人，「就像是鞋子刺痛了主人的腳……就像門不能擋風……哪個才會是你永遠的戀人？」他要求，「如果你和我在一起，就不能像對待他們那樣對待我。」（被冒犯的伊南娜，在獲得阿努的許可後，使用天空之牛攻擊吉爾伽美什；他在最後一刻被從以力的入口救走。）

薩貢的崛起

以力的黃金時代沒有永遠持續下去。在吉爾伽美什之後有七位國王。然後，「烏魯克用武器打敗了它：它的王位被烏爾取代了」。陶克爾德．雅克布森（Thorkild Jacobsen）在研究蘇美國王列表時，對這件事進行了徹底的研究，他相信，蘇美的王權從以力到烏爾的變更，大約發生在西元前二八五〇年。其他學者採用一個更早的年份，大約是西元前二六五〇年。

各種統治者的王朝變得越來越短，都城在蘇美的主要城市之間反覆變換：從烏爾到阿萬（Awan），然後回到基什；一個城市被命名哈馬茲（Hamazi），然後回到以力和烏爾；到阿達布（Adab）、馬里（Mari），再回到基什；到阿克薩克（Aksak）再到基什；最後又一次到以力。在這不到兩百二十年的期間內，有三個王朝在基什，三個在以力，兩個在烏爾，其他五個城市各一次。顯然，這是一個不斷變化的時期：一方面由於天氣乾燥，另一方面由於人口增長帶來的水權和灌溉水渠的問題，增加了城市間的摩擦。在每個事例中，城鎮不再是被「武器重擊了」。人類開始發起自己的戰爭！

用戰爭來解決地方爭端的情況，變得更加普遍。那個時期的獻詞顯示，疲累的平民為了得到神的厚待，透過向神提供貢品和加強崇拜來競爭。越來越多的交戰城市向他們的神尋求細瑣爭執的解決辦法。比如，尼努爾塔就曾去解決一個城市的灌溉渠是否侵犯了另一個城市的領土。同樣的，恩利爾也被迫命令交戰的各方停戰。當眾神都感到厭煩的時候，這種連續不斷的衝突和不穩定的狀態很快到達了高峰。當大洪水再一次到來時，恩利爾已經十分厭惡人類，他計畫用大洪水淹沒他們。在巴別塔事件之後，他將人類分散開，並使他們語言不通。現在，他的厭惡之情再一次增長了。

緊接著這個事件的歷史背景，是眾神最後一次努力重建原來的都城基什做為王權的中心。他們第四次在基什建立王權。統治者一開始的王朝名字，表明了他對辛、伊師塔和沙馬氏的忠誠。但是，有兩個統治者的本名顯示，他們是尼努爾塔和其配偶的追隨者，證明了辛和尼努爾塔之間的競爭再度重現。因此，最後是讓一個無足輕重的鑿石匠納尼亞（Nannia）統治了基什七年。

在這種不穩定的情況下，伊南娜為以力找回了王位。她選擇盧加札基西（Lugal-zagesi）來擔任國王。盧加札基西獲得眾神的厚待長達二十五年，但後來他卻為了引起恩利爾的憤怒，而毀壞了基什，造成它永久的荒蕪。以強力的手腕來掌握人類統治權的想法，變得越來越有道理……這就需要一個沒有捲入任何紛爭，可以提供穩固領導權，並同時扮演好國王的角色，來做為中間人，調解眾神和人類之間的各種事務。

這就是伊南娜在一次飛行旅行中找到的人。

她大約是在西元前二千四百年遇到他的，從此開創了一個新的時代。他一開始是基什國王的斟酒侍從。他在接管了美索不達米亞中心地區的統治權後，很快就統治了整個蘇美，並擴及它的鄰國，甚至是遙遠的國度。第一個建造帝國的人是舍魯—金（Sharru-Kin，意思是公正的統治者），現代課本稱他為薩貢一世（Sargon I）或偉大的薩貢（見圖80）。他在離巴比倫不遠的地方建造了全新的都城，並命名為亞甲（*Agade*，意思是團結）；我們知道，亞甲是來自阿卡德語的第一個希伯來語。

在一份名為《薩貢傳奇》（*The Legend of Sargon*）的文獻中，用他自己的話記載著神奇的個人經歷：

> 我是阿卡德城的強大國王薩貢。我的母親是一位大祭司；我不知道我的父親是誰……我的母親孕育了我，祕密地生下了我。她倉促地將我放入筐中，並用瀝清密封了盒蓋。她將我丟入河中，但我沒有被淹死，河流養育了我。它將我帶給了灌溉者阿奇（Akki）。當他取水時，把我從河中撈上來。阿奇將我當作他的兒子一樣養育。阿奇任命我作為他的園丁。

圖80：偉大的薩貢

這些就像摩西的傳說（這是在摩西之前一千多年寫的）。然後，他繼續回答這個顯而易見的問題：連自己的父親是誰都不清楚，而且只是一個園丁，怎麼可能成為一位強大的國王？薩貢是這樣回答這個問題的：

> 當我是園丁時，伊師塔給了我她的愛。並且我行使了王權五十四年，我統治並且管理那些黑頭人。

他的簡明聲明在另一份文獻裡有詳盡闡述。身為工人的薩貢和可愛的女神伊師塔之間的相遇是偶然的，但並不單純：

某一天我的女王，
伊南娜在橫穿天堂以後，橫穿地球，
在橫穿天堂、橫穿地球——
在橫穿埃蘭和舒布林（Shubur）後，
在橫穿……後，
聖役十分疲倦，睡著了。
我在我的花園邊看見了她；
我親吻她，與她交配。

我們猜想，當伊南娜醒來之後，她發現薩貢是她喜歡的男人，這個男人不僅能滿足她的性慾，還能滿足她的政治抱負。一份名為《薩貢編年史》（*Sargon Chronicle*）的文獻記載著，「阿卡德城的國王舍魯—金，在伊師塔時代崛起（獲得權利）。他既沒有競爭對手，也沒有反對者；他的統治遍及所有國家；他穿過了東部的大海；他徹底征服了西部的國家。」

當我們提到「在伊師塔時代」時，有些學者會覺得難以理解。但它可以這樣理解：在那時，不管任何原因，伊南娜（伊師塔）有權利挑選一個男人坐上王位，並為她創造帝國：「他擊敗了烏魯克，並且摧毀了它的城牆……他在烏爾居民的爭鬥中是勝利者……他擊敗了從拉格什起遠到海洋的整個疆土……」他也占領在蘇美古老邊界線之外的疆域：「馬里和埃蘭也臣服於薩貢」。

為了向偉大的薩貢和偉大的伊南娜表達崇敬，人們建立了新的阿卡德城為首都，並為伊南娜建造了烏馬西（UL.MASH，意思是閃爍、豪華）神廟。「在那些日子裡」，蘇美人的歷史文獻記載著，「阿卡德城的住宅裡充滿了金子，它閃閃發光的房子充滿了銀。進入它的倉庫，全是銅、鉛、天青石石版；它的糧倉在邊上滿滿地鼓起，它的老人擁有智慧，它的老婦人擁有口才；它的年輕人被賦予了強力的武器，它的小孩子擁有歡悅的心情……城市充滿了歡歌笑語。」

在那個美麗、歡愉的城市，「在阿卡德城，聖潔的伊南娜建造了一座神廟當作她尊貴的住所。在烏馬西，她建立了一個王位。」在圍繞著蘇美主要城市的神廟中，它是地位最崇高的。伊南娜宣稱：「在以力，伊安納是我的。」並列出了她在尼普爾、烏爾、吉爾蘇（Girsu）、阿達德、基什、德爾（Der）、阿克沙克（Akshak）和烏瑪的神廟，最後還有在阿卡德城的烏馬西。她問道：「有哪個神能和我相比？」

薩貢雖然有伊南娜的提拔，但若沒有阿努和恩利爾的同意及祝福，薩貢不可能獲得王位，也無法在蘇美和阿卡德地區聞名。有一份雙語（蘇美語和阿卡德語）的文獻，最初是刻在一座薩貢雕像上；這座雕像就放在尼普爾的恩利爾神廟中。這份文獻宣稱，薩貢不僅是伊師塔「威嚴的監工」，還是阿努「指定的祭司」和恩利爾「傑出的攝政者」。薩貢寫道，是恩利爾「給了我統治權和王位」。

薩貢在他的征服紀錄中描述，伊南娜積極地出現在戰場上，但在關於勝利的機會和領土範圍方面，則要歸功於恩利爾的整體決定：「恩利爾沒有讓任何人反對國王薩貢，從地中海到波斯灣都給了他。」薩貢題字的附言，總是援引了阿努、恩利爾、伊南娜和烏圖（沙馬氏）做為他的「證人」。

當你仔細審視這個廣闊的帝國，從上海域（地中海）到下海域（波斯灣），可以清楚地看出，首先，薩貢的征服過程受到了辛及其孩子的領域（伊南娜和烏圖）的限制，甚至在他們的鼎盛時期，也完好地保留了恩利爾一族的疆土。薩貢到達了拉格什（尼努爾塔的一個城市），征服了拉格什南方的疆土，但沒有征服拉格什。由於尼努爾塔的影響，薩貢也沒有擴張到蘇美的東北部。他越過蘇美古老的分界線，進入到埃蘭地區的東南部——較早時期就處於伊南娜的影響之下。但當薩貢向西進入幼發拉底河中部地區和阿達德的領域地中海海岸時，「他拜倒在神的面前禱告……他得到了上部區域的馬里、雅姆利（Yarmuli）和埃布拉，直到雪松森林和銀色山。」

從薩貢的獻詞中可以清楚地看出，他沒有被賜予提爾蒙（神自己的第四區域）和馬根（埃及），也沒有被賜予屬於恩基後代的第二區域——美路哈（衣索比亞）；他只與這些區域維持友好的貿易關係。在蘇美，他交出了那些尼努爾塔控制的地區和馬杜克要求的城市。但，「在他的晚年」，薩貢犯了一個錯誤：

他從巴比倫的地基上拿走了一些土壤，並在阿卡德城旁邊修建了另一個巴比倫。

為了理解這件事的嚴重性，我們回憶一下「巴比倫」——Bab-Ili的含義：「神的門戶」。對於巴比倫來說，它就是公然違抗馬杜克的一個標誌。它以神聖的土壤為象徵。現在，由於伊南娜的鼓動，以及她野心的驅使，薩貢拿走了神聖的土壤，並將它當作新的Bab-Ili的地基，大膽地打算將巴比倫的象徵作用轉移到阿卡德城。

這就導致了一個重大的結果，也給了馬杜克一個重新揚威的機會。

由於薩貢褻瀆聖物，因而被判有罪。偉大的君主馬杜克變得憤怒，並用饑餓摧毀了他的人民。從東部到西部，他疏遠了他們與薩貢，並且為了懲罰薩貢，讓他不得休息。

絕望的人民一波接一波地起義，薩貢「不得休息」，失去了名譽，也不停被折磨，使得他在統治王朝五十四年以後死去。

12・災難的前奏

關於伊師塔時代最後歲月的資料來自大量的文獻。將它們彙集在一起，便組成了一個戲劇性的、令人難以置信的故事：對地球上由女神掌控的最高權力的篡奪；對在尼普爾的恩利爾神廟內殿的玷汙；凡人軍隊對第四區的侵入；對埃及的入侵；非洲的神出現在亞洲領域，其行為和產生的影響都是難以想像的；眾神之間的大變動，正好讓人類統治階級利用他們的權利，同時也伴隨著殘酷的殺戮。

伊南娜面對她從前的敵人再度出現時，不管代價是什麼，她都不會再輕易放棄。坐在王位上的是薩貢的第一個兒子，並且一個接一個下去，他們做為附庸國王，參與她在東部山區的戰役。她像一頭被觸怒的母獅一樣，為被瓦解的帝國而戰，「如雨般的火焰落到地上……就像一場充滿攻擊性的風暴。」

「您以摧毀反叛者的土地而聞名。」一首由薩貢的女兒吟誦的哀歌寫道：「您透過屠殺他的人民而聞名」……「認為那些說不的城市是你的」，使「它的河中流淌著的全是血」。

伊南娜在兩年多的時間裡摧毀了周圍全部的城市，直到眾神決定唯一能停止大屠殺的方式是強迫馬杜克再一次被放逐。當薩貢設法移去一些源於傳說的、具有象徵意義的土壤時，馬杜克回到巴比倫，他重新強化了城市，特別是巧妙地改善了它的地下供水系統，使城市不易受到攻擊。阿努納奇可能是無法或不願意用武力驅逐馬杜克，便去找馬杜克的兄弟奈格爾，並要求他「恐嚇馬杜克，讓他離開在巴比倫的君王之位」。

奈格爾的罪惡

我們是從被學者命名為《艾拉史詩》（*The Erra Epos*）的文獻中知道這些事件，在其中，奈格爾被古代編年史家中稱為「艾拉」，這是具有貶義的綽號，因為它的意思是「拉的僕人」。更準確地說，它應該被稱為是「奈格爾的罪惡」，因為裡面記載了一連串可歸咎於奈格爾的災難性事件；這些對於我們瞭解和理解災難的起因，是不可多得的寶貴財富。

奈格爾（艾拉）在接受使命後，開始到美索不達米亞與馬杜克進行一次面對面交談的旅途。他到達美索不達米亞後，首先停在以力，「眾神之王阿努的城市」，這裡也是被伊南娜（伊師塔）搞得一團糟的地方。奈格爾（艾拉）到達巴比倫後，走進宇宙的神廟埃薩吉（Esagil），並站在馬杜克面前。古老的藝術家記錄了這次重要的會面（見圖81）：它描述兩位神舉著武器，戴著頭盔的馬杜克站立在平臺，做出某個表示歡迎他的兄弟的動作。

艾拉兼具稱讚與譴責地告訴馬杜克，他為巴比倫所做的美好事情，特別是它的供水系統，使得馬杜克的名譽就像天空中一顆閃亮的星星，卻讓其他城市用水困難。此外，在巴比倫稱王，「照亮了它神聖的區域」，也激怒了其他神：因為它的遮擋，「包括阿努的住宅也變得黯淡」。馬杜克堅決地說，他不會再繼續違背其他阿努納奇的意願，當然也不會違背阿努的意願。

但馬杜克援引大洪水給地球造成的改變，並解釋說他

圖81：奈格爾（艾拉）與馬杜克的會面

必須親自處理這些事情。

洪水的後果，帶來了宇宙萬物規則的混亂。眾神的城市在寬闊的地球上被完全改變，他們沒有回到應該去的地方……當我再一次回望他們的時候，我厭惡我的罪惡，沒有讓他們回到最初的地方。人類的存在被貶低……我必須重建我在大洪水中被沖走的家園；我必須再一次叫喚它的名字。

在大洪水之後對馬杜克造成困擾的那些混亂，使得艾拉在解釋某些神的古物上犯了錯——「發布命令的文書，神諭，王位的標誌，聖潔的王權構成了光輝的統治……哪裡有已被粉碎的所有神聖輻射石？」馬杜克問道，接著又說，如果某天我被迫離開我的位子，「洪水將再次來到……水不會上升……明亮的天變得黑暗（將轉動）……混亂將出現……狂風怒吼……疾病將傳播」。

經過多次的交流討論後，艾拉提出了如果馬杜克親自前往下層世界撿回「天國和地球的文物」，這些東西就都會歸還給馬杜克。他保證，馬杜克不需要擔心巴比倫的「工程」。他會進入馬杜克的神廟，但「只在門前豎立起阿努的公牛和恩利爾的雕像」（的確，在神廟遺址上發現了有翼的公牛雕像），不會擾亂供水系統。

馬杜克聽到了艾拉給出的諾言，這證實了艾拉的好意。因此，馬杜克從他的位子退下，他決定好了方向，要到礦脈那裡的阿努納奇住所。

馬杜克被說服後，同意離開巴比倫。但在他離開後不久，奈格爾打破了承諾。奈格爾（艾拉）無法抵抗自己的好奇心，冒險進入了馬杜克在離開前強調禁止進入的神祕地下洞室吉古奴

（Gigunu），並在那裡將「光亮」（能量的輻射源）移動了。於是，就像馬杜克所警告的那樣，「白天變成了黑夜」，「洪水氾濫」並且很快地「土地荒蕪，人類開始死亡」。

整個美索不達米亞都受到了影響，艾（恩基）、辛和沙馬氏都在為自己的城市擔心，並充滿了對艾拉的憤怒。人民向阿努和伊師塔祭獻，但毫無用處：「水源枯竭了」。艾拉的父親艾，責備他說：「既然馬杜克已經離開了，你還在幹什麼？」他下令，禁止豎立原本安放在埃薩吉拉前的艾拉雕像。「滾開！」他命令艾拉：「去那些沒有神去過的地方！」

艾拉無言以對，但只過了一會兒就說出無理放肆的話。憤怒的他搗毀了馬杜克的神廟，並點燃了它的門。當他要轉身離開時，「他做了一個記號」，宣布他的追隨者會留下來，「在我的警告之下，他們不會回來了。」的確如此，當艾拉回到庫德城，他的隨從留下來，為了奈格爾而永久地留在閃族的土地上。在離巴比倫不遠的地方，他們分到一塊聚居地，可能是一支永久駐軍。在聖經時代的撒瑪利亞（Samaria），有著「崇拜奈格爾的庫熱人（Kutheans）」，並且在埃蘭當地有對奈格爾的正式祭拜。在那裡發現的一個罕見青銅雕塑可以證明（見圖82），它描述了崇拜者在神廟庭院表演的，是帶有非洲特徵的狂熱祭拜儀式。

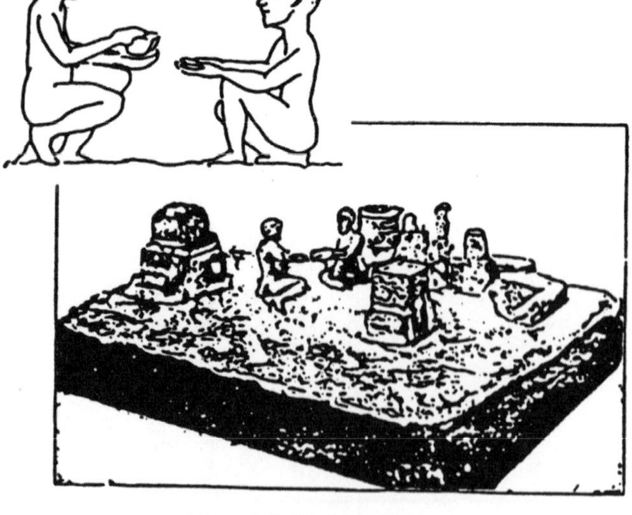

圖82：有非洲特徵的祭拜儀式

積極擴大勢力範圍的伊南娜

馬杜克離開巴比倫，結束了他和伊師塔（伊南娜）的衝突；馬杜克和奈格爾之間的不合，再加上奈格爾具有亞洲人的外表，無意中使得他和伊師塔之間創建了一個聯盟。沒有人能預言到，也沒有人想讓它們發生的一連串悲劇，就這樣由命運造就了，帶領阿努納奇和人類靠近了巨大的災難。

當伊南娜的權力被恢復，她讓薩貢的孫子那拉姆—辛（意思是辛最喜愛的）坐上阿卡德城的王位。伊南娜看中他最終將成為辛真正的繼承者，便鼓勵他成就壯麗和偉大的版圖。在短暫的和平及繁榮後，她激勵那拉姆—辛開始擴展從前的帝國。很快的，伊南娜開始侵犯其他神的領土，但他們沒有能力或不願意與她爭鬥：「偉大的阿努納奇逃走了，在您開始振翼之前」，寫給伊南娜的讚美詩這樣說：「他們不敢在您可怕的面孔之前站立……不能撫平您憤怒的心情。」在被吞併的岩石上，一些雕刻將伊南娜描繪為殘酷的征服者（見圖83）。

圖83：殘酷的征服者

在戰爭剛開始之初，伊南娜仍然稱自己是「敬愛恩利爾」和一個「執行阿努指示」的人。另一方面，她的意圖從本質上改變了，從鎮壓叛亂變成有預謀的爭奪權力。

有兩套文獻記錄了那個時期的事，一套論述女神，另一套論及他的代理人：國王那拉姆—辛。這兩套文獻都顯示，伊南娜的第一個跨出界線的目標就在雪松山的登陸點。伊南娜身為會飛的女神，相當熟悉那個地方：她「燒毀了山的大門」，並且守衛隊伍在短暫的圍困以後投降了：「他們自願解散了自己」。

正如那拉姆—辛獻詞中記錄的，此後伊南娜轉向地中海南部沿岸，攻占一個又一個城市。攻取耶路撒冷（**任務指揮中心**）一事沒有明確被提及，但伊南娜必須攻占那裡，因為她繼續攻占了耶利哥。橫跨戰略性的約旦河過境點，位在阿努納奇的特爾佳蘇爾堡壘對面的耶利哥（**屬於辛的城市**），也造反了：「它說它不再是『屬於生你的父親』。它許下了莊嚴的誓言，但它背叛了。」《舊約》中充滿了反對「跟隨在陌生的神之後」的箴言；蘇美人的文獻也表達了同樣的罪過：耶利哥的臣民已經向伊南娜的父親辛許下了莊嚴的崇拜誓約，卻轉而崇拜另一個陌生的神。在一個圓筒印章上，描述了這個「有海棗的城市」向武裝的伊南娜投降的情形（**見圖84**）。

伊南娜占領了迦南以後，站立在第四地區（**太空站區域**）的門口。薩貢不敢跨越禁戒線。但由於伊南娜的鼓勵，那拉姆—辛那樣做了。

美索不達米亞女王編年史的記載證實了，那拉姆—辛不

圖84：「有海棗的城市」向武裝的伊南娜投降

僅進入半島，還侵略了馬根（埃及）：

薩貢的後代那拉姆—辛，前進到阿皮沙（Apishal），並在城牆上造出一個突破口，攻克了它。他親自捉住阿皮沙的國王瑞西—阿達德（Rish-Adad）和他的大臣。

然後，他前進到馬根國，並親自捉住馬根的國王曼奴—丹奴（Mannu-Dannu）。

以上這些準確的描述，在巴比倫皇家編年史中得到證實，雖然它聽起來太令人難以置信。因為這需要一位人類的國王和一支人類的部隊通過西奈半島（神的第四區域）。從遠古時代開始，就建立了一條亞洲和非洲之間，沿著西奈半島的地中海海岸商船航線，稍後，這條路線由於埃及人建立了供水站和成為羅馬人重要的海路「經由馬里斯」而擴大了。這條路線的古代用戶遠離了太空站所在的中央平原。但那拉姆—辛帶領的軍隊，是否循著沿海路線前進則不得而知。考古學家在美索不達米亞和埃蘭發現了埃及人設計的光滑花瓶，證實他們的擁有者（在阿卡德）正是「那拉姆—辛，第四區的國王，花瓶上閃閃發光的是馬根地區的王冠」。那拉姆—辛開始稱自己為「第四區的國王」，這證實他不僅攻占了埃及，還暗示他的影響力已經擴大到西奈半島。看起來伊南娜只是匆匆經過。

（從埃及的紀錄中也可以知道，在那拉姆—辛時期的外國入侵狀況。他們描述了一個極其混亂的時期。埃及古物學家的莎草紙紀錄，展現了艾帕威爾（Ipuwer）的警告，「陌生人進入了埃及……出身名門的名士充滿悲哀。」在這個時期，統治權和王權中心發生了轉移，從北部的孟斐斯—太陽城轉到南部的底比斯。學者稱這個混亂的世紀為「第一中間期」，緊隨其後的是第六代法老王朝的垮臺。）

伊南娜是如何明目張膽地侵擾西奈半島並侵占埃及，而沒有受到埃及其他神的反對？

答案就在已經被學者們推翻的那拉姆—辛的獻詞中：顯然美索不達米亞統治者對非洲神奈格爾十分尊重。儘管這看起來毫無意義，但事實是在一本名為《庫熱的領袖那拉姆—辛》（*The Kuthean Legend of Naram-Sin*，有時也稱為《庫德城國王文獻》〔*The King of Kutha Text*〕）中，證實了那拉姆—辛曾去過瘋狂崇拜奈格爾的中心庫德城，並在那裡豎立了一個石碑。在石碑上，他用象牙色的木簡描述了這次不同尋常的拜訪，全都是對奈格爾的崇敬之詞。

那拉姆—辛承認奈格爾的力量和影響，遠遠超出了他自己的範圍，這可以從那拉姆—辛和埃蘭的統治者簽署條約的時候，奈格爾被請求擔任見證神之一看出來。並且在那拉姆—辛記錄軍隊到達位於黎巴嫩的雪松山的獻詞中，國王就將成就歸功於奈格爾（而不是伊希庫爾／阿達德）：

> 雖然自從有人類統治以來，還沒有一個國王毀壞阿曼（Arman）和埃布拉，現在神奈格爾為強大的那拉姆—辛打開了一條路。奈格爾給了他阿曼和埃布拉，並送給他阿馬努斯山和雪松山，還有上海域。

奈格爾成為具影響力的亞洲神一事令人費解，再加上伊南娜的代理人那拉姆—辛大膽地行軍到埃及，所有這些行為都違反了在金字塔戰爭之後所建立的四個區域現狀。對此有一個解釋是：當馬杜克將注意力轉移到巴比倫時，奈格爾在埃及擔任了一個傑出的角色。然後，他在沒有進一步爭鬥的情況下，說服馬杜克離開美索不達米亞，使兄弟之間友好的離別變成了痛苦的敵對。

這導致了奈格爾和伊南娜的聯盟。但當他們代表彼此時，很快就發現自己受到了所有其他神的反對。眾神在尼普爾集會，以處理伊南娜的侵略所帶來的破壞性後果，甚至恩基也認為她做得過火了。眾神發布了對她的拘捕令，並由恩利爾負責審判。

我們從學者命名為《阿卡德的詛咒》（*The Curse of Agade*）這本編年史中，瞭解了這些事情。由於眾神認為伊南娜已失去控制，於是對她發出了「伊庫爾（恩利爾在尼普爾的神聖界域）的命令」。但伊南娜沒有等著被抓或被審判，她放棄了神廟並逃離阿卡德：

當伊庫爾的「命令」到達阿卡德的時候，阿卡德一片死寂；整個阿卡德都在發抖，她住的烏瑪西神廟處於恐怖中。她第一次拋棄了她的住所，聖潔的伊南娜拋棄了她在阿卡德的聖地。

當偉大眾神的代表團到達阿卡德的時候，他們只發現了一座空的神廟，所能做的是剝奪這個地方的所有權力：

在不到五天、十天內，統治權的王冠、王位的頭飾和王權，都交還給統治者尼努爾塔帶回自己的神廟；烏圖帶走城市的「口才」；恩基收回它的「智慧」；它那可能到達天國的「神奇」，則被阿努帶到天國之中。

「阿卡德的王位被推翻，它的未來是極不樂觀的」。「那拉姆—辛幻想」和他的女神伊南娜交流。「他將話留在心裡，沒有將它們說出來，沒有告訴任何人，他為自己保留了它……七年了，那拉姆—辛一直在等待機會。」

伊南娜能在她從阿卡德失蹤的七年時間裡找出奈格爾？文獻沒有給出答案，但我們相信這是伊南娜唯一能遠離恩利爾的憤怒的安全地方。接下來的事件暗示，伊南娜獲得了至少另一個主要的神的支持，因為她比以前更大膽，更有野心。顯然，那只可能是奈格爾。伊南娜可能藏身在奈格爾的非洲下層領域，這看起來是最可能的一個假設。

這兩人談論現狀，回顧過去的事件，討論未來，想建立一個重新安排神聖區域的新聯盟？新的秩序的確是可行的，因為伊南娜正在打亂地球上老神賜予的秩序。一個古老標題為《所有門伊的女王》（*Queen of All the MEs*）的文獻，證實伊南娜的確慎重地決定違抗阿努和恩利爾的統治，她廢除了他們的規則和章程，自稱是最偉大的神：「了不起的女王的女王」。宣稱她「比生她的母親更偉大……甚至比阿努更偉大。」她以行為繼續著她的聲明，並且占領了在以力的伊安納（阿努之屋），打算廢除阿努當局的標誌：

> 天國的王位被女性占領……她改變了聖潔的阿努的全部規則，不害怕偉大的阿努。她從阿努手中占領了伊安納，破壞這個具有長久魅力的神殿；伊南娜突襲它的人民，並俘虜了他們。

伊南娜將「以武力反對阿努，並對恩利爾的地位和權力象徵進行攻擊」的任務，分配給那拉姆—辛。在《阿卡德的詛咒》文獻中，記載了他對位於尼普爾的伊庫爾的攻擊，導致了阿卡德的衰落。從這一點我們可以看出，那拉姆—辛經過七年的等待後，收到進一步的神諭，因此改變了「行動方針」。當收到新命令的時候：

> 他違抗恩利爾的命令，鎮壓那些曾為恩利爾服務的人，調動他的隊伍，像一個習慣了高壓手段的英雄一樣，對伊庫爾進行統治。

那拉姆—辛侵占了表面上沒有防備的城市，「像盜匪那樣掠奪它」。他從神聖的區域接近了伊庫爾，「對著神廟架設了一個大梯子」。他一邊搗毀道路，一邊進入至聖區域：「人們現在看見了它神聖的地下室，一個沒有光的房間：阿卡德人看見了神的聖潔器具」。那拉姆—辛「將它們丟進火裡」。他「將大船停靠在恩利爾之屋旁邊的碼頭，運走了這個城市的財產」。褻瀆聖物是非常可怕的一件事。

恩利爾下落不明，但很明顯他已經離開了尼普爾——「抬起他的眼睛」，他看到了尼普爾遭受到的破壞和伊庫爾的衰落。「由於他心愛的伊庫爾受到了攻擊」。恩利爾命令一大群庫提人從美索不達米亞東北部的山地去攻擊阿卡德並摧毀它。他們來到阿卡德和它的城市，「浩大的隊伍，就像蝗蟲一樣……什麼都沒能逃出他們的武力。「在屋頂睡覺的人就在屋頂上死去；睡在房子裡面的人不能被帶去安葬……頭被擊碎了，嘴被擊碎了……血流成了河。」

一次，然後第二次。其他神勸解恩利爾說：「讓阿卡德城因凶惡的詛咒而受苦」，但讓其他城市和農田生存下來吧！當恩利爾最終同意後，八位偉大的神加入了對阿卡德的詛咒：「竟敢攻擊伊庫爾的城市。」古代的史學家說，「因此，漸漸地，阿卡德城被摧毀了！」眾神裁決阿卡德城永遠從地球上消失，不同於其他城市在被毀壞後將被重建並重新有人居住，阿卡德城將永遠荒涼。

至於伊南娜，最終由她的父母使「她的心得到平息」。到底發生了什麼事，文獻中並沒有提到。唯一提到的是，她的父親月神娜娜將她帶回到蘇美，同時「她的母親寧加爾為她祈禱，呼籲她回到聖殿的門階」。「有著無限創新的偉大女王！」神和人民喜歡她：「最重要的女王在她的集會上接受禱告。」

伊師塔時代就這樣結束了。

尼努爾塔時代的城市拉格什

所有文獻證據都暗示，當那拉姆—辛攻擊尼普爾的時候，恩利爾和尼努爾塔離開了美索不達米亞。但從山上來到阿卡德的一大群人是「恩利爾的隨從」，他們很可能是由尼努爾塔引導而進入廣闊的美索不達米亞平原的。

蘇美國王列表中，記錄了向來自庫提的侵略者要回美索不達米亞東北部土地的事件。在那拉姆－辛的傳奇中，他們將那些來自「神建造的山區」的恩利爾營地的隨從，稱為「烏曼－曼達」（Umman-Manda，**意思可能是成群結隊的遙遠或堅強的兄弟**）。文獻中的一段內容暗示，他們是跟隨恩麥卡爾進行遠途旅行的軍人後代，因為「圍繞著他們的主人」而被烏圖（沙馬氏）懲罰永遠流放。現在，部落的人數眾多，由七個兄弟帶領，他們聽從恩利爾侵占美索不達米亞的命令，並且「為在尼普爾被殺害的人民報仇」。

當這些隨從開始侵占一個又一個城市的時候，那拉姆－辛無力的後繼者還試圖維護中央集權。蘇美國王列表是這樣描述此混亂情形的：「誰是國王？誰不是國王？艾吉吉（Irgigi）是國王？南姆（Nanum）是國王？艾米（Imi）是國王？伊魯魯（Elulu）是國王？」最後庫提人掌握了整個蘇美和阿卡德的控制權，「王位被庫提的一群人奪去了」。

庫提人統治了美索不達米亞九十一年又四十天。他們沒有命名新的都城來做為美索不達米亞人的總部，看起來是由唯一沒有被侵略者掠奪的蘇美城市——拉格什來做總部。由於尼努爾塔在拉格什的地位，他開始了在艾拉／馬杜克事件之後，恢復國家的農業和主要灌溉系統的緩慢過程。

在蘇美歷史上，這一章最好稱為尼努爾塔時代。那個時代的焦點是拉格什，它一開始是尼努爾塔和他神聖黑鳥的「神域」城市。但是，由於人類的混亂

圖85：尼努爾塔和配偶巴烏（古拉）

和神聖抱負的增長，尼努爾塔決定將拉格什轉變成蘇美的主要中心，他和配偶巴烏／古拉（Bau/Gula）的主要住所（見圖85）；在那裡，他關於治安、道德和司法的想法可能被實現。為了協助這些任務的實現，尼努爾塔在拉格什任命人類的總督，並讓他們承擔城市的管理和防禦。

拉格什（**現在稱為泰洛赫〔Telloh，意思是土墩〕**）的歷史顯示，它是一個在薩貢崛起之前的三個世紀，統治了該地五百年且沒有中斷的王朝。蘇美的宗教節日起源於尼普爾，拉格什則是那些與節氣緊密相關的傳統節日發源地，比如第一個豐收節。它的抄寫員和學者完善了蘇美語言，它的統治者尼努爾塔發誓要當正義和道德的榜樣，被授予「公正的統治者」的稱號……

在拉格什漫長王朝的眾多統治者中，最為傑出的是名為烏爾納西（Ur-Nanshe）的君王（**大約西元前二千六百年**）。在拉格什廢墟裡發現了超過五十篇關於他的獻詞，它們記錄了他為吉爾蘇城帶來建築材料，包括從提爾蒙找來神廟裝飾用的特殊木材。他們也描述大規模的灌溉工程、開掘運河和提升堤壩。有一篇獻詞裡描述他是建築隊的管理者，不需要親自去做一些工作（**見圖86**）。四十個知名的總督跟隨著他，留下了關於農業、建築、社會立法和道德改革的紀錄，這些成就和道德上的功績，沒有一個政府可以與之相比。

圖86：烏爾納西是建築隊管理者

拉格什能逃脫動盪歲月中薩貢和那拉

姆—辛的破壞，不僅因為它是尼努爾塔的「崇拜中心」，而且（並且主要）是因為它的軍隊相當勇猛。尼努爾塔是「恩利爾最重要的戰士」，人們確信由他選擇的那些治理拉格什的人，應該是精通軍事的。關於一個名為恩納圖姆（Eannatum）的優秀戰術家和常勝將軍的題字及頌歌，已經被發現。頌歌記載恩納圖姆駕駛著雙輪戰車，那是一種軍事交通工具，它的發明通常被歸在後期；它們也展現了他緊密排列的戴頭盔軍隊（見圖87）。

摩里斯・蘭伯特（Maurice Lambert）在相關研究中對此評論寫道，「拿著盾牌的士兵保護用矛的步兵，為拉格什軍隊提供最堅固的保護，並且使攻擊更迅速有效。恩納圖姆的勝利甚至讓伊南娜（伊師塔）印象深刻，以至於伊南娜愛上了他。「由於她愛恩納圖姆，在拉格什的總督職位之外，還將基什的王位給了他」有了這些，恩納圖姆成為了蘇美的努戈（意思是大人物），並且用武力控制著土地，他制定的法律和秩序受到歡迎。

諷刺的是，在阿卡德城的薩貢之前的混亂期間，拉格什的統治者不是一位強大的軍事領袖，而是一個名為烏魯卡基納（Urukagina）的社會改革者。他致力於道德復興，所提出的法律是基於公平、公正，而不是根據罪行處罰的概念。在他的統治之下，拉

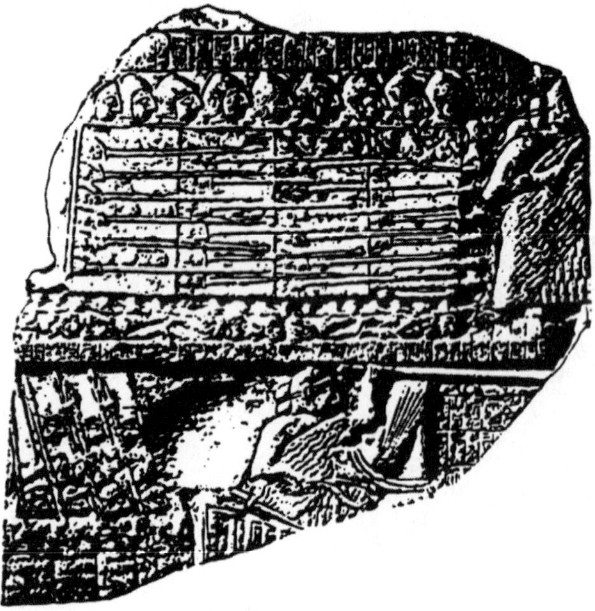

圖87：緊密排列的戴頭盔軍隊

格什對法律和秩序的維護力道減弱了。他的軟弱使伊南娜帶著來自烏瑪的，野心勃勃的盧加札基西來到以力，以恢復她國家廣闊的疆土。但盧加札基西的失敗導致了（我們已經描述過）他的垮臺，因此伊南娜做出新的選擇，薩貢。

縱觀整個阿卡德，拉格什的主要統治權一直沒有中斷，甚至強大的薩貢也繞開了拉格什，使它未受損傷。它能逃脫在那拉姆－辛時期的大變動所帶來的破壞和侵占，主要由於它是一個強大的軍事堡壘，其攻防工事可以抵禦所有的攻擊。我們從烏爾－巴烏（Ur-Bau）的獻詞中可以知道，在那拉姆－辛大變動之時的總督接受尼努爾塔的指示，加固了吉爾蘇城的城牆，加強了伊姆杜吉德飛船的圍欄。烏爾－巴烏「壓密土壤，使其像石頭一樣……耐火黏土像金屬一樣」。在伊姆杜吉德的平臺上，他「用一個新地基取代舊泥土」，用從遠處進口的巨大木料和石塊來加固。

大約西元前二一六〇年，當庫提人離開美索不達米亞後，拉格什進入新的繁盛時期，出現了幾位極著名且明智的蘇美統治者。其中以長篇獻詩和許多雕像著名的是古蒂亞（Gudea），他在西元前二二〇〇年期間統治，那是和平繁盛的時期。關於他的紀錄，不再是軍隊，而是貿易和重建。他利用王權擴大了吉爾蘇城，為尼努爾塔建了一個新的壯麗神廟。根據古蒂亞的獻詞，「吉爾蘇城閣下」出現在他的眼前，站立在他神聖黑鳥的旁邊。神向他表達了想由古蒂亞新建一個伊尼奴（E.NINNU，五十之屋，尼努爾塔的數字排名）的願望。神給了古蒂亞兩套指示：一個來自於女神，她一手拿著「討人喜歡的天國之星的碑刻」，另一隻手拿著「神聖的尖筆」。她對古蒂亞說，應該在「令人喜歡的星球」上設置神廟。另一套指示來自於古蒂亞沒有認出的一個神，他是寧吉什西達（Ningishzidda）。他遞給古蒂亞一個由寶石製成的碑刻，「它包含神廟的計畫」。有一座古蒂亞的雕像描述了他將這個碑刻放在膝蓋上的情形。他在膝蓋上使用這種碑刻，神的尖筆就放在旁邊（見圖88）。

古蒂亞承認，他需要占卜者和「祕密的搜尋者」的幫助，以瞭解神廟計畫。現代研究員發現，這是一個巧妙的七分之一建築計畫，用來建造一座七層古巴比倫神殿。這個結構包含了一個被強化的平臺，以用作尼努爾塔空中飛行器的登陸。

寧吉什西達參與伊尼努神廟計畫所起的作用，其意義已經遠遠超出了建築協助的範圍，這一點可以由吉爾蘇城的一座獻給寧吉什西達的特別神壇為見證。在蘇美人的獻詞裡，恩基的兒子寧吉什西達與復原和神祕魔力有關聯，被視為知道如何鞏固神廟基礎，他是「執行計畫的偉大神」。正如我們已經暗示的，寧吉什西達正是圖特，是被任命為吉薩大金字塔祕密計畫監護人，具有魔力的埃及神。

圖88：古蒂亞雕像

下面將回顧，尼努爾塔在金字塔戰爭結束的時候，從大金字塔內部獲得了一些「石頭」。現在，由於伊南娜的阻撓，且馬杜克凌駕於眾神和人類之上，尼努爾塔希望透過在拉格什建造一個階梯式的金字塔，為他再次確認「第五十的排名」，因此這個大建築也被稱為「五十之屋」。我們相信，正是因為這個原因，尼努爾塔邀請寧吉什西達（圖特）來到美索不達米亞，為他設計可以不用那些巨大的埃及石塊，而是用美索不達米亞低廉的黏土磚，來建造及疊高金字塔。

寧吉什西達停留在蘇美時，他與尼努爾塔的合作是具有紀念意義的。他不僅是一個參觀聖域的神，而是留下了大量的藝術作品。在考古學家對泰洛赫進行的六十年考古工作期間，發現了一些這樣的作品。它們其中的一個（見圖89a）將寧吉什西達的象徵——蛇，和尼努爾塔的象徵——神鳥，組合在一起；另一個（見圖89b）將尼努爾塔描述為埃及的獅身人面像。

a
b

圖89a：寧吉什西達（蛇）和尼努爾塔（神鳥）
圖89b：獅身人面像

古蒂亞和尼努爾塔—寧吉什西達合作的時期，與所謂埃及的第一中間期一致。當第五代和第六代國王（西元前二一六〇到二〇四〇年）拋棄了對奧西里斯和荷魯斯的崇拜，便將都城從孟斐斯轉移到一個後來被希臘人稱為赫拉克萊奧波利斯（Heracleopolis）的城市。圖特離開埃及，也許是那裡發生大變動的原因之一，隨後他從蘇美消失。寧吉什西達（引自範布倫〔E. D. Van Buren〕的《寧吉日達神》〔*The God Ningizzida*〕）是「在古蒂亞時期不知來歷的神」，只是一個「幽靈神」，在後來（巴比倫和亞述人）時期僅僅是一個記憶。

神聖武器舒哈達庫

在蘇美，尼努爾塔時代只是一個小插曲，它持續到庫提人入侵及接著而來的重建時期。本質上只是個山民的尼努爾塔，很快就開始乘著他的神聖黑鳥在天空漫遊，參觀他在東北方甚至更遠地方的廣闊領地，堅持不懈地完善高地部落成員的武術，他透過引入騎兵制度以增強他們的移動性，從而使他們所能到達的領域擴展了成百甚至上千里。

在恩利爾的召喚下，他回到美索不達米亞，以結束那拉姆—辛所犯下的褻瀆聖物罪和伊南娜造成的大變動。當一切恢復和平及繁榮後，尼努爾塔再次從蘇美消失，但此時，有一個人還沒有放棄，伊南娜抓住這個機會重新為以力得到王位。

因為阿努和恩利爾不能容忍她的行為，使得這個企圖僅僅持續了幾年。傳說（**包含在編號為Ashur-13955的神祕文獻中**）是最吸引人的，它讀起來像是亞瑟王的古老傳說（**亞瑟王有一把具魔力的劍插入岩石，只有被選為國王的人才能拔出**），並且它揭露了先前的事件，包括薩貢冒犯馬杜克的事。

我們知道，「統治權從天堂下放」是從基什開始，阿努和恩利爾在那裡建立了一個「天堂展示館」。「在它的地基裡，用了好多天」，他們植入了舒哈達庫（SHU.HA.DA.KU），這是一種由合金製成的人工製品，名稱的逐字意譯為「強力明亮的至尊武器」。當王位從基什轉移到以力時，這個神聖物品被帶到那裡；當王權轉移地方的時候，這個物品也隨之轉移，但只限於王權的轉移是由偉大眾神批准的情況下。

薩貢循此慣例，帶著這個物品到了阿卡德城。但馬杜克反對，因為阿卡德只是一個全新的城市，不是「宇宙間偉大眾神」選擇的、可以做為國王都城的城市之一。選擇阿卡德的神——伊南娜及其支持者，在馬杜克的眼裡就是「穿著髒衣叛亂的神」。

為了彌補這個缺陷，薩貢回到巴比倫——那個「聖潔的土壤」所在的地方。他的想法就是移走一些那樣的土壤，到「阿卡德前面的一個地方」，在那裡植入神聖武器，使它可以合法地出現在阿卡德。文獻記載了對此事的懲罰，馬杜克懲罰反叛者薩貢，並且讓他「不得休息」（有一些譯為「失眠症」），導致了他的死亡。

進一步閱讀神祕文獻後，我們發現，緊隨在那拉姆－辛王朝之後的庫提人占領期間，這個神聖物品被放置「在水壩旁邊阻擋水」而一直未被觸碰，因為「他們不知道如何處理這個神聖的人工製品」。馬杜克的觀點依然是將它放置在它指定被放置的地方。「不展現」且「不歸屬於任何神」，直到「帶來破壞的神將其恢復原狀」。但當伊南娜抓住在以力再度創立王位的機會時，她選了烏圖－黑格爾（Uthu-Hegal）作為國王，在還沒「完全恢復原狀」之前，烏圖－黑格爾「來到舒哈達庫放置的地方，把它拿在手中」。烏圖－黑格爾未經批准就「舉起武器攻打他正在圍攻的城市」。但他一做這件事就立即喪命，「河水帶走了他下沉的屍體」。

月神娜娜時代諸王

烏爾南姆王

尼努爾塔離開蘇美土地，以及伊南娜為以力奪回王位的企圖失敗等，這些事件對恩利爾來說，都顯示了對蘇美的治理不應該再留下爭端，擔當此任務最適當的候選人為娜娜（辛）。

在整個動盪時代，娜娜（辛）與那些為了權力爭鬥的競爭者們，包括他的女兒伊南娜相比，相形見絀。現在他終於獲得機會可以展現他身為第一個出生（在地球上）的神的地位。接下來的時代，我們稱為月神娜娜時代，是蘇美歷史上最輝煌的時代；這也是蘇美最後的輝煌。

他的第一個關於貿易的命令，是使他自己的城市烏爾成為主要的城市，並成為帝國的首都。他制定了一系列的新法規，學者稱為烏爾的第三王朝，娜娜使這個都城高度完美，並推動蘇美人的物質和文化達到前所未有的高峰。大約四千年後，從聳立在圍牆城市的巨大金字塔（見圖90）遺跡，可以看出人們對美索不達米亞平原的敬畏之情，關於這一點，月神娜娜和配偶寧加爾發揮了積極的作用。由祭司和官員階層（由國王帶領，見圖91）引導城市的農業，使其成為蘇美的糧倉；指導它的綿羊飼養業，使烏爾成為古老近東的羊毛和製衣中心；透過陸路和水路發展對外貿

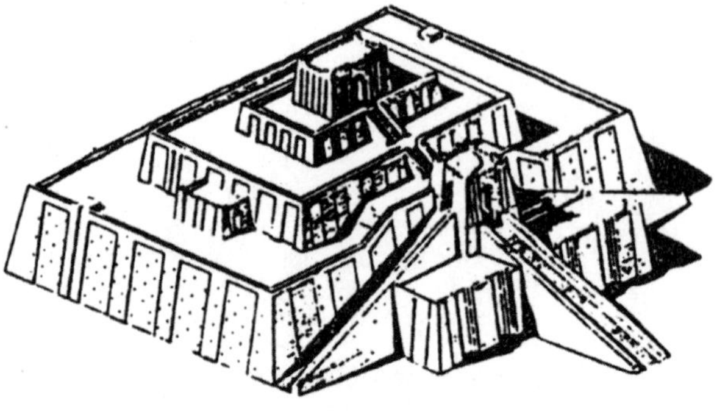

圖90：在圍牆城市中的金字塔

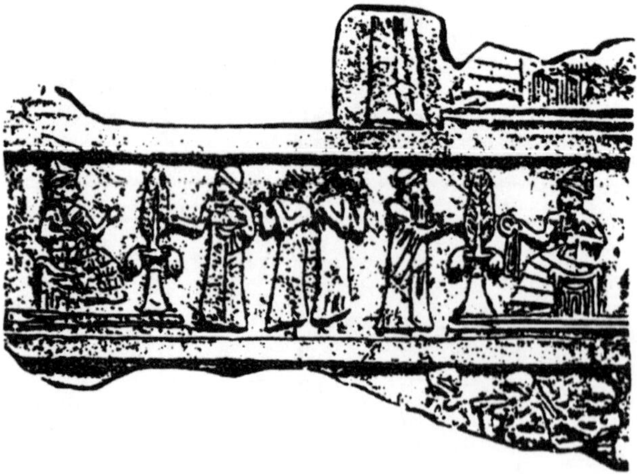

圖91：由祭司和官員階層引導農業

易，使得烏爾的商人從此之後流傳千古。為了貿易的興旺並提高城市的防禦能力，城市的圍牆由一條可航行的運河圍繞，提供兩個港口——西部港口和北部港口，再由一條內運河連接兩個港口，依次將神聖區域、王宮和管理中心與居民區、貿易區分開（見圖92）。從遠處看，這是一個有許多散發珍珠般光芒的多樓層白色房子的城市（見圖93）；它的街道又直又寬，在十字路口有很多神壇，人們享受著平和的管理，虔誠的人民從不忘記向他們仁慈的神祈禱。

烏爾第三王朝的第一個統治者烏爾南姆（Ur-Nammu，意思是烏爾的喜悅）不是凡人：他是半神，母親是女神寧松。關於他的大量紀錄顯示，當「阿努和恩利爾在烏爾將王位移交給娜娜」時，烏爾南姆被選為人民「公正的領袖」，眾神命令烏爾南姆建立新的道德復興。拉格什在烏魯卡基納統治

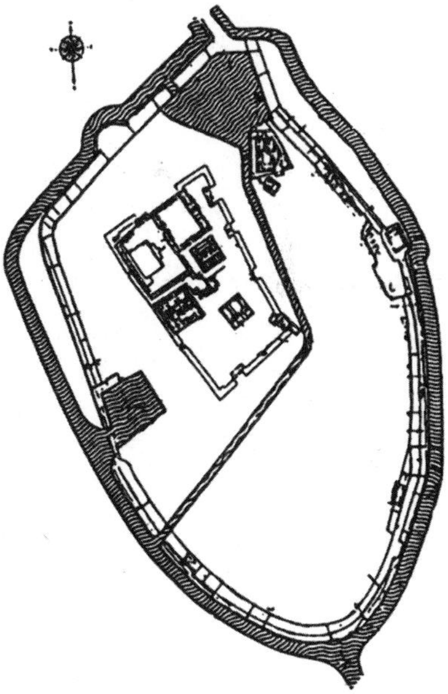

圖92：用內運河為城市分區

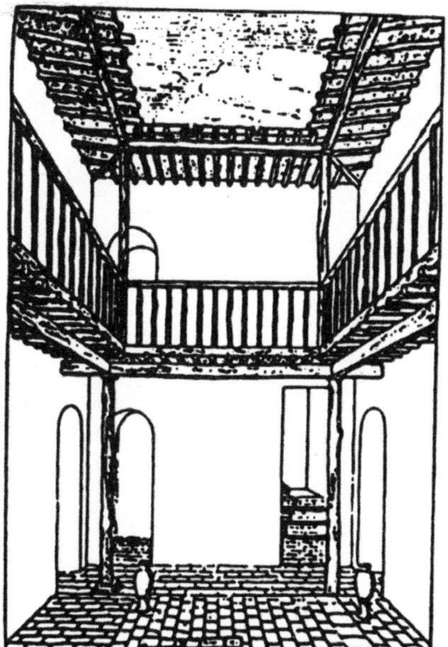

圖93：多樓層的白色房子

之下的道德復興，已經有將近三個世紀了，見證了阿卡德的興旺和衰敗，對阿努政權的反抗和對恩利爾的伊庫爾的褻瀆。不公道、壓迫和淫邪成為常見的行為。在烏爾，在烏爾南姆的統治之下，恩利爾企圖再一次帶領人類遠離「邪惡的道路」回到「正義」，因此正式宣布了一部新的司法和社會行為法典。烏爾南姆「在這片土地上建立平等，驅逐詛咒，結束暴力和衝突」。

為了從新的起點開始，恩利爾將尼普爾的監護權委託給月神娜娜，並給了烏爾南姆恢復被那拉姆－辛損壞的伊庫爾的必要指示。烏爾南姆透過豎立石柱來標識場地，顯示他是帶著工具和籃子的建造者（見圖94）。當工作被完成後，恩利爾和寧利爾回到尼普爾，住在他們被恢復的住所裡。「恩利爾和寧利爾在那裡生活得很開心」，蘇美人的獻詞裡這麼記載。

返回到正義大道是複雜的，不僅關係到人與人之間的社會公義，還關係到對眾神合理的崇拜。烏爾南姆除了在烏爾做了偉大的工作，還重建和恢復了在以力的供奉阿努和伊南娜的大型建築物：在烏爾的寧松（他的母親）神廟，在拉爾薩的烏圖神廟，在阿達布的寧呼爾薩格神廟。他也參與了一些在埃利都（恩基的城市）的修建工作。顯然，在這份名單上缺席的是，位於拉格什的尼努爾塔神廟，和位於巴比倫的馬杜克神廟。

烏爾南姆的社會改革，以及烏爾在貿易和製造業方面的成就，使得學者認為，第三王朝不僅是繁榮的，還是和平的。在烏爾的廢墟裡找到的兩塊描述人民活動的木板，把學者弄糊塗了：一

圖94：烏爾南姆帶著工具和籃子

塊描繪了和平的畫面；另一塊描繪了戰爭的畫面（見圖95），烏爾人民的形象正如訓練有素的戰士，看起來似乎完全不恰當。

不過，從考古學家那裡得來的，關於武器裝備、軍事服裝和戰車的證據，以及許多獻詞中記載的，烏爾人的形象都與和平主義完全相反。事實上，烏爾南姆的第一次軍事行動，就是征服拉格什並殺害其統治者，此後，又快速地占領了其他七座城市。

從銘文中我們可以得知，烏爾和蘇美「沉浸在繁榮的日子裡，並且與烏爾南姆享受快樂」。自從烏爾南姆在尼普爾重建伊庫爾後，恩利爾認為，烏爾南姆是值得擁有神聖武器的；有了它，烏爾南姆就能征服「異域領地」的「邪惡之城」：

> 恩利爾神，把神器給了牧羊人烏爾南姆，導致在敵方領地積累了很多反叛者。而偉大的恩利爾神，讓烏爾南姆去摧毀邪惡之城，就像牛被趕去踐踏別人的土地，像獅子去追捕獵物一樣，讓所有的叛亂者對他們忠誠。

這些話令人聯想到《聖經》中神聖憤怒的預言，他們會利用人類的國王來對付「罪惡之城」及「罪孽深重的人」；他們揭露了繁華掩蓋之下的，顯為人知的一次新眾神之戰——爭奪眾多人類效忠的戰爭。

很不幸的是，烏爾南姆雖然已經成為全能的武士，但身為「娜娜力量」的他，卻在戰場上遭遇了悲慘的死亡。「敵方暴動，採取了反抗行動」；在那個不知名卻很遙遠的戰爭中，烏

圖95：烏爾的戰爭畫面

爾南姆的戰車陷入淤泥中；他從上面摔下來；戰車像暴風雨般一路下滑，被遺棄在戰場上，像被壓扁的壺，只留下烏爾南姆的屍體。當船隻要把屍體帶回蘇美時，不幸再次發生，船隻在一個不知名的地方沉沒了，海浪捲走了船隻，還有上面的烏爾南姆。

當消息傳到烏爾時，巨大的悲傷也隨之而來；人們無法理解如此正直的，一心只為人類和眾神的領袖，怎麼可以遭遇這樣悲慘的結局。無法理解為什麼「娜娜神，為什麼不用雙手保護他；為什麼天國之母依南娜，不用她高貴的手臂摟著他；為什麼英勇的烏圖不幫助他」。為什麼這些眾神只站在一旁。烏爾南姆悲慘的命運是什麼時候被決定的呢？毫無疑問，這是眾神的背叛：

英雄的晚期被變更！
阿努改了他的神聖言語……
恩利爾改變了對他命運的判決……

舒爾吉王

烏爾南姆的死亡方式（西元前二〇九六年）也許可以從他的繼任者的行為中得到解釋，他叫舒爾吉（Shulgi），用《聖經》中蔑視的話來說，此人是「為錢出賣自己」之王，「行耶和華眼中看為惡的事」。他是在神啟下出身的：這是娜娜安排的，透過烏爾南姆和恩利爾的高級女祭司一起合作，讓孩子在尼普爾的恩利爾神廟中受孕。這是「小恩利爾……一個真正適合王位的孩子，將被孕育」。

這位新的王——舒爾吉，透過選擇和平與宗教協調的方式，合併了遙遠的領地，開始長期的統治。他一登基，就開始在尼普爾為尼努爾塔建神廟。這讓他得以宣布烏爾和尼普爾是「兄弟城池」。之後，他又建了一艘船，並且航行至「為生命而飛的土地」。在他的詩中，他把自己想像成吉爾伽美什二世，要追隨這位早期國王的足跡去「生命之地」——西奈半島。

抵達「舷梯之地」（或「土地填補之地」）後，舒爾吉為娜娜建了一個祭壇。接著，他繼續行程，到了哈爾薩格——在西奈半島南部寧呼爾薩格的高山，在那裡也建了一個祭壇。他在西奈半島曲折前進，抵達了班德戈丁吉爾（BAD.GAL.DINGIR，阿卡德語是Dur-Mah-Ilu，意思是諸神最堅固的要塞）。舒爾吉透過自己的努力，現在已經趕上了吉爾伽美什，因為根據來自《死海古卷》的記載，吉爾伽美什來到這裡時已經沒有祈禱，也沒有在南地（Negev）和西奈半島之間的通道給眾神供祭祀品，而舒爾吉在這裡為「判決之神」修建了祭壇。

當舒爾吉展開返回蘇美的旅程時，已經是他統治的第八年了。他從迦南起程，途經富饒的伊斯蘭國家和黎巴嫩，在「充滿神諭的光明之地」和「雪覆蓋的地方」，都修建了祭壇。這是一次極為慎重且緩慢的旅程，因為他想強化和鞏固沿途各帝國的關係。舒爾吉在這次行程中建立了與各帝國的人脈、政治和軍事網路，同時也促進了貿易與經濟的繁榮。舒爾吉與各地首領建立了私人關係，並且透過將自己的女兒嫁給他們的政治聯姻，鞏固他與各地之間的關係。

回到蘇美，舒爾吉炫耀自己學會的四種外語，其王朝的聲望已經達到了頂點。為了感恩，他在尼普爾的神聖區域內為娜娜建了一座神廟。後來，他被授予「阿努的大祭司，娜娜的大祭司」的稱號。舒爾吉在自己的圓柱形玉璽上記載了這兩次慶典（見圖96、圖97）。

隨著時間的流逝，與其他呆板的城市相比，舒爾吉越來越喜歡奢華的烏爾。他派出特使們處理各地的政務，自己則離開那些城市的政府。他把時間花在寫自我讚美的聖歌上，並且總是想像自己是一位像神一般被崇拜的人。他的幻想最終引起了一個最能勾引男人的女人——伊南娜的注意。她認為這是一次很好的新機會，便邀請舒爾吉到以力，在為阿努所建的神廟裡，與他做愛，讓他覺得自己就是「一個精選的、為伊南娜的外陰而生的男人」。下面援引舒爾吉自己的話：

我和英勇的烏圖，一位兄弟般的朋友，在阿努的神廟裡喝得爛醉。我的吟遊詩人為我唱了七首情歌。伊南娜，我的女王，宇宙中最性感的女人，靠坐在我身邊，也出席了神廟裡的宴會。

隨著國內外不可避免且難以駕馭的因素逐漸增多，舒爾吉尋求埃蘭東南部的軍事支持，他把女兒嫁給埃蘭的總督，並把拉爾薩城當作嫁妝一併給他。這位總督為了回報，便帶來蘇美埃蘭人的部隊這一外來軍團為舒爾吉效力。但來自埃蘭的部隊沒有帶來和平，反而帶來了更多的戰爭。在舒爾吉統治期的歷史紀錄中，重複提到了北部省分遭到破壞的情況。舒爾吉試圖用和平方式繼續統治西部各省，在他統治的第三十七年，他與西部當地的國王簽訂了一份條約，使得舒爾吉能重申自己「四國之王」的封號，但西部的和平並沒有維持多久。在他統治的第四十一年（西元前二〇五五年），舒爾吉收到了來自娜娜的神諭，一次大規模的軍事遠征行動在迦南諸省發起。在兩年間，舒爾吉又再次宣稱自己是「烏爾的王與英雄，是四國的統治者」。

圖96、97：舒爾吉被授予大祭司稱號的祭典

有證據顯示，在這次戰役中，運用了來自埃蘭的部隊，這支異國軍隊已經遠遠走出了西奈半島的入口，他們的指揮者稱自己是「判決之神最愛的人，伊南娜的愛人，也是杜爾－艾魯（Dur-Ilu）的統治者」。可是不久，社會動亂再次出現，使得這支部隊被迫撤退。西元前二〇四九年，舒爾吉命令修建「西部之牆」來保衛美索不達米亞。

直到退位前，他又在王位上搖搖晃晃地多待了一年。舒爾吉繼續鼓吹自己是「娜娜的珍品」，但他已經不再是受到阿努和恩利爾「垂愛的人」了。在阿努和恩利爾的紀錄中，他沒有執行神的規則，他的正直被自己玷汙了，因此，在西元前二〇四八年，舒爾吉被判為「犯有死罪的人」。

其他後繼王者

舒爾吉烏爾王位的繼承者，是他的兒子阿馬爾－辛。儘管他執政的前兩年都是一些關於戰爭的記憶，但隨後而來的是三年的和平。但在第六年，阿舒爾的北方地區爆發了叛亂起義，需要鎮壓，隨後一年——西元前二〇四一年——為了平定西部的四個地區和「他們的國土」，需要大規模的武力鎮壓。

由於他沒有遵循由娜娜為王位授予稱號的慣例，這次的戰役沒有成功。相反的，我們發現阿馬爾－辛把注意力轉向了埃利都——恩基的城。他在那裡修建了王室居所，並設有祭司。這一宗教上的扭曲，有可能激起他真實地獲得控制埃利都船塢的欲望；隨後的一年（第九年），阿馬爾－辛起航前往父親舒爾吉曾經去過的「舷梯之地」，但當他抵達「為生命而飛的土地」時，由於被毒蠍子叮咬而死，他再也不能繼續前進了。

他的弟弟舒辛（Shu-Sin）繼承了王位，在他統治的九年裡（西元前二〇三〇至二〇三八年），儘管有兩次對抗北方地區偷襲的記載，但他們的防禦措施還是有顯著的改善，包括為抵制亞摩利人（Amorites）而修葺的「西部城牆」的鞏固，以及「巨船」和「阿布足之船」這兩艘輪船的建造。看起來，舒辛已經做好了從海路逃跑的準備……

下一位也是最後一位烏爾的王伊比－辛（Ibbi-Sin）即位時，西部入侵者在美索不達米亞摧毀了來自埃蘭的部隊。不久後，蘇美的心臟地帶被包圍，烏爾和尼普爾的子民在保護牆方後縮成一團。娜娜的勢力已經縮小到了飛地。

像從前一樣，伺機而動的是馬杜克。他認為屬於自己主權的時代最終已經到來。他離開流亡之地，帶領追隨者回到巴比倫。

也就在這時，神奇武器被釋放，災難——不同於大洪水後任何一次降臨到人類的災難——爆發了。

13・亞伯拉罕：宿命之年

當暗拉非作示拿王，亞略作以拉撒王，基大老瑪作以攔（編按：埃蘭）王，提達作戈印王的時候，他們都攻打所多瑪王比拉、蛾摩拉王比沙、押瑪王示納、洗扁王善以別，和比拉王；比拉就是瑣珥。（《創世記》14：1—2）

這是《創世記》第十四章裡關於一次古老戰爭的故事，四個東方王國組成的聯盟與迦南的五個王的戰爭。這個故事引發了學者間的激烈爭論，因為這是關於亞伯拉罕（Abraham），第一位希伯來人族長的故事，它為一個具體的非希伯來事件，提供了客觀上確實可靠的、一個國家誕生的記載。

很多人都覺得，如果這些國王都能夠被鑑定，還有亞伯拉罕所存在的具體時間能夠被確定，該有多好。即使我們都知道埃蘭，並知道示拿是蘇美的王，但是，是由誰為這些王取的名？東部還有哪些王國？除非這些都能夠被各自證實，否則《聖經》中歷史的真實性仍會受到質疑。《聖經》的批評家問道：為什麼在美索不達米亞的碑文中，我們找不到書中提到的基大老瑪、暗拉非、亞略和提達這些名字呢？如果他們不存在，如果像這樣的戰爭根本沒發生過，那麼我們如何去相信關於亞伯拉罕的其他故事呢？

學者西奧菲勒斯的發現

幾十年來，《舊約》的批評家似乎一直盛行著；十九世紀將要結束之際，刻有基大老瑪和亞略名字的泥版，以及刻有提達之名的雲母的發現，讓學術及宗教界大吃一驚。

這一重大發現是在一八九七年倫敦的一次講座中，由就職於維多利亞學院的西奧菲勒斯（Theophilus Pinches）在講座中宣布的。他對於大英博物館中的斯帕托（Spartoli）系列收藏的幾個泥版進行研究，發現他們所描述的具有深遠影響的一次戰役——埃蘭的王庫多爾－拉哈瑪（Kudur-Laghamar）領導這個聯盟的統治者，包括伊利阿庫（Eri-aku）和泰德古拉（Tud-ghula）——這些名字很容易被希伯來語轉化成基大老瑪、亞略和提達，與他的演講稿一起出版的，還有一本非常精細的楔形文字謄抄本及其譯本，西奧菲勒斯自信地陳述，《聖經》中的故事確實有各自的美索不達米亞的資料所支持。

當時的亞述學家都興奮地同意了西奧菲勒斯對楔形文字名稱的解讀。碑文上的「庫多爾－拉哈瑪，這位埃蘭的王」與《聖經》中的「基大老瑪，以攔的王」非常相似；所有學者都一致認為，那是完美的埃蘭王室的名字，首碼KUDUR（意為公僕）是好幾個埃蘭王名字的字母元素，LAGHAMAR是埃蘭的某位神的別名，大家也同意第二個名字在巴比倫楔形文稿中拼為ERIE-A-KU，源於蘇美文的ERI.AKU，意思是「阿庫（Aku）神的僕人」，阿庫是娜娜（辛）名字的另一種形式。從很多銘文中可以看出，拉爾薩的埃蘭統治者討厭「辛的僕人」這個名字。因此可知，《聖經》中以拉撒的亞略王所在之城，實際上就是拉爾薩。學者們也一致同意，接受巴比倫文獻的「泰德古拉」相當於《聖經》中的「戈印的王提達」；他們也同意《創世記》中的戈印篇中提到的「遊牧民族」，就是楔形文泥版上所列的基大老瑪的聯盟。

但是，不僅《聖經》和亞伯拉罕存在的真實性，沒有確切的證據，關於亞伯拉罕所參與的國際事務，也沒有確切的證據。

人們對上述發現的興奮並沒有持續多久，十一年後，賽斯（A.H. Sayce）在《聖經》考古學的演講中說「很不幸」，根據當代的發現，它本來應該支持西奧菲勒斯的觀點，而實際上卻走向了另一面，甚至質疑他的論點。

第二次發現是由文森．舍爾（Vincent Scheil）發布的，根據他的報導，他在君士坦丁堡的帝國奧斯曼博物館（Imperial Ottoman Museum）的碑文上，發現了大家都熟知的巴比倫國王漢摩拉比的一封信，信中提到的很像是「庫多爾－拉哈瑪」！因為這封信是寄給拉爾薩國王的，舍爾教授認為，這三人是同一時代的，並且認為他們就是《聖經》中四個東部國王中的三個——漢摩拉比就是「示拿之王暗拉非」。

有一段時間，似乎所有的迷點都落在：人們依舊可以在書本或《聖經》的相關評論中，找到暗拉非就是漢摩拉比的解釋。有關亞伯拉罕也是同時代的統治者的結論，似乎也是可信的，那時人們已經相信，從西元前二〇六七年到西元前二〇二五年，漢摩拉比接替了亞伯拉罕；亞伯拉罕這個戰爭之王在西元前三千年退位時，摧毀了所多瑪和蛾摩拉。

然而，當很多學者相信漢摩拉比執政的時間很晚（西元前一七五〇至一七九二年，根據劍橋古歷史研究的報告）之時，似乎連舍爾的發現都瓦解了，西奧菲勒斯的報導也變得令人懷疑。但西奧菲勒斯提出的聲明被忽略了，也就是這三位可被指認的知名國王——楔形文獻中的基大老瑪、亞略和提達，就算不是與漢摩拉比同時代的人，這個帶有這三位名字的故事依舊是「不尋常的歷史巧合，都應該得到認可」。一九一七年，阿爾弗雷德．耶利米亞（Alfred Jeremias）試圖重新激起學術界對這個話題的興趣，但學術界更喜歡忽視這些斯帕托泥版文字。

布蘭戴斯大學（Brandeis University，研究《創世記》中的政治與宇宙的象徵）的阿思托（M.

C. Astour）重新研究這一課題時，學者們已經把這個被忽視的發現保留在大英博物館的地下室將近半個世紀了。阿思托認為，《聖經》與巴比倫各文獻的編輯，找的都是一些很古老的、普通的美索不達米亞的資料。根據他的研究所得出的結論是，我們所知的這四位東方統治者是：一，西元前十八世紀的巴比倫；二，西元前十三世紀的亞述；三，西元前十六世紀的西臺；四，西元前十二世紀的埃蘭。他創新地提出，他們都不是同時代的人，也不是與亞伯拉罕處於同一個時代，泥版中的資料不是關於歷史的，而是宗教哲學的作品，作者運用四個不同的歷史事件來解釋道義（**邪惡的王的命運**）。但學術刊物很快就指出，阿思托的結論根本不可能成立，由此，研究基大老瑪的興趣又一次消退了。

然而，學術界對於《聖經》故事與巴比倫文獻所援引的較早期普遍資料，迫使我們重新考慮西奧菲勒斯的提議及其中心論點：確認一場戰爭與具《聖經》背景及其中三位王的名字的關聯性，這麼重要的因素怎麼可以被忽略掉？我們真的要因為暗拉非不是漢摩拉比，就把我們將要展示的、為了理解決定命運的重要證據隨便拋棄嗎？

答案就是，舍爾找到的漢摩拉比的信，不應該轉變西奧菲勒斯的觀點，因為舍爾誤解了那封信，根據他的譯本，「基大老瑪的英雄主義時代」的漢摩拉比，許諾要給拉撒爾王辛－已地那（Sin-Idinna）酬勞。這暗示兩人在這場戰役中決定要結盟，共同抵抗和漢摩拉比同時代的埃蘭王。在這一層面上，舍爾的發現令人懷疑，因為它既與《聖經》中這三王是盟友一事相違背，又與眾所周知的歷史事實相矛盾：即漢摩拉比視拉撒爾為敵手，而非盟友，自誇他「打敗了拉撒爾」，並且「用眾神給他的全能武器」，襲擊了那神聖不可侵犯的界限。

舍爾對漢摩拉比信件的真實文獻進行仔細檢查，透露出他非常渴望證實漢摩拉比－暗拉非的身分。但舍爾誤會了信的意思：漢摩拉比沒有讓女神們回到拉撒爾聖域（**埃姆特巴**）以當作獎勵，相反的，他要求女神們回到巴比倫：

致辛—已地那：因此漢摩拉比說，在埃姆特巴的女神從庫多爾—拉哈瑪時代開始，一直穿著麻衣在門後：當她們問回來的事時，把她們的手交到我的人手中；這些人會抓住女神的手；把她們帶回來。

像這樣女神被劫持的事，發生在很早的時候；她們「從庫多爾—拉哈瑪時代」就被帶到埃姆特巴；現在，漢摩拉比要求她們從庫多爾—拉哈瑪時代被俘虜之處，回到巴比倫。這僅說明了，庫多爾—拉哈瑪時代比漢摩拉比時代早很多。

由舍爾在君士坦丁堡博物館發現的漢摩拉比信件，說明是漢摩拉比又一次強烈地給辛—已地那發出的，要求女神們回到巴比倫的資訊。在大英博物館的第二封信（No. 23,131），以及由金（L. W. King）出版的《漢摩拉比的書信和銘文》（*The Letters and Inscriptions of Hammurabi*）的文獻中寫道：

辛—已地那對漢摩拉比說：我剛才派運輸官員子奇—伊力蘇（Zikir-ilishu）和前線官員漢摩拉比—班尼（Hammurabi-bani），去埃姆特巴，把那裡的女神們帶回來。

女神們從拉撒爾返回巴比倫的事，在信中有進一步說明：

你下令在廟前列隊等待的船隻，將會使女神們返回巴比倫。廟裡的女人將陪同她們一起回來。為了使抵達巴比倫時整個行程的食物足夠，女神們的食物，純奶油和穀類，都裝到船上。給那些廟裡的女人們吃的食物，也裝在甲板上。我們將雇人划船，並且，為了讓她們安全抵達巴比倫，還派兵守護，不容半點拖延，迅速抵達巴比倫。

從這封信中，可以清楚地看出，漢摩拉比是拉撒爾的仇人，而非盟友，他在尋找發生在很早之前，即他所在年代之前的事情的補償。這件事發生在庫多爾—拉哈瑪時代，埃蘭人統治拉撒爾的時代。漢摩拉比這封信的文獻，確認了在拉撒爾（以拉撒）確實存在過基大老瑪和埃蘭王朝，這也成為《聖經》故事的關鍵因素。

但這段往事與哪段時間匹配呢？

根據已有的歷史紀錄，這正是舒爾吉執政的第二十八年（西元前二〇六八年），把他的女兒嫁給埃蘭人的總督，並把拉爾薩當作嫁妝送給他的時候；總督把埃蘭的「異國軍團」派給舒爾吉調遣，以做為回報。舒爾吉用這支部隊征服了西部各省，包括迦南。這也是舒爾吉執政的最後幾年，當時烏爾依然是帝國的都城，並且阿馬爾—辛也將馬上成為他的繼位者。我們發現，這段歷史時間與《聖經》和美索不達米亞所記載的非常匹配。

在具備了大量的證據之後，我們認為，尋找歷史中的亞伯拉罕的研究應該開始了。因為，我們馬上將要展示的亞伯拉罕故事中，交織著烏爾淪陷的故事，他的時代也是蘇美最後的時代。

以色列人撤出埃及的年代

由於對亞伯拉罕—漢摩拉比故事的懷疑，對亞伯拉罕所在時代的證明，便仁者見仁智者見智。有些人認為，以色列諸王的這位後裔，即第一位族長，是在晚期出現的。但他所在年代的具體日期，及發生的事情都不需要再做推測：因為《聖經》中提供了具體細節，我們只需要接受其真實性。

按年代來推測是非常簡單的，我們認為它起始於西元前九六三年，即所羅門（Solomon）在耶路撒冷登基的那年，《列王紀》中明確地說，所羅門在他執政的第四年，開始在耶路撒冷為耶和華修建神廟，直到第十一年才完工。《列王紀上》6：1寫道，「以色列人出埃及地後四百八十年，所羅門作以色列王第四年西弗月……開工建造耶和華的殿。」這種說法（雖然稍有出入）得到了祭司傳統的支援，這種傳統從出埃及開始每四十年為一代，已經延續了十二代，直到亞撒利雅（Israel）時代，「亞撒利雅在所羅門於耶路撒冷所建造的殿中，供祭司的職分」（《歷代志》上，6：10）。

有兩份資料都同意過去四百八十年的歷史，但有以下不同：一本書的研究始於神廟開始建造的時候，西元前九六〇年；而另一本則從完工期（西元前九五三年）祭司工作開始算起。這使得以色列撤出埃及的年代或為西元前一四四〇年，或為西元前一四三三年；我們發現後一個日期與當時的其他事件非常同步。

以本世紀開始以來的知識為基礎，埃及古物學家與《聖經》學者做出了如下的結論：出埃及確實發生在西元前第十五世紀中期。但不久後，學術觀點的衡量轉移到第十三世紀的資料，因為他們看起來更符合各種迦南故址的考古學方面的資料，符合《聖經》中的紀錄，即以色列人征服迦南的時間。

但這一新的年份沒有得到認可。最著名的研究者凱尼恩（K. M. Kenyon）認為，與最臭名昭著的、被攻克的城市耶利哥相關的大摧毀，發生在西元前一五六〇年，遠遠早於《聖經》的記載。另一方面，耶利哥的主要研究者，《耶利哥故事》（*The Story of Jericho*）的作者加斯唐（J. Garstang）認為，考古學的證據顯示，這次攻擊發生在西元前一四〇〇至一三八五年之間。還有，以色列人從埃及撤出之後，流浪了四十年，他與其他的考古學家認為，出埃及的時間介於西元前一四四〇至一四二五年，與我們所說的西元前一四三三年相符。

一個多世紀以來，學者們一直都在埃及人的歷史記載中，尋找關於出埃及和其具體日期的線索，唯一清晰的證明見於曼涅托的作品中。約瑟（Josephus）在《駁斥阿比安》（*Against Apion*）一文中，引用了曼涅托的話：「上帝的不滿之情像一陣強流在埃及爆發。」一位叫湯瑪斯（Toumosis）的法老與人民的領袖談判時說：「來自東方的人，從埃及撤離且平平安安地去了他們想去的地方。」他們穿越了荒野，「在一個現在被稱為猶大的國家建了一個城，並且稱它為耶路撒冷。」

約瑟是否修正了曼涅托的著作，來使它與《聖經》中的故事相配合？或者，實際上有關以色列人旅居時悲慘的待遇，和他們最終的遷徙，都發生在湯瑪斯法老執政時期？

曼涅托提到，「這位國王把田園裡的人們逐出埃及」來獻給第十八王朝的法老們。埃及古物學家把第十八王朝的創立者、法老王阿赫莫西斯（Ahmosis，在希臘被稱為阿莫西〔Amosis〕）在西元前一五六七年驅逐哈克思（Hyksos，在亞洲的「牧人之王」）當作歷史事實而接受，這個在埃及建立新王的新朝代，有可能就成為《聖經》中所說的「不認識約瑟的新王起來」治理埃及的朝代（《出埃及記》1：8）。

安提阿（Antioch）的二世主教——西奧菲勒斯（Theophilus），也在關於曼涅托的書中提到，希伯來人被湯瑪斯王變成奴隸，他們為他「修築了穩固的城池：佩掃（Peitho）、拉美西斯（Rameses），以及在赫利奧波利斯的歐尼（On）」，後來他們把埃及分給「叫阿莫西」的法老。

最終，從這些遠古的資料中浮現出，以色列的苦難始於湯瑪斯法老執政時期，並在其繼承者阿莫西離開時達到尖峰。至今為止，他們所建立的歷史事實是什麼呢？

阿莫西驅逐了哈克思之後，那些在埃及登基的繼任者們——正如古歷史學家所說，其中一些人的名字是「湯瑪斯」——他們參與了大迦南的軍事戰役，把海路做為他們侵略的路線。湯瑪斯一世（西元前一五二五至一五一二年）是一名專業的士兵，他把埃及當作戰爭的落腳點，派遣軍事遠征隊到很遠的幼發拉底河。我們認為，正是因為湯瑪斯害怕以色列人對他不忠——「日後若遇什麼爭戰的事，就連合我們的仇敵攻擊我們」——所以下令處死所有新出生的以色列男孩（《出埃及記》1：9－16）。根據我們的推測，摩西出生在西元前一五一三年，正是湯瑪斯一世去世的前一年。

在本世紀早期，傑克（J. W. Jack）及其他人懷疑「法老的女兒」，即那個從河裡撈到嬰兒摩西，並在王室把他養大的女兒，是否為哈特謝普蘇特（Hatshepsut）——湯瑪斯一世正室的長女，同時也是當時王室唯一的公主，被授予最高的稱號「王的女兒」，這與《聖經》中提到的一致。我們認為確實是她把摩西當作養子看待，這可以從她嫁給法老的繼承者——同父異母的兄弟湯瑪斯二世後，沒能為他生孩子一事看出。

湯瑪斯二世繼位不久便去世了，他的繼承者，湯瑪斯三世（是一位婢女生的孩子）是埃及最偉大的武士之王，套用一些學者的觀點來說，他就是古代的拿破崙。為了巨大的建築工程，為了獲得貢金與俘虜，他發動了第十七次與其他國家的戰爭。大部分人認為，這次戰爭發生在迦南、黎巴嫩，更遠至幼發拉底河。正如皮特（T. E. Peet）和其他學者所說的那樣，正是這位法老——湯瑪斯三世，讓以色列人變成了奴隸；因為在他的軍事遠征中，把北方的邊界擴至納哈林（Naharin）。幼發拉底河上游這塊土地的埃及名，在《聖經》中稱為亞蘭－納哈里姆（Aram-Naharim），希伯來族長的親屬依舊在這裡；這也能解釋法老的恐懼（《出埃及記》1：10）：「日後若遇什麼爭戰的事，就連合我們的仇敵攻擊我們。」我們認為，正是在湯瑪斯三世時，摩西從死囚中逃出到西奈半島的荒地，在那裡獲悉自己是希伯來人的後裔後，便公開地與自己的子民站在一起。

湯瑪斯三世在西元前一四五〇年去世，接替登基的是阿蒙諾菲斯二世（Amenophis II）——曼涅托援用了西奧菲勒斯所取的名字，把他稱為亞瑪西斯（Amasis）。在「過了多年，埃及王死了」（《出埃及記》2：23），摩西才敢回到埃及，要求這位繼任者阿蒙諾菲斯二世，「讓我的子民走」。阿蒙諾菲斯二世從西元前一四五〇年統治到西元前一四二五年，我們的結論是出埃及發生在西元前一四三三年，更確切地說是「摩西八十歲」時（《出埃及記》7：7）。

繼續往回推測，現在我們要追尋以色列人返回埃及的日期。希伯來傳統主張他們在那裡待了四百年，根據神對亞伯拉罕的說法：「你要的確知道，你的後裔必寄居別人的地，又服事那地的人；那地的人要苦待他們四百年。並且他們所要服事的那國，我要懲罰，後來他們必帶著許多財物從那裡出來。」（《創世記》15：13—14）《新約》中也這樣說：「他的後裔必寄居外邦，那裡的人要叫他們作奴僕，苦待他們四百年。（《使徒行傳》7：6），但是，在《出埃及記》中說「以色列人住在埃及共有四百三十年。正滿了四百三十年的那一天，耶和華的軍隊都從埃及地出來了。」（《出埃及記》12：40—41）。「寄居」以及「居住在埃及」的這種說法，有可能是為了區別約瑟人（他們居住在埃及）和這些新遷來的約瑟人的兄弟們，他們剛來「寄居」。如果真是這樣的話，那麼這三十年的差別可以用約瑟在他三十歲時成為埃及的統帥來解釋，隨著以色列人（而非約瑟人）寄居在埃及的時間，再用「四百年」這個數字來推算，可以知道事情發生在西元前一八三三年。（一四三三加四〇〇）。

另一個線索是在《創世記》（47：7—9）中發現的。「約瑟領他父親雅各進到法老面前……法老問雅各說：『你平生的年日是多少呢？』雅各對法老說：『我寄居在世的年日是一百三十歲……』」由此可知，雅各生於西元前一九六三年。

當雅各出生時，他的父親以撒已年近六十歲了（《創世記》25：26）；而以撒出生時，他的父親亞伯拉罕已經一百歲了（《創世記》21：5）；當孫子雅各出生時，亞伯拉罕（活到一百七十五歲）已經一百六十歲了。由此可知，亞伯拉罕是在西元前二一二三年出生的。

亞伯拉罕所在的世紀——從他出生到他兒子以撒出生的這段時間——見證了烏爾第三王

朝的興盛和衰落。在《聖經》年代表和故事中，亞伯拉罕的權力處於那個時代所有重大事件的核心——他不只是旁觀者，更是一個積極的參與者。有些《聖經》的評論者主張，隨著亞伯拉罕的故事，《聖經》中失去了對人類一般歷史和近東的興趣，而是關注一個具體國家的「部落歷史」。但實際上，《聖經》依舊講述（就像它講大洪水和巴別塔的故事一樣）有關人類和文化的重大事件：一場空前的戰役和獨特自然的摧毀；希伯來族長在事件中扮演重大角色。它講述當蘇美遭到噩運時，蘇美的遺產是怎樣被搶救出來的。

亞伯拉罕的血統爭議

儘管關於亞伯拉罕的研究很多，但我們所知的關於他的全部事實，都源於《聖經》中的記載。他的祖先要追溯到閃族血統，亞伯拉罕——又叫做亞伯蘭（Abram）——是他拉（Terah）的兒子，哈蘭和拿鶴是他的兄弟，哈蘭很早就過世了，這家人住在「迦勒底人的烏爾」在那裡，亞伯拉罕與撒萊（Sarai，後改名叫撒拉）結婚。

之後，「他拉帶著兒子亞伯蘭（Abram）和孫子哈蘭（Harran）的兒子羅得（Lot），並他兒婦亞伯蘭的妻子撒萊，出了迦勒底的吾珥（Ur，編按：即烏爾），要往迦南地去；他們走到哈蘭（Harran），就住在那裡。」（《創世記》11：31）

考古學家發現了哈蘭城，它位於美索不達米亞西北部的托魯斯山（Taurus）的山腳，是古代最重要的交叉路。那時馬里控制著從美索不達米亞到地中海沿岸陸地的南門，而哈蘭控制著從北路到西亞的陸地。在烏爾的第三王朝，把娜娜的領土界線劃分至阿達德的小亞細亞。歷史學家們發現，哈蘭在城市布局及對娜娜（辛）的崇拜方面，都與烏爾十分相似。

《聖經》中沒有解釋他們離開烏爾的原因，也沒有給出具體的時間，但若能概略地瞭解發生在美索不達米亞和烏爾的事，我們還是能夠猜出答案。

我們知道，亞伯拉罕離開哈蘭去迦南時，已經七十五歲了，《聖經》中敘述的大意認為，他抵達哈蘭時是一位年輕的男子，帶著他的妻子，在那裡待了很久。若像我們推測的那樣，亞伯拉罕生於西元前二一二三年，那麼當烏爾南姆在烏爾登基時，亞伯拉罕還是個孩子，當時也是娜娜第一次得到尼普爾受託地的支持，當烏爾南姆莫名其妙地失寵於阿努和恩利爾時，亞伯拉罕是一個二十七歲的年輕人。

我們已經描述了這件事為美索不達米亞人民帶來的創傷，同時也使人們對娜娜的無所不能，以及恩利爾的話是否可信，產生了懷疑。

烏爾南姆在西元前二〇九六年失勢，這不會正是他拉及其家人離開烏爾，起程去一個遙遠的目的地的時間吧？有可能是在這件事的影響下，使得他們離開烏爾，前往哈蘭嗎？

在隨後烏爾衰落和舒爾吉對神不敬的這幾年，這家人就住在哈蘭，隨後，上帝突然出現了：

> 耶和華對亞伯蘭說：「你要離開本地、本族、父家，往我所要指示你的地去。」……亞伯蘭就照著耶和華的吩咐去了；羅得也和他同去。亞伯蘭出哈蘭的時候年七十五歲。（《創世記》12：1—4）

再一次，對這一重大的離開事件，《聖經》中仍然沒有給出任何解釋，但按年代順序的一些線索，基本上可以揭開真相。西元前二〇四八年，他七十五歲時，恰好是舒爾吉衰落的時候。

因為亞伯拉罕的家族（《創世記》第11章）源於閃族，亞伯拉罕是一個閃族人，他的背景、文化傳承，以及語言都源於閃族（在學者們心目中），這明顯區別他與非閃族的蘇美人和後期的印度支那歐洲人。在早期的《聖經》概念中，所有大美索不達米亞的人民都是閃族的後代，閃（Semite）與蘇美（Sumerian）很相似。但《聖經》中根本就沒說到——像很多學者認為的那樣——亞伯拉罕和他的家人是亞摩利人（也就是西部閃族人）；亞摩利人移民到蘇美，後來又返回最初的故土。相反的，《聖經》認為，這家人一開始就扎根於蘇美，後來倉促地被趕出這個國家，自己的出身地，並被告知要去一個完全陌生的地方。

《聖經》中，這兩個重大的蘇美人事件的日期是相符的，更進一步說，這是兩件事情直接相關的一個跡象。亞伯拉罕不是以一個外來移民者的兒子身分出現的，而是以一個與蘇美大事件直接相關的名門望族後裔身分出現的。

在尋找「誰是亞伯拉罕」這個問題的答案時，學者們關注了希伯來（Ibri）和哈皮魯（Hapiru，在近東則稱哈比魯〔Habiru〕）名詞的相似性。在西元前第十七和十八世紀，「哈皮魯」被亞述人和巴比倫人稱為「一群西方閃族掠奪者」。在西元前第十五世紀晚期，在耶路撒冷的埃及駐地的司令官，請求國王增援部隊攻占哈比魯。學者們把所有這些當作證據，來說明亞伯拉罕是一位閃族人。

但很多學者懷疑，「哈皮魯」是否真能完全代表這個少數民族，懷疑這個詞語不是簡單地把他描述成「掠奪者」或「侵略者」的名詞。認為IBRI（源於動詞「穿越」）和HAPIRU是一樣的詞彙之觀點，有著語言學和詞源學的問題。它們在年代順序上也不一致，所有這些都引起了對亞伯拉罕身分之答案的強烈反對，尤其是在對比《聖經》中記載的資料，和「哈皮魯」這一名詞的含義——「強盜」之後。《聖經》中講到的有關井水的事，說明亞伯拉罕在行經迦南時，盡量小心地避免與當地居民發生衝突；當亞伯拉罕成為戰爭之王的一員時，他拒絕享有戰利品。這不是一個搶劫的野蠻人行為，而是一個具有高水準的指揮官行為。來到埃及後，他與撒拉占領了法老的宮廷；在迦南，他與當地的統帥簽訂了條約。這不是搶劫其他部落的流浪者，而是一個具有高水準外交手段的名人。

這個論點出自萊比錫大學宗教史的一位傑出教授和亞述學家阿爾弗雷德．耶利米亞，在他一九三〇年的著作《古代東方聖約書的收集與整理》（*Das Alte Testament im Lichte des Alten Orients*）中宣布：「在他的知識中認為亞伯拉罕是蘇美人」。隨後，他在一九三二年的名為《宇宙中的蘇美》（*Der Kosmos von Sumer*）的論文中詳述了這一結論：亞伯拉罕不是閃族的巴比倫人，而是蘇美人。他認為，亞伯拉罕率領著信徒們，立志於改革蘇美人的社會以達到更高的宗教水準。

在德國，這一大膽的想法見證了納粹及其種族理論的崛起。希特勒掌權後不久，耶利米亞這個異教徒受到了尼古拉．施耐德（Nikolaus Schneider）的鄙視，在他的一篇反擊文章《亞伯拉罕在蘇美的戰爭？》（*War Abraham Sumerer?*）中認為，「亞伯拉罕既不是蘇美人，也不是一個純血統後裔」；「從阿卡德人的王薩貢在烏爾統治起，在本地的亞伯拉罕的確不具有純正的蘇美人血統及其文化。」

隨後的動亂及第二次世界大戰的爆發，使得對於這個主題的爭論戛然而止。令人遺憾的是，由耶米利亞尋找到的這條線索，沒有被重新拾起。雖然所有關於《聖經》及美索不達米亞的證據都顯示，亞伯拉罕確實是一個蘇美人。

實際上，《創世記》（17：1—16）告訴我們，在亞伯拉罕與上帝簽訂聖約後，他是如何從蘇美人的貴族，變成西方閃族的統治者，以及具體的時間與方式。在洗禮時，他的蘇美人名字——亞伯蘭（AB.RAM，意思是父親鍾愛的），改為阿卡德文／閃的名字——亞伯拉罕（Abraham，意思是王國民眾之父），他的妻子撒萊（SARAI，意思是公主）被改為閃族的撒拉（Sarah）。

亞伯拉罕在他九十九歲時，才成為一個「閃族人」。

亞伯拉罕的身分之謎

當我們在破解亞伯拉罕的身分這一古老的謎題和他前往迦南的使命時，從蘇美人的歷史及語言這條線索出發，將能找到答案。

為了迦南的使命，為了一個國家的誕生，為了統治從埃及邊界到美索不達米亞邊界的所有王國，上帝可能隨機地選擇某人，隨機地從烏爾的大街小巷中找個人來。這樣的假設不是很幼稚嗎？嫁給亞伯拉罕的那個年輕女孩有個綽號叫「公主」，因為她是他同父異母的妹妹（「況且他也實在是我的妹子；他與我是同父異母，後來作了我的妻子。」（《創世記》20：12），我們理所當然地認為，亞伯拉罕的父親，或者撒拉的母親是皇族的後裔；又因為亞伯拉罕的弟弟哈蘭，他女兒的名字叫做密迦（Milkha，意思是如女王般的）。這就說明，亞伯拉罕的父親是皇室祖先的追隨者。為了瞭解亞伯拉罕的家族，我們需要先瞭解蘇美的最高階層家族。我們發現，在很多蘇美人的雕像中，都有著貴族般的舉止和優雅的穿著（見圖98）。

這一家族不僅聲稱是閃的後裔，更重要的是他們長期以來堅持記錄自己家族的家譜。

圖98：如貴族般優雅的蘇美人雕像

從第一代亞法撒（Arpakhshad）以降，經過沙拉（Shelach）、希伯（Eber）、法勒（Peleg）、拉吳（Re'u）、西鹿（Serug）、拿鶴、他拉到亞伯蘭。這條系譜可以追溯近三百年！

那麼綽號名又意味著什麼呢？如《創世記》第一章所講，假如沙拉（劍／Sword）的出生年早於亞伯拉罕兩百五十八年，那麼他就是出生於西元前二三八一年。這確實是那段爭鬥的時間，導致薩貢在新的首都亞甲（聯合／United）登基，象徵著眾國的統一及新紀元的開始。六十四年以後，這家人為他們新出生的後代取名法勒（分／Division），「因為他出生時，領土是分割的」。實際上，那時薩貢試圖從巴比倫拿走聖潔的土壤，而他在那裡去世後，也是蘇美與阿卡德決裂之時。

但最令人感興趣的是，就在這一天，希伯這個名字的意義，以及用它來為生於西元前二三五一年的長子命名的理由。亞伯拉罕和他的家人認同了聖經中的Ibri（希伯來）。很顯然，它源於詞根「穿越」。最好的研究者必須提供對此的解釋，來尋找哈比魯／哈皮魯（Habiru/Hapiru）之間的關聯。

亞伯拉罕及其家族認同的名稱Ibri（希伯來）很明顯源於希伯、法勒的父親，以及詞根「穿越」。我們確信，應該從亞伯拉罕及其祖先蘇美人的起源和語言中尋找答案，而不是在哈皮魯的概念或西亞的綽號含義中尋找答案，這樣一來，一個簡單得讓我們吃驚的新方案浮現了：《聖經》中的尾碼「i」，用於人時指「本土的，本國的」；Gileadi指一個Gilead國的人，同理，Ibri的意思是指在一個叫Ibr（交叉口）土生土長的人；而這正好是尼普爾的蘇美名字：NI.IB.RU（交叉地），尼普爾是大洪水之前的網絡交叉地，是地球起源的核心，昔日的任務指揮中心。

從蘇美人到阿卡德語／希伯來語轉變的過程中，落掉n是常見的事，《聖經》中說明亞伯拉罕是一個IBRI人時，就是指亞伯拉罕是一個NI-IB-RI人，一個在尼普爾土生土長的人。

實際上，亞伯拉罕家族從哈蘭遷至烏爾的事，在學者們暗示烏爾是他的出生地時就已經說明了；但《聖經》中沒有提到這一點，相反的，在命令亞伯拉罕到迦南和他的永久居住地時，列出的三個實體是：他父親的房子（在哈蘭），他的土地（烏爾），和他出身的地方（《聖經》中沒有確認）。而我們的觀點是，**IBIR** 是指一個尼普爾的本地人，這說明了他的出生地。

正如希伯的名字所暗示的一樣，那時正是他的時代——西元前第二十四世紀中期——這個家族開始了尼普爾聯盟。尼普爾從來都不是皇室的首都，而是一個聖城，學者們把它稱為蘇美的「宗教中心」。同時，這裡也是天文學知識被委託給大祭司的地方，因此，這裡是曆法（日曆）——即太陽、地球和月亮的軌道關係的研究——開始的地方。

學者們已經認識到，我們現今的曆法源自於最初的尼普爾曆法。所有證據都顯示，此曆法開始於大約西元前四千年，金牛座時代。在這方面，我們還找到了關於希伯來與尼普爾有關聯的其他重要而確切的證據：猶太人的曆法從西元前三七六〇年這一神祕的年份算起（**因此，一九八三年應該是猶太人的五七四三年**），人們認為這是一個「從世界的開始」的計數；但猶太聖人實際的敘述是「自起始年算起，這些年已經過去了」。我們認為這是說，自從尼普爾曆法引入後是這樣的。

在亞伯拉罕祖先的家族中，我們發現了一個有皇室血統的神職家庭，這個家庭被尼普爾一個大祭司所領導。這名大祭司是唯一一個被允許進入神廟最內部機關的人，他在這裡接受神的旨意，並傳達給國王與子民。

我們來看看亞伯拉罕父親的名字「他拉」，它有深遠的意義。我們僅能從閃族部落的環境中找到線索。研究者認為，這個名字就像哈蘭和拿鶴一樣，僅僅是源自地名（**把地名擬人化為人名**），認為這些城位於美索不達米亞的中心和北部。亞述學家在尋找阿卡德文術語（**成為閃族的第一語言**）時，僅能找到梯爾胡（Tirhu），意思是「用於魔力目的的人工製品和器皿」。但如果我們再回到蘇美文時，會發現象徵梯爾胡的楔形代表字，直接來源於蘇美文中的督那它爾（DUG.NAMTAR）——一個「算命人」，神的諭旨的宣告者。

那麼他拉就是一位祭司，一個肩負靠近「低語的石頭」去聽神的旨意並與他們交流（解釋或不解釋），然後把這些旨意傳給非神的階層。這也是後期以色列人大祭司的作用之一，這些祭司被允許進入聖地，接近「施恩座」（DVIR，意思是發聲者），並且「聆聽神對他所說的話，聲音來自於契約神龕的覆蓋層上，來自於兩個基路伯（Cherubim）之間」。在以色列人出埃及時，在西奈山，上帝宣布，他與亞伯拉罕的契約意味著「你們將要成為我的王國的祭司」，這反映了亞伯拉罕子孫的身分：皇家的祭司。

這些結論聽起來很牽強，但它們全都符合蘇美人的準則。憑藉這些準則，國王們任命他們的女兒、兒子——經常還有他們自己——在高級的神職位置上，這就使得皇家與神職血統相融合。賓夕法尼亞州大學考古探險隊在尼普爾的許願銘文中，發現並確認了烏爾的國王們很珍惜「尼普爾虔誠的領導者」這一封號，並且也發揮著他們祭司般的作用；尼普爾的統治者也是最重要的烏爾恩利爾（UR.ENLIL，意思是恩利爾最重要的僕人）。

其中一些皇室神職最重要的名字，與亞伯拉罕的蘇美名字（亞伯）相似，也是由ＡＢ組合開頭的（「神父」或「祖先」）；比如，在舒爾吉統治期，尼普爾的一個統治者就叫亞伯巴姆（AB.BA.MU）。

這家人如此親密地與尼普爾連結在一起，而從沒在烏爾的高位上被任命，這非常符合他們在蘇美很受歡迎的真實境況。因為那時是烏爾第三王朝，娜娜和烏爾的國王第一次被授予尼普爾的託管權，把宗教與現世結合起來。因此，當烏爾南姆在烏爾即位時，一切就會很順利。他拉和家人，從尼普爾搬到烏爾，有可能是因為要擔任尼普爾神廟與烏爾皇室之間的聯絡人，他們在烏爾待了很久，直到烏爾南姆的統治期結束；如我們之前所述，烏爾南姆去世後，這家人才離開烏爾，去了哈蘭。

亞伯拉罕被派往迦南

我們不知道這家人在哈蘭做了什麼，但考慮到他們的皇室世襲和神職象徵，他們肯定屬於哈蘭的高級階層。在後來，亞伯拉罕所做的事，被很多國王認為他涉及了哈蘭的外交事務中；他與迦南西臺居民的特殊朋友關係，可以讓我們瞭解到，他是從他們那裡學到了高超熟練的軍事作戰技術，並且在諸王之戰中發揮得那麼成功。因為這些人是以他們的軍事經驗而著稱的。

在傳統中，也講到亞伯拉罕非常精通天文學——這種知識在由星星做嚮導的長途旅程中非常有價值。根據約瑟的敘述，貝羅蘇斯在提到亞伯拉罕時沒有指明是他自己，他寫道「在迦勒底人中，有一位非常正直和偉大的人，他看天象非常準。」（假如貝羅蘇斯這個巴比倫的歷史學家，確實是在指亞伯拉罕，那麼巴比倫編年史中，這位希伯來鼻祖所包含的重要性，遠遠超過了他精通天文學這一事件。）

在舒爾吉統治的那些可悲的年代，他拉一家人待在哈蘭。在舒爾吉去世後，神的命令使他們去了迦南，他拉已經很老了，他的兒子拿鶴陪同他一起留在哈蘭。擔負起使命的是亞伯拉罕——一個七十五歲的成熟者。那是西元前二〇四八年，這一年象徵著長達二十四年的決定命運的年代之開始——緊接在舒爾吉之後兩位繼任者（阿馬爾—辛和舒辛）充滿戰爭的八年統治期過去了，伊比—辛（烏爾最後的統治國王）的六年也結束了。

不容置疑的是，有很多巧合說明了，舒爾吉的死不僅是亞伯拉罕離開的信號，也是近東的眾神重新排序位的信號。也就是在那時，亞伯拉罕在一支精銳部隊的陪同下離開哈蘭——西臺大地之門（稍後可知）——流浪的馬杜克也在「西臺島」出現了，此外，最大的巧合是，馬杜克在那裡同樣度過了這決定命運的二十四年，這大災難達到頂點的二十四年。

關於馬杜克動向的證據，是在亞述巴尼帕（Ashurbanipal）圖書館的泥版上找到的（見圖99）。那上面有年老的馬杜克講述自己過去的漂泊以及最後返回巴比倫的事：

> 啊，偉大的神，請記住我的祕密，當我纏繞腰帶時，我的記憶記住了這些：我是神馬杜克，偉大的神。
>
> 我因為所犯之罪而被拋棄，來到我現在的這座山。我曾經流浪過很多地方，從太陽升起的地方，到它落下的地方。
>
> 我也到過西臺島的最高峰，在那裡我問一位神使，有關我自己登基和貴族權力的事；我問：「要到什麼時候？」
>
> 二十四年，在這段期間我無法逃脫。

在小亞細亞，馬杜克的出現（這代表了一個始未料及的與阿達德的同盟），也是亞伯拉罕匆匆趕去迦南的另一個原因。以平衡的角度

圖99：馬杜克講述過去的泥版

來看，馬杜克從流亡的新地方派遣了一些密使（穿過哈蘭），為他在巴比倫的追隨者以及去小亞細亞貿易的代理人效力。因此，他侵占了兩個通道——由娜娜（辛）所控制的，與伊南娜（伊師塔）所控制的。

舒爾吉的死是一個信號，使整個遠古世界變得躁動了。娜娜的王室已經不再被人信任，馬杜克的王室看到自己最後盛行的時刻到來了。然而，馬杜克自己依舊被排除在美索不達米亞之外，他的長子那布，為他父親的事業帶來了轉變。他的行動基地是自己的「教派中心」：博爾西帕，但他的影響遍及全部領土，包括大迦南。

為了阻止這一情勢的迅速發展，亞伯拉罕被派往迦南，儘管關於他的使命隻字未提，但《舊約》中清楚地說明了他的目的地：迅速去迦南。亞伯拉罕和他的妻子、侄子，以及隨從不停地向南趕去。在色目（Shechem）做短暫停留時，主與他談了話。「然後他從那裡，去了那座山，在伯特利（Beth-El）的東部紮營；在這裡給耶和華建了祭壇，並求告耶和華的名。」伯特利的意思是「上帝的房子」，是亞伯拉罕再次回來的一個地方，在耶路撒冷被尊稱為神山，即摩利亞山（筆直的山）的附近。當所羅門在耶路撒冷為耶和華修建了一座神廟後，契約的神龕就放在那裡的聖石之上。

從那裡，「亞伯拉罕依舊向更遠的地方南地（Negev）行進。」南地是迦南和西奈半島交接處的一塊乾地，很顯然是亞伯拉罕的目的地。一些神的諭告說，埃及小河（Brook of Egypt，現在叫做伊爾—阿里什乾河床〔Wadi El-Arish〕）是亞伯拉罕領土的南邊界，加低斯—巴尼亞（Kadesh-Barnea）的綠洲是他最南的前哨（見地圖）。在南地，亞伯拉罕做了什麼？「乾旱之地」（The Dryness）這一名字是誰取的？是什麼使這位族長需要從哈蘭長途跋涉，匆忙出發？並且是什麼迫使他身處荒地間？

因為摩利亞山——即亞伯拉罕首次關注的地方——與他的姊妹山蘇弗山（Zophim，觀察者的山）和錫安山（Signal，信號之山）一起，在這些日子以來成為阿努納奇的任務指揮中心基地，而南地的重要意義，也是其唯一的意義，就是它是西奈山太空站的通道。

這一連串的描述告訴我們，亞伯拉罕將這一地區的軍力全部集中結盟，他的隨從包括有幾百位用於戰鬥的精銳戰士。《聖經》中稱他們為——那爾（Naar）——這個詞被譯為很多形式，比如「侍從」或很簡單的「年輕人」；但研究顯示，在人類中，常稱他們為「騎士」或「騎兵」，實際上，最近對美索不達米亞文獻的研究都只在處理軍事活動的清單，包括戰車兵種及騎兵LU.NAR（那爾人），他們是最快的騎兵。我們在《聖經．撒母耳記上》30：17中找到完全相同的詞語：當大衛王襲擊了亞瑪力人（Amalekite）的營地，除了是「四百個Ish-Naar」逃脫之外，沒有其他人倖免。Ish-Naar在字面上的意思是「Nar之人」或LU.NAR，後來譯為「騎駱駝的人」。

在把亞伯拉罕統帥下的那些善戰者描述為那爾人時，《舊約》告訴我們，他和騎兵隊所騎的可能是駱駝，而非馬。他可能從哈蘭所在的西臺人那裡獲得組一支快速騎兵隊的想法，但對於乾旱的南地和西奈半島來說，駱駝比馬匹更實用。

亞伯拉罕不是擔任遊牧部落的首領，而是以皇室後裔的創新軍事指揮官出現的這一說法，也許不符合這位希伯來鼻祖的慣常形象，但這些全部是根據所知的亞伯拉罕的全部往事而來的。因此，約瑟援引早期有關亞伯拉罕的資料寫道：「亞伯拉罕統治著大馬士革，在那裡他是一個外國人，與他一同來的還有一支超強的精銳部隊」，在那裡「很久後，上帝讓他崛起，讓他和他的國家及人民一同撤走，並讓他去了後來被稱為迦南，現在又叫做猶地亞（Judaea）的地方」。

亞伯拉罕的使命是一次軍事行動：保護阿努納奇的太空設施——任務指揮中心和太空站。

在南地短暫停留後，亞伯拉罕來到西奈半島並且去了埃及，顯然，他不是普通的遊牧人，亞伯拉罕和撒拉又一次奪去了皇室，根據估算，大概是西元前二〇四七年，當時法老控制著的下層

（北方）的埃及——他不是阿蒙（Amen，「隱藏的神」拉／馬杜克）的追隨者——正面臨著南方底比斯君主的強大挑釁，在那裡，阿蒙被認為是至高無上的。我們只能猜測事情的狀況：被圍攻的法老和來自尼普爾的希伯來人將軍商討著聯盟、聯合保衛及神的命令。《聖經》中沒有提到這一點，也沒有說持續的時間長度（《禧年書》中說，停留持續了五年）。當亞伯拉罕再回到南地時，陪他同行的是大量的法老的隨從。

「亞伯蘭帶著他的妻子與羅得，並一切所有的，都從埃及上南地去。」他因為「金、銀、牲畜極多」，所以遷往伯特利，在那裡「求告耶和華的名」，尋求指引。亞伯蘭和羅得分開後，羅得帶著牲畜去了約旦平原，「那地在耶和華未滅所多瑪、蛾摩拉以先如同耶和華的園子」。亞伯拉罕去了迦南地，在臨近哈蘭的最高峰定居，從那裡可以「舉目向東西南北觀看」；上帝對他說：「你起來，縱橫走遍這地，因為我必把這地賜給你。」（《創世記》13：1—17）

此後不久，「當暗拉非作示拿王」時，東部聯盟的武裝遠征就開始了。

亞伯拉罕肩負的使命

「他們已經事奉基大老瑪十二年，到十三年就背叛了。十四年，基大老瑪和同盟的王都來在亞特律加寧，殺敗了利乏音人，在哈麥殺敗了蘇西人，在沙微基列亭殺敗了以米人。」（《創世記》14：4—5）

長期以來，學者們一直都在尋找《聖經》中記載的這些事件的考古學紀錄；但他們的努力注定是白費的，因為他們找錯了亞伯拉罕的年代。如果我們所排列的年代正確的話，就能找出關於暗拉非（Amraphel）問題的一個簡單解決方式。這是一種新的方法，但這又依賴於將近一個世紀前所做的研究建議。

回到一八七五年，萊諾門特（F. Lenormant）把傳統名字的讀法與早期《聖經》中翻譯的拼法作比較，認為Amraphel正確的讀法應該是「阿馬爾—巴爾」（Amar-Pal），正如在希臘文七十士譯本《聖經》（Septuagint，西元前第三世紀，從原始的希伯來語把《舊約》翻譯成希臘語）那樣。兩年後，黑格（D. H. Haigh）也採用了「暗拉非」（Amarpal）的讀法，並且認為「第二種元素（國王名字中的）是月亮神的名字」，他寫道：「長期以來，我一直堅信『Amar-Pal』的身分是烏爾的王之一。」

一九一六年，法蘭茲．保爾（Franz M. Bohl）又一次認為名字的讀法依然不對。因為在希臘文《聖經》中，「阿馬爾—巴爾」應解釋為「被兒子看見」——它是近東皇室的名字之一，比如埃及語的Thoth-mes（指被圖特看見）。（由於一些原因，保爾和其他人忽略了提及一些具有重大意義的事實，希臘文七十士譯本《聖經》詳述了基大老瑪的名字，Khodologoma——幾乎與斯帕托泥版的「庫多爾—拉哈瑪」完全一致）。

Pal（意思是兒子）確定是美索不達米亞皇室中常見的名字尾碼，象徵神所認為的最受寵愛的神子，在烏爾，神最偏愛的兒子是娜娜（辛），這樣一來，我們認為在烏爾，阿馬爾—辛和阿馬爾—巴爾是同樣的名字。

我們認為，《創世記》第十四章的「暗拉非」等同於阿馬爾—辛，烏爾第三王朝的第三位王，這樣便非常完美地與《聖經》和蘇美的年代排序相吻合。《聖經》中諸王之戰的故事，發生在亞伯拉罕從埃及回到南地不久，是在他返回迦南十週年之前，也就是介於西元前二〇四七到二〇三九年之間，阿馬爾—辛（阿馬爾—巴爾）的統治從西元前二〇四七到二〇三九年，而這場戰爭發生在他統治的晚期。

阿馬爾—辛的統治年份，確定了他執政的第七年——西元前二〇四一年——是向南方各省發動大規模軍事遠征的一年。《聖經》中的資料（《創世記》14：4—5）認為，這發生在「十四年」，那時基大老瑪已經征服了迦南各王，埃蘭人也在他旗下：而這一年，二〇四一年，也正好是舒爾吉接到娜娜神諭的第十四年，在西元前二〇五五年，發動了這次軍事遠征，由埃蘭到迦南。

有關《聖經》的歷史對照表和蘇美事件及日期，揭開和支持了一系列記載在《聖經》中的時間因素：

西元前二一二三年：亞伯拉罕在尼普爾出生，他的父親是他拉。

西元前二一一三年：烏爾南姆在烏爾登基，成為尼普爾的保護人，他拉和他的家人搬到烏爾。

西元前二〇九五年：烏爾南姆去世，舒爾吉繼承王位，他拉和家人離開烏爾，去了哈蘭。

西元前二〇五五年：舒爾吉接到了娜娜的神諭，把埃蘭部隊派往迦南。

西元前二〇四八年：舒爾吉去世，在阿努與恩利爾的命令下，七十五歲的亞伯拉罕，離開哈蘭去迦南。

西元前二〇四七年：阿馬爾—辛（暗拉非）繼承烏爾的王位，亞伯拉罕離開南地去了埃及。

西元前二〇四二年：迦南眾王開始效忠於「其他諸神」，亞伯拉罕和他的精銳部隊又回到埃及。

西元前二〇四一年：阿馬爾—辛發動了諸王之戰。

誰是贏得迦南各王效忠的「其他諸神」呢？正是馬杜克。他從附近的流亡地策劃逃脫，和兒子那布（他在迦南東部遊蕩），他們獲得了至高的權利和眾多的信徒。正如《聖經》中地名暗示的那樣，整個摩押大地都受到影響：這些地方因為那布而出名，並且這裡有很多地方都以他的榮譽而命名；最高的山峰保住了他的名字——尼波山（Nebo）——經歷了以後的太平盛世。

在《舊約》的歷史框架中，已經肯定了來自東方的侵犯，但即使依從《聖經》的觀點，把美索不達米亞諸神的故事濃縮為一神論的模式，它也是一次非同一般的戰爭：表面的目的是鎮壓起義，但這只是此戰的第二個原因；真正的目的是荒野中交叉路口的綠洲絕不能延伸。

侵略者占據了從美索不達米亞到迦南的南部路線，繼續向南穿越約旦，沿著國王大道，發動一連串的攻擊，來破壞那些守衛約旦河上過境點的關鍵前哨：北方的阿斯特－卡納因（Ashterot-Karnayim）；中心的含；以及南部的沙微－奇亞塔因（Shaveh-Kiryatayim）。

根據《聖經》的記載，侵略者真正的目標是伊勒巴蘭（El-Paran），但他們從未到達那裡。侵略者沿著約旦河而下，包圍死海，越過西珥山，「一直殺到靠近曠野的伊勒巴蘭」，但他們被迫「回到安密巴（Ein-Mishpat），就是加低斯」。「伊勒巴蘭」的意思是指神的榮光之地？總之，侵略者並沒有抵達伊勒巴蘭；他們返回安密巴，也就是加低斯，或稱為加低斯－巴尼亞（Kadesh-Barnea）的地方。

因而，他們才轉往迦南，隨即「他們都攻打所多瑪王比拉、蛾摩拉王比沙、押瑪王示納、洗扁王善以別，和比拉王；比拉就是瑣珥。這五王都在西訂谷會合；西訂谷就是鹽海。」（《創世記》14：2－3）。

這些迦南王之間的戰鬥，是此戰最後的局面，但不是他們起初的目的。幾乎一個世紀以前，特朗布林（H. C. Trumbull）在《加低斯－巴尼亞》一書中，已經總結了侵略者真正的目的是伊勒巴蘭，他準確無誤地認定，侵略者是為了在西奈的中心平原奈赫勒（Nakhl）的綠洲設要塞。但誰都不清楚，為什麼這個大聯盟要發動軍隊去千里之外的目的地，並且與眾神和人類作戰，只是為了到這個巨大而淒涼的平原上的一個孤島綠洲。

他們為什麼要去那裡，又是誰封鎖了他們的道路，迫使這些入侵者返回呢？

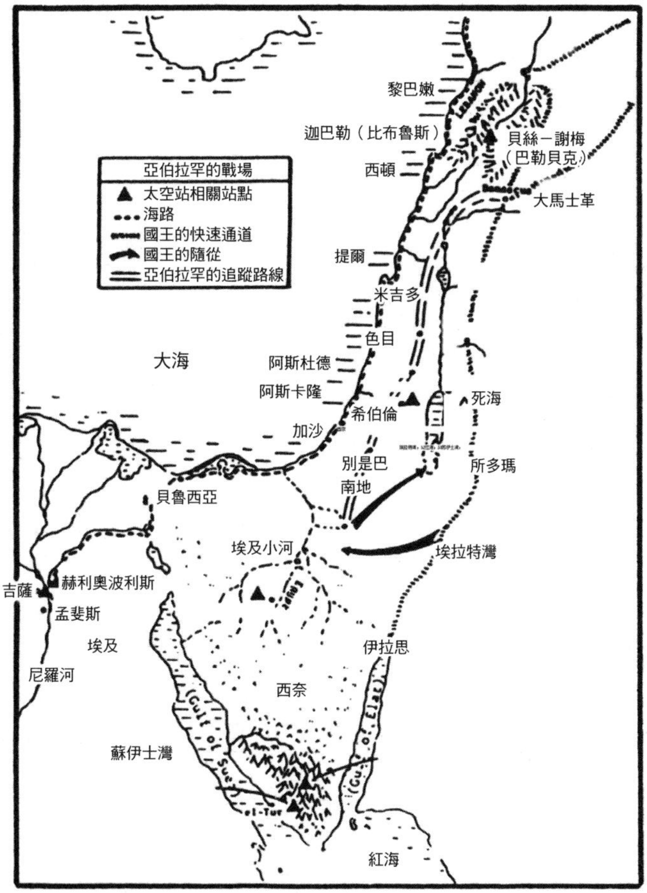
亞伯拉罕的戰場
太空站相關站點
海路
國王的快速通道
國王的隨從
亞伯拉罕的追蹤路線
黎巴嫩
迦巴勒（比布魯斯）
貝絲－謝梅
（巴勒貝克）
西頓
大馬士革
提爾
米吉多
色目
大海
阿斯杜德
阿斯卡隆
死海
希伯倫
加沙
別是巴
所多瑪
南地
貝魯西亞
埃及小河
埃拉特灣
吉薩
赫利奧波利斯
孟斐斯
埃及
伊拉思
尼羅河
西奈
蘇伊士灣
紅海

對於這個問題，除了我們所提供的答案之外，其他的解釋都沒有任何意義：這個目的地的唯一意義就是太空站，在加低斯－巴尼亞封鎖入侵者道路的是亞伯拉罕。從很早期開始，加低斯－巴尼亞就是不需要特別許可即可前往的，最靠近太空站區域的地方。舒爾吉曾去那裡祈禱，並在那裡供奉判決之神；在他之前近一千年，蘇美的王吉爾伽美什在那裡停留，以獲取特殊的許可。這裡是被蘇美叫做班德戈丁吉爾的地方，阿卡德的薩貢很清楚地把此地當作提爾蒙的地方，列在他的銘文中。

我們認為，那裡就是《聖經》中叫做加低斯－巴尼亞的地方，而亞伯拉罕的精銳部隊抵擋了侵略者接近太空站的企圖。

《舊約》中的暗示成為《基大老瑪文獻》（*Khedorlaormer Texts*）中一個詳細的故事，它很清楚地說明此戰的目的在於阻止馬杜克的返回，以及阻撓那布為了獲得去太空站的機會所付出的努力。這些文獻中不僅說出了《聖經》中出現的那些國王，更重述了在第十三年開始效忠他們的具體細節。

當我們再回到《基大老瑪文獻》中獲取相關的細節時，需要牢記在心的是，他們是由一位巴比倫歷史學家寫成的，他非常支持馬杜克的理想，即讓巴比倫成為這四大地區中天國般的中心。但這會妨礙眾神，他們反對馬杜克，便命令基大老瑪抓捕他，並且摧毀巴比倫：

眾神……對埃蘭國的王，庫杜爾－拉格瑪下令說：「去毀掉那裡！」那裡是他做盡壞事之地；在巴比倫，馬杜克最珍愛的城市，他統治著那裡；在巴比倫，眾神之王的城，馬杜克推翻了君主制；在神廟修建了一個狗窩，烏鴉在飛，大聲尖叫著，牠們的糞便也落在那裡。

對巴比倫的掠奪只是開始，自從「壞的行為」被做盡後，烏圖（沙馬氏）採取行動反擊那布，他指控那布破壞了一些國王對他父親娜娜（辛）的忠心。在《基大老瑪文獻》中記載，這發生在第十三年（正如《創世記》第十四章所說）：

在眾神及他的兒子到來之前，那一天的山，陽光明媚，為了反抗眾神，馬杜克說：「在第十三年，對王的忠誠背叛了，爭吵再次向他父親襲來；為了保持忠誠，王不再出席；所有這些都是那布造成的。」

眾神聚集在一起，對那布的叛亂行動發出警告，同時組建一個忠誠的國王聯盟，並任命埃蘭人庫多爾－拉哈瑪為軍事指揮官。他們的第一個命令是「摧毀那布的據點博爾西帕和那裡的武器」，為了執行命令，「庫多爾－拉哈瑪用非常險惡的念頭來對付馬杜克，用火燒毀博爾西帕的神廟，用隨身的佩劍刺殺他的兒子」。然後，命令對反叛的國王進行軍事遠征。巴比倫文獻中羅列了被襲擊的目標，以及襲擊者的名字。我們很容易在《聖經》中看到這些名字：艾瑞克（Eriaku/Ariokh）襲擊舍布（Shebu/Beer-Sheba），圖的－古拉（Tud-Ghula/Tidhal）「襲擊了迦薩（Gaza）的子弟」。

東方的諸王們根據神諭進行行動，把軍隊結合在一起，抵達並穿越約旦。首先被襲擊的是「高地」的要塞，之後是拉巴圖（Rabattum），路線與《聖經》中描述的一致：從北方的高地經過拉巴圖的阿門中部地區，向南朝死海行軍，此後，杜爾馬哈拉尼（Dur-Mah-Ilani）被捕，迦南的城市（包括迦薩、南地等）都被摧毀，但根據巴比倫文獻所說，杜爾馬哈拉尼，「祭司的兒子，眾神用他們最真誠的慰藉對他施以塗油禮」，他站在入侵者的路上，「摧毀他們的防禦」。

巴比倫文獻中提到的就是亞伯拉罕，他拉祭司的兒子，並詳細說明了他在讓入侵者退卻中所發揮的作用。這種可能性很大，因為在美索不達米亞及《聖經》的文獻中都提到了相同的事，在同樣的時間及地點，並且結果也一樣。

我們找到的這個具有高度啟發意義的線索，不僅僅只是強化其可能性。

這是一個沒有被注意到的事實嗎？在阿馬爾－辛統治時期，稱他的第七年——西元前二〇四一年為關鍵的一年，軍事遠征的一年，也是MU NE IB.RU.UM BA.HUL（見圖100），即艾比魯門（IB.RU.UM）的領導中心被襲擊的那一年。

在這關鍵一年所指的，除了亞伯拉罕和他的牧養住所之外，還能是什麼？

另外也有關於這次入侵的繪圖紀念。在蘇美人的圓筒印章上，雕刻繪製了當時的場景（見圖101）。它描述了基什早期的國王伊塔那到達羽翼之門的旅途，在那裡，「天使」載著他在高空中翱翔，以至於地球都消失在他們的視線裡。這枚印章也描述了這位加冕的英雄在馬背上的故事——伊塔那時代的前期——站在羽翼之門和兩支明顯的隊伍之間。其中一支隊伍中的四個領導人也騎在馬背上，全副武裝的男人走向西奈半島的一片種植區（由罪孽的月牙標誌與麥子的生長代表）。另一支隊伍是五位國王，他們面朝著相反的方向。圖中的描述包括了關於戰爭中的國王和「祭司的兒子」這種角色在古代繪圖中的所有元素，而不是伊塔那到達太空的旅程。在繪圖的中心是一隻動物，這說明英雄是亞伯拉罕而不是伊塔那。

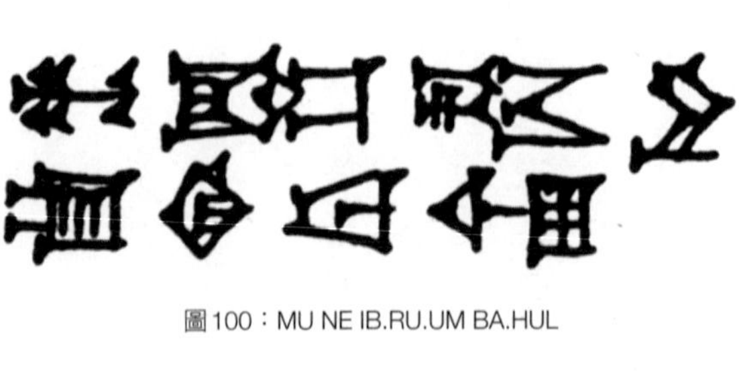
圖100：MU NE IB.RU.UM BA.HUL

亞伯拉罕在完成了保護太空站的使命後，回到了希伯倫附近的基地。迦南國王受到亞伯拉罕壯舉的鼓舞，命令他的隊伍從東邊攔截撤退的部隊。但侵略者攻擊了他們，並且「就把所多瑪和蛾摩拉所有的財物，並一切的糧食都擄掠去了」；有一個逃出來的人說道：「又把亞伯蘭的姪兒

羅得和羅得的財物擄掠去了。當時羅得正住在所多瑪。」（《創世記》14：11—12）

亞伯拉罕聽到了這個消息，就率領他的精練壯丁，追捕撤退的侵略者。亞伯拉罕的部隊在大馬色（Damascus，今大馬士革）附近追上了侵略者，將被擄掠的一切財物奪回來。回來後，人們視他為勝利者，在沙微谷（Shalem，位於耶路撒冷）迎接他：

> 沙微谷就是王谷。又有撒冷王麥基洗德帶著餅和酒出來迎接；他是至高神的祭司。他為亞伯蘭祝福，說：「願天地的主、至高的神賜福與亞伯蘭！至高的神把敵人交在你手裡，是應當稱頌的！」（《創世記》14：17—20）

迦南國王同樣也到場感謝亞伯拉罕，並將所有追回的戰利品送給他做為回報。但亞伯拉罕說當地的同盟者們可以分享這些獎勵，他本人或手下即使「一條鞋帶」也不拿。他所做的一切，既不是出於和迦南國王的友誼，也不是出於對東部聯盟的敵意；關於娜娜和馬杜克之間的戰爭，他的態度是中立的。他向所多瑪王說：「我已經向天地的主——至高的神耶和華起誓。」

※

圖101：入侵場景

失敗的入侵並沒有阻止古代世界裡重大事件的發生。一年後，即在西元前二〇四〇年，門圖荷太普二世（Mentuhotep II），底比斯諸侯的領導者，打敗了北部法老王，將自己對底比斯的統治，向西方一直擴大到西奈半島。在隨後的幾年裡，阿馬爾—辛試圖透過海路到達西奈半島，卻因為被巨毒生物咬傷而死亡。

對太空站的襲擊屢屢受阻，但太空站仍然面臨著危險；馬杜克更努力地加緊獲得至高無上的統治權。十五年後，當尼努爾塔和奈格爾發動末日武器的時候，所多瑪和蛾摩拉就乘著火焰上升了。

14・核浩劫

世界末日於亞伯拉罕在希伯倫附近紮營的第二十四年到來，那時候亞伯拉罕已經是九十九年歲高齡。

「耶和華在幔利橡樹那裡，向亞伯拉罕顯現出來。那時正熱，亞伯拉罕坐在帳棚門口。舉目觀看，見有三個人在對面站著。他一見就從帳棚門口跑去迎接他們，俯伏在地。」（《創世記》18：1—2）

《創世記》第十八章的敘述者快速地從一個典型中東場景中供君主休息的帳篷陰涼處，轉移到亞伯拉罕的眼睛，並將他和讀者推向了與神聖生命的突然相遇。雖然亞伯拉罕注視著他們，但他沒有看到這三個男子是怎麼來到這裡的：他們突然「出現在他的面前」。雖然他們外表是「人」，但亞伯拉罕馬上認出了他們並對他們鞠躬，稱他們為「我的主」，並且「要求他們不要『忽視了僕人』」，以讓他有機會為他們準備豐盛的晚餐。

神聖的來訪者吃完晚餐及休息後，已經是黃昏了。關於撒拉，他們的領導人對亞伯拉罕說：「在明年的這個時候我將回來：那時你的妻子撒拉將有一個兒子。」

讓亞伯拉罕和撒拉在晚年得到合法繼承者的承諾，並非此行的唯一原因。更可怕的是，他們有一個更不祥的目的：

三人就從那裡起行，向所多瑪觀看。亞伯拉罕也與他們同行，要送他們一程。耶和華說，我所要作的事，豈可瞞著亞伯拉罕呢？（《創世記》18：16—17）

回顧亞伯拉罕過去的盡心盡力和對未來的承諾，主透露給他此行的真正目的：為了證實對所多瑪和蛾摩拉的指控。「耶和華說，所多瑪和蛾摩拉的罪惡甚重，聲聞於我。我現在要下去，察看他們所行的，果然盡像那達到我耳中的聲音一樣麼。若是不然，我也必知道。」（《創世記》18：20—21）

摧毀所多瑪和蛾摩拉的行動，已經成為《聖經》故事中最常見的描述。東正教和基本教義派始終堅信，是上帝從空中縱火和傾倒硫磺，從地球表面抹除了罪孽深重的城市。學者和頂尖人才堅持努力尋求這個《聖經》故事的「自然」解釋：地震、火山爆發，其他一些自然現象（他們准許的），有可能被解釋為神的行為：一種對於罪惡的懲罰。

但到目前為止，就《聖經》敘事而言（到現在為止，它一直是所有解釋的唯一來源），這些活動肯定不是因為自然災害而發生的。首先，它被描述為一種有預謀的事件：神在事前透露給亞伯拉罕將發生什麼和為什麼會發生。其次，這是一場可以避免的事件，並不是由不可逆轉的自然力量所造成的災難。只有對所多瑪和蛾摩拉的「抗議」未被證實，災難才會成為過去。第三（我們將很快發現），這也是一場被延遲的事件，它的發生可以被隨心所欲地提前或推後。

亞伯拉罕意識到這場災難的可避免性，開始了拖延的策略。「假若那城裡有五十個義人，你還剿滅那地方麼？不為城裡這五十個義人饒恕其中的人麼？將義人與惡人同殺，將義人與惡人一樣看待，這斷不是你所行的。審判全地的主，豈不行公義麼？」（《創世記》18：24—25）

這是對他的神最嚴肅的訓誡！而且他請求停止毀滅（有預謀且可以避免的破壞），如果城內有五十個正義之人的話。但神同意的是，如果能在城中找到五十個比亞伯拉罕更正義的人，那麼他將立即停止對城市的破壞。亞伯拉罕將選擇五十個正義之人，但這令人提心吊膽，如果他找到的人數少於五十人，神將繼續毀滅。當神同意將人數減少到四十五人時，亞伯拉罕繼續討價還價，希望將人數減少到四十人，然後是三十人、二十人、十人。「他說，為這十個的緣故，我也不毀滅那城。耶和華與亞伯拉罕說完了話就走了，亞伯拉罕也回到自己的地方去了。」（《創世記》18：32—33）

在約定的期限之前，神的兩個隨從——《聖經》的講述者現在指他們是mal'akhim（譯為「天使」，但意為「使者」）——到達所多瑪，他們的任務是要證實對所多瑪的指控，並將他們的發現回報給上帝。羅得站在城市的大門口，馬上就辨認出了（就像亞伯拉罕之前一樣）兩個來訪者的神聖身分，很顯然，他們的身分被其服裝和武器暴露，也可能是他們到來的方式（飛翔？）暴露了分。

現在到了羅得表達友好的時候，兩個使者接受了他的邀請在他家過夜；但這並不是一個安靜的夜晚，因為神到來的消息使整座城市沸騰。

「他們還沒有躺下，所多瑪城裡各處的人，連老帶少，都來圍住那房子。呼叫羅得說，今日晚上到你這裡來的人在哪裡呢？把他們帶出來，任我們所為。羅得出來，把門關上，到眾人那裡，說，眾弟兄請你們不要作這惡事。……眾人就向前擁擠羅得，要攻破房門。只是那二人伸出手來，將羅得拉進屋去，把門關上。並且使門外的人，無論老少，眼都昏迷。他們摸來摸去，總尋不著房門。」（《創世記》19：4—11）

認識到這座城市的所有居民只有羅得是「正義的」以後，這兩名使者不需要再做調查；這座城市的命運因此被決定了。他們對羅得說：「你這裡還有甚麼人麼？無論是女婿、是兒女，和這城中一切屬你的人，你都要將他們從這地方帶出去。我們要毀滅這地方。」（《創世記》19：12—13）羅得匆忙地將這個消息告訴他的女婿，但羅得還是不相信神的話，而且覺得有些可笑。因此，當使者在黎明催促羅得立即離開時，羅得僅僅帶著他的妻子和兩個與他們同住的未婚女兒離開了。

> 但羅得遲延不走，二人因為耶和華憐恤羅得，就拉著他的手，和他妻子的手，並他兩個女兒的手，把他們領出來，安置在城外。（《創世記》19：16）

他們帶著這四個人在高空飛翔，然後在城外把他們放下，使者敦促羅得逃到山上去。他們對他說：「逃命罷！不可回頭看，也不可在平原站住，要往山上逃跑，免得你被剿滅。」（《創世記》19：16）但羅得擔心他們不能及時到達山上，而且「將面臨災禍和死亡」。於是他建議，能不能在他到達了離所多瑪最遠的避難地以後，再毀滅所多瑪？神接受了他的意見，其中的一個神要他以最快的速度到達避難地：「你要速速的逃到那城，因為你還沒有到那裡我不能作甚麼。」（《創世記》19：22）

災難不僅是可以預測和避免，而且也可以推遲；而且它可以在不同的時間影響到不同的城市。若是自然災難，就不會照顧到各個方面。

> 羅得到了瑣珥，日頭已經出來了。當時耶和華將硫磺與火，從天上耶和華那裡，降與所多瑪和蛾摩拉，把那些城和全平原，並城裡所有的居民，連地上生長的，都毀滅了。（《創世記》19：22—25）

城市、人民、糧食，所有的一切都被上帝的武器「毀壞」。熱和火燒焦了眼前的一切，它的輻射甚至影響到遠處的人們。羅得的妻子以為已經遠離了所多瑪，而不顧在逃離途中不要停下來回頭看的勸告，最後變成一個「蒸氣柱」＊。「不幸」的羅得害怕步上她的後塵……

那些「激怒了上帝」的城市一個接一個地被毀滅，每次羅得都被允許逃脫：

> 當神毀滅平原諸城的時候，他記念亞伯拉罕，正在傾覆羅得所住之城的時候，就打發羅得從傾覆之中出來。（《創世記》19：29）

羅得按照神的指示，繼續「住在山裡，他和兩個女兒住在一個洞裡。」（《創世記》19：30）在目睹了猛烈的大火摧毀約旦平原上所有的生命和看不見的手蒸發了他們的母親後，羅得和他的女兒會想些什麼呢？我們從《聖經》故事中知道，在目睹了地球上人類的毀滅後，他們認為彼此是人類唯有的倖存者。因此，保存人類的唯一方法是讓羅得和他的女兒亂倫來孕育生命……

「大女兒對小女兒說，我們的父親老了，地上又無人按著世上的常規，進到我們這裡。來，我們可以叫父親喝酒，與他同寢。這樣，我們好從他存留後裔。」（《創世記》19：31－32）這麼做之後，兩姊妹都懷孕並且生下孩子。

大屠殺的前夜必定是亞伯拉罕充滿焦慮和難眠的夜晚，他在擔心是否能夠找到正義之人而使所多瑪城倖免於難，以及擔心羅得和他家人的命運。亞伯拉罕很早便起床，來到他能夠面對耶和華的地方，他注視著所多瑪、蛾摩拉和平原地區，他看見地球上升起的濃煙就像熔爐中的煙霧。

他目睹了「廣島」及「長崎」——肥沃的土壤和人口稠密的平原被原子彈摧毀。那一年是西元前二〇二四年。

＊ 在希伯來語傳統和字面上的意思，Netsivmelah是「鹽柱」。在中世紀寫成的一本小冊子，解釋了一個人可能會變成結晶鹽的過程。但是，如果（像我們所認為的一樣）亞伯拉罕和羅得的母語是蘇美語，那麼事件最初不是用閃族語，而是用蘇美語記錄的，對於羅得妻子命運的完全不同但仍可以理解的解釋成為可能。

在一九一八年提交給美國東方學會的一份檔案和關於亞述哲學的後續文章中，保羅．霍普特（Paul Haupt）表明，由於蘇美人早期在波斯灣附近的沼澤地獲取鹽，蘇美詞彙「NIMUR」既指鹽，也指水蒸氣。在希伯來語中，死海又被稱為鹽海，《聖經》的希伯來語講述者可能錯誤地理解了蘇美語，並且將羅得的妻子變成「鹽柱」寫成了「蒸氣柱」。在烏加里特語（Ugaritic）文獻中有值得注意的關聯，如阿迦特傳說中的迦南故事（與亞伯拉罕的故事有許多相似之處），其中描述了被上帝的手控制的致命死亡：「他的靈魂像水蒸氣一樣蒸發，如煙霧般從他鼻孔裡冒出。」

事實上，我們認為，在《艾拉史詩》中有關於這場核動亂的蘇美語紀錄，死亡的人被上帝描述成：

我將使這些人消失，
他們的靈魂轉化為蒸氣。

羅得的妻子不幸成為了這些「變成蒸氣」的人中的一分子。

所多瑪和蛾摩拉的遺址

所多瑪和蛾摩拉的遺址在哪裡?古希臘和羅馬的地理學家報告說，有五個城市的曾經肥沃的谷底在災難後被淹沒。現代學者認為，《聖經》中描述的這場災難，導致死海南岸出現了裂口，引導其水流淹沒了南部的低窪地區。曾經擁有五個人口稠密城市的河谷變成一塊新地：南部的死海（見圖102），至今，仍然保留著它的別稱「羅得的海」。從北部滾滾南下的海水造成了海岸線的消退。

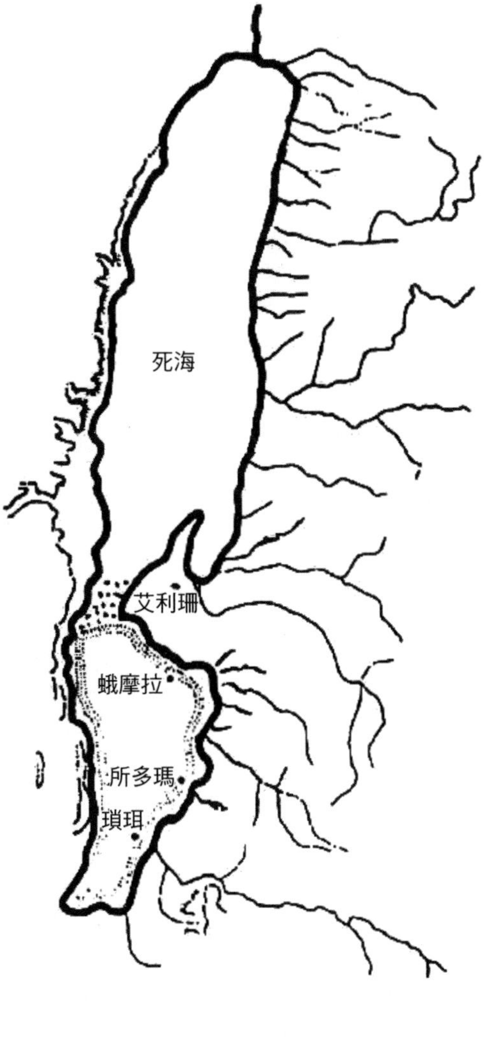

圖102：南部的死海

這份古老的報告已經在現代被不同的研究所確認。由梵蒂岡宗座《聖經》學院贊助完成的科學使命，對一九二〇年的區域進行了徹底的考察。如以奧爾布萊特（W. F. Albright）和哈蘭德（P. Harland）等為首的考古學家，發現其山區周圍的定居點在西元前二十一世紀被突然遺棄，而且在幾個世紀以後也沒有被重新占據。到了現在，也發現死海周圍的溫泉被放射性物質汙染，「足以造成任何吸收了此物質多年的動物和人類的不育及相關疾病」。布雷克（I. M. Blake）則在《巴勒斯坦勘探》（*The Palestine Exploration Quarterly*）季刊裡寫到了「約書亞的詛咒和伊莉莎（Elisha）的奇蹟」。

從城市的平原上升到天空的死亡之雲，使得羅得和他的女兒，以及亞伯拉罕都受到了驚嚇，即使在距希伯倫山區五十英里的地方，亞伯拉罕也沒有安全感。《聖經》告訴我們，亞伯拉罕退出了營地向西遠行，在基拉爾（Gerar）安營紮寨。

此後，他也絕不冒險進入西奈半島。甚至幾年後，當亞伯拉罕的兒子以撒因為迦南的饑荒而想進入埃及的時候，「耶和華似乎告訴他說：『不要到埃及去；居住在我的土地上。』」穿過西奈半島顯然仍是不安全的。

這是為什麼呢？

我們認為，對於平原城市的破壞只是一次小小的玩笑；同時，西奈半島上的太空站被核武器抹殺，在多年以後留下了致命的輻射。

核攻擊的主要目標是西奈半島，但真正的受害者到最後卻是蘇美本身。

烏爾的末代國王舒辛

雖然烏爾時代很快就結束了，但其命運卻在國王發動戰爭以後越來越悲慘：就像一個從遠處而來的鼓手發出的聲音一樣越來越近——一個執行中的鼓手——每一年距離會越來越近，聲音也會越來越大。厄運到來的那一年，西元前二〇二四年，是烏爾最後的國王伊比－辛統治的第六年；但要找到關於這場災難和其發生過程的最自然的解釋，我們還要學習戰爭期間那幾個重要年份的歷史。

由於未能完成任務和受到了亞伯拉罕的羞辱：一次在加低斯－巴尼亞，一次大馬士革附近，入侵的國王很快便失去了王位。在烏爾，阿馬爾－辛被他的兄弟舒辛取代。舒辛登上王位是為了拯救破滅的聯盟和尋找從前的盟國。

儘管被國王發動的戰爭誤導，娜娜與伊南娜仍然成為舒辛首先信任的神。舒辛早期的著作描述著，他把娜娜稱為統治者；他「敬愛伊南娜」。舒辛誇讚道，她「擁有驚人的素質，是辛神的第一個女兒」，賦予他武器，以便「討伐那些不服從命令的敵對國家」。但所有這些還不足以維繫整個蘇美帝國，於是舒辛很快向更大的神求助（見圖103）。

按照日期來計算——因為皇室也有商業和社交的目的，在每年的文獻裡，國王的連任都是由當年發生的大事來決定的——舒辛在統治的第二年，為恩基神建造了一艘特殊的船以滿足他的喜好，這艘船可以自由自在地從公海航行到下層世界。在舒辛統治的第三年，他還在努力滿足恩基的一切願望。他的努力很少被人知道，這本來就是在用一種迂迴的方式撫慰馬杜克和那布的追隨者；但這些努力顯然失敗了，因為在第四年和第五年，他目睹了在美索不達米亞的西部邊境建設了一個大規模的城牆，專門抵擋「西部馬杜克的追隨者」的入侵。

正如來自西方的壓力不斷上升，舒辛為了寬恕和救贖，轉向尼普爾的偉大神。日期公式被美國探險家在尼普爾的考古發掘

圖103：舒辛更大的神求助

所證實，揭示了舒辛在尼普爾的神聖區域所做的大量重建工作，這些從烏爾南姆時代起一直處於未知狀態。這項工程修建了紀念恩利爾和寧利爾的石碑，「在此之前從來沒有為國王修建過石碑」。舒辛拚命地尋求人們確認和接受他是「恩利爾選擇的國王」。但恩利爾沒有回答；只有留在尼普爾的寧利爾——恩利爾的配偶，聽取了舒辛的懇求。出於同情，她做出了反應，「延長舒辛的壽命，延長他的統治年限」，她給了他「光芒無敵的武器……可怕的光芒可以到達天際」。

被歸類為「收藏品B」的舒辛相關文獻認為，在他努力重建與尼普爾的聯繫時，舒辛可能試圖與尼普瑞提斯（Nippurites，類似他拉的家族）和解；尼普瑞提斯在烏爾南姆去世後便離開了烏爾。該文指出，哈蘭「由於敬畏他的武器而顫抖」，舒辛也到了這裡。在那以後，和平的姿態出現了：舒辛派自己的女兒出嫁到這裡（大概是嫁給該地區的行政長官或他的兒子）。然後，她與隨行人員一起回到蘇美，「在尼普爾的邊界上，為恩利爾和寧利爾建造了一座城鎮」。這是第一次「當命運被確定後，國王為恩利爾和寧利爾建立了一座小鎮」，舒辛用期待被讚美的神情宣布著。舒辛也恢復了在高級神廟服務時，尼普爾賜予自己的地位和大祭司的稱號。

然而，所有這一切都是徒勞的。安全並沒有到來，危險卻越來越多，現在他更擔心蘇美自己的領土，而不是一些遙遠國家的忠誠。舒辛的著作寫道，「烏爾強大的國王」發現，「那片牧羊的土地」（蘇美本身）已成為主要的皇家負擔。

舒辛曾經做過最後的努力以吸引恩利爾回到蘇美，期待找到在恩利爾保護下的庇護所。根據寧利爾的建議，舒辛為這對神聖夫妻建造了「偉大的旅遊船，適合最大的河流……他用珍貴的寶石把船裝飾得很完美」。這艘船還配備了用最好的木材製成的船槳、撐桿和精巧的舵，並且盡一切可能把它裝飾得很舒適，其中包括了一張婚紗床。

懷舊的情緒觸動了恩利爾的心弦。當初他看到寧利爾在河中裸浴時，她還是一名年輕的護士，他立刻愛上了寧利爾。於是，恩利爾回到了尼普爾：

當恩利爾聽到這一切，他匆匆從天的這一頭走到那一頭。從南方來到了北方；他從地球匆匆來到天空。和他偉大的皇后寧利爾在一起，他非常高興。

但這段情感的旅程只是一個短暫的插曲。由於一些關鍵的泥版遺失，造成一些重要線索的斷裂，我們無從知曉在那以後發生的事情。但最後一段關於「恩利爾的勇士尼努爾塔迷惑了入侵者」的線索，被發現在一艘船的肖像上，它顯然是在「一個碑文，一個邪惡的碑文」之後被發現的：它也許是用於詛咒恩利爾和寧利爾。

我們沒有關於恩利爾對這次愚蠢行動的反應的可靠紀錄：但其他所有的證據顯示，他再次離開尼普爾，這次他似乎是把寧利爾帶在身邊。

此後不久，我們日曆上的西元前二〇三一年二月，近東被月食所驚嚇。月食在夜晚穿過地平線的過程中，使月亮完全沒有光芒。尼普爾的祭司不能緩和舒辛的焦慮：他們用書面資訊說明，它是一個兆頭，「對於領導這四個地區的國王：他的城牆將被摧毀。烏爾將成為一片荒涼地。」

由於被偉大的老神拒絕，舒辛進行了最後一次行動，這可能出於蔑視或是被當作讓他獲得神聖支持的最後一根稻草。他在尼普爾的神聖區域，為一個名叫撒拉（Shara）的年輕神修建了一座神廟。這個神是伊南娜的兒子；就像早期的王子盧加班達，撒拉（意思是王子）也是一樣，他是國王的兒子。舒辛在神廟裡題詞奉獻，聲稱他是這個年輕神的父親：「神聖的撒拉，天國的英雄，伊南娜心愛的兒子；他的父親舒辛，是擁有無限權利的國王，烏爾的國王，擁有四個區域的國王，已經為他修建了神廟夏吉帕達（Shagipada），他心愛的神廟；這個國王將擁有生命。」這是舒辛統治的第九年，同樣也是他在位的最後一年。

烏爾的新統治者伊比—辛，也不能停止撤退和縮編。他所能做的，就是修建城牆和在蘇美的心臟地帶修建要塞，以包圍烏爾和尼普爾；但該國的其他地區卻得不到保護。他自己的日期紀錄和講述的事情，沒有超越他統治的第五個年頭（儘管他統治的時間要長於此），幾乎沒有說明他在位時的情況，其他慣例進行的郵件和貿易檔似乎也突然停止了。而其他附屬城市中心每年發送給烏爾的郵件，也中止於從一個中心到另一個中心的途中。最先停止的是從西部地區發出的表達其忠誠的郵件：然後，東部國家的首都也停止了信使的派遣。在第三年，烏爾的外貿活動「突然停止了」（在加德〔C. J. Gadd〕所著《烏爾的歷史和古跡》〔*History and Monuments of Ur*〕一書的資料中）。在德萊海姆（Dodanim，靠近尼普爾）稅收征管的十字路口，有成千上萬片的完整泥版被發現，上面精心記錄了整個烏爾第三王朝的裝運貨物和牲畜的輪船，以及收繳稅款資料，這些紀錄也突然在第三個年頭中斷。

伊比—辛無視於偉大的神已經離開尼普爾，再次信任娜娜和伊南娜。他一再要求他的神給他指導和安慰；但他聽到的是破壞和毀滅的神諭。在他統治的第四年，他被告知「兒子將在西部誕生……這是伊比—辛的預兆：烏爾應該受到審判」。

在第五個年頭，伊比—辛透過在烏爾的神臺成為伊南娜的大祭司，以尋找更強大的實力。但這樣也沒有任何幫助：這一年裡，蘇美的其他城市已經不再忠誠。這是這些城市向娜娜在烏爾的廟宇進奉動物的最後一年。烏爾的中央權威，她的神，她的偉大塔廟已不再被承認。

正如第六年開始的時候，「關於毀滅」的預兆變得更加迫切和具體。「當第六年到來的時候，烏爾的居民將被困」，一個預言說道。另一個徵兆說，「第二次，那自稱為最高統治者的人，就像胸部受膏者一樣，來自西方。」在這一年，從邊境傳來的消息揭示出，「敵對的西方人已經進入了美索不達米亞平原」；沒有人抵抗，他們很快就「進入該國內，逐一占領了所有偉大的堡壘」。

伊比—辛抓住不放的是烏爾和尼普爾的領土；但在致命的第六個年頭之前，紀念烏爾國王的碑文也突然在尼普爾停止了。烏爾的敵人和她的神，那個「自稱為最高統治者的人」，已經到達了蘇美的心臟地區。

就像預兆預言的一樣，馬杜克第二次回到了巴比倫。

馬杜克重返巴比倫

在這命運的二十四年來，亞伯拉罕離開哈蘭，舒爾吉登上了王位，馬杜克開始了在西臺的流亡，最後都匯集在充滿厄運的這一年——西元前二〇二四年。在看過亞伯拉罕的聖經故事，以及烏爾和最後三個國王的命運後，現在我們將跟隨馬杜克的腳步。

泥版上所寫的馬杜克的自傳（我們已經部分引用），繼續講述了他在西臺的土地上滯留了二十四年後返回巴比倫的故事。

在那裡我問一位神使，有關我自己登基和貴族權力的事；我問：「要到什麼時候？」二十四年，在這段期間我無法逃脫。

然後，在第二十四年，他收到了良好的預兆：

我（流亡）的日子已經完成；我（設定路線）前往我的城市；我的埃薩吉神廟會（抬高／重建）像山一樣，我將永遠住在（重建）後的住所。

我抬起腳跟（朝向巴比倫），經過……土地（我去）我的城市。

她（未來？幸福？）要建立，巴比倫的國王在我允許的屋子裡（即位）……

在山中的神廟埃薩吉是阿努建立的……在進入埃薩吉……修建一個平臺
在我的城市……歡呼……

已經損壞的泥版還列出了馬杜克在前往巴比倫的途中，經過的城市名稱。少數清晰的城市名稱，呈現了馬杜克從小亞細亞到美索不達米亞的線路，他首次來到南部城市（《聖經》中的哈瑪特〔Hamat〕），然後向東經過了馬里（見地圖，三一九頁）。他的確到過美索不達米亞——就像預兆預言的一樣——在亞摩利人（西部人）支持者的陪同下從西部到達。

馬杜克繼續說，他的願望是把和平及繁榮帶到這片土地上，「趕走邪惡和壞運氣……把母親般的慈愛帶給人類。」但這一切都化為泡影了：一位敵方神「帶來了他的憤怒」，攻擊了馬杜克的城市巴比倫。這位敵方神的名字被記錄在文獻新一列的開頭；但所有這些只保留下了第一個音節：「神寧……」，這段文獻可能指的是尼努爾塔。

泥版上幾乎沒有記錄這位地方神所採取的行動，所有隨後的詩句都被嚴重破壞，文字也變得無法理解了。但我們可以從《基大老瑪文獻》的第三塊泥版中找到一些遺失的線索。儘管很神祕，但它用一幅圖片描繪了這場動盪，這位地方神指揮著人類部隊作戰：馬杜克的亞摩利支持者突然朝著尼普爾，衝下了幼發拉底河山谷，尼努爾塔則組織埃蘭人的部隊攻擊他們。

當我們閱讀和重讀關於這些艱難時刻的紀錄後，發現指責敵人的暴行並不是現代的創新。一個馬杜克的崇拜者用巴比倫文字者寫道：我們必須繼續銘記——譴責埃蘭人，褻瀆他們的神廟，包括沙馬氏和伊師塔的神廟。

巴比倫的編年史甚至寫得更遠：他指責尼努爾塔錯誤地責備馬杜克的追隨者在尼普爾褻瀆恩利爾的至聖所，從而挑起恩利爾攻擊馬杜克和他的兒子那布。

事實上，巴比倫文獻寫道，當這兩支對立的軍隊在尼普爾面對面交鋒時，這座聖城被掠奪，伊庫爾也被褻瀆。尼努爾塔譴責馬杜克追隨者的這種罪惡行為，但事實上，這一切是他的盟友艾拉所為！

奈格爾（艾拉）啟動終極武器

奈格爾（艾拉）是如何突然出現在巴比倫編年史的？在我們回到《艾拉史詩》之前，這一直都是一個謎。但毫無疑問的是，上帝的名字出現在《基大老瑪文獻》中，同時還被指控褻瀆伊庫爾。

艾拉，這個無情的人，進入神聖的禁區。
他駐紮在這片神聖區，注視著伊庫爾。
他張開嘴，對他的年輕人說：
「破壞伊庫爾，拿走貴重物品，摧毀其基礎，打破聖殿的圈地！」

當恩利爾「傲慢地登上王位」，聽到他的神廟被摧毀，聖殿被汙損，他說：「神聖的面紗被奪去。」他立即返回尼普爾。「騎在他前面的是衣服上帶有輻射的神」；他本人「像閃電一樣迅速出發」，他從天空落下（見圖104）；當他來到這片聖地的時候，「他使他的聖地動搖」。然後，恩利爾對自己的兒子說，「尼努爾塔王子」，去找出是誰玷汙了聖地。但尼努爾塔並沒有如實說出他的盟軍艾拉，而

圖104：恩利爾從天空落下

是將矛頭指向馬杜克及其追隨者。

巴比倫文獻描述了這個場景，而且聲稱尼努爾塔的行為沒有一點對他父親起碼的尊重：「不擔心他的生命，他沒有摘下他的首飾。」為了恩利爾「煽動邪惡……沒有正義可言；毀滅正在計畫中」。因此，尼努爾塔發揮了挑釁的作用，「恩利爾挑戰巴比倫的邪惡計畫實施了」。

除了「邪惡的行為」，攻擊馬杜克和巴比倫，攻擊那布和他在博爾西帕的艾日達（Ezida）神廟的行動，也在計畫中。但那布已經設法向西方逃脫，朝著地中海旁忠實於他的城市靠近：

> 從艾日達……那布，整理出所有的城市，一步一步，
> 按照他的計畫向偉大的海洋前進。

巴比倫文獻中接下來的文字和《聖經》中毀滅所多瑪和蛾摩拉的故事很相似：

> 但當馬杜克的兒子來到海邊的土地上，艾拉帶來了邪惡的風暴，再加上炎熱，平原的土地被燒毀。

這些版本都有一個共同的來源，那就是《聖經》裡描述的「硫磺和火」怎麼從天空中傾灑下來，天空「毀滅了這些城市和整個平原」！

正如《聖經》中（《申命記》29：25—26）證明的那樣，約旦平原上這些「邪惡」的城市，「是因這地的人離棄了耶和華……去事奉敬拜素不認識的別神。」正如我們現在從巴比倫文獻中瞭解到的，在和神對抗的最後一場戰役中，神所「高喊」（指責）的是人們集結到馬杜克和那布那一邊。但巴比倫文獻又增加了一個重要細節：攻擊迦南城市，不僅是為了破壞對馬杜克的支持

中心，也是為了對抗在那裡尋求庇護的那布。然而，第二個目的並沒有達到，因為那布設法及時逃脫了，他逃到地中海上的一個島嶼，雖然他不是那裡的神，但人民還是接受了他：

> 他（那布）進入了偉大的海洋，登上了那座本來不屬於他的王位，（因為）艾日達，他合法的住所被占領。

《聖經》和巴比倫文獻紀錄中，所描述的亞伯拉罕時代席捲了古代近東的這場災難的圖畫，在《艾拉史詩》（我們剛才曾提過）中的描述更詳細得多。我們首先將從尼尼微的亞述巴尼帕圖書館發現的碎片拼湊起來，亞述文獻像從其他考古遺址出土的支離破碎的版本一樣，開始成形且有了含義。現在可以確定的是：文獻被記錄在五個泥版上，儘管有破碎、遺失和不完整，甚至關於這些碎片究竟是屬於哪裡，學者們之間還存在著分歧，但兩個大眾的版本已經被編輯出來：戈斯曼（P. F. Gassmann）所著的《達斯時代史詩》（*Das Era-Epos*），以及卡尼（L. Cagni）所著的《艾拉敘事詩》（*L'Epopea di Erra*）。

《艾拉史詩》解釋了導致對有人居住的城市釋放終極武器的衝突之本質和原因，其中隱藏了試圖消滅一位神（那布）的企圖；它也清楚地指出，這種極端措施並不是輕率做出的。

我們還知道其他一些文獻中所講述的。當戰爭發生的時候，偉大的眾神正圍坐在一次戰爭委員會上討論，同時不斷地與阿努溝通：「阿努向地球說話，地球向阿努說話。」《艾拉史詩》增加了在這些令人毛骨悚然的武器被運用前的一些資訊，即在奈格爾（艾拉）和馬杜克之間又發生了一次衝突。在這場戰爭中，奈格爾運用計謀勸說他的兄弟離開巴比倫，而且放棄了對統治權的占有。

但這一次，勸說失敗了；他回到議會中的眾神身邊，勸說眾神使用力量驅逐馬杜克。從文獻中，我們瞭解到這次的討論很激烈：「因為一天一夜了，馬杜克還沒被驅逐」。恩基和他的兒子奈格爾之間的爭吵非常激烈，在這場爭吵中，恩基站在他的大兒子奈格爾身旁：「現在，既然馬杜克王子已經回來了，既然人們再一次選他做王，為什麼艾拉還是要反對呢？」恩基質問道。最後，恩基失去了耐心，他對奈格爾吼叫，命令他立刻消失在他的眼前。

奈格爾快速離開，回到了自己的領地。「他和自己商量著」，最後決定使用超能量的武器：「我決定破壞這片土地，我將顛覆這裡；我將毀滅這座城市；我將折疊山脈，使山上的動物失去生命；我將使海洋翻滾；我將除掉這裡的人，他們的靈魂會變成蒸氣；沒有人能夠分享這一切……」

我們從一個稱為《CT-xvi-44/46》的文獻瞭解到，吉比爾（他在非洲的領土和奈格爾的領土相連）提醒馬杜克，要注意奈格爾發起的這場破壞性計謀。那時已經是夜晚，眾神都已經休息了。吉比爾告訴馬杜克關於「阿努創造的這七種威力無窮的武器……」

馬杜克感到很震驚，他詢問吉比爾，這些可怕的武器被保留在哪裡。「啊，吉比爾，」他說：「這七種武器，它們在哪裡出生，在哪裡被創造？」吉比爾透露出它們被藏在地下：

這七種武器在山裡，在地球內部的山洞裡。它們將在這個地方展示威力，從地球到天堂，布滿了恐怖。

但它們隱藏的確切地點到底在哪裡呢？馬杜克一遍又一遍地詢問，但吉比爾能夠說的僅僅是：「即使是最有智慧的神也不知道它們到底藏在哪裡。」

現在，馬杜克帶著這個令人恐怖和失望的消息，匆匆找到他的父親恩基。「馬杜克來到他父親恩基的房子裡」。這時已經是晚上了，恩基躺在會議廳的沙發上休息。「我的父親」，馬杜克說，「吉比爾規勸我說：他已經發現了那七種武器即將來襲。」在告訴父親這個壞消息後，馬杜克催促他這個無所不知的父親：「尋找它們的位置，加快行動！」

眾神很快又回到了會議中，因為即使是恩基也不知道這七種武器的準確藏身之處。令他驚奇的，不是所有的神都和他一樣震驚。恩基直接強硬地說出反對這個主意，並且急促地阻止奈格爾，因為他指出，這種武器的用途，「會毀滅大地，人們也會失去生命。」娜娜和烏圖聽到了恩基的建議後猶豫不決；但恩利爾和尼努爾塔還是決定要採取行動。因為眾神的意見不一致，決定權就交給了阿努。

當尼努爾塔最後聽從阿努的決定，到達下層世界以後，他發現奈格爾已經下令啟動「七種可怕的武器」中最致命的「毒藥」——它們的多彈頭核能量。雖然《艾拉史詩》不斷用修飾語「以舜」（Ishum，**極熱的東西**）來指稱尼努爾塔，但它非常詳細地提到了關於尼努爾塔如何清楚地向奈格爾（艾拉）說明，這種武器只能用來對付特別批准的目標。它們被使用之前，要在阿努納奇選定的地點，由伊吉吉分配人員，將太空站平臺和太空船預先準備好。最後，人類必須被隔開，因為「阿努，眾神之主，在土地上會有遺憾」。

首先，奈格爾在設想應該為誰預警時躊躇不前。古老的文獻用了一定的筆墨來敘述關於神之間的交換。後來，奈格爾同意，事先警告管理太空設備的阿努納奇和伊吉吉，但不警告馬杜克和他的兒子那布，也不警告馬杜克的人類追隨者。那時，尼努爾塔試圖阻止奈格爾這種不加考慮的毀滅行為，他使用的文字和《聖經》中記載的，亞伯拉罕試圖勸阻所多瑪時所使用的文字相同：

> 勇敢的艾拉，你是用正義和不正義對抗嗎？你是要將那些對你有罪和那些對你沒有罪的人都銷毀嗎？

這兩位神運用了奉承、威脅和邏輯的說話方式，爭辯不休。奈格爾的個人仇恨遠遠超過了尼努爾塔：「我將要毀滅這個兒子，然後要他的父親親手埋葬他；隨後我將殺死這個父親，於是沒有人為他送終！」他喊道。尼努爾塔運用外交手段，指出了這場毀滅事件中的不公正之處——選擇性針對的戰略價值論——他的話終於動搖了奈格爾。「他聽到了以舜（尼努爾塔）所說的話：這番話像上等的油一樣吸引了他。」他決定單獨離開海洋，離開美索不達米亞。為了避免攻擊，他改變了計畫。毀滅是有選擇的：戰略上的目標是毀滅那布藏身的那座城市；而策略性的目標是否認馬杜克最好的王牌——太空站，「這個地方是眾神登上天空的起點」：

我將向每個城市都派出使者；這個兒子將無處躲藏；他的母親會停止她的笑聲……

這些地方也不會再有神：眾神登上天空的起點，我將毀滅掉它。

當奈格爾說完了包括毀滅太空站在內的最後計畫後，尼努爾塔無語了。但就像其他文獻所說的一樣，恩利爾支持計畫的實施；看起來阿努也支持這個計畫。

奈格爾不想浪費任何時間，他催促尼努爾塔，兩人立即展開行動：

英雄艾拉走在以舜的前面；以舜記住了他的話；

以舜跟在後面，遵守規定，命令重重地壓在他的心上。

第一個目標是太空站，它隱藏在「山的最高處」，它的範圍一直延伸到大平原附近：

以舜登上了山的最高處；令人敬畏的七（武器）不平行地緊隨在他身後。

英雄到達了山的最高處；他抬起手，山變得粉碎；他抹掉了山最高處的平原；在森林裡，一棵樹都沒有留下。

因此，在一次核攻擊之後，太空站被銷毀了，裡面的控制設備被打碎，平原上的跑道也被銷毀……這是一個破壞性的壯舉，書面紀錄證明，這是尼努爾塔的所作所為。

現在輪到奈格爾（艾拉）來實現自己的復仇誓言了。艾拉沿著國王的路線從西奈半島來到迦南城，一路毀滅它們。《艾拉史詩》所用的文字，與《聖經》中關於所多瑪和蛾摩拉所用的文字一樣：

> 然後，他們模仿以舜，艾拉沿著國王的道路緊隨。
> 他毀滅了這些城市，推翻他們，使其荒涼。
> 在山上，他造成饑餓，他們的牲畜也滅亡了。

後來的文獻很可能描述了透過打破南部的海岸線，建立了死海的南部部分，以及所有海洋生物的毀滅：

> 他挖通了海，使其整體性分裂。
> 那些生活在這裡的生物，甚至是鱷魚，都被他弄得枯萎了。
> 因為他用火燒焦動物，並且禁止其殘留物成為灰塵。

《艾拉史詩》涵蓋了核活動所包括的三個方面：毀掉西奈半島上的太空站；消除（《聖經》中

的毀滅）了約旦平原上的城市；破壞死海，使其向南延伸。每個人都可以想到，這樣獨一無二的破壞性事件會在多種文獻資料裡被記錄和提及。實際上，我們在其他文獻裡也發現了關於這次核毀滅時間的描述和回憶。

關於這個事件的一份文獻（也稱為K.500）刊登在牛津大學出版社的楔形文字文獻上，尤為寶貴的是，它是用最初的蘇美語言寫成的，同時還是雙語文獻，蘇美人逐字逐句地進行了阿卡德語翻譯。毫無疑問，這是關於此事件的最早文獻；其措詞給人的印象正是這種或類似的蘇美文獻為《聖經》故事提供了來源。文獻對一個從這些殘片中來看身分並不明確的神致辭，它說：

> 主啊，忍受著燒毀了敵軍的炎熱；是你毀滅了這片動盪的土地；是你枯萎了邪惡世界裡的生命；是你向敵人傾灑石塊和烈火。

這次的行動是由神尼努爾塔和奈格爾完成的，當時阿努納奇守衛著太空站，他們被警告說，必須「登上天空的圓頂」來逃脫。在巴比倫，「更早國王統治時期」的其中一個國王，回顧了這件事情。這裡是那位國王的話：

> 在那個時候，在以前國王的統治中，情況發生了變化。美好不復存在，痛苦經常出現。主（神）憤怒了，他發布了命令：這個地方的神放棄了這裡……
> 他們縱容邪惡，使守衛們袖手旁觀；它的保護者們上升到圓頂天堂。

在《基大老瑪文獻》中，我們透過辨識出尼努爾塔和奈格爾這兩位神的名字，可以知道它講述了這件事情：

恩利爾，傲慢地坐在他的王位上，充滿了憤怒。
毀滅者再次建議採取邪惡的行動；
（以舜／尼努爾塔）傾灑火焰，而（艾拉／奈格爾）刮起了惡風。
他們使神逃離了，使神逃離炎熱的一切。

那個眾神原本守護著而後棄守的目標，是發射地點：

他們上升到阿努的位置來發射；他們造成了這裡的枯萎，他們使這裡消失和毀滅。

眾神參予的戰爭讓太空站崩潰了：裝著控制設備的山被粉碎；發射平臺從地球的表面消失了；被太空船用作跑道的硬土平原已被抹殺，甚至連一棵樹也沒有留下。

這片偉大的土地再也沒有出現過……但給地球造成傷疤的可怕這一天，卻依然清晰可見——這個特別的日子！這是一道巨大的傷疤，以至於疤痕只能從天空中俯瞰才能看到——在近些年來衛星開始拍攝地球的照片時，這道傷疤才被揭示出來（見圖105）。對於這道傷疤，至今沒有一個科學家能夠給出合理的解釋。

我們把這道西奈半島上的神祕傷疤往北部延伸，就是西奈半島的中部平原——從早期地貌上遺留下來的湖泊；其平坦、堅硬的土壤是發射太空船的理想地區——同樣的原因，使得在加州莫哈韋沙漠的愛德華茲空軍基地，把這裡當作美國太空梭的理想登陸地區。

正如一個人站在西奈半島的這片偉大平原上，它的平坦而堅硬的土地就像在近代歷史上為航空飛機提供登陸地一樣，它還曾支援過坦克戰爭。人們可以看到，遠處群山環繞並使它呈橢圓形，這片白色石灰岩山區籠罩在地平線上；但這片巨大的平原鄰近西奈半島的傷疤，這片平原的色調——純黑色——和周圍的白色形成了鮮明的對比（見圖106）。

黑色並不是西奈半島的自然顏色。西奈半島有潔白的石灰岩和發紅的砂岩，從明亮的亮黃色調到淺灰色和深棕色相結合，使眼睛眩暈，但沒有從自然玄武岩石塊上產生的黑色。

然而，在這道傷疤東北部的中央平原，土壤的顏色呈現黑色調。照片清楚地顯示，這是由於億萬塊黑石碎片造成的，被一雙巨大的手撒落在了整個地區（見圖107）。

自從觀察了美國太空總署衛星拍下的照片後，西奈半島上的這條巨大傷疤才有了合理的解釋。但我們仍然不知道，為什麼黑石碎片會散落在平原的中部。只有在我們讀到古代的文獻，而且接受了在亞伯拉罕時代的結論時，這種沒有解釋的日子才會結束。奈格爾和尼努爾塔用核武器消滅了太空站：「我們到達阿努的所在地，發射能夠導致衰落的核武器，這片土地被毀滅，它的面貌不復存在。」

太空站，甚至是邪惡的城市都不復存在了。

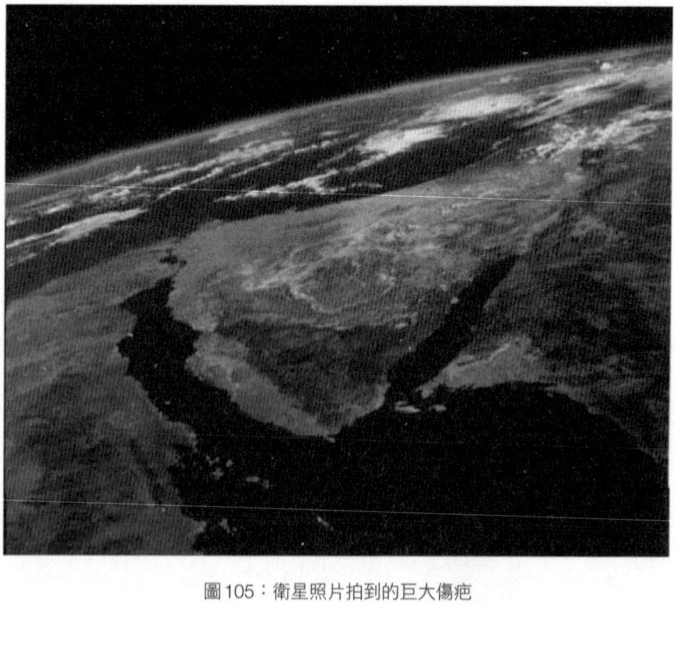

圖105：衛星照片拍到的巨大傷疤

蘇美走向滅亡

遠在西邊的蘇美，核武器爆炸和閃爍的光輝就像沒有出現過一樣；奈格爾和尼努爾塔的行為也沒有歷史紀錄。但這次的事件對蘇美地區以及他的人民造成了巨大的影響，儘管尼努爾塔努力勸阻奈格爾不要危害人類，但巨大的痛苦還是爆發了。雖然他們倆沒有打

圖106：呈現黑白對比的平原

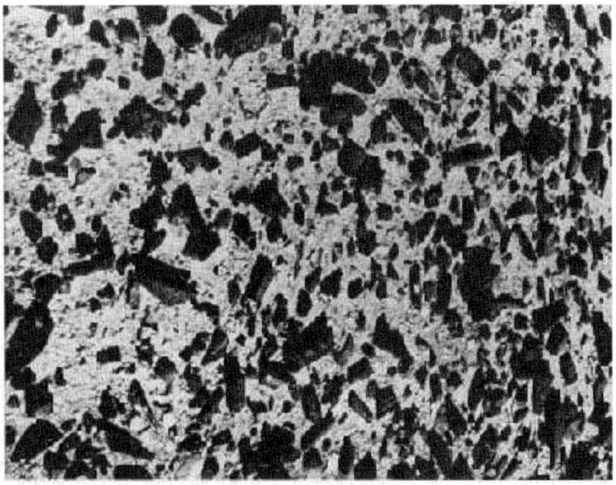

圖107：億萬塊黑石碎片

算這樣做，但核爆炸產生了巨大的風能，放射性的風像旋風一樣開始了：

一場風暴來臨了，邪惡的颶風席捲了天空。

隨後這場核風暴和從地中海刮來的風一起向西部蔓延；不久以後，有關蘇美將走向終結的預言變成了事實；蘇美本身變成了核風暴的犧牲品。

這場降臨在伊比—辛統治第六年的災難，被描述在幾個悲嘆文獻中，長詩哀嘆了烏爾王國和其他蘇美文明中心的消亡。這使我們想到了《聖經》中的耶利米哀歌（Book of Lamentations），感歎巴比倫人破壞了耶路撒冷，蘇美人哀歌告訴那些翻譯美索不達米亞災難的學者，這場災難也是入侵的結果——這一次的衝突粉碎了埃蘭人和亞摩利人的部隊。

當第一個哀歌泥版被發現時，學者認為只有烏爾遭受破壞，他們根據這一點來為文章命名標題。但當更多的文獻被發現，他們才意識到烏爾不是遭受毀滅的唯一城市，也不是這場災難的焦點。這些相同的哀歌讓我們發現了具有相同悲劇命運的尼普爾、烏魯克、埃利都。其他一些文獻還提供了受影響的城市名單：它們似乎開始於西南部並延伸到東北部，涵蓋了整個美索不達米亞的南部。很顯然的，這場非同一般、突然之間且同時發生的災難，降臨到所有的城市。這不是緩慢的、有進程的入侵，而是所有城市在同一時刻遭受入侵。雅各（伊比—辛的王朝）得出的結論是，「野蠻侵略」和「可怕的災難」無關，他認為這場災難「真正令人費解」。

「我們是否看見了這場在這幾年發生的完整災難？」雅各寫道：「只有時代會告訴我們這個完整的故事，我們認為這個故事仍然離我們很遠。」

但這個難題是能夠解決的。如果我們把美索不達米亞上的災難和西奈半島上的核爆炸連結起來，整個故事就一目了然了。

有一本具顯著長度且被完整保存的文獻，通常以悲歎各種神毀掉蘇美的神聖區域開始，這裡的廟宇「被風遺棄」。這場災難造成的毀滅被生動地描述，描述的詩句如下：

城市荒蕪了，
（造成）房屋毀滅了；
攤位荒涼了，
羊皮耗盡了；
蘇美的牛不再站在他們的牛棚裡，
綿羊不再遊蕩在羊圈；
河流的水是苦，
耕地雜草生長，
草原上到處是枯萎的植物。

在城市和村莊，「母親不關心她的孩子，父親從來不說『啊，我的妻子』……幼兒的膝蓋長得不堅固，保母哼唱的不是搖籃曲……王權已經從這片土地上消失」。

在第二次世界大戰尚未結束，廣島和長崎被從天而降的原子彈毀滅前，人們在閱讀《聖經》中關於所多瑪和蛾摩拉的故事時，會認為它沒有合理的解釋而留下「硫磺和石灰岩」的傳說。對於那些沒有親身經歷過核武器的巨大威力的學者來說，蘇美人的哀歌訴說了（就像學者命名的一樣）「烏爾的毀滅」或是「蘇美的毀滅」。但這些並不是文獻所描述的：他們描寫荒涼，而不是破壞。城市仍然存在，但已經沒有了人煙；窩棚還存在，但已經沒有了牛；羊圈還在，但已經空了；河水仍在流動，但水是苦澀的；土地還在延伸，但只長出了雜草；在草原上，植物發芽後也只有凋零。

入侵、戰爭、殺戮——這些罪惡的行為在以後都被人類瞭解。但就像哀歌清楚地悲歎的一樣，這次毀滅是史無前例的：

土地（蘇美）毀滅了，
人們不知道；
人們從未見過，
人們也不能承受。

死亡並不是敵人造成的；這是看不見的死亡：「它漫遊在街頭，讓街道鬆散；它就站在人的身旁，但絕沒有人能看到它；即使是當它進入了房屋，人們也是未知的。」人們沒有反抗這種「像幽靈一樣侵犯土地的邪惡……最高的城牆，最厚的城牆，被洪水淹沒；沒有門可以抵擋這一切，沒有螺栓能夠使它返回；它透過門像蛇一樣地滑行，透過鉸鏈像風一樣地襲擊」。那些躲在門後的人倒在屋內；那些跑到屋頂的人死在天臺上；那些逃到街道上的人在街頭被襲擊：「咳嗽和痰侵襲著胸部，口腔裡充滿了唾沫和泡沫……人們只有目瞪口呆和驚訝，麻木地看著這一切……一個邪惡的詛咒，一場頭痛……他們的精神遺棄了他們的身體。」當他們死了，這是一場最可怕的死亡：

令人恐怖的是，人們幾乎不能呼吸；
颶風侵襲著他們，
不能保證他們活到第二天……

嘴巴被鮮血浸透了，
頭躺在血泊中……
面對著的是蒼白的颶風。

這場看不見的死亡的來源，是出現在蘇美天空中的雲，並且「像披風一樣覆蓋在這片土地上，像紙一樣鋪開」。雲在白天呈現出棕色，「太陽在地平線上被塗黑」。到了晚上，其邊緣發光（「廣闊的地球上彌漫著恐懼」），它阻止月球：「月亮在上升時暗淡」。

這團死雲由西向東移動，「籠罩著恐怖，使恐懼無處不在」，將蘇美帶到呼嘯的風中，「颶風在高空中旋轉，颶風將壓垮大地」。

但這並不是自然現象。它是「朝向阿努的颶風……它來自恩利爾的中心」。這是七個超能量武器產生的現象，「它產生了大量的罪惡……就像神的痛苦毒液，它在西方被催生」。颶風「席捲了一座又一座的城市，帶來了陰霾的雲團」。這場颶風是「閃電」的結果：「它從山的中部降臨到這片土地上，它沒有任何憐憫地來到平原上。」

雖然人們很困惑，但眾神知道這場颶風的原因：

一場爆炸預示著風暴的到來。
邪惡爆炸的前身是，
預示瘟疫的強大後代，勇敢的兒子。

兩位勇敢的兒子——尼努爾塔和奈格爾——釋放「獨特的誕生物」，那是由阿努創造的七種威力無窮的武器。在爆炸發生的地方「連根拔除一切，毀滅一切」。古代的描述很生動，就像現代目擊者準確地描述原子彈爆炸一樣：當「可怕的武器」快速地從天空落下，巨大的光輝出現：「它們向陰沉的地球傳播可怕的射線，像火一樣地灼燒地球上的一切。」一篇文獻這樣指出。另一篇關於尼普爾的哀歌，回顧「這場風暴在剎那間創造了閃電」。原子彈蘑菇雲「帶來陰影的密集雲」，隨後升上天空；緊接著是「倉促的陣風……暴風雨的憤怒灼傷了天堂」。然後，盛行的風由西向東吹來，開始向美索不達米亞蔓延：「茂密的雲從天空中帶來陰霾，使一座又一座的城市陰暗。」

不只一份文獻證明了這場帶來死亡之雲的颶風是由巨大的爆炸造成的，這一切我們要銘記：

> 在這一天，天堂被撞碎而地球被重擊，
> 地球的面貌被漩渦抹掉，天空黑暗且被陰影覆蓋……

哀歌認為，可怕的爆炸事件是「在西方」發生的，這裡臨近「大海的胸部」——生動描述了西奈半島彎曲的地中海沿岸——從「處於山區中部」的平原而來，這個平原是一片「沒有憐憫」之地。這片土地在從前是發射基地，眾神從這裡朝著阿努飛升。此外，山區也具有許多這個地方的特徵。在《艾拉史詩》中，距離「神飛升的地方」很近的山被稱為「最高的山脈」。在一首哀歌中，它被稱為在「隧道中的嚎叫」。這首最後的史詩，讓我們聯想到金字塔經文中關於在隧道口滑向地下的通道，埃及法老王從這裡去尋找來生。在《天國的階梯》中，我們已經確定，他們從吉爾伽美什山到達旅程的目的地——西奈半島上的火箭太空船。

一首哀歌指出，從這座山開始，向東的盛行風帶著爆炸的致命雲，到達了在札格羅斯山脈的「安善的邊界」，影響了從南部的埃利都到北部巴比倫的所有蘇美人。這場看不見的死亡緩慢地席捲了蘇美，它持續了二十四小時——這一天一夜被哀歌描寫紀念，例如在尼普爾哀歌中寫道：「在那一天，獨一無二的一天：在那個夜晚，特殊的夜晚……那場風暴，在一瞬間創造了閃電，尼普爾的人們被襲擊。」

《烏魯克挽歌》（*The Uruk Lament*）生動地描述了這場人神之間的衝突。這場衝突開始於阿努和恩利爾為了推翻恩基和寧基的統治時，所達成的運用核武器的「共識」，文獻聲稱，沒有一位神預料到使用核武器的可怕結果：當他們目睹了爆炸的「巨大射線到達天堂以及地球，一直顫動到地底下」後，「偉大的神被它的巨大威力嚇得臉色蒼白」。

當颶風開始「像網一樣蔓延到山區」，蘇美的神開始逃離他們心愛的城市。描寫烏爾毀滅的哀歌文獻中，列出了所有偉大的神和他們的子女，這些人「逃離了風暴」，拋棄了城市和蘇美的神廟。另一篇描寫蘇美和烏爾毀滅的哀歌，對這場突然的災難增加了戲劇性的細節。因此，在逃出伊辛的時候「寧呼爾薩格流下了苦澀的眼淚」；當「她心愛的住所被不幸取代」時，女神娜社（Nanshe）喊道：「啊，我那被毀滅的城市啊！」伊南娜匆匆離開烏魯克，乘坐一艘「潛水的船」前往非洲，並抱怨說，她離開了她的珠寶和其他財產……在她自己對烏魯克的哀歌中，伊南娜（伊師塔）為她的神廟和城市在瞬間被颶風毀滅而悲哀，一眨眼的功夫，颶風已經在山的中部發生，對於這場風暴沒有任何的防備和反抗。

在多年後的重建期所寫的《烏魯克挽歌》中，對於隨著邪惡之風的臨近，人們對神與人之間的恐懼和困惑，有著令人驚嘆的描述。當「烏魯克的忠實公民們充滿了恐懼」時，那些掌管這座城市的神敲響了警鐘。「站起來！」他們在午夜的時候呼籲人民，快點逃走，「躲到草原上去！」他們指示人民。但隨後，這些神自身，「神跑向……他們不熟悉的道路。」文獻哀喪地寫道：

因此，所有的神逃離了烏魯克：
他們遠離它；

他們藏在山裡，
他們逃到了遙遠的平原。

在烏魯克，人們在沒有指揮和無助的混亂中離開。「群眾的恐慌在烏魯克發生……它們的良好感覺被扭曲。」神廟被破壞，裡面的物品也支離破碎，就像人們的提問：「為什麼眾神在那個時候轉移了他們慈善的目光？這些哀歌是誰寫的？」但他們的問題仍然沒有得到答覆：邪惡的風暴過去了，「人們被堆在廢墟中……這場災難就像披風一樣覆蓋了烏魯克。」

我們從《埃利都挽歌》（*The Eridu Lament*）中瞭解到，寧基飛到遠離城市的非洲避風港：「烏魯克的夫人寧基，像鳥一樣飛離了城市。」但恩基只逃離到能躲開埃利都的地方，但足以見證這座城市的命運：「它的主來到了城外……恩基留在城外觀察它的命運……因為他那飽經風霜的城市的命運，他流下了痛苦的眼淚。」他的許多忠實使者跟著他，在郊外露營。一天一夜裡，他們看到風暴「將其魔手」伸向埃利都。

在「邪惡的風暴離開城市，席捲鄉村」之後，恩基調查了埃利都，他發現這座城市「悶死在沉默中……居民的屍骨成堆」。那些存活的人給他致了一首哀歌：「啊，恩基！」他們喊道，「這座城市已經受到了詛咒，就像一座外國的城市！」然後他們詢問，他們什麼時候能夠離開，他們應該怎麼做。但儘管颶風已經過去，這個地方仍然不安全，恩基「居住在城外，就好像這是一座外國城市」。「放棄埃利都」，恩基隨後領導「那些從埃利都流離失所的人」來到沙漠，「到一片貧瘠的土地」；在那裡，他用科學的力量使那些「樹」可以食用。

從颶風襲來的北部邊緣，從巴比倫，當死亡之雲要來到城市的時候，焦急的馬杜克向父親恩基發了一封告急信。「我究竟該怎麼辦？」他問道。恩基的建議是，讓那些可以離開這座城市的人向北方前行。馬杜克隨後將這個建議告訴他的追隨者們。就像接走羅得的使者所給的建議，逃離巴比倫的人被警告「不要轉身，也不要回頭看」。他們還表示，不能攜帶任何食物或飲料，因為這些可能「被幽靈觸碰過」。如果難以逃離，恩基建議躲在地下：「來到地下的黑暗中」，直到颶風退去。

颶風的姍姍來遲誤導了神，神因延誤而付出了昂貴的代價。在拉格什，「母親巴烏為她的聖殿、她的城市哭泣。」雖然尼努爾塔走了，他的配偶卻離不開了。她在後面呻吟：「啊，我的城市，我的城市。」她一直哭泣；拖延幾乎耗盡了她的生命：

在那一天，
風暴趕上了她；
巴烏，死去了，
風暴趕上她……

在烏爾，我們從一些哀歌（其中之一是寧加爾本人寫的）中瞭解到，娜娜和寧加爾拒絕相信烏爾的結束是無法挽救的。娜娜語重心長地請求他的父親恩利爾，尋找一些方法來挽救這場災難。但恩利爾「回答他的兒子」，這場命運無法改變：

烏爾是注定的王城，但它沒有被賦予永遠的權利。
從蘇美成立，到現在，當人口成倍增加，有誰見過王權統治的永恆？

寧加爾在她的長詩中回顧，雖然提出了請求，但「風暴勇往直前，它的嘯聲壓倒了一切」。颶風是在白天接近烏爾：「提到這一天我仍然在顫抖。」寧加爾寫道：「雖然那一天充滿了惡臭，但我們沒有逃離。」當夜晚來臨，「哀歌呻吟」；然而，神和女神停留在這裡；「很愚蠢的是，我們沒有離開。」女神說。隨後風暴到達了烏爾的塔廟，寧加爾意識到娜娜「已經被颶風取代」。

寧加爾和娜娜度過了噩夢般的一夜，寧加爾表示永遠不會忘記，他們躲在塔廟的「白蟻屋」（地下）裡。第二天，當「風暴離開了這座城市，寧加爾從她的城市匆忙地離開……匆忙地穿上衣服」，和筋疲力盡的娜娜一起離開了他們心愛的城市。

在離開的時候，他們看到了死亡和荒涼：「人們如陶片一樣布滿了城市的街道；在他們來到高聳的大門前時，這裡屍體遍布；在人們慶祝節日的林蔭大道上，屍體隨處可見；在所有的街道上，屍體遍布；在這片土地慶祝活動的發生地，人們的屍體堆成堆。」這些屍體沒有被掩埋：「人的屍體，如脂肪放置在陽光下，被融化消失。」

隨後寧加爾為烏爾——悲傷的城市，蘇美的重要城市，這個王國的首都——寫了一首偉大的哀歌。

啊，烏爾的房屋到處充滿了悲傷，
啊，寧加爾的土地已死去，使你的心如止水！
這城市已成為一座陌生的城市，它現在還怎麼存在？
這裡的每一棟房子已成為一滴眼淚，它使我的心如止水……
烏爾和它的神廟已交給了颶風。

美索不達米亞南部躺在悲哀中，其土壤和水域已被颶風毒害：「在底格里斯河和幼發拉底河沿岸，只生長著體弱多病的植物……沼澤散發著蘆葦腐爛的惡臭……在果園和花園，也沒有新生的植物，它們迅速地消失了……耕地上沒有農作物，沒有種子植入在土壤中，沒有歌曲在這片土地上迴響。」在鄉下，動物也受到了影響：「在草原上，大小牛都成為罕見之物，眾生結束。」家養的動物，也被摧毀：「羊圈已交付給颶風……嗡嗡聲沒有在羊圈迴響……市場上沒有脂肪和乳酪供應……尼努爾塔清空了蘇美的牛奶。」

「風暴粉碎了土地，消滅了一切；颶風在土地的上空呻吟，沒有人能躲過這一切；毀滅了城市，毀壞了房屋……沒有人能夠找到出路。」

蘇美的毀滅已經結束。

結語

在颶風毀滅蘇美後的第七年，這片土地上又有了生命的跡象。但它不再是統治其他地區的王國，而是成為一個殖民地，由南部的埃蘭人和北部的庫提人在這裡發號施令。

以前從沒成為過都城的城市伊辛，被選為臨時的統治中心，由原來的總督馬里統治這片土地。檔案記錄了當時的申訴，「不是蘇美後代的人」統治了這裡。正如他的閃族語名字——伊希比—艾拉（Ishbi-Erra）——所代表的，他是奈格爾的追隨者，那麼他的任命必定有一部分是因為奈格爾和尼努爾塔的安排。

一些學者把烏爾消亡後的幾十年，稱為美索不達米亞歷史上的黑暗時代。除了從編年表裡收集到的資料，人們對於這段歷史瞭解很少：改善安全，恢復舊貌。伊希比—艾拉尋求鞏固他穩定的權力，駁回了外國駐軍巡邏烏爾的提議，並延長他統治該城的時間和範圍，自稱為烏爾國王的繼承者；但只有少數其他得到了安頓的城市承認他的霸權，並且在那時，拉爾薩的一個地方行政長官向他提出了挑戰。

一年或兩年後，伊希比—艾拉承擔了對尼普爾的監護，並尋求增加中央宗教權威，提高恩利爾和尼努爾塔在那裡的神聖標誌。但只有尼努爾塔單方面同意這種做法，偉大的神恩利爾對伊希比—艾拉保持著冷漠和疏遠。

又過了半個世紀，伊希比—艾拉在伊辛的兩個接班人，逐步回到這片土地；農業和工業恢復，國內和國外貿易恢復。在災難過後七十年，尼普爾的神廟被伊辛的第三位王位繼承者伊希米—達甘（Ishme-Dagan）重建。在獻給尼普爾的長詩的第十二章，他講述了神夫妻回應他的呼籲，以恢復城市及其偉大的神廟，因此，「尼普爾城市得以恢復」，「神聖的碑刻被送回尼普爾」。

當再次為恩利爾和寧利爾修建巨大的神廟時，這片土地歡呼了。在西元前一九五三年，蘇美和阿卡德正式被列為可居住的城市。

政府恢復了正常，但仍然挑起了老神之間的爭鬥。伊希米—達甘繼承的名字表示，他將效忠伊師塔。尼努爾塔迅速結束了這一切，而且伊辛的未來統治者——最後一個擁有蘇美名字的君主——是尼努爾塔的追隨者，但尼努爾塔卻沒有堅持重建這片土地的聲明。最後，他間接造成了蘇美的毀滅，就像未來繼任者的名字所暗示的一樣，然後辛設法重新證明他的權威：但他的統治和烏爾的地位已經結束了。

透過他們的權利，阿努和恩利爾最後接受馬杜克的建議，在巴比倫建立最高的權利。為了紀念這個至高無上的重大決定，巴比倫國王漢摩拉比在法典中寫下了這些話：

崇高的阿努，從天國來到地球的眾神之主，
和決定大地命運的天國和地球之主恩利爾，
由恩基的長子馬杜克，決定恩利爾對全人類的作用；
在觀看和看到的眾神中，他是偉大的，
巴比倫的名字將變成世界上最崇高的；
為了馬杜克，在這裡建立一個永恆的王權。

巴比倫，然後是亞述，都成為了偉大的城市。蘇美不再存在；但在一片遙遠的土地上，傳統的接力棒從亞伯拉罕和他的兒子以撒手中傳給了雅各，後來他名叫伊斯拉艾（Isra-El）。

大事件年表

（四五〇〇〇〇多年前至西元前二〇二三年）

I. 大洪水之前

距離現在的時間	事件
四五〇〇〇〇年前	在尼比魯，我們太陽系的一位遙遠成員。其上的大氣正在慢慢地腐蝕，生命面臨著慢性滅絕。統治者阿拉盧在被阿努廢除之後，坐上太空船逃到了另一個星球——地球，當作他的避難所。他發現地球上有一種名叫黃金的礦物，可以保護尼比魯的大氣層。
四四五〇〇〇年前	在阿努的一個兒子恩基的帶領下，阿努納奇登陸地球，設立了埃利都——地球站一號——從波斯灣的水域中提取黃金。
四三〇〇〇〇年前	地球的氣候成熟了起來，更多的阿努納奇來到地球，在他們之中有恩基同父異母的姊妹，寧呼爾薩格。她是主要的衛生部官員。
四一六〇〇〇年前	由於黃金開採困難重重，阿努帶著恩利爾來到地球。很明顯，他將是繼承人。他們打算在非洲南部進行礦坑開採。的確，成果是巨大的，恩利爾也贏得了地球任務的控制權：恩基被降職到非洲。阿努離開了地球，

受到了阿拉盧的孫子的挑戰。

四〇〇〇〇〇年前

在美索不達米亞南部有七個具不同功能的殖民點，包括了一個太空站（西巴爾），任務指揮中心（尼普爾），一個金屬冶煉中心（巴地比拉），一個醫藥衛生中心（舒魯派克）。礦物從非洲透過水運來到這裡：提煉過的金屬被送到由伊吉吉負責的軌道飛行器上，然後被運到從尼比魯週期性到來的太空船上。

三八〇〇〇〇年前

有了伊吉吉的支持，阿拉盧的孫子企圖奪得對地球的統治權。恩利爾方面贏得了這場對老神的戰爭。

三〇〇〇〇〇年前

阿努納奇在金礦事變中失敗了。恩基和寧呼爾薩格透過對母人猿的基因改造創造了原始工人：他們承擔了阿努納奇的繁重工作。恩利爾對礦井進行了突然的襲擊，將原始工人帶到美索不達米亞的伊丁。智人在被賦予生育能力之後，開始繁殖。

二〇〇〇〇〇年前

地球生命在一個新的冰河期開始了衰退。

一〇〇〇〇〇年前

氣溫再次轉暖。阿努納奇（《聖經》中的「巨人」，納菲力姆人）與人類的女子們結婚，為恩利爾帶來許多煩惱。

七五〇〇〇年前

「地球所承受的」——一個新的冰河時代——開始了。人類的種族在地球上消亡。克羅馬農人生存了下來。

四九〇〇〇年前

恩基和寧呼爾薩格將帶有阿努納奇血統的人類，提拔為舒魯派克的統治者。恩利爾憤怒了，祕密策劃著要滅亡人類。

一三〇〇〇年前

恩利爾發現尼比魯星球朝地球接近一事，會引發一場巨大的潮汐波，他要求所有阿努納奇都宣誓保守這個祕密，不讓人類知道。

II. 大洪水之後

西元前一一〇〇〇年

恩基破壞了約定，指揮吉爾蘇他拉／挪亞修建了一艘可潛水的船。大洪水席捲地球：阿努納奇在他們的軌道飛行器上目睹了這場大災難。恩利爾答應給予人類的殘餘部分工具和種子；高地上出現了農業。恩基馴化了動物。

西元前一〇五〇〇年

挪亞的後人分別被給予了三個區域。恩利爾最重要的兒子，尼努爾塔將山地築成堤壩並排走了河水，讓美索不達米亞變得適合居住；恩基開墾了尼羅河流域。西奈半島被阿努納奇當作後洪水時代的太空站；在摩利亞（後來的耶路撒冷）山上建立了一個任務指揮中心。

西元前九七八〇年

拉（馬杜克），恩基的長子，將埃及劃分為兩個領地，交給奧西里斯和塞特管理。

西元前九三三〇年

塞特殺掉奧西里斯，並奪取了他的領地，單獨統治著尼羅河區域。

西元前八九七〇年

荷魯斯為了替父親（奧西里斯）報仇，發動了第一次金字塔戰爭。塞特逃到亞洲，奪去了西奈半島和迦南。

西元前八六七〇年

因所有的太空設備都掌握在恩基後人的手中，恩利爾集團發動了第二次金字塔戰爭。身為勝利者的尼努爾塔，除去了大金字塔中的所有設備。寧呼爾薩格、恩基和恩利爾同父異母的姊妹，召開了一次和平協商會議，重申了地球的劃分。埃及的統治權從拉（馬杜克）王朝轉移到了圖特王朝的手中。赫利奧波利斯被建造為燈塔城市的替代品。

西元前八五〇〇年

阿努納奇在前往太空設備的通道建立了前哨站：其中之一是耶利哥。

西元前七四〇〇〇年 隨著和平年代的繼續，阿努納奇給了人類新的建議；新石器時代開始了。半神統治著埃及。

西元前三八〇〇〇年 阿努納奇在蘇美重建了老城，從埃利都和尼普爾開始，城市文明出現了。阿努來到地球，進行了場面宏大的訪問。一座新城，烏魯克（以力），在他的榮耀下建成：他將那裡的神廟做成了他最愛的孫女伊南娜（伊師塔）的住所。

III. 地球上的王權

西元前三七六〇年 人類被授予了王座。在尼努爾塔庇護下的基什是第一座都城。曆法從尼普爾開始。文明在蘇美（第一區域）開花結果。

西元前三四五〇年 蘇美的主神變為了娜娜（辛）。馬杜克正式宣布巴比倫是「眾神的門廊」。發生「巴別塔」事件之後，阿努納奇使人類的語言變得混亂。馬杜克（拉）政變失敗，回到埃及，罷免了圖特，抓住了和伊南娜訂了婚的弟弟杜姆茲。杜姆茲被意外殺死；馬杜克被監禁在大金字塔裡。他從緊急通道中逃出來，開始逃亡。

西元前三一〇〇年 埃及第一位法老在孟斐斯就職，結束了長達三百五十年的混亂，文明由此走進了第二區域。

西元前二九〇〇年 蘇美的王權轉移到以力。伊南娜被給予第三區域的統治權；印度河流域文明開始了。

西元前二六五〇年 蘇美的皇家都城頻繁遷移。王權開始墮落。恩利爾對難以駕馭的人類失去了耐性。

西元前二三七一年 伊南娜與舍魯金（薩貢）墜入愛河。他建立了新的都城：亞甲（阿卡德）。阿卡德帝國建立。

西元前二三一六年 為了統治四個區域，薩貢從巴比倫竊取了神聖泥土。馬杜克—伊南娜的對抗再度爆發。它結束於馬杜克的兄弟奈格爾從非洲南部來到巴比倫，並勸說馬杜克離開美索不達米亞。

西元前二二九一年 那拉姆—辛登上了阿卡德的王座。在好戰的伊南娜的指引下，他穿過西奈半島，進軍埃及。

西元前二二五五年 伊南娜篡奪了美索不達米亞的權力；那拉姆—辛玷汙了尼普爾。大阿努納奇掃平了阿卡德城。伊南娜逃走了，蘇美和阿卡德被外來軍隊占領，向恩利爾和尼努爾塔效忠。

西元前二二二〇年 蘇美文明在拉格什的開明統治者的帶領下，進入了一個更高的階段。圖特幫助他的國王古蒂亞，為尼努爾塔修建了一座塔形神廟。

西元前二一九三年 他拉，亞伯拉罕的父親，出生於尼普爾的祭司—皇室家庭。

西元前二一八〇年 埃及分裂；拉（馬杜克）的追隨者保留著南部；法老們與之相對，緊握著下層埃及的王座。

西元前二一三〇年 隨著恩利爾和尼努爾塔的漸去漸遠，位於美索不達米亞的主要政權也開始了腐化。伊南娜為以力重新奪得王權的企圖沒有得逞。

IV. 重要的世紀

西元前二一二三年　亞伯拉罕出生於尼普爾。

西元前二一一三年　恩利爾將閃族之地託付給了娜娜；烏爾被宣布為新帝國的都城。烏爾南姆登上了王座，被稱作尼普爾的守護者。一位尼普爾祭司——他拉，亞伯拉罕的父親——來到烏爾與它的皇室交流。

西元前二〇九六年　烏爾南姆在戰鬥中死去。人們認為他不合時宜的死亡是由於阿努和恩利爾的背信棄義。他拉帶著家人離開，前往哈蘭。

西元前二〇九五年　舒爾吉登上烏爾王座，加強了帝國內的聯繫。隨著帝國的興旺，舒爾吉拜倒在伊南娜的魅力之下，成為她的情人。他將拉爾薩交給埃蘭人，讓他們充當他的外援軍。

西元前二〇八〇年　底比斯的親王們效忠拉（馬杜克），他們在門圖荷太普一世的帶領下向北方逼進。馬杜克的兒子，那布，在西亞為他的父親贏得了支持者。

西元前二〇五五年　在娜娜的命令下，舒爾吉派出埃蘭軍隊鎮壓迦南城市的暴動。埃蘭人到達了通往西奈半島和它的太空站的關卡地帶。

西元前二〇四八年　舒爾吉去世。馬杜克移動到西臺人的領地。亞伯拉罕被命令帶著一支精銳騎兵前往迦南南部。

西元前二〇四七年　阿馬爾—辛（《聖經》中的暗拉非）成為了烏爾的國王。亞伯拉罕去往埃及，停留了五年，然後帶著更多的軍隊回來了。

西元前二〇四一年　在伊南娜的指引下，阿馬爾—辛組建了東部國王聯盟，向迦南和西奈發動遠征。它的領導者是埃蘭人基大老瑪。亞伯拉罕在通往太空站的通道前阻截了他們的前進。

西元前二〇三八年

舒辛在帝國崩潰之時取代阿馬爾—辛，坐上了烏爾的王座。

西元前二〇二九年

伊比—辛替代舒辛。西部各省日益向馬杜克靠攏。

西元前二〇二四年

馬杜克帶領著他的追隨者，向蘇美進軍，在巴比倫自立為王。戰火燒到了美索不達米亞的中心。尼普爾最神聖的地方被玷汙了。恩利爾要求懲辦馬杜克和那布：恩基反對，但他的兒子奈格爾卻站在恩利爾一邊。當那布集結他的迦南追隨者，要占領太空站的時候，大阿努納奇批准使用不潔淨的武器。奈格爾和尼努爾塔摧毀了太空站，以及那些誤入歧途的迦南城市。

西元前二〇二三年

風將放射性的雲朵帶去蘇美。人們可怕地死去，動物開始絕種。水是有毒的，土壤變得貧瘠。蘇美和它的偉大文明瓦解了。它的遺物傳到了亞伯拉罕一百歲時生下的合法繼承人手中，他的名字叫以撒。

參考文獻

I. Studies, articles, and reports in various issues of the following periodicals and scholarly series:

Abhandlungen der Deutschen (Preussichen) *Akademie der Wissenschaften zu Berlin* (Berlin)
Abhandlungen der Deutschen Orient-Gesellschaft (Berlin)
Abhandlungen der Heidelberger Akademie der Wissenschaften, Philo.-hist klasse (Heidelberg)
Abhandlungen fur die Kunde des Morgenlandes (Leipzig)
Acta Orientalia (Oslo)
Acta Societatis Scientarium Fennica (Helsinki)
Aegyptologische Forschungen (Hamburg-New York)
Der Alte Orient (Leipzig)
Alter Orient und Altes Testament (Kevalaer/ Neukirchen-Vluyn)
Altorientalische Bibliothek (Leipzig)
Altorientalische Furschungen (Leipzig)
Altorientalische Texte und Untersuchungen (Leiden)
Altorientalische Texte zum Alten Testament (Berlin and Leipzig)
American Journal of Archaeology (Concord, Mass.)
American Journal of Semitic Languages and Literature (Chicago)
American Oriental Series (New Haven)
American Philosophical Society, Memoirs and Transactions (Philadelphia)
Analecta Biblica (Rome)
Analecta Orientalia (Rome)
Anatolica (Istanbul)
Anatolian Studies (London)
Annual of the American Schools of Oriental Research (New Haven)
Annual of the Palestine Exploration Fund (London)
The *Antiquaries Journal* (London)
Antiquités Orientales (Paris)
Antiquity (Gloucester)
Archiv fur Keilschrififorschung (Berlin)
Archiv fur Orientforschung (Berlin)
Archiv Orientalni (Prague)
The Assyrian Dictionary (Chicago)
Assyriologische Bibliothek (Leipzig)
Assyriological Studies (Chicago)
Ausgaben der Deutschen Orient-Gesellschaft in Assur (Berlin)
Babyloniaca (Paris)
Babylonian Expedition of the University of Pennsylvania: Cuneiform Texts (Philadelphia)
Babylonian Inscriptions in the Collection of J. B. Nies (New Haven)
Babylonian Records in the Library of J. *Pierport Morgan* (New Haven)
Beitrage zur Assyriologie und semitischen Sprachwissenschaft (Leipzig)
Berliner Beitrage zur Vor- und Fruhgeschichte (Berlin)
Berliner Beitriige zur Keilschrififorschung (Berlin)
Biblica et Orientalia (Rome)
The Biblical Archaeoloxist (New Haven)
Biblical Archaeology Review (Washington)

Hebrew Union College Annual (Cincinnati)
Heidelberger Studien zum Alten Orient (Wiesbaden)
Hittite Testss in Cuneiform Character from Tablets in the British Museum (London)
Invenaires des tablettes de Tello (Paris)
Iran (London)
Iranica Antiqua (Leiden)
Iraq (London)
Institut Frantcais d'Archéologie Orientale: Bibliothéque d'Etude, Mémoires (Cairo)
Israel Exploration Journal (Jerusalem)
Israel Oriental Studies (Jerusalem)
Jena University: Texte und Materielen, Frau Prof. Hilprecht Sammlung (Leipzig)
Jewish Palestine Exploration Society, Bulletin (Jerusalem)
Journal of the American Oriental Society (New York and New Haven)
Journal of the Ancient Near Eastern Society of Columbia University (New York)
Journal Asiatique (Paris)
Journal of Biblical Literature and Exegesis (Middletown, Conn.)
Journal of Biblical Literature (Philadelphia)
Journal of Cuneiform Studies (New Haven)
Journal of Egyptian Archaeology (London)
Journal ofJewish Studies (Oxford)
Journal of Near Eastern Studies (Chicago)
Journal of the Palestine Oriental Society (Jerusalem)
Journal of the Royal Asiatic Society (London)
Journal of Sacred Literature and Biblical Record (London)
Journal of Semitic Studies (Manchester)
Journal of the Society of Oriental Research (Chicago)
Journal of the Transactions of the Victoria Institute (London)
Kadmos (Berlin)
Keilinschriftliche Bibliothek (Berlin)
Bibliotheca Mesopotamica (Malibu)
Bibliotheca Orientalis (Leiden)
Bibliothéque de I'Ecole des Hautes Etudes (Paris)
Boghazkoi-Studien (Leipzig)
Die Boghazkoi-Texte im Umschrift (Leipzig)
British Schools of Archaeology in Egypt: Egyptian Research Account Publications (London)
Bulletin of the American Schools of Oriental Research (Jerusalem and Baghdad; Baltimore and New Haven)
Bulletin of the Israel Exploration Society (Jerusalem)
Calcutta Sanskrit College Research Series: Studies (Calcutta)
The Cambridge Ancient History (Cambridge)
Chicago University Oriental Institute, Publications (Chicago)
Columbia University Oriental Studies (New York)
Cuneiform Texts from Babylonian Tablets in the British Museum (London)
Cuneiform Texts from Nimrud (London)
Découvertes en Chaldée (Paris)
Deutsche Orient-Gesellschaft, Mitteilungen; Sensdschriften (Berlin)
Deutsches Morgenlandische Gesellschaft, Abhandlungen (Leipzig)
Egypt Exploration Fund, Memoirs (London)
Eretz-Israel: Archaeological, Historical and Geographical Studies (Jerusalem)
Ex Oriente Lux (Leipzig)
Expedition: The *Bulletin of the University Museum* (Philadelphia)
Forschungen und Fortschritte (Berlin)
France: Délégation en Perse, Mémoires (Paris)
France: Mission Archéologique de Perse, Mémoires (Paris)
Handbuch der Archaologie (Munchen)
Handbuch der Orientalistik (Leiden/Koln)
Harvard Semitic Series (Cambridge, Mass.)

Qadmoniot (Jerusalem)
The Quarterly ofthe Department of Antiquities in Palestine (Jerusalem)
Reallexikon der Assyriologie und Vorderasiatischen Archaologie (Berlin and Leipzig)
Reallexikon der Vorgeschichte (Berlin)
Recueil de travaux relatifs a la philosophie et a l'archéologie (Paris)
Rencontres Assyriologique Internationales (various venues)
Revue Archéologique (Paris)
Revue d 'Assyriologie et d'archéologie orientale (Paris)
Revue biblique (Paris)
Revue hittite et asiatique (Paris)
Revue de I'Histoire des Religions: Annales du Musée Guimet (Paris)
Sachsische Akademie der Wissenschaften: Berichte uber die Verhandlungen (Leipzig)
Sachsonische Gesellschaft der Wissenschaft, philo. -hist. Klasse (Leipzig)
Studia Orientalia (Helsinki)
Studia Pohl (Rome)
Studia Semitici (Rome)
Studies in Ancient Oriental Civilizations (Chicago)
Sumer (Baghdad)
Syria (Paris)
Tel-Aviv (Tel-Aviv)
Texte und Materialen der Frau Prof. Hilprecht Collection (Leipzig and Berlin)
Textes cuneiformes (Paris)
Texts from Cuneiform Sources (Locust Valley, N. Y.)
Transactions of the Society of Biblical Archaeology (London)
Universitas Catolica Lovaniensis: Dissertations (Paris)
University Museum Bulletin (Philadelphia)
University Museum, Publications of the Babylonian Section (Philadelphia)
Keilschrifttexte aus Assur historischen Inhalts (Leipzig)
Keilschrifttexte aus Assur religiosen Inhalts (Leipzig)
Keilschrifttexte aus Assur verschiedenen Inhalts (Leipzig)
Keilschrifturkunden aus Boghazkoi (Berlin)
Keilschrifttexte aus Boghazkoi (Leipzig)
Konigliche Museen zu Berlin: Mitteilungen aus den Orientalischen Sammlungen (Berlin)
Konigliche Akademie der Wissenschaften zu Berlin: Abhandlungen (Berlin)
Leipziger Semitischen Studien (Leipzig)
Mémoires de la Délégation archéologique en Iran (Paris)
Mesopotamia (Copenhagen)
Mitteilungen der Altorientalischen Gesellschaft (Berl in)
Mitteilungen des Instituts fur Orientforschung (Berlin)
Mitteilungen der vorderasiatisch-aegyptischen Gesellschaft (Berlin)
The Museum Journal (Philadelphia)
Museum Monograms, the University Museum (Philadelphia)
Old Testament and Semitic Studies (Chicago)
Oriens (Leiden)
Oriens Antiquus (Rome)
Oriental Institute Publications (Chicago)
Orientalia (Rome)
Orientalische Literaturzeitung (Berlin and Leipzig)
Oxford Editions of Cuneiform Texts (Oxford)
Palestine Exploration Quarterly (London)
Proceedings of the American Philosophical Society (Philadelphia)
Proceedings of the Society of Biblical Archaeology (London)
Publications of the University of Pennsylvania, Series in Philosophy (Philadelphia)

Behrens, H. *Enlil and Ninlil.* 1978.
Berossus. *Fragments of Chaldean History.* 1828.
Borchardt, L. *Die Entstehung der Pyramids.* 1928.
——. *Einiges zur dritten Bauperiode der grossen Pyramide.*1932.
Borger, R. *Babylonisch-assyrische Lesestucke.* 1963.
Bossert, H.T. *Das Hethitische Pantheon.* 1933.
Breasted, J. H. *Ancient Records of Egypt.* 1906.
Brinkman, J.A. *A Political History of Post-Kassite Babyloln.*1968.
Bruchct, J. *Nouvelles Recherches sur la Grande Pyramide.* 1965.
Brunton, P. *A Search in Secret Egypt.* 1936.
Buccellati, G. *The Amorites of the Vr III Period.* 1966.
Budge, E.A.W. *The Gods of the Egyptians.* 1904.
——. *A History of Egypt.* 1909.
——. *Osiris and the Egyptian Resurrection.* 1911.
Budge, E.A. W. and King, L. W. *Annals of the Kings of Assyria.*1902.
Cameron, G.G. *A History of Early Iran.* 1936.
Castellino, G. *Two Shulgi Hymns.* 1972.
Chiera, E. *Sumerian Epics and Myths.* 1934.
——. *Sumerian Lexical Texts from the Temple School of Nippur.* 1929.
——. *Sumerian Temple Accounts from Telloh, Jokha and Drehem.* 1922.
——. *Sumerian Texts of Varied Contents.* 1934.
Clay, A. T. *Miscellaneous Inscriptions in the Yale Babylonian Collection.* 1915.
de Clerq, H.F.X. *Collection de Clerq.* 1885-1903.
Cohen, S. *Enmerkar and the Lord of Araffa.* 1973.
Contenau, G. *Manuel d'archéologie orientale.* 1927-47.
——. *Vmma sous la Dynastie d'Ur.* 193 I.
Cooper, J.S. *The Return of Ninurta to Nippur.* 1978.
Craig, J. *Assyrian and Babylonian Religious Texts.* 1885-87.
Untersuchungen zur Assyriologie und Vorderasiatischen Archaologie (Berlin)
Ur Excavations (London)
Ur Excavations Texts (London)
Ugarit Forschungen (Munster)
Ugaritica (Paris)
Vetus Testamentum (Leiden)
Vorderasiatisch-Aegyptischen Gesellschaft, Mitteilungen (Leipzig)
Vorderasiatische Bibliothek (Leipzig)
Vorlaufiger Bericht uber die Ausgrabungen in Uruk-Warka (Berlin)
Die Welt des Orients (Wuppertal/Gottingen)
Wissenschaftliche Veroffentlichungen der Deutschen Orient-Gesellschaft (Berlin and Leipzig)
Yale Near Eastern Researches (New Haven)
Yale Oriental Series, Babylonian Texts (New Haven)
Yerushalayim (Jerusalem)
Zeitschrift fur die altestamentliche Wissenschaft (Giessen/Berlin)
Zeitschrift fur Assyriologie (Berlin/Leipzig)
Zeitschrift der Deutschen Morgenlandischen Gesellschaft (Leipzig/Wiesbaden)
Zeitschrift fur Keiischriftforschung (Leipzig)

II. Individual Works and Studies:

Aister, B. *Dumuzi's Dream.* 1972.
Amiet, P. *Elam.* 1966.
——. *La Glyptique Mesopotamienne Archaique.* 1961.
Andrae, W. *Das Gotteshaus und die Urformen des Bauens im Alten Orient.* 1930.
Barondes, R. *The Garden of the Gods.* 1957.
Barton, G. *The Royal Inscriptions of Sumer and Akkad.* 1929.
Baildissin, W.W. von. *Adonis and Eshmun.* 1911.
Bauer, J. *Altsumerische Wirtschafttexte aus Lagasch.* 1972.

——. *Die neu-sumerischen Gerichtsurkunden.* 1956-57.
——. *Sumerische religiose Texte.* 1950.
Falkenstein, A. and von Soden, W. *Sumerische und Akkadische Hymnen und Gebete.* 1953.
Falkenstein, A. and van Dijk, J. *Sumerische Gollerlieder.* 1959-60.
Farber-Flugge, G. *Der Mythos "Inanna und Enki."* 1973.
Ferrara, A.J. *Nanna-Suen's Journey to Nippur.* 1973.
Festschrift fur Herman Heimpel. 1972.
Forrer, E. *Die Boghazkoi-Texte in Umschrift.* 1922-26.
Fossey, G. *La Magie Syrienne.* 1902.
Frankfort, H. *Cylinder Seals.* 1939.
——. *Gods and Myths on Sargonic Seals.* 1934.
——. *Kingship and the Gods.* 1948.
Frankfort, H., et al. *Before Philosophy.* 1946.
Friedrich, J. *Staatsvertrage des Halli Reiches.* 1926-30.
Gadd, c.J. *A Sumerian Reading Book.* 1924.
Gadd, c.J. and Kramer, S.N. *Literary and Religious Texts.* 1963.
Gadd, C.J. and Legrain, L. *Royal Inscriptions from Ur.* 1928.
Gaster, Th. *Myth, Legend and Custom in the Old Testament.* 1969.
Ge1b, I. J. *Hittite Hieroglyphic Monuments.* 1939.
Geller, S. *Die Sumerische-Assyrische Serie Lugal-e Me-lam-bi* NIR.GAL. 1917.
Genouillac, H. de *Fouilles de Tello.* 1934-36.
——. *Premiéres recherches archéologique á Kish.* 1924-25.
——. *Tablettes de Dréhem.* 1911 .
——. *Tablettes sumériennes archaique.* 1909.
——. *Textes economiques d'Oumma de l'Epoque d'Our.* 1922.
——. *Textes religieux sumériens du Louvre. 1930.*
——. *La trouvaille de Dréhem.* 1911.
Cros, G. *Nouvelles Fouilles de Tello.* 1910.
Davidson, D. and Aldersmith, H. *The Great Pyramid: Its Divine Message.* 1924, 1940.
Deimel, A. *Schultexte aus Fara.* 1923.
——. *Sumerisches Lexikon.* 1925-50.
——. *Veteris Testamenti: Chronologia Monumentis Babyloniaca-Asyrii.* 1912.
——. *Wirtschajtstexte aus Fara.* 1924.
De1aportc, L. *Catalogue des Cylindres Orientaux.* 1920-23.
Dij k, J. van. *Le Motif cosmique dans Ie pensée Sumeriénne.*1965.
——. *La sagesse suméro-accadienne.* 1953
Dussaud, R. *Les Decouvertes des Ras Shamra (Vgarit) et l'Ancien Testament.* 1937.
——. *Notes de Mythologie Syrienne.* 1905.
Ebeling, E. *Die Akkadische Gebetsserie "Handerhebung."*1953.
——. *Der Akkadische Mythus vom Pestgotte Era.* 1925.
——. *Keilschrifttexte aus Assur religiosen Iflhalts.* 1919, 1923.
——. *Literarische Keilschrifttexte aus Assur.* 1931.
——. *Der Mythus ."Herr aller Menschen" vom Pestgotte Ira.*1926.
——. *Tod und Leben nach den Vorstellungen der Babylonier.*1931.
Edwards, I.E.S. *The Pyramids of Egypt.* 1947, 1961.
Edzard, D.O. *Sumerische Rechtsurkunden des* III *Jahrtausend.*1968.
Erman, A. *The Literature of the Ancient Egyptians.* 1927.
Fairservis, W.A., Jr. *The Roots of Ancient India.* 1971.
Fakhry, A. *The Pyramids.* 1961.
Falkenstein, A. *Archaische Texte aus Uruk.* 1936.
——. *Fluch iiber Akkade.* 1965.
——. *Die Inschriften Gudeas von Lagash.* 1966.
——. *Literarische Keilschriflexte aus Uruk.* 1931.

Jean, C.F. *La religion sumhienne.* 1931.
——. *Shumer et Akkad.* 1923.
Jensen, P. *Assyrisch-Babylonische Mythen und Epen.* 1900.
——. *Der I(U)ra-Mythus.* 1900.
——. *Die Kosmologie der Babylonier.* 1890.
——. *Texte zur Assyrisch-Babylonischen Religion.* 1915.
Jeremias, A. The *Old Testament in the Light of the Ancient Near East.* 1911.
Jirku. A. *Die iilteste Geschichte Israels.* 1917.
——. *Altorientalischer Kommentar zum Alten Testament.* 1923.
Jones, T.R. and Snyder, J.W. *Sumerian Economic Texts from the Third Ur Dynasty.* 1923.
Josephus, Flavius. *Against Apion.*
——. *Antiquities of the Jews.*
Karki, I. *Die Sumerische Konigsinschiften der Fruhbabylonischen Zeit.* 1968.
Keiser, C. E. *Babylonian Inscriptions in the Collection of J. B. Nies.* 1917.
——. *Patesis of the Ur-Dynasty.* 1919.
——. *Selected Temple Documents of the Ur Dynasty.* 1927.
Keller, W. The *Bible as History in Pictures.* 1963.
Kenyon, K. *Digging Up Jerusalem.* 1974.
King, L.W. The *Annals of the Kings of Assyria.* 1902.
——. *Babylonian Boundary Stones.* 1912.
——. *Babylonian Magic and Sorcery.* 1896.
——. *Babylonian Religion and Mythology.* 1899.
——. *Chronicles Concerning Early Babylonian Kings.* 1907.
——. *Hittite Texts in the Cuneiform Characters.* 1920-21.
Kingsland, W. The *Great Pyramid in Fact and Theory.* 1932-35.
Knudtzon, J.A. *Assyrische Gebete an den Sonnengott.* 1893.
Genoville, H. de *Textes de l'epoque d'Ur.* 1912.
Gotze, A. *Hattushilish.* 1925.
——. *Hethiter, Churriter und Assyrer.* 1936.
Graves, R. *The Greek Myths.* 1955.
Grayson, A.K. *Assyrian and Babylonian Chronicles.* 1975.
——. *Babylonian Historical-Literary Texts.* 1975.
Green, M.W. *The Uruk Lament.* 1984.
Gressmann, H. and Ungnad, A. *Altorientalische Texte und Bilder zum Alten Testament.* 1909.
Gurney, O.R. *The Hittites.* 1952.
Gurney, O. R. and Finkelstein, *J.J. The Sultantepe Tablets.*1957-64.
Giiterbock, H.G. *The Deeds of Suppilulima.* 1956.
——. *Die historische tradition bei Babylonier und Hethitem.*1934.
——. *Hittite Mythology.* 1961.
——. *Siegel aus Boghazkoy.* 1940-42.
——. *The Song of Ullikumi.* 1952.
Hallo, W.W. *Women of Sumer.* 1976.
Hallo, W.W. and Dijk, *J.J.* van. *The Exaltation of Inanna.* 1968.
Harper, E.J. *Die Babylonische Legenden.* 1894.
Haupt, P. *Akkadische und sumerische Keilschrifttexte.* 1881-82.
Hilprecht, H. V. *Old Babylonian Inscriptions.* 1893-96.
Hi1precht Anniversary Volume. 1909.
Hinz, W. *The Lost World of Elam.* 1972.
Hooke, S.H. *Middle Eastern Mythology.* 1963.
Hrozny, B. *Hethitische Keischrifttexte aus Boghazkoy.* 1919.
Hussey, M.I. *Sumerian Tablets in the Harvard Semitic Museum.*1912-15.
Jacobsen, Th. *The Sumerian King List.* 1939.
——. *Towards the Image of Tammuz.* 1970.
——. *The Treasures of Darkness.* 1976.
Jastrow, M. *Die Religion Babyloniers ulld Assyriers.* 1905.

——. *Royal Inscriptions and Fragments from Nippur and Babylon.*1926.
——. *Les Temps des Rois d'Ur.* 1912.
——. *Ur Excavations.* 1936.
Lepsius, K.R. *Denkmaler aus Aegypten.* 1849-58.
Luckenbill, D.O. *Ancient Records of Assyria and Babylonia.* 1926-27.
——. *Hittite Treaties and Letters.* 1921.
Lutz, H.P. *Selected Sumerian and Babylonian Texts.* 1919.
——. *Sumerian Temple Records of the Late Ur Dynasty.* 1912.
Mazar, B. The *World History of the Jewish People.* 1970.
Mencken, A. *Designing and Building the Great Pyramid.* 1963.
Mercer, S.A.B. The *Tell el-Amarna Tablets.* 1939.
Mortgat, A. *Die Enstehung der sumerischen Hochkultur.* 1945.
——. *Vorderasiatische Rollsiegel.* 1940.
Muller, M. *Asien und Europa nach Altaegyptischer Denkmtilern.*1893.
——. *Der BUndnisvertrag Ramses /I und der ChetiterkOnigs.* 1902.
Muller-Karpe, H. *Handbuch der Vorgeschichte.* 1966-68.
Nics, J. B. *Ur Dynasty Tablets.* 1920.
Nies. J.B. and Keiser. C.E. *Historical. Religious and Economic Texts and Antiquities.* 1920.
Oppenheim, A.L. *The Interpretation of Dreams in the Ancient Near East.* 1956.
——. *Mesopotamian Mythology.* 1950.
Oppert, J. *La Chronologie de la Genese.* 1895.
Otten, H. *Mythen vom Gotte Kumarbi.* 1950.
——. *Die Uberlieferung des Telepinu-Mythus.* 1942.
Parrot, A. The *Arts of Assyria.* 1961.
——. *Sumer-the Dawn of Art.* 1961.
——. *Tello.* 1948.
Konig, F.W. *Handbuch der chaldischen Inschriften.* 1955.
Koppel, R. *Die neuen Ausgrabungen am Tell Gnassul im Jordantal.*1932.
Kramer, S.N. *Enki and Ninhursag.* 1945.
——. *Lamentation Over the Destruction of Ur.* 1940.
——. *From the Po.etry of Sumer.* 1979.
——. *Poets and Psalmists.* 1976.
——. *Sumerian Literature.* 1942.
——. *Sumerian Texts in the Museum of the Ancient Orient, Istanbul.* 1943-49.
——. *Sumerische Literarische Texte aus Nippur.* 1961.
Kramer Anniversary Volume. 1976.
Labat, R. *Manuel d'Epigraphie Akkadienne.* 1963.
Lambert, W.G. *Babylonian Wisdom Literature.* 1960.
Lambert, W.G. and Millard, A.R. *Atra-Hasis, the Babylonian Story of the Flood.* 1969.
Langdon, S. *Babylonian Liturgies.* 1913.
——. *Babylonian Wisdom.* 1923.
——. *"Enuma Elish* "-The *Babylonian Epic of Creation.* 1923.
——. *Excavations at Kish.* 1924.
——. *Historical and Religious Texts.* 1914.
——. *Semitic Mythology.* 1964.
——. *Sumerian and Babylonian Psalms.* 1909.
——. The *Sumerian Epic of Paradise.* 1915.
——. *Sumerian and Semitic Religious and Historical Texts.* 1923.
——. *Sumerian Liturgical Texts.* 1917.
——. *Sumerian Liturgies and Psalms.* 1919.
——. *Sumerians and Semites in Babylon.* 1908.
——. *Tablets from the Archives of Drehem.* 1911.
——. *Tammuz and Ishtar.* 1914.
Langdon, S. and Gardiner, A.H. The *Treaty of Alliance.* 1920.
Legrain, L. *Historical Fragments.* 1922.

Roberts, A. and Donaldson, J. *The Ante-Nicene Fathen·.* 1918.
Roux, G. *Ancient Iraq.* 1964.
Rutherford, A. *The Great Pyramid Series.* 1950.
Saggs, H. W. F. *The Encounter with the Divine in Mesopotamia and IsraeL.* 1976.
——. *The Greatness That Was Bab.vlon.* 1962.
Salonen, A. *Die Landfarhrzeuge des Alten Mesopotamien.*1951.
——. *Nautica Babyloniaca.* 1942.
——. *Die Waffen der Alten Mesopotamier.* 1965.
——. *Die Wasserfahrzeuge in Babylon.* 1939.
Sayce, A.H. *The Ancient Empires of the East.* 1884.
——. *The Religion of the Ancient Babylonians.* 1888.
Schmandt-Besserat, D. *The Legacy of Sumer.* 1976.
Schnabel, P. *Berossos und die Babylonisch-Hellenistische Literatur.* 1923.
Schneider, N. *Die Drehem- und Djoha-Texte.* 1932.
——. *Die G6tternamen von Ur III.* 1939.
——. *Gbtterschiffe im Ur III-Reich.* 1946.
——. *Die Siegellegenden der Geschufts-urkunden der Stadt Ur.*1950.
——. *Die Zeitbestimmungen der Wirtschaftsurkunden von Ur III.*1936.
Schrader, E. The *Cuneiform Inscriptions and the Old Testament.*1885.
——. *Die Keilinschriften und das Alte Testament.* 1902.
Schroeder, O. *Keilschrifttexte aus Assur Verschiedenen Inhalts.*1920.
Scott, J.A. *A Comparative Study of Hesiod and Pindar.* 1898.
Sethe, K.H. *Amun und die Acht Urgotten von Hermopolis.* 1930.
——. *Die Hatschepsut Problem.* 1932.
——. *Urgeschichte und alteste Religion der Aegypter.* 1930.
——. *Ziggurats et Tour de Babel.* 1949.
Paul Haupt Anniversary Volume. 1926.
Perring, J.E. The *Pyramids of Gizeh From Actual Survey and Measurement.* 1839.
Petrie, W.M.F. The *Pyramids and Temples of Gizeh.* 1883-85.
——. *Researches on the Great Pyramid.* 1874.
——. The *Royal Tombs of the First Dynasty.* 1900.
Poebel, A. *Historical Texts.* 1914.
——. *Miscellaneous Studies.* 1947.
——. *Sumerische Studien.* 1921.
Pohl, A. *Rechts- und Verwaltungsurkunden der III Dynastie von Ur.* 1937.
Price, I. M. The *Great Cylinder Inscriptions of Gudea.* 1927.
Pritchard, J. B. The *Ancient Near East in Pictures Relating to the Old Testament.* 1969.
——. *Ancient Near Eastern Texts Relating to the Old Testament.*1969.
Quibell, J.E. *Hierkanopolis.* 1900.
Radau, H. *Early Babylonian History.* 1900.
——. *NIN-IB.* The *Determiner of Fates.* 1910.
——. *Sumerian Hymns and Prayers to the God Dumuzi.* 1913.
——. *Sumerian Hymns and Prayers to the God Ninib.* 1911.
Rawlinson, H. The *Cuneiform Inscriptions of Western Asia.*1861-1909.
Rawlinson, H.G. *India.* 1952.
Reiner, E. *Shurpu. A Collection of Sumerian and Akkadian Incantations.* 1958.
Reisner, G. *Sumerisch-Babylonische Hymnen.* 1896.
——. *Tempel-urkunden aus Telloh.* 1901.
Rengcr, J. *Gotternamen in der Altbabylonischen Zeit.* 1967.
Ringgren, K.V.H. *Religions of the Ancient Near East.* 1973.
Roberts, J.J. M. *The Earliest Semitic ReliRions.* 1972.

Weiher, E. von. *Der Babylonische Gott Nergal.* 1971.
Wheeler, M. *Early India and Pakistan.* 1959.
——. The *Indus Civilization.* 1968.
Wilcke, C. *Das Lugalbanda Epos.* 1969.
——. *Sumerische literarische Texte.* 1973.
Wilson, 1.V.K. and Vanstiphout, H. *The Rebel Lands.* 1979.
Wilson, R.R. *Genealogy and History in the Biblical World.*1977.
Winckler, H. *Altorientalische Forschungen.* 1897-1906.
——. *Altorientalische Geschichts-Auffassung.* 1906.
——. *Sammlung von Keilschrijttexten.* 1893-95.
Wiseman, *D.l. Chronicles ofChaldean Kings.* 1956.
Witzel, M. *Keilinschriftliche Studien.* 1918-25.
——. *Tammuz-Liturgien und Verwandtes.* 1935.
Woolley, C.L. *Abraham: Recent Discoveries and Hebrew Origins.* 1936.
——. *Excavations at Ur.* 1923.
——. *Ur of the Cha/dees.* 1930.
——. *The Ziggurat and Its Surroundings.* 1939.
Zimmem, H. *Sumerische Kultlieder aus altbabylonischer Zeit.*1912-13.
——. *Zum Babylonischen Neujahrfest.* 1918.
Sjoberg, A. W. *Der Mondgott Nanna-Suen in der Sumerischen Uberlieferung.* 1960.
——. *Nungal in the Ekur.* 1973.
——. *Three Hymns to the God Ningishzida.* 1975.
Smith, S. *A History of Babylon and Assyria.* 1910-28.
Smyth, C.P. *Our Inheritance in the Great Pyramid.* 1877.
Soden, W. von. *Sumerische und Akkadische Hymnen und Gebete.*1953.
Soliberger, E. *Corpus des inscriptions "royales" présargoniques de Lagash.* 1956.
Speiser, E.A. *Genesis.* 1964.
——. *Mesopotamian Origins.* 1930.
Studies Presented to A. L. Oppenheim. 1964.
Tadmor, H. and Weinfeld, M. *History, Historiography and Interpretation.*1983.
Tallqvist, K.L. *Akkadische Gotterepitheta.* 1938.
——. *Assyrische Beschworungen. Series Maqlu.* 1895.
Thompson, R.C. *The Devils and Evil Spirits ofBabylonia.* 1903.
——. *The Reports of the Magicians and Astrologers of Nineveh and Babylon.* 1900.
Thureau-Dangin, F. *Les cylindres de Gudea.* 1925.
——. *Les inscriptions de Shumer et Akkad.* 1905.
——. *Recueil des tablettes chaldéennes.* 1903.
——. *Rituels accadiens.* 1921.
——. *Die sumerischen und akkadischen Konigsinschriften.* 1907.
——. *Tablettes d'Uruk.* 1922.
Ungnad, A. *Die Religion der Babylonier und Assyrer.* 1921.
Vian, F. *La guerre des Geants.* 1952.
Walcot, P. *Hesiod and the Near East.* 1966.
Ward, W.H. *Hittite Gods in Hittite Art.* 1899.
Weber, O. *Die Literatur der Babylonier und Assyrer.* 1907.

The Other 17

眾神與人類的戰爭

地球編年史第三部（全新校譯版）

The Wars of Gods and Men: The Earth Chronicles III

作者／撒迦利亞・西琴（Zecharia Sitchin）
譯者／趙娟、宋易
責任編輯／于芝峰
協力編輯／洪禎璐、簡淑媛
校譯／洪禎璐
內頁排版／宸遠彩藝
封面設計／陳文德

新星球出版 New Planet Books

業務發行／王綬晨、邱紹溢
行銷企劃／陳詩婷
總編輯／蘇拾平
發行人／蘇拾平
出版／新星球出版
105台北市松山區復興北路333號11樓之4
電話／（02）2718-2001
傳真／（02）2718-1258
發行／大雁文化事業股份有限公司
105 台北市松山區復興北路333號11樓之4
24小時傳真服務／（02）2718-1258
讀者服務信箱／Email:andbooks@andbooks.com.tw
劃撥帳號／19983379
戶名／大雁文化事業股份有限公司

CIP國家圖書館出版品預行編目(CIP)資料

眾神與人類的戰爭：地球編年史・第三部／撒迦利亞・西琴(Zecharia Sitchin)作；趙娟，宋易譯.－初版.－臺北市：新星球出版：大雁文化發行, 2019.08
384面 ; 22*17公分. -- (The other ; 17)
譯自 : The wars of gods and men : the Earth chronicles III
ISBN 978-986-96857-3-3(平裝)

1.地球 2.歷史 3.文明史

712.1 108011279

初版一刷／2019年8月 定價：480元
初版七刷／2023年4月
ISBN：978-986-96857-3-3